CARMELO ABBATE

Sex und der Vatikan

GOLDMANN
Lesen erleben

Buch

»Sex und der Vatikan« nahm seinen Ursprung in einer von Carmelo Abbates berühmten Undercover-Reportagen, die im Juli 2010 veröffentlicht wurde und weltweit Aufmerksamkeit erregte. Damals begleitete er einen Informanten, den er als seinen Lebenspartner ausgab, drei Wochen lang in der Schwulenszene Roms. Dabei erlebte und dokumentierte er, wie katholische Priester nachts ihr Zölibat brachen und anderntags wieder die Messe zelebrierten. »Le notti brave dei preti gay« (»Die wilden Nächte der homosexuellen Priester«) heißt der Bericht, der mit seinen expliziten Fotos und Videos nicht nur im Vatikan für Aufsehen sorgte. Internationale Medien wie SPIEGEL, ORF, Newsweek, Washington Post, CBS, Guardian, BBC, France 2, El Mundo, Pravda und sogar das iranische Fernsehen berichteten über die Reportage.

»Die Kirche bezeichnete die Vorfälle damals als Einzelfälle«, so Carmelo Abbate. »Ich wollte herausfinden, ob das stimmt, und habe festgestellt, dass dieses Phänomen viel, viel tiefer geht.« Für sein Buch weitete er seine Recherchen deshalb auf andere italienische Städte und bald auch über die Grenzen Italiens hinaus aus, vertiefte das, was er im Rahmen seiner Reportage bereits entdeckt hatte: Der Zölibat funktioniert nicht und hat auch nie funktioniert.

Das Ergebnis seiner engagierten Recherchen ist die vorliegende Zusammenstellung von Begegnungen, Gesprächen, schmerzhaften und expliziten Erfahrungen.

Autor

Carmelo Abbate, geboren in Castelbuono (Sizilien), ist ein preisgekrönter italienischer Enthüllungsjournalist bei der Wochenzeitung »Panorama«, der sich immer wieder undercover in die sozialen Brennpunkte Italiens begibt. Getarnt als Marokkaner berichtete er über die Demütigungen und Ängste illegaler Einwanderer in Italien. Er gab sich als Arzt aus und warf einen Blick hinter die verschlossenen Türen der Notaufnahmen und OP-Säle, um die Folgen der desaströsen Gesundheitsversorgung in süditalienischen Krankenhäusern zu dokumentieren.

Carmelo Abbate

Sex und der Vatikan

Ein Bericht über die verborgenen Seiten der Kirche

Aus dem Italienischen
von Enrico Heinemann und Ines Klöhn

GOLDMANN

Verlagsgruppe Random House FSC-DEU-0100
Das FSC®-zertifizierte Papier *München Super* für dieses Buch
liefert Arctic Paper Mochenwangen GmbH.

1. Auflage
Deutsche Erstausgabe Juni 2012
Wilhelm Goldmann Verlag, München,
in der Verlagsgruppe Random House GmbH
Copyright der italienischen Originalausgabe © 2011
Edizioni Piemme Spa, Via Tiziano 32, 20145 Milano-Italy
Titel der italienischen Originalausgabe:
Sex and the Vatican. Viaggio segreto nel regno dei casti.
Redaktion: Werner Wahls, VerlagsService Dr. Ulrich Mihr
Umschlaggestaltung: UNO Werbeagentur, München
Umschlagabbildung: © by Getty Images / Scott E. Barbour;
iStockphoto / PeskyMonkey
JS · Herstellung: Str.
Satz: DTP Service Apel, Hannover
Druck und Bindung: GGP Media GmbH, Pößneck
Printed in Germany
ISBN: 978-3-442-15729-7

www.goldmann-verlag.de

für Lavinia

Inhalt

1
Eine etwas
andere Party

Freitagabend, 2. Juli 2010: Es ist kurz nach neun Uhr in einem Restaurant im römischen Stadtviertel Testaccio. Die einzigen Frauen im Gastraum sind die beiden Kellnerinnen. Eine ist blond, jung und ausgesprochen hübsch, eines jener Mädchen, die am Wochenende kellnern, um ihr Studium zu finanzieren. Die andere, etwas ältere, ist dunkelhaarig. Vielleicht eine verheiratete Frau mit zwei kleinen Kindern.

Zwischen den nackten, fensterlosen, gemauerten Wänden fühlt man sich wie in einem Keller.

Das Lokal ist für eine Party gebucht. Auf Büfetttischen warten Kartoffelchips, Erdnüsse und italienische Vorspeisen. Der DJ aus der Toskana bereitet sich auf einen heißen Abend vor.

Inzwischen sind mindestens 40 Männer eingetroffen. Sie schwatzen, schließen Bekanntschaft, essen, trinken und warten darauf, dass endlich etwas passiert. Die Spannung steigt: Jeden Augenblick muss die Hauptattraktion des Abends erscheinen.

Und endlich! Die Tür zu den Toiletten geht auf. Zwei knackige Jungs treten heraus, in Jeans, so knapp wie Lendenschurze, und mit breiten Gürteln. Offene Hosenschlitze, schwarze Kampfstiefel bis an die Knie und bunte offene Westen. Sie bahnen sich ihren Weg durch die Menge zur Bühne. Das dunkle Haar ist streng nach hinten gegelt, erinnert an Richard Gere in *Ein Offizier und Gentleman*. Wie gemeißelt wirken ihre durchtrainierten Körper. Härchen würde man auch mit der Lupe vergeblich suchen. Die geölte Haut glänzt.

Es sind zwei Callboys.

Eine Linienmaschine hat sie am Nachmittag aus dem Piemont eingeflogen – als Höhepunkt eines Abends, den jemand zu etwas Besonderem machen wollte. Zu etwas ganz Besonderem.

Musik ertönt. Die Lichter werden gedimmt. Als der Table-Dance beginnt, wird es heiß im Saal. Zunächst wiegen sich beide langsam im Takt, werden dann schneller. Sie ziehen einen Mann Mitte 30 auf die Bühne. Er trägt Jeans mit einem weißen Gürtel. Das rosa Hemd ist bis zum Bauchnabel aufgeknöpft.

Er ist Franzose, gut gebräunt, und wohnt in Rom. Er hat den Abend organisiert, die Tänzer engagiert und sie vor wenigen Stunden vom Flughafen abgeholt. Dafür erfährt er jetzt ihre volle Aufmerksamkeit. Sie nehmen ihn in ihre Mitte, als Sandwich-Belag in einem Tanz, wie er erotischer nicht sein könnte. Sie reiben sich an ihm, winden sich um ihn, ziehen ihn an sich, öffnen ihm vollends das Hemd, berühren und streicheln ihn.

Dirty dancing in schwulen Variationen zu dritt. Die Menge beobachtet, applaudiert, johlt und pfeift sich begeistert in Stimmung.

Der Franzose ist Priester. Vor wenigen Tagen hat er in der Petersbasilika im Vatikan die Frühmorgenmesse abgehalten.

Er ist nicht der einzige Geistliche auf der Party.

Auch ein Italiener, ein Brillenträger zwischen 45 und 50 Jahren, ein Deutscher und ein junger, hochgewachsener, gut aussehender Brasilianer bekleiden das Priesteramt. Und sehr wahrscheinlich sind noch mehr Geistliche unter den Gästen.

Viel mehr weiß ich im Augenblick noch nicht. Mir sind nicht einmal die Namen und die genaue Funktion dieser Männer verlässlich bekannt. Ich könnte auch Lügen aufgesessen sein. Ich will noch keine Schlüsse ziehen und Skepsis wahren. Dieser Abend ist nur der Anfang. Später werde ich Dinge miterleben, die mir tiefe Einblicke in eine unerwartete Welt eröffnen werden.

Niemand weiß, wer ich wirklich bin. Für die Gäste hier bin ich schwul und in Begleitung meines Lebenspartners.

Alles hat in einer Sauna begonnen.

Es ist ein Spätnachmittag Ende Juni. Michele, ein 25-jähriger Römer, der in einem Autohaus arbeitet, hat sich vor einigen Wochen von seinem Freund getrennt und ist wieder solo. Frei von allen Verpflichtungen schaut er in einem der größten und bekanntesten Treffpunkte für Schwule in Rom vorbei: in einem Wellness-Center, das ganz in der Nähe des Wirtschaftsministeriums liegt.

Am Empfang zeigt er seinen Mitgliedsausweis für die Freizeit- und Kulturvereinigung Arci vor, bekommt seine Schlüssel für das Schließfach und Pantoffeln und er freut sich auf Stunden absoluter Entspannung. Er ist auf kein Abenteuer aus, wie er es hier schon mehrfach erlebt hat. Er will nur ein paar Stunden abschalten.

Er zieht Schuhe, Hemd, Hose und Unterhose aus, verstaut alles im Schließfach, drückt das Vorhängeschloss zu und macht sich, nur mit dem Handtuch um die Hüften bekleidet, auf den Weg. Er steigt die Treppen hinab, nimmt eine Dusche und betritt die Sauna. Im Dampf hat er Mühe, ein freies Stück Bank zu finden. Die Sauna ist ziemlich voll: In der schummrigen Atmosphäre erkennt er nur den Bauch eines Mannes. Und dass einer in der Ecke masturbiert.

Michele setzt sich und lehnt sich langsam an die Wand. Er schließt die Augen. Als er die Beine etwas spreizt, öffnet sich sein Handtuch ein Stück weit.

Er entspannt sich.

Plötzlich berührt eine Hand seinen Knöchel. Sie fühlt sich zart an. Michele rührt sich nicht. Die Hand gleitet seine Wade, sein Knie und weiter seinen Schenkel hinauf. Sanft und vorsichtig arbeitet sie sich weiter empor.

Jetzt hat Michele genug. Er will das nicht. Er hält die Hand fest und schiebt sie weg, schnappt sein Handtuch und geht hinaus. Bevor er die Tür zur Sauna schließt, wirft er einen Blick zurück, um zu sehen, wem diese Hand gehört.

Er entdeckt ein schmales Gesicht und eine schlanke Gestalt und macht die Tür zu. Er stellt sich unter die Dusche und legt sich anschließend in die Wanne des Massagebads. Auch hier sind viele Männer. Entspannt schließt er die Augen. Als er sie wieder öffnet, huscht die Gestalt von vorhin vorüber. Ihre Blicke kreuzen sich.

Der Bursche ist hübsch.

Michele harrt noch ein wenig in der Wanne aus. Dann steht er auf, trocknet sich ab und steuert einen Gang mit halbdunklen Kabinen an, die *dark rooms,* in denen auf Bildschirmen Pornos laufen. Hinter einer geöffneten Tür liegt jemand in einer auffordernden Position auf dem Rücken. Ein anderer stöhnt. Ein junger Kerl wird gezüchtigt. Hinter jeder Schwelle wird beobachtet, gewartet, onaniert.

Vor einer Tür steht der Bursche von vorhin.

Michele geht zur Kabine, blickt ihn an und macht kehrt. Und kommt wieder. Die Hand ergreift sein Handtuch und zieht ihn in die Kabine. Sie küssen und berühren sich. Und schlafen miteinander.

Es ist anders als sonst beim Gelegenheitssex. Alles vollzieht sich ganz sanft, ruhig, respektvoll und leicht. Schön eben. Nach dem Orgasmus legt sich der Bursche neben Michele. Er kuschelt sich an seine Seite und umarmt ihn. Beide schlafen ein.

Als sie wieder aufwachen, stellen sie sich ohne große Verlegenheit einander vor. Der Bursche will wissen, was Michele arbeitet, wo er wohnt und wie alt er ist.

»Und woher kommst du?«, fragt Michele.

»Ich bin Franzose«, antwortet der Bursche.

»Und was machst du in Rom?«, fragt Michele.

»Ich studiere Theologie«, sagt der andere.

»Klar!«, sagt Michele.

»Wirklich!«, sagt der andere.

»Cool!«, sagt Michele.

»Aber du hast schon verstanden?«, fragt der andere.

»Natürlich«, sagt Michele.

»Wenn du Fragen hast, frag«, sagt der andere.

»Bist du Priester?«, fragt Michele.

»Ja«, antwortet der andere.

Michele lacht los.

»Alles okay?«, fragt der andere.

»Sicher, ich habe kein Problem damit. Ich bin ja gläubiger Christ«, sagt Michele. Beide lachen.

Michele fragt ihn, wieso es ein Priester eigentlich nicht hinbekomme, der kirchlichen Lehre zu folgen. Wieso halte er sich nicht an das, was er selbst von der Kanzel herab predige. Michele verurteilt ihn nicht, er fragt nach, weil er es verstehen will.

Der andere weicht nicht aus. Er gibt vielmehr Antworten und will verstanden werden. Er redet von der Schönheit und der Größe des Herrn, von der Bedeutung des Glaubensbekenntnisses. Und dass ein Priester zunächst einmal Mensch und dann erst Priester ist.

Michele ist verblüfft. Und die Selbstverständlichkeit, mit der dieser angebliche Priester über die Themen redet, entsetzt ihn geradezu.

Über eine Stunde bleiben sie in der Kabine. Dann gehen sie, nehmen eine Dusche und ziehen sich an.

Der andere bietet Michele an, ihn im Auto zur nächsten Metrostation mitzunehmen. Unterwegs erzählt er von anderen schwulen Priestern.

Michele könne sich gar nicht vorstellen, so sagt er, wie viele insbesondere in Rom unterwegs seien. Zahlreiche seien miteinander liiert, so zwei seiner Freunde, ein Deutscher und ein Brasilianer. Sie seien seit einiger Zeit ein festes Paar, würden sich seither aber ziemlich danebenbenehmen. Der Kirche sei das Treiben bekannt, aber sie schweige, damit kein Betroffener einen Skandal entfache.

Er öffnet das Handschuhfach, zieht einen weißen Kragen heraus und hält ihn kurz hoch.

An der Metrostation tauschen sie Telefonnummern aus. Der Franzose verabschiedet sich und lädt ihn zu einer Party am Freitag, den 2. Juli, in einem Lokal im Stadtviertel Testaccio ein. Alle seine Freunde kämen, mehrere Priester und zwei Herren von einem Escortservice.

In den nächsten Tagen läuft zwischen Michele und dem Franzosen ein heißer Handyverkehr. Der Priester spricht ihn abwechselnd mit »Schatz« und »mein Hündchen« an. Er erzählt aber auch von seinen Aufgaben, davon dass er nachmittags ins Solarium gehe und auch von der Messe, die er um 18 Uhr abhalten werde. »Ich spreche ein Gebet für dich, wenn du willst.«

Er wolle ihn ein »bisschen liebkosen«, bietet er an und lacht: »Ich bin ein begeisterter Liebkoser«. Am Ende wiederholt er die Einladung zur Party im Testaccio-Viertel, bittet allerdings: »Sag bloß nicht, dass wir uns letzte Woche in der Sauna kennengelernt haben«.

Michele fragt, ob er eine *amica* mitbringen kann. Die *amica,* die Freundin, das bin ich.

Der Franzose sagt lachend: »Du riskierst allerdings, dass sie an dem Abend das einzige weibliche Wesen ist. Alle anderen sind meine Freunde, vom Priester bis zum atheistischen Callboy.« Als Michele ihn beruhigt, dass seine »Freundin« ein Mann ist, gibt er grünes Licht.

Und nun bin ich auf dieser Party. Ich spiele Micheles Partner, komme angeblich aus Palermo, leite einen Beautysalon und bin auf der Durchreise. Nach ein paar Tagen Erholung soll es weiter nach Bologna auf eine Wellness-Messe gehen.

Nachdem uns der Franzose begrüßt hat, stellt uns Michele vor. Der Franzose ist ein freundlicher, hübscher Typ. Er überreicht uns zwei Verzehrgutscheine und empfängt weitere Gäste.

Ich bestelle ein Glas Rotwein. Michele nimmt einen Mojito. Die wenigen Tische im Raum sind alle besetzt. Wir setzen uns zu zwei jungen Kerlen. Der eine ist Sarde, klein mit kurzem Haar und schmalen, gezupften Augenbrauen. Sein ärmelloses weißes T-Shirt betont seinen trainierten Oberkörper. Er trägt eine stählerne Halskette und zahllose Armbänder und Ringe. Der andere stammt aus Apulien, ist größer und steckt in einem normalen Hemd.

Viele Gäste sind in einem ärmellosen T-Shirt erschienen.

Der Sarde hat ein sonniges Gemüt, und er lacht so laut, dass einem davon die Ohren klingeln. Er ist aber kein Dummkopf, sondern nur ein sympathischer Spaßvogel.

Das Gespräch will nicht recht in Gang kommen. Vielleicht kann der Hinweis, dass es heute ganz schön warm ist, das Eis brechen.

Der Sarde lacht.

Ich versuche das Gespräch voranzutreiben und sage, dass ich erst um elf Uhr aus dem Bett gekommen bin.

Der Sarde lacht.

Er sei zu dieser Party extra aus Cagliari angereist, unterbricht er sein Lachen und will wissen, wo wir den Franzosen kennengelernt haben. »Im Beichtstuhl?«

Und lacht erneut.

»Wieso im Beichtstuhl?«, gebe ich mich ahnungslos.

Der Sarde ist kein Geheimniskrämer. Offenherzig erzählt er uns alles, was er über den Franzosen weiß. Er habe fast alle anderen Gäste in schwulen Chatrooms wie *Gayromeo* und *Me2* kennengelernt.

Leicht angespannt, weil er sich wohl noch viel Gelächter anhören muss, wenn er den Sarden nach der Party in sein Bett bekommen will, macht der Apulier seinem Ärger bei uns Luft: Ihn widere die Vorstellung an, dass Priester tagsüber Wasser predigten und sich nachts mit Wein volllaufen ließen. In Rom wimmle es von solchen Typen. Es gäbe sogar eine sehr berühmte Basilika, die einige Homosexuelle regelrecht als Geldautomat benutzen. Er selbst sei einmal mit einem Freund zu dieser Kirche gefahren. Nach zwanzig Minuten kam der Freund mit 300 EUR in der Hand zum Auto zurück.

Dann sprechen wir über unsere Heimatregionen. Wir reden von den Apulierinnen, Sizilianerinnen und Sardinnen. Wir streiten darüber, welche die besten im Bett sind.

Zum ersten Mal rede ich von Männern, als wären sie Frauen.

Plötzlich stehen auf unserem Tisch zwei schwarze Kampfstiefel, aus denen zwei Beine herausragen, die oben in superknappen Jeanspants stecken. Darüber eine geöffnete Weste und ganz oben das hübsche Gesicht von einem der beiden Callboys. Uns musternd wippt er mit dem ganzen Körper.

Die Botschaft ist klar und deutlich: Genug gefaulenzt.

Jetzt heißt es tanzen. Es wird geschwoft, sich aneinander gerieben und dem Nachbarn ins Ohr gebrüllt, auch wenn er trotz allem nichts versteht. Die Musik tost deutlich zu laut.

Die Tänzer springen von Tisch zu Tisch. Sie genießen es sichtlich, dass sie die Szenerie völlig beherrschen. Einer der beiden beugt sich zu mir herab, greift mit beiden Händen in meine Haare, zieht meinen Kopf kraftvoll an seinen offenen Hosenschlitz – und erwischt mich auf dem falschen Fuß.

Ich setze mich zur Wehr, bekomme keine Luft mehr. Darauf bin ich nicht gefasst. Ich habe ganz verdrängt, dass es so weit kommen könnte.

Ich sage ihm, dass mir das peinlich sei, und mache mich los. Er lacht nur und zieht heftiger.

Ich könne das nicht so vor allen, ächze ich. Lieber hätte ich ihn privat ganz für mich allein.

Ein Lächeln zeigt mir, dass er verstanden hat. Okay, schlechter Zeitpunkt, sagt er und zwinkert mir zu. Also bis nachher, bis später.

Nachdem er mich freigegeben hat, stürzt er sich auf einen der Priester, der ganz in der Nähe tanzt. Er ist Italiener, etwas größer als der Franzose, trägt Jeans und ein blau-weiß gestreiftes Hemd. Auch er landet in einem Sandwich, dessen Toastscheiben die beiden Callboys sind. Sie ziehen ihn in die finsterste Ecke des Saales, in der er dann für mindestens 20 Minuten verschwindet. Ohne Brille, mit nacktem Oberkörper und offener Hose kehrt er zurück.

So geht es bis tief in die Nacht weiter. Zum Rauchen trifft man sich vor dem Lokal.

Der italienische Priester ist anfangs etwas reserviert. Als er auftaut, wirkt er richtig sympathisch. Und wer hätte es gedacht: Er ist sogar ein richtiger Spaßvogel. Wir lachen herzlich, als er Joseph Ratzingers deutschen Akzent nachäfft. Welch sonniges Gemüt. Inzwischen schmiedet unsere kleine Gruppe Pläne für den nächsten Tag. Einer schlägt einen Ausflug ans Meer vor, aber der Priester lehnt ab. Er habe am Morgen und am Abend eine Messe zu feiern.

Dagegen stellt der Franzose ein kurzfristigeres Programm auf: Wir gehen alle auf einen Drink zu meinem vermeintlichen Partner nach Hause und übernachten dann auch dort.

In der Wohnung lehnt der Franzose einen Drink ab, weil er schon genug habe, und schlüpft direkt ins Zimmer meines Partners. Dort zieht er sich aus und präsentiert seine supercoole quer gestreifte Unterhose. Michele sagt ihm, es mache ihn an, dass er Priester sei, und es wäre das Größte, wenn er für ihn sein Priestergewand anlegte. Daraufhin öffnet der Franzose seine Tasche, verschwindet hinter einer Säule und tritt erneut in Erscheinung: immer noch in Unterhosen, aber im vorschriftsmäßigen grauen Hemd mit dem schmalen Kragen und mit Brille.

»Wie sehe ich aus?«, fragt der Franzose.

»Wie ein Scheißpriester«, sagt Michele.

Der Franzose lacht, geht auf ihn zu, umarmt und küsst ihn.

Sie haben Sex und schlafen ein. Michele erwacht als Erster. Dann gibt es nochmals Sex.

2
Recherchen in der Szene

Am nächsten Morgen hat der Franzose neben dem Vor- auch noch einen Familiennamen. Ich weiß nicht, in welcher kirchlichen Einrichtung er wohnt und wo er die Messe feiert. Ich möchte mit höchster Vorsicht weiterrecherchieren und stelle mir lieber vor, dass er eine Art Irrer oder Psychopath ist, der sich als Priester verkleidet in ausschweifende Abenteuer stürzt.

Ich muss die Dinge überprüfen, brauche objektive Indizien und unerschütterliche Beweise. Ich bewege mich auf dünnem Eis.

Gut in die Schwulen-Community eingeführt verbringe ich mindestens einen Monat in Rom. Ich gehe ein- bis zweimal am Tag in die Messe. Als Gläubiger getarnt drücke ich mich während der Eucharistiefeiern in Sakristeien und Pfarrhäusern herum. Ich führe mich als Ehrenamtlicher in die Gemeindevereine ein und beteilige mich an der Organisation sonntäglicher Veranstaltungen.

Ich knüpfe neue Freundschaften, nicht nur auf Streifzügen durch Lokale, sondern auch im Internet. Vor allem Facebook erweist sich als unerschöpfliche Quelle für Informationen.

Eine Freundschaftsanfrage, die am Tag nach der Party, am frühen Abend, angenommen wird, hilft mir das Porträt des französischen Priesters deutlicher zu zeichnen. Auf den Seiten zu seinem Profil bebildern zahlreiche Fotos sein Leben, von der Zeremonie zu seiner Priesterweihe bis hin zu zahlreichen Eucharistiefeiern im Vatikan: Verschiedene Aufnahmen zeigen ihn neben Papst Benedikt XVI., dann in verschiedenen Situationen in der Freizeit und bei einem Ausflug, den er mit dem italienischen Priester und zwei jungen Männern unternommen hat.

Das reale Doppelleben des französischen Priesters spielt sich so auch im virtuellen Raum ab. Auf Facebook hat er einen zweiten Account, den er unter falschem Namen führt. Das Foto, mit dem er sich den Freunden präsentiert, ist eine Großaufnahme seines rechten Auges. Von seinem Priesterleben findet sich hier keine Spur. Stattdessen tauchen halb nackte schwule Models, Bodybuilder im Tanga und eine endlose Vielfalt an Phalli auf.

Eine Aufnahme zieht meine Aufmerksamkeit auf sich. Es könnte eine Fotomontage sein, wer weiß: Zwei Männer (er selbst ist nicht dabei) liegen auf dem Altar einer Kirche. Sie sind nur mit einem schwarzweißen Kragen bekleidet.

Ich schließe Facebook und logge mich in einen Chatroom für Schwule ein. Das mache ich inzwischen in täglicher Routine, häufig bis tief in die Nacht.

Ich suche Priester.

Ich möchte herausfinden, wie sie sich darstellen, was sie schreiben und welche Art Beziehung sie knüpfen wollen. In den zurückliegenden Tagen in Rom habe ich nur Homosexuelle kennengelernt. Sie haben mir erzählt, sie hätten mit Priestern geschlafen, die sie hauptsächlich in zwei Chatrooms kennengelernt hätten: in *Me2* und *Gayromeo.*

Ein neuer Bekannter erzählt mir, er habe vor einiger Zeit Kontakt zu einem Mann aufgenommen, der sich mit ihm im Viertel um den Hauptbahnhof habe treffen wollen. Es sei ein ausländischer Priester, der aber seit Jahren in Rom lebe. Als regelrechter Putzteufel habe er ihm angeboten, seine Wohnung sauber zu machen. Er sucht den Kontakt heraus und übermittelt ihn mir. Und ich versuche, mich bei dem Mann, dessen Nickname *Ciaotesoro,* also »Ciao Liebling«, ist zu melden.

Ein wenig zu direkt kommt er gleich zur Sache und lädt mich zu sich in das Kloster ein, in dem er angeblich wohnt.

»Ich will Verbotenes tun, bin ein begeisterter Masseur, mach's aber nicht von hinten.«

Ich: »Passt bestens, geil, sehr gut.«

Er: »Küsst du?«

Ich: »Klar.«

Er: »Geil.«

Ich: »Überall.«

Er: »Traust du dich, es im Flur des Klosters zu machen? Ja?«

Ich: »Klar, das wird supergeil.«

Er: »Nackt.«

Ich: »Na, hoffentlich. Aber hast du auch ein eigenes Zimmer?«

Er: »Ja.«

Ich: »Bestens. Dann machen wir den Rest dort.«

Er: »Klar, wir machen alles im Zimmer … und manches auch draußen.«

Ich: »O.k. … Bestens. Das gefällt mir, gut.«

Er: »Um wie viel Uhr kannst du hier sein?«

Ich: »Wann du willst.«

Er: »Ich weiß nicht.«

Ich: »Sagt ruhig du, *no problem.*«

Er: »Wenn du um 21 Uhr kommst, ist im Haus vielleicht noch jemand unterwegs, außerdem ist doch noch das Spiel. Wenn wir's im Flur treiben wollen, ist später besser.«

Ich: »Später ist zu spät.«

Er: »Wie zu spät?«

Ich: »Zu spät, um noch nach Hause zu gehen.«

Er: »Stimmt. Verstehe.«

Ich: »O.k.?«

Er: »O.k.«

Ich: »Kennst du noch andere schwule Priester?«

Er: »Nein. Bist du behaart?«

Ich: »Normal. Ein wenig. Auf der Brust bin ich rasiert.«

Er: »Wie lang ist deiner?«

Ich: »Kann nicht klagen. Und deiner?«

Er: »Nicht so üppig. 16 bis 17 Zentimeter.«

Ich: »Dann ist meiner länger.«

Er: »Wie lang?«

Ich: »21 bis 22 Zentimeter.«

Er: »O.k., magst du's ein bisschen schweinisch?«

Ich: »Schon. Sag, was du willst.«

Er: »Vermöbelt werden.«

Ich: »Und dann? Sag mir alles.«

Er: »Dann schauen wir.«

Ich: »Los, sag alles. So machst du mich geil. Dann bringe ich mehr Ideen mit.«

Er: »Bist du ein Bastard?«

Ich: »Ja, mehr als jeder andere … Sag mir, was ich als Bastard machen soll.«

Er: »Ich werde lieber überrascht … Mal sehen, was du kannst.«

Ich: »Du wirst sehen, dass du mir Grenzen setzen musst … Schuhe? Pissing? Spucken?«

Er: »Ja, was für Schuhe trägst du?«

Ich: »Im Augenblick Superga. Wie gefallen dir Füße?«

Er: »Normal. Welche Größe hast du denn?«

Ich: »45. Leckst du Schuhe und Füße? Auch stinkende?«

Er: »Ja.«

Ich: »Geil, optimal.«

Er: »Unterhosen? Was für welche hast du an?«

Ich: »Im Augenblick einen Slip, o.k.?«

Er: »Ja.«

Ich: »Oder soll ich gleich ohne kommen? Was trägst du für eine Unterhose?«

Er: »Seit wann hast du deine an?«

Ich: »Seit gestern Morgen. Ist das o.k.? Oder soll ich frische anziehen?«

Er: »Nein, bloß nicht.«

Ich: »Magst du's mit Duft?«

Er: »Ja, lieber so, benutzt.«

Ich: »Geil.«

Er: »Fluchst du?«

Ich: »Aber natürlich. Müssen wir alles in religiöser Stille erledigen?«

Er: »Nein, nur auf dem Flur.«

Ich: »Was hast du denn für ein Zimmer?«

Er: »Ein großes.«

Ich: »Ist es klösterlich eingerichtet?«

Er: »Nein. Würdest du es gerne in der Kapelle treiben?«

Ich: »Mein Gott, das wäre ja verdammt geil. Würde das gehen?«

Er: »Ja.«

Ich: »Verdammt, das wäre klasse. Egal wie kurz.«

Er: »Ich fände es toll, wenn du deine Eier in den Messkelch hängen würdest.«

Ich: »Wow, echt?«

Er: »Ja.«

Ich: »Aber ist das Ganze denn nicht zu riskant? Wie viele seid ihr denn im Kloster? Und was machst du da?«

Er: »Machst du's?«

Ich: »Ja, klar mach ich's.«

Er: »O.k. Bist du eigentlich Agnostiker oder Atheist?«

Ich: »Willst du die Wahrheit wissen? Ich bin katholisch. Vielleicht erregen mich Priester deshalb so.«

Er: »Bist du ein praktizierender Gläubiger?«

Ich: »Nein.«

Er: »Warum willst du das machen?«

Ich: »Weil es mich ganz geil macht.«

Er: »Hast du so was schon mal getrieben?«

Ich: »Das alles noch nicht, nein. Aber ich hab's schon mit einem Priester gemacht. Deshalb hätte ich Spaß an einer Orgie mit vielen Priestern ... Alle in der Kutte ... Das wäre klasse.«

Er: »Was hast du mit dem Priester gemacht?«

Ich: »Alles.«

Er: »Was alles? Im Flur?«

Ich: »Das volle Programm. Aber bei mir zu Hause.«

Er: »War er als Priester gekleidet?«

Ich: »Klar. Unter seinem Gewand hatte er nichts drunter ... Und das alles willst du wirklich mit mir machen?«

Er: »Ja, ich würde dir gerne das Arschlöchlein auf dem Altar lecken.«

Ich: »Ich bin zu allem bereit, echt.«

Er: »Das Problem ist allerdings, dass um 21 oder 22 Uhr Betrieb herrscht. Dann muss alles ganz schnell gehen.«

Ich: »Wie viele Leute seid ihr denn im Kloster?«

Er: »Wir sind zehn.«

Ich: »Aber hallo. Ihr seid ja ganz schön viele. Ist kein geouteter Schwuler dabei? Treibst du's nie mit jemandem von drinnen?«

Er: »Was weiß ich!«

Ich: »O.k, o.k. Gut. Es ist riskant, aber geil. Kann man die Kapelle absperren?«

Er: »Nein. Sie ist zwar abschließbar, aber ich habe keinen Schlüssel.«

Ich: »Verstehe. *More risk, more fun.*«

Er: »Kannst du in Hosen kommen, die man leicht herunterziehen kann? So eine Sporthose ohne Knöpfe?«

Ich: »Ich ziehe Bermudas an, ohne Gürtel, dann sind sie mir so weit, dass man nichts aufmachen muss.«

Er: »Hast du Haare auf den Beinen?«

Ich: »Kaum.«

Er: »Hör mal, ich …«

Ich: »Sag mir alles.«

Er: »Ich muss Schluss machen.«

Ich: »O.k., wie soll ich's machen? Soll ich dich anrufen, wenn ich komme?«

Er: »Lassen wir's, o.k.? Ich will doch nicht.«

Ich: »Wieso nicht?«

Er: »Es war nur zum Aufgeilen.«

Ich glaube die Geschichte nicht. Er kann unmöglich Priester sein. Ich halte ihn für einen Psychopathen, der mir schreibt und dabei onaniert.

Am nächsten und am übernächsten Abend setzen wir unsere Unterhaltung fort. Ich vereinbare ein Treffen, gehe aber nicht hin: Ich bin sicher, dass es ein Psychopath ist, der sich nur als Priester ausgibt. Ich verschiebe unser virtuelles Gespräch, das ich abgespeichert habe, in den Papierkorb meines Rechners. Und da wird es einige Wochen lang bleiben – bis mich ein Vorfall zum Umdenken zwingt.

Inzwischen ist Samstag, der 3. Juli. Rom erlebt seinen großen Tag: die Schwulenparade *Gay Pride.* Mit dem Schlachtruf: »Ein Kuss gegen die Angst und gegen Vorurteile. Gegen Angriffe und vorenthaltene Rechte« rollen am Nachmittag sieben karnevaleske Wagen, die die Umgebung mit röhrenden Bässen beschallen, von der Cestius-Pyramide zur Piazza Venezia.

Imma Battaglia, die Vorsitzende von *Gay Project,* ruft die Menge auf, der Gewaltwelle, die über die Homosexuellen hereingebrochen ist, eine friedliebende Antwort entgegenzusetzen. Sie beschwört Zusammenhalt, Frieden, Miteinander und Toleranz und Gesetze gegen die Homophobie.

Die *Gay Pride* ist ein außergewöhnliches Fest der Klänge und Farben.

Transsexuelle balancieren auf schwindelerregend hohen Stilettos. Pailletten funkeln und Schleier wehen. In identischen Brautkleidern ziehen lesbische Paare an Händchen haltenden kleinen Mädchen vorbei. Da ist der Anwalt mit Lebenspartner, da sind die Regenbogenfamilien und da die Eltern junger Schwuler. Eine Dame erklärt, dass sie und ihr Mann beinahe ihre Tochter verloren hätten, weil sie es nicht hatten verstehen und akzeptieren wollen, dass sie lesbisch sei.

»Liebe unter Gleichen ist gar nicht so anders«, steht auf dem Plakat, das Laura und Anna zusammen in die Höhe halten. Die Angestellte und die Immobilienmaklerin sind seit sieben Jahren ein Paar. Sie wollen heiraten und gemeinsam Kinder großziehen. Sie ärgern sich über die Doppelmoral von Politikern, die Familienväter seien und sich mit Transsexuellen vergnügten, anderen aber Rechte vorenthalten wollten.

Ihre Wut ist nur allzu berechtigt.

Die Wagen ziehen an den Menschen vorüber, die dicht gedrängt die Straßen säumen. Ein junger Zuschauer umarmt glücklich seinen Partner und küsst ihn. Wenigstens an einem Tag, so sagt er, müssten sie nicht fürchten, verprügelt zu werden.

Zahlreiche Spruchbänder und Plakate greifen den Vatikan als »faschistische Reliquie« an.

Wenige Stunden später sitze ich mit Michele und einer Gruppe von Freunden in einem Pub. Das Gespräch dreht sich um das bedrückende Klima und die angespannte Lage für Homosexuelle in der Stadt.

Ein junger Typ, der am Vorabend das *Gay Village* aufgesucht hat, berichtet über einen Vorfall. Er steht noch unter Schock: Beim Tanzen seien vier Kapuzenmänner in das Lokal gestürmt und hätten Knallfrösche und Böller in die Menge geworfen. Es habe Verletzte gegeben. Panik sei ausgebrochen. Beinahe hätte der Abend in einer Tragödie geendet. Er hält es in Rom nicht mehr aus. Im letzten Jahr, so sagt er, seien mindestens zehn Schwule angegriffen, verprügelt oder ausgeraubt worden. Nur weil sie in der Öffentlichkeit Zärtlichkeiten ausgetauscht hätten.

Michele ereifert sich am meisten. Er fühlt sich verfolgt. Er lobt die Organisatoren der *Gay Pride* dafür, dass sie diese Demonstration mit einem symbolträchtigen großen kollektiven Küssen eröffnet haben.

»Jeder Kuss ist eine Revolution«.

Giorgio, ein Mann um die 30 aus dem Süden, der zum Studium nach Norditalien gezogen und zum Arbeiten geblieben ist, erzählt von der Odyssee, die er und viele Freunde hinter sich gebracht hätten, als sie eine Wohnung suchten. Er berichtet von Diskriminierungen wegen seiner sexuellen Orientierung, angefangen mit häufigen Inseraten mit dem Hinweis »keine Schwulen«. Eine Anzeige für Zimmervermietungen in Mailand, die auf einer bekannten Website erscheine, schließe mehrere Personengruppen aus: »Keine Raucher, keine Russen, keine Schwulen, nur seriöse, solvente Personen.« So auch die Anzeige für eine Wohnung in Bologna: »Keine Schwulen, keine Partys, keine Raucher.« Und selbst in der Region um Turin biete sich dasselbe Bild. Gesucht würden Mieter »mit Referenzen«, genauer »nur heterosexuelle Männer, keine Schwulen«.

Michele hört zu und wird wütend.

Ein Neapolitaner berichtet von seinen Erfahrungen bei der Zimmersuche im römischen Stadtviertel Vomero. Nach einem ersten Kontakt habe ihn die Vermieterin gebeten, sich einige Tage zu gedulden. Sie müsse noch mit dem anderen Mieter im Haus reden. Dann habe sie gesagt: »Ich habe mit ihm gesprochen, aber er hat ziemlich genervt reagiert. Das kommt für ihn nicht infrage.« Dabei ging es um ein Einzelzimmer, platzt unser neapolitanischer Freund heraus.

Marco, ein Römer zwischen 35 und 40 Jahren, ist aktives Mitglied in der Partei der Radicali. Er ist auf die Würdenträger im Vatikan ziemlich schlecht zu sprechen. Sie schürten den Hass auf Schwule, Lesben, Bisexuelle und Transgender. Besonders erbittert ihn, dass sie dabei ganz genau wüssten, dass sich unter den Heerscharen der »Verirrten« auch zahlreiche Priester und Nonnen befänden, die ihre Neigungen heimlich und in Angst auslebten.

Nach Marco verkehrten viele schwule Priester in denselben Lokalen wie er. Und sie hätten keinerlei Problem mit der Heuchelei, tagsüber Wasser zu predigen und nachts Wein zu saufen. Es sei doch allgemein bekannt, dass es hinter den Mauern des Vatikans einen Bereich für den *Battuage* gebe. Dort verkehrten nicht bloß die einfachen Priester, sondern auch schwule Kardinäle.

Ich frage, was Battuage sei.

Alle lachen los. Das mit dem Schwulentreff im Vatikan war bloß ein Witz.

Zu später Stunde sitzen wir im *Gay Village,* wo der französische und der italienische Priester erneut zu uns stoßen. Der Italiener hat heute schon zwei Messen gefeiert.

Auf der *Gay Pride* hätten sie sich natürlich nicht blicken lassen, erklären sie, hörten sich aber gerne unsere Berichte an, vor allem die der beiden Callboys, die schon ziemlich beschwipst von einer glanzvollen Demonstration erzählen, an der sie als herausragende Figuren teilgenommen haben. Sie konnten sich in den *Carro di Luxuria,* den Wagen der Wolllust, einschleichen, auf der das Fernsehen und eine Abgeordnete mitfuhren, deren Namen sie leider nicht mitbekommen haben. Aber bei deren Interview durch die TV-Sender hätten sie direkt hinter ihr gestanden, versichern sie.

Sie sind unsere Helden.

Aber einer drückt Besorgnis aus: Hoffentlich hätten ihn seine Mutter und seine Verlobte nicht gesehen. Beide lebten in Sizilien und glaubten, er verdiene sein Geld als Balletttänzer in Turin.

Die beiden Callboys legen richtig los. In einem wilden Tanz prüfen sie, wer den Härteren hat, und spielen Eiswürfel von Mund zu Mund weitergeben. Und knutschen jeden ab, den sie erwischen.

Der italienische Priester hält sich zurück, plaudert ein wenig mit den andern am Tisch und flirtet dann mit meinem Partner, den er nett und sympathisch findet. Er erzählt ihm von seiner Wohnung. Von den Fenstern, die zum Pantheon hinausgehen, könne man einen herrlichen Blick über Rom genießen.

Inzwischen sind auch sein Familienname und die kirchliche Einrichtung bekannt, in der er wirkt. Er geht vor den anderen.

Derweil ist der Franzose mit einem der Callboys verschwunden.

Er kehrt zurück und geht erneut. Er habe einen Kollegen entdeckt, erklärt er, und wolle nicht gesehen werden. Er verschwindet ein drittes Mal, diesmal wegen einer Katechetin, die er kennt. Trotzdem bleibt er an diesem Abend lange und beschließt ihn im selben Bett wie am Vortag.

3
Eine Privatmesse

Der nächste Tag ist ein Sonntag. Der Franzose hat versprochen, für uns ganz allein eine Messe zu feiern. Als er sich aus dem Bett schält, ist es allerdings schon Zeit für das Mittagessen. Mit Michele und dem Franzosen essen wir bei McDonald's Hühnchensalat. Auch die beiden Callboys sind da, in Kampfwesten, mit großen Halsketten und mit Rollkoffern im Schlepptau: Ihr Flugzeug geht am Spätnachmittag.

Alle Blicke sind auf uns gerichtet. Muttis, Vatis, Kinder und Großeltern schauen uns an. Selbst die Mauern scheinen uns zu mustern.

Am Tisch reden wir von diesem und jenem. Der unangefochtene Held der Gruppe ist der Franzose. An ihn gehen sämtliche Fragen der gewöhnlichen Sterblichen, die Hintergründe zu dem erfahren wollen, was sie im Fernsehen gesehen haben.

Der Callboy mit der Mama und der Verlobten in Sizilien gesteht, dass er davon träumt, einmal im Leben neben Papst Ratzinger zu sitzen.

Der Franzose erzählt, dass er ein ganzes Jahr an seiner Seite gesessen und für ihn die Messe gesungen habe. Als einer, der ihn kennt, vertritt er den Standpunkt, Ratzinger sei weniger übel, als manche Medien ihn zeichneten. Keiner hätte es leicht gehabt, das Erbe Karol Wojtylas anzutreten. Er redet von den päpstlichen Gemächern. Als Ratzinger eingezogen sei, habe er auf Sonderwünsche verzichtet und weder Blumenschmuck noch ein wertvolles Gemälde beansprucht. Lediglich die Wände habe er neu weißen und einige Möbel bei Ikea besorgen lassen. Und alle Einkünfte aus seinen Büchern stifte er für wohltätige Zwecke.

Glaubt man dem Franzosen, so sei der wirklich böse Geist im Vatikan ein hoher Würdenträger, den er beim Vor- und Nachnamen nennt.

Gegen zwei Uhr gehen wir zur Wohnung meines Partners, in der der Franzose für uns die Sonntagsmesse lesen will.

Unterwegs klingelt das Mobiltelefon von einem der Callboys. Ein Kunde will ihn sofort sehen. Er soll in seine Wohnung kommen.

Die Zeit drängt. Die beiden laufen Gefahr, ihren Flug zu verpassen.

»Kein Problem. Das gibt eine schnelle Nummer.«

Lachend steigen sie in ein Taxi und geben ihre Rollkoffer in unsere Obhut.

Bevor wir ins Haus gehen, holt der Franzose ein Köfferchen mit dem Wappen des Vatikans aus dem Wagen. Wir setzen uns ins Wohnzimmer. Er legt ein viereckiges Tuch aus weißem Leinen – in der Mitte ist ein rotes Kreuz aufgestickt – auf den kleinen Tisch. Dann packt er den Messkelch, die große Hostie, zwei Fläschchen mit Wasser und Wein sowie ein Kruzifix aus und entzündet eine Kerze. Danach verschwindet er im Schlafzimmer und kehrt in einem weißen Priestergewand und mit einer grünen Stola zurück, die ihm bis zu den Füßen reicht.

Die Messe für zwei Gläubige und drei an der Wohnzimmerwand prangende Ikonen (es sind Audrey Hepburn, Uma Thurman aus *Pulp Fiction* und Valentina di Crepax) kann beginnen. Ich schlage vor, dass wir unsere Handys ausschalten. Der Franzose begrüßt diesen Vorschlag.

»Im Namen des Vaters, des Sohnes und des Heiligen Geistes. Wir sind hier versammelt, um diese Sonntagsmesse zu feiern. Sie gibt uns Gelegenheit, Gott für unsere Freundschaft zu danken und zu beten, dass sich alles, was uns am Herzen liegt, erfüllen möge.«

Bevor er beginnt, möchte er allerdings, dass wir uns zu »unseren Sünden bekennen und uns der Barmherzigkeit Gottes anvertrauen«.

Uns bleibt nichts anderes übrig, als alle drei im Chor dem allmächtigen Gott und unseren Brüdern zu beichten, dass wir »in Gedanken, Worten, Werken oder Unterlassungen gesündigt haben«. Wir schlagen uns an die Brust.

»Durch meine Schuld, durch meine Schuld, durch meine große Schuld. Darum bitte ich die heilige Jungfrau Maria, alle Engel und Heiligen und euch, Brüder, für mich zu beten bei Gott unserem Herrn.«

Der Franzose liest ab. Ich kann jedes Wort auswendig. Michele bewegt die Lippen wie die italienischen Nationalspieler, wenn bei der Fußballweltmeisterschaft die Nationalhymne erklingt. Der Franzose spricht beruhigende Worte: Der Allmächtige werde sich unserer erbarmen, unsere Sünden vergeben und uns zum ewigen Leben führen.

Amen.

»Herr, erbarme dich, Christus, erbarme dich, Herr erbarme dich.«

Noch nie habe ich Gottes Erbarmen mit so viel Überzeugung und Inbrunst erbeten wie während dieser Messe. Ich spüre einen Kloß im Hals, fühle mich beklommen.

Ich wende mich Michele zu, der völlig steif und abwesend zu meiner Rechten sitzt.

»Ehre sei Gott in der Höhe und Friede auf Erden den Menschen seiner Gnade. Wir loben dich, wir preisen dich, wir beten dich an, wir rühmen dich. Wir danken dir, denn groß ist deine Herrlichkeit.«

Der Franzose liest alles Wort für Wort ab, ohne nur ein Mal aufzuschauen.

»Herr und Gott, König des Himmels, Gott und Vater, einge-borener Herr ...«

Der Franzose stockt, hält das Büchlein näher an seine Augen, liest erneut und korrigiert sich:

»eingeborener Sohn, Jesus Christus. Herr und Gott, Lamm Gottes, Sohn des Vaters, der du nimmst hinweg die Sünde der Welt: Erbarme dich unser ...«

Die Wände der Wohnung sind rosa, die Decke ist weiß ge-tüncht. Auf einem Hängeschrank hinter dem Priester steht eine gerahmte Schwarz-Weiß-Aufnahme Audrey Hepburns.

»... der du nimmst hinweg die Sünde der Welt: nimm an unser Gebet; du sitzest zur Rechten des Vaters: Erbarme dich unser ...«

Neben dem Foto der Hepburn steht eine gläserne Vase mit ei-ner langstieligen weißen Orchidee darin. Sie ist künstlich. Über ihr an der Wand hängt eine große, runde Uhr.

»Denn du allein bist der Heilige, du allein der Herr, du allein der Höchste, Jesus Christus, mit dem Heiligen Geist, zur Ehre Gottes des Vaters.«

Neben der Uhr steht ein Ikea-Schrank mit Glastüren. Auf ihm liegen Koffer und eine Tasche von Louis Vuitton. Eine Fäl-schung, wie ich vermute.

Amen.

Die erste Lesung fällt mir zu.

Der Franzose streckt mir das Büchlein entgegen, während ich zu dem Platz neben ihm gehe.

»Aus dem Buch des Propheten Jesaja. Freut euch mit Jerusa-lem! Jubelt in der Stadt, alle, die ihr sie liebt. Seid fröhlich mit ihr, alle, die ihr über sie traurig wart. Saugt euch satt an ihrer tröstenden Brust, trinkt und labt euch an ihrem mütterlichen Reichtum! Denn so spricht der Herr: Seht her! Wie einen Strom leite ich den Frieden zu ihr und den Reichtum der Völker wie einen rauschenden Bach. Ihre Kinder wird man auf den Armen tragen und auf den Knien schaukeln. Wie eine Mutter ihren Sohn tröstet, so tröste ich euch; in Jerusalem findet ihr Trost. Wenn ihr das seht, wird euer Herz sich freuen, und ihr werdet aufblühen wie frisches Gras. So offenbart sich die Hand des Herrn an seinen Knechten ...«

Michele sitzt vor mir auf einem Plastikstuhl. Er trägt ein helles T-Shirt und eine Halskette mit einem kleinen rechteckigen Militärschildchen mit eingraviertem Namen, dazu braune Shorts und eine fluoreszierend grüne Armbanduhr. Hinter ihm steht der Fernseher. Er läuft gerade nicht.

»Wort des lebendigen Gottes. Dank sei Gott.«

Nach der Lesung des Antwortpsalms übergebe ich das Evangelium Michele und kehre an meinen Platz zurück.

Zweite Lesung.

»Aus dem Brief des Paulus an die Galater«, spricht er mit zitternder Stimme.

»Meine Brüder ... Also ich, ich kann das nicht«, sagt er stockend.

»Leute, das kriege ich einfach nicht hin, tut mir leid.«

Ich stehe auf, trete an seine Stelle und lese. Auch ich tue mich schwer und drohe ins Stammeln zu geraten. Ich lese schneller, um die Sache möglichst bald zu Ende zu bringen.

Halleluja. Halleluja. Halleluja.

Der Franzose liest eine Stelle aus dem Lukasevangelium. Dann hält er eine Predigt und müht sich nach Kräften ab, zu einer besonders einfachen Stelle aus der Lesung eine persönliche Deutung abzugeben.

Aber auch hier erweist er sich wenig versiert.

Aber wir glauben.

»Wir glauben an den einen Gott, den Vater, den Allmächtigen, der alles geschaffen hat, Himmel und Erde, die sichtbare und die unsichtbare Welt. Und an den einen Herrn Jesus Christus, Gottes eingeborenen Sohn, aus dem Vater geboren vor aller Zeit: Gott von Gott, Licht vom Licht, wahrer Gott vom wahren Gott, gezeugt, nicht geschaffen, eines Wesens mit dem Vater: Durch ihn ist alles geschaffen.«

Unser Chor geht im ohrenbetäubenden Lärm einer landenden Maschine unter. Der Flughafen Ciampino ist ganz in der Nähe. Während des übrigen Ablaufs der Messe versuche ich verzweifelt einen Gedanken zu fassen, der mich weit weg von dem bringt, was ich hier erlebe. Ich fühle mich wie ein Gotteslästerer, richtig erbärmlich.

Das Vaterunser gerät zum Kalvarienberg. Jedes Wort geht wie ein Peitschenhieb auf mich nieder.

»Vater unser, der Du bist im Himmel. Geheiligt werde Dein Name. Zu uns komme Dein Reich. Dein Wille geschehe wie im Himmel also auch auf Erden. Unser tägliches Brot gib uns heute und vergib uns unsere Schuld, wie auch wir vergeben unsern Schuldigern. Und führe uns nicht in Versuchung, sondern erlöse uns von dem Übel. Amen.«

Ich lande bestimmt in der Hölle. Und ich kann mich nicht damit herausreden, dass es für eine gute Sache war.

Der Franzose spendet uns die Kommunion. Und wir empfangen sie. Eine weitere Maschine fliegt über unsere Köpfe hinweg.

Der Franzose segnet uns. »Allmächtiger Gott, Vater, Sohn und Heiliger Geist.«

Wir sagen »Amen«.

Dann ist es vorbei. Wir gehen alle hin in Frieden.

Die Heckklappe schließt sich über dem geweihten Köfferchen und den Rollkoffern der beiden Callboys. Stolz und strahlend, dass sie mit der Arbeit in so kurzer Zeit fertig geworden sind, steigen sie in den Wagen. Der Franzose setzt sich ans Steuer und fährt sie zum Flughafen.

Ich gehe ins Hotel, surfe zwischen Facebook und dem Chatroom einige Stunden im Internet, nehme eine Dusche und hole Michele ab. Wir essen in einem Lokal im Herzen des Viertels Trastevere zu Abend. Wir haben uns ein nettes kleines Restaurant herausgesucht. Es erinnert an eines dieser Lokale, die in Klatschzeitschriften auftauchen. Vor ihm hat sich ein kleiner Auflauf gebildet. Neben Rauchern warten Gäste darauf, dass sie Platz bekommen. Wir haben reserviert.

Drinnen empfängt uns ein bulliger, ziemlich plumper Typ, der offenbar der Inhaber ist. Aber er tritt dabei so respektvoll auf, dass sich Gäste nach uns umdrehen, als seien wir Prominente.

Die Atmosphäre ist herzlich und gastfreundlich. An dem Dutzend Tische sitzen fast nur Paare wie am Valentinstag. An einem haben zwei junge Männer Platz genommen. Michele mit seinem untrüglichen Blick meint, sie seien schwul. Und tatsächlich gehen zwischen ihnen und uns beim Essen wie in einem Spiel ständig Blicke hin und her.

Wir essen römische Spezialitäten und trinken Rotwein. Am Ende verabschiedet uns der Inhaber erneut besonders herzlich. Ein merkwürdiger Mann. Michele findet, er sehe aus wie ein *Gay bear,* einer der Typen, die in den Diskos mit nackten behaarten und tätowierten Oberkörpern schwitzend Techno tanzen.

Ich habe keine Ahnung, was ein Gay bear ist, aber wenn Michele das meint, wird es wohl stimmen.

Wir gehen ein paar Schritte. In derselben Straße liegt ein winziges Pub, das von außen ganz einladend wirkt. Draußen herrscht Hochbetrieb. Wir stürzen uns ins Gedränge.

Ein junger Kerl in einer schwarzen Hose trägt einen weißen Kragen am Hemd. Er gehört zu einer ganzen Gruppe und redet mit dem Barkeeper.

Michele und ich okkupieren die Hocker neben ihm.

Der Barkeeper ist ein hochgewachsener Mann, durchtrainiert und glatt rasiert. Seine Augenbrauen sind penibel gezupft. Der Priester ist vom Typ her ähnlich, hat aber weniger gepflegte Brauen.

Sie reden und lachen. Meine kleinen Lauschversuche schlagen fehl. Ich blicke mich um. Das Lokal hat Charme, und die Gäste kennen sich offenbar untereinander. Alle Typen und Altersstufen sind vertreten, Pseudo-Emos, Freaks, gestylte Typen aus dem Nobelviertel Parioli, junge Gymnasiasten. Und etablierte Akademiker.

Wir bestellen Drinks. Michele deutet auf zwei sehr gepflegte und gut gekleidete Jungs in unserer Nähe. So unsicher, wie sie wirken, sind sie offenbar zum ersten Mal hier. Kichernd und tuschelnd schauen sie sich immer wieder schüchtern um.

Dann und wann kreuzen sich unsere Blicke. Michele meint, sein Schwulenradar melde untrügliche Anzeichen dafür, dass beide Gays seien.

Das also ist sein Geheimnis: sein Schwulenradar. Und ich dachte schon, er habe ein natürliches Gespür.

Der Priester neben uns gehört offenbar zum Inventar und kennt hier jeden. Die Leute, mit denen er hier ist, sind sicher keine Römer. Michele tippt, dass sie aus der Umgebung kommen und das Wochenende in Rom verbringen. Und er weist mich auf ihre Kleidung hin. Manche tragen eine große Bauchtasche am Gürtel.

Nachdem sie ihren Rotwein geleert haben, verschwinden sie. Michele bandelt mit dem Barkeeper an. Der Typ sehe wahnsinnig gut aus, findet er. Er fragt ihn aus, was in der Stadt denn so los sei, als lebe er nicht selbst in Rom.

Der Barmann heißt Lorenzo, ist 28 Jahre alt und stammt aus Kampanien. Er arbeitet seit eineinhalb Jahren hier.

Ihr Gespräch wird vertraulicher. Neugierig erkundigt sich Michele nach dem Lokal. Lorenzo verrät ihm, dass es zwei schwulen Partnern gehöre, die beide außerhalb von Rom lebten. Einer sei Anwalt, der andere Unternehmer. Letzterer betreibe überall in Lazio Lokale. Sie führen ein längeres Gespräch. Michele fragt ihn plötzlich, ob der Mann, mit dem er vorhin geplaudert habe, tatsächlich Priester sei.

Lorenzo bejaht die Frage.

»Kommen öfters Priester hierher?«

»Ja, jeden Abend«, sagt Lorenzo. »Viele wohnen in der Nähe.«

»O je. Ein scheußliches Dasein, oder? Das sind doch arme Teufel«, sagt Michele.

»Ach was. Denen geht's deutlich besser als mir. Die liegen auf der faulen Haut und verjubeln mehr Geld, als ich verdiene«, sagt Lorenzo.

»Täusche ich mich, oder hat er mit dir anzubandeln versucht?«, fragt Michele.

Lorenzo nickt lächelnd. Dann füllt er unsere Gläser. »Die sind doch alle so, Jungs«, sagt er und wendet sich anderen Aufgaben zu.

Das Lokal leert sich etwas und wird gemütlicher. Die beiden, die Micheles Schwulenradar aufgespürt hat, nähern sich uns, stellen neben uns ihre Cocktailgläser ab, blicken uns an und gehen zum Ausgang. Ehe sie durch die Tür verschwinden, drehen sie sich nochmals um.

Einige Minuten später gehen wir auch. Lorenzo zwinkert zum Abschied Michele zu.

Wir gehen einige Schritte bis zum Taxistand. Wenn er diesen Abend irgendwie zusammenfassen müsste, meint Michele, würde er ihn mit einer Farbe klassifizieren: mit Sepia. Eine gemütliche und einladende Farbe, die auch als Tarnfarbe durchgeht. Eine Farbe verstohlener Blicke und flüchtiger Grüße. Die Farbe normaler Leute, hinter deren eintönigen Begegnungen und Gesprächen grenzenlose Einsamkeit steckt.

Ich höre ihm zu, ziehe eine Zigarre aus der Tasche und stecke sie mir an. Eine Rauchwolke hüllt mich ein. Ich verspüre das Bedürfnis, mich in ihr zu verstecken.

Auch ich fühle mich einsam.

4
Ausgefallene Spiele

Ich schließe mich wenig später in meinem Herbergszimmer ein und hänge bis in die Nacht am Computer.

Der italienische Priester hat meine Freundschaftsanfrage auf Facebook akzeptiert. Ich gehe auf die Seite mit seinem Profil und stoße auf zahlreiche Fotos. Alle sind unverfänglich: er beim Lesen der Messe, allein oder mit anderen Priestern, wieder er in der Freizeit mit anderen Priestern oder mit Freunden auf den typischen Erinnerungsfotos vor berühmten Bauten.

Eine Aufnahme berührt mich: Ein blond gelocktes Kleinkind, wohl unter fünf Jahren, empfängt einen Kuss auf den Mund – von einem Schweinchen, das seinen Rüssel aus einem Zaun herausstreckt. An sich nichts Skandalöses. Vielleicht ist es auch eine Fotomontage oder eine heruntergeladene Aufnahme aus dem Internet. Richtig aufmerksam macht mich eher der Satz, der darunter steht: »Hier nahm alles seinen Anfang.«

Ich gehe auf Google und tippe seinen Namen und Vornamen ein. Zahlreiche Seiten erscheinen, Artikel aus Zeitungen und Zeitschriften sowie Fotos. Einige zeigen ihn neben einem prominenten italienischen Politiker. Den Angaben nach ist er dessen spiritueller Berater.

Dass der Mann, den wir auf dem Fest mit den Callboys kennengelernt haben, Priester ist, steht jetzt zweifelsfrei fest. Trotzdem versuche ich ein gewisses Maß an Skepsis zu wahren. Immerhin könnte ihn die Kirche inzwischen aus dem Priesteramt ausgeschlossen haben. Hier ginge ich ein hohes Risiko ein.

Mir fehlt das letzte Steinchen im Mosaik: Ich muss mit eigenen Augen sehen, wie er die Messe feiert. Einstweilen tauscht Michele mit ihm am Mobiltelefon Kurzbotschaften aus.

Als der Italiener die erste SMS erhält, äußert er sich »glücklich über den erneuten Kontakt«. Er habe keinen Balkon, aber einen herrlichen Ausblick aus dem Fenster. Da fühle man sich wie der Papst auf dem Balkon des Petersdoms. »Bis bald. Küsschen«.

Im Folgenden gibt er scheibchenweise nützliche Hinweise.

Zum einen verfehlen die Avancen, die ihm via Handy gemacht werden, zunächst ihre Wirkung: »Das überrascht mich schon ein wenig«, teilt er mit. »Ich bin älter und nicht gerade in Spitzenform. Um ehrlich zu sein: Ich treffe mich seit Kurzem schon mit jemandem, denke aber trotzdem, dass sich was machen lässt«. Zum anderen hat er ein besonders intensives Sozialleben und sagt Verabredungen häufig wegen abendlicher Treffen im letzten Moment ab. Dann fragt er: »Welche Strafen drohen mir jetzt?« Und wenn ihm dann Anzügliches in Aussicht gestellt wird, schreibt er: »Was käme mir mehr entgegen?«

Schließlich redet er von feierlichen Veranstaltungen, die er für den nächsten Tag mit anderen oder allein auf dem Programm stehen habe. Leider sagt er nie wo genau und gibt überhaupt nur vage Hinweise. So besuche ich sämtliche Gottesdienste, die frühmorgens und abends in der Umgebung des Pantheons stattfinden. Das Problem ist nur, dass es dort zahllose Kirchen gibt. Und von dem Italiener keine Spur.

Dagegen stoße ich auf denjenigen, mit dem sich der Italiener seit Kurzem trifft. Es ist der Mann, mit dem er an dem bewussten Abend zu der Party in Testaccio gekommen war. Raffaele ist Römer und um die 40 Jahre alt. Er arbeitet im Tourismus und hat vor allem mit Besuchern des Vatikans zu tun. Ich treffe mich mit ihm mehrfach, begleite ihn auf seinen Touren durch die Stadt und entdecke dabei zahllose neue Winkel in Rom. Derweil erzählt er mir seine Geschichte.

Sein Vater ist Internist, seine Mutter Lehrerin. Und er hat einen Zwillingsbruder.

Die Familie ist konservativ: Grundschule bei Nonnen, Sekundarschule und Gymnasium bei Priestern, eine strenge Erziehung mit humanistischem Schwerpunkt und Klavierunterricht. Nach seinem Studium der Kunstgeschichte an der römischen Universität Sapienza machte er ein Volontariat.

Einige Jahre lang besuchte Raffaele die Jugendgruppe des Circolo di San Pietro. Bis zu seinem dreißigsten Lebensjahr hatte er noch kein Mädchen und kein Liebesabenteuer gehabt. Nach der Lektüre eines Buches begann er sich Fragen zu stellen. Auch die, ob er weiterhin die Rolle des braven Jungen spielen sollte. Er sehnte sich nach etwas anderem, nach einem Freund, einer Person, der er seine Gemütslagen, seine Gefühle mitteilen konnte. Bei dem Buch handelte es sich um Edward Morgan Fosters *Maurice*, das Kultbuch der britischen Schwulenszene.

Raffaele erzählt mir von seiner Mutter. Sie habe immer versucht, seine Vaterfigur zu demontieren. Und damit habe sie ihm und seinem Bruder immer eine sexual- und frauenfeindliche Haltung eingeimpft. Heute sieht er sich als einen unbeschwerten Menschen, der sein Leben organisiert und gewissenhaft bewältigt. Er beginnt seinen Tag mit Gymnastik und besucht zweimal die Woche Tai-Chi-Kurse. In der Freizeit schreibt er Gedichte.

Den Priester hat er in einem Chatroom kennengelernt. Ihre erste Begegnung schildert er mir so: »Es war ein heißer Tag Ende Juni. Am Morgen im Chatroom hat er mich gefragt, ob ich mir eine Beziehung zu einem Beamten oder einem Priester vorstellen könnte. Mir war die Tätigkeit völlig egal. Wir vereinbarten einen Treffpunkt auf einem öffentlichen Platz. Nach einer Begrüßung mit Handschlag eröffnete er mir, dass er zu Hause eine Flasche Prosecco kalt gestellt habe.

Ich ging mit ihm. Wir nahmen den Fahrstuhl und gingen in seine Wohnung. Drinnen zeigte er mir die Räumlichkeiten. Dann blickten wir aus dem Fenster seines Schlafzimmers auf die Peterskuppel. Plötzlich machte er abrupt das Fenster zu und forderte mich auf, mit ins Wohnzimmer zu kommen.

Ab dem Augenblick war ich sein Sklave.

Keine unnötigen Fragen. Er setzte sich aufs Sofa und verlangte, dass ich mich ausziehe. Dann musste ich mit den Händen hinter dem Rücken und mit gesenktem Blick vor ihm niederknien. Er öffnete den Schrank, holte ein Halsband heraus, legte es mir an und machte es mit einem Vorhängeschloss zu. Ab jetzt gehöre ich ihm, sagte er mir. Er erklärte mir den Kodex bei Sadomaso-Spielen. Grün bedeute erträgliche Schmerzen, Gelb die Schmerzgrenze und Rot das Ende, weil man es nicht mehr aushalte. Mit diesen Farben sollte ich ihm kundtun, wie viel Vergnügen ich an einem Spiel empfand und was ich ertragen konnte.

Dann befestigte er die Hundeleine an meinem Halsband, worauf ich ihm auf allen vieren ins Badezimmer folgte. Dort wollte er mich waschen. Ich stieg in die Duschkabine und kniete nieder. Er schrubbte mich mit dem Badeschwamm ab und sagte, dass ihm Waschungen besonders viel Spaß machten. Er seifte mich vollständig ein und spülte mir den ganzen Körper ab – mit besonderer Sorgfalt im Intimbereich.

Als ich aus der Kabine gestiegen war, trocknete er mich ab. Dann stieg er in die Dusche und verlangte, dass jetzt ich mein Herrchen wusch, was ich denn auch tat. Er trocknete sich ab und schlüpfte in einen Bademantel. Wieder auf allen vieren folgte ich ihm zu seiner Essecke. Hier durfte ich aufstehen. Er legte mir eine Schürze an und wies mich an, das Essen aufzuwärmen: Minestrone mit Büffelmozzarella. Im Kühlschrank stand die Flasche Prosecco. Er nahm ein paar Schlucke. Ich ging leer aus: Tiere trinken ja keinen Alkohol.

Auf dem Tisch stand nur *ein* Teller. Ich als der Hund musste zu seinen Füßen am Boden essen.

Nachdem er seine Minestrone gegessen hatte, scharrte er die Reste auf den Teller, der vor mir stand. Dazu ließ er mich am Mozzarella und einem Stück Brot lecken. Danach durfte ich aufstehen. Er holte einen Apfelstrudel aus dem Kühlschrank und bot ihn mir an.

Anschließend kettete er mich an die Backofentür und befahl mir, das Geschirr zu spülen. Immer wieder schaute er nach, wie erregt ich war. Dann sagte er: Ich lege mich jetzt aufs Ohr. Wenn du fertig bist, ruf ›Herr‹.

Als ich ihn gerufen hatte, nahm er mir die Ketten ab und befahl mir, mich neben ihm aufs Bett zu legen und liegen zu bleiben, während er fernsah. Anschließend setzte er mir eine Maske aufs Gesicht und zog seinen Slip aus.

Er wollte Oralsex. Als ich ihm sagte, dass ich das nicht ohne Präservativ machen würde, zog er sich eins über. Er legte meinen Kopf auf seine Leiste. Nach einer Zeit hatte ich keine Lust mehr, weil mir unter der Maske der Speichel tropfte, und bat ihn, sie mir abzunehmen.

Er holte sich vor mir einen runter.«

Raffaele schreibt Gedichte.

Das folgende trägt den Titel *Vorstadt*:

Aus den Vorstadthäusern ragen glühende Schornsteine auf
vor der großstädtischen orangenen Abenddämmerung
tönen Sirenen und Mopeds ins Nichts
all umher mischt sich Hundegekläff in schrilles Rabenge-
    kräh
draußen eilen die Menschen einsam über einen Teppich aus
    Asphalt.

Ihr zweites Treffen schildert er mir so:

»Ich ging zu ihm nach Hause. Anfangs war er sehr freundlich, dann wurde er unversehens herrisch und schlüpfte in die Rolle des Gebieters. Er sagte mir: ›Still jetzt. Frag erst, ob du reden darfst.‹

Ich musste mich ausziehen und einen gestreiften Häftlingsanzug anlegen. Er verlangte, dass ich neben dem Bett niederkniete, und fesselte mich mit Handschellen. Dann musste ich eine andere Maske mit einem Loch im Mund anlegen. Unter der Maske habe ich geschäumt.

Das gleiche Ritual: Er bearbeitete sich vor mir und versuchte mich so zu erregen. In dem Overall aus Acryl schwitzte ich wie ein Schwein. Deswegen hätte ich ihn ja anziehen müssen, meint er dazu. Anschließend duschte er mich ab und unterzog mich zum ersten Mal dem Ritual des *pissing:* Er pinkelte seinen Sklaven an.

Ich müsse meinem Gebieter vertrauen, meinte er.

Als ich auch pinkeln musste, stellte er mir eine Schüssel neben den kleinen Teppich, auf dem ich lag, und sagte: ›Hunde pinkeln auf den Boden.‹

Auch diesmal erschien ich nackt zum Abendessen. In der Mikrowelle standen zwei Tiefkühlpizzas. Angekettet und mit Hundehalsband aß ich zu seinen Füßen. Das Wasser goss er mir aus einem Glas in den Mund. Als ich ungefragt redete, verpasste er mir zwei Schläge auf den Hintern. Dann musste ich abdecken und nur mit einer Schürze bekleidet das Geschirr spülen. Ab und zu zog er mir die Schürze bis zu den Hüften nach oben.

Ich hatte an dem Abend einen trockenen Husten. Bevor ich ging, gab er mir ein Glas Honig und ein Fläschchen mit Propolis mit dem Hinweis, das sei ein altes Hausmittel aus seiner Heimatregion.«

Raffaeles folgendes Gedicht trägt den Titel *Es wird Abend:*

Es wird Abend,
Wie schwer ist diese Decke aus rosa Wolken
hoch über dem Chaos der flüchtigen Worte
und ich rede mit deinem Fernsein.

Ihr drittes Treffen fand am Abend der Party in Testaccio statt.

»Er hatte mir gleich bei der ersten Begegnung gesagt, dass er Priester sei, und mich gefragt, ob ich ein Problem damit hätte. Als ich verneinte, sagte er erleichtert: ›Die meisten Kerle, die ich kennenlerne, nehmen sofort Reißaus, wenn ich mich offenbare.‹ Zu Hause hatte er ein Foto der Ortschaft, in der er Gemeindepfarrer war, ein Weiler in den Bergen.

Er lud mich zu einer Schwulenparty ein und meinte, fast alle dort seien Priester. Ich ging schon früher nach Hause, ohne bei ihm zu Abend zu essen, weil ich davon ausging, dass in dem Lokal Appetithäppchen serviert würden. Er wollte mich an der Villa Pamphili abholen, an der Parkanlage, wo ich gerne spazieren gehe. Er kam um 21 Uhr im Auto mit einem Freund, der in einem Ministerium ein Praktikum absolvierte und darauf hoffte, dass es verlängert würde. Im Lokal empfingen uns zwei Callboys mit nacktem Oberkörper. Wir setzten uns etwas abseits an einen Tisch, vor die Aufbauten des toskanischen DJs.

An unserem Tisch saß der 29-jährige brasilianische Priester aus einem Gemeindebezirk in der Nähe meiner Wohnung.«

Gedicht: *Energie*

Auf deinen Leib,
labyrinthische Höhlung, die ich nicht durchdrang,
auf deine Beine, schmerzliches Mysterium der Zeugung,
auf dein engelsgleiches und teuflisches Profil,
erhebe ich den Kelch der Trunkenheit.
Hier, wo das Leben zur Ekstase zweier Geschicke wird,
erschöpft sich stumm mein Opfer.

Ausgehend von einem Fixpunkt überprüfe ich gewissenhaft die Fakten: Raffaele war auf der Party in Testaccio mit dem italienischen Priester zusammen. Er kennt dessen Privatleben gut, weiß, woher er stammt, aus was für einer Familie er kommt und welche soziale und berufliche Stellung seine Eltern haben.

Bevor ich aus Rom abreise, verabrede ich mich mit Raffaele ein letztes Mal. Wir stehen auf dem Platz, auf dem er den Priester nach eigener Aussage getroffen hat. Ich bitte ihn, mich von dort aus zu seiner Wohnung zu führen. Vor dem Eingangstor seines Hauses bleiben wir stehen. Raffaele dreht sich um und deutet auf eine Kirche in der Nähe, in welcher der Don die Eucharistiefeier leitet. Ich bitte ihn, mir den genauen Weg vom Tor des Kirchenbaus zur Wohnung des Priesters zu beschreiben. Dann lasse ich mir detailliert das Innere von dessen Wohnung beschreiben.

Alles stimmt bis aufs i-Tüpfelchen.

Sicher: Raffaele könnte auch ein gewöhnlicher Freund des Priesters sein und deswegen seine Wohnung kennen. Es gibt keinen Beweis, dass beide tatsächlich eine sexuelle Beziehung mit sadomasochistischen Praktiken hatten. Zu diesem Punkt liegen mir nur Raffaeles Aussagen vor.

Ich stoße irgendwie an eine Grenze. Ich ziehe auch die Möglichkeit in Erwägung, dass Raffaele ein Lockvogel sein könnte, den man auf mich angesetzt hat, um meine Recherchen zu diskreditieren. Viele Zweifel, wenig Gewissheiten. Ich beschließe, die Aussagen meines Gewährsmanns mit dem warnenden Hinweis weiterzugeben, dass sie nicht unbedingt wahr sein müssen. Es ist nur die Darstellung von einer Seite, auch wenn sie glaubwürdig ist. Die andere Partei ist allerdings verschwunden und nicht mehr erreichbar.

Aber selbst wenn man vom schlimmsten Fall ausgeht, so spiegeln diese Aussagen doch einen Teil dieser seltsamen Welt wider, in die ich für eine kurze Zeit meines Lebens eingetaucht bin.

5
Das Rätsel um Don Fabio

Ich führe meine täglichen Internetrecherchen weiter. In einem Chatroom, in den man ohne Registrierung hineingelangt, meldet sich jemand unter dem Nicknamen *Ospito a Trastevere,* etwa »Wirt in Trastevere«. Er verlangt absolute Diskretion. Und bittet um ein Treffen noch am selben Abend.

Ich habe einen direkten Nicknamen gewählt: »Suche Priester«. Dass ich mich damit sehr weit aus dem Fenster lehne, ist mir völlig klar.

Ich sondiere das Terrain und lege Fallen aus, damit hoffentlich eine Maus hineintappt. Dann meldet sich mein Gewissen zu Wort. Aber ich mache ihm klar, dass für Skrupel jetzt nicht der richtige Augenblick ist.

Jetzt habe ich mich in die Szene eingeschleust und will keinen Rückzieher machen. Außerdem …

Außerdem habe ja nicht ich diese Party in Testaccio mit schwulen Priestern organisiert, so wenig wie ich zwei Callboys engagiert und dafür bezahlt habe, dass sie Priester zu anzüglichen Tänzen animieren.

All das geht auf ihr Konto.

Ich bin nur hingegangen, um zu überprüfen, ob es wirklich stimmt, was man mir erzählt hat.

Und es hat gestimmt und stimmt noch.

Nun möchte ich herausfinden, ob ich es nur mit zwei oder drei Priestern zu tun habe und ob ich auf die Spitze eines Eisbergs gestoßen bin. Eines ist sicher: Das hier ist nicht zu Ende. Ich mache weiter. Ich möchte erfahren, wie es um die priesterliche Keuschheit wirklich bestellt ist. Und wenn ich dieses Ziel erreichen will, darf ich auf meine oder andere Bedenken keine Rücksicht nehmen. Ausflüchte oder angebliche moralische Einwände gelten hier nicht. Und damit Schluss.

Ich suche Priester.

Der »Wirt in Trastevere« stellt eine Frage um die andere. Er will wissen, wie alt ich bin, in welcher Region ich wohne, worauf ich denn so Lust hätte, wie schwer und wie groß ich bin und welche männlichen wie weiblichen, aktiven wie passiven Eigenschaften mich auszeichnen.

Ich sage ihm, mir sei alleine wichtig, dass er ein echter Priester sei.

Er behauptet, er heiße Fabio, stamme aus der Region Molise an der Adria, lebe aber schon seit 25 Jahren in Rom. Und er sei wirklich Priester.

Ich frage ihn, ob er für mich sein Priestergewand anlegen würde.

»Nein«, antwortet Fabio.

Ich frage ihn, ob er wenigstens die Hosen, das Hemd und den Kragen des Priesters für mich anzieht.

Fabio verneint erneut.

Ich frage, ob er für mich ein anderes geweihtes Kleidungsstück anziehen würde.

Fabio weigert sich auch hier.

Ich frage ihn, ob er mir dann aber seine komplette Ausstattung als Priester zeigt, wenn ich ihn in seiner Wohnung besuche.

»Ja, das verspreche ich dir«, sagt er.

Ich sage ihm, ich sei ganz verrückt nach Priestern.

»Sachte«, ermahnt mich Fabio.

Ich bitte um seine Handynummer, damit ich ihn anrufen könne, falls etwas dazwischenkomme.

»Das kommt überhaupt nicht infrage«, antwortet er.

Aber ich gebe ihm meine Nummer. Ich sage ihm, dass ich bisexuell sei und eine Freundin hätte. Er soll glauben, dass auch ich Diskretion brauche.

Es ist Dienstag, der 6. Juli. Wir verabreden uns auf denselben Abend um 21 Uhr. Ich begleite Michele nach Trastevere und folge ihm in kurzem Abstand. Dann begegnen sie einander. Fabio trägt beige Hosen, ein weißes T-Shirt und Brille. Er ist groß und schlank und hat helles Haar. Er kommt in Sandalen. Nachdem sie sich kurz vorgestellt haben, führt Fabio Michele in eine enge Straße, in der die Kirche und das Wohnhaus einer katholischen Mission stehen.

Fabio fragt weiter: »Was arbeitest du? Seit wann lebst du in Rom? Seit wann hast du eine Freundin?« Und er fragt, woher denn dieses besessene Verlangen nach Priestern komme.

Michele erzählt ihm, er habe eine Affäre mit einem jungen Priester gehabt, der frisch vom Seminar gekommen sei. Er habe den Talar getragen. Daher diese Fantasie.

Sie sind am Ziel. Fabio zieht einen Schlüssel aus der Hosentasche und öffnet das Tor. Sie treten ein und durchqueren die Eingangshalle, vorbei an einer besetzten Portiersloge mit Computer. Sie gehen in den zweiten Stock nach oben. Fabio öffnet die Tür zu dem Zimmer. Es ist mit einer umfangreichen Bibliothek ausgestattet. Auf dem Lesepult auf einem Schreibtisch liegt eine geöffnete Bibel. Binnen Sekunden legt Fabio ab und zieht meinen Freund in sein Bett.

Beim sexuellen Kontakt lässt er sich zu seiner Erregung von Michele schildern, was er mit dem anderen Priester gemacht hat. Nach dem Sex erinnert Michele ihn an sein Versprechen im Chatroom.

»Das wäre?«, fragt Fabio.

»Die Gewänder.«

Fabio öffnet den Schrank und präsentiert seine Sakralgewänder: zwei schwarze Talare sowie ein weißes und ein grünes

Gewand. Als er Michele hinausgeleitet, fragt er ihn, ob er seine Neugierde befriedigt habe. Ob er jetzt wisse, wie der Sex mit einem Priester sei. Und er erzählt, dass viele sofort Schluss machten, wenn sie nach der Anmache im Chatroom von ihm erführen, dass er Priester sei.

Der Franzose reist demnächst nach Frankreich ab und wird dort für drei Wochen bleiben. Am Vortag der Abreise liest er um sieben Uhr früh im Petersdom die Messe. Als er abgereist ist, schaue ich in dem Kloster vorbei, von dem er mir gesagt hat, dass er dort wohne. Ich gebe mich als Mitglied des Chors der Diözese Rom aus und erkundige mich nach ihm. Man sagt mir, dass er um den 10. August zurückkomme. Das dürfte genügen.

Mir fehlen in dem Puzzle nur noch wenige Teile: das des Italieners, das des Priesters, der blasphemische Spiele wünscht, und das des Missionars Don Fabio.

Der Italiener gibt meinen Avancen nach und lädt mich in einem Restaurant in seiner Nähe zum Abendessen ein.

Michele trifft pünktlich um 21 Uhr ein. Der Italiener trägt Sportschuhe, beige Hosen und ein türkisfarbenes Hemd. Er trägt eine Umhängetasche mit schwarzem Gurt bei sich. Bevor er in das Lokal hineingeht, deutet er auf den beleuchteten Balkon des Monsignore, seines Chefs, der hoch über der Stadt thront. Er zählt eine Reihe von Persönlichkeiten aus dem Showbusiness auf, die in dem Restaurant häufig zu Gast sind.

Das Lokal liegt zwischen der Piazza Navona und dem Pantheon. Der Italiener grüßt alle und kennt jedermann, vom Inhaber bis zu den Kellnern, allesamt gut aussehende Schwule.

»Weißt du jetzt, warum ich hierherkomme? Das Lokal ist *gay friendly*.«

Er bestellt eine Pizza mit Büffelmozzarella und ein Bier. Am

Nebentisch sitzen zwei Männer. Einer, sagt der Italiener, sei Priester und der andere sein Freund.

»Vorsicht«, scherzt er, »jetzt steckst du im Sandwich.«

»Bitte?«, fragt Michele.

»Hinter dir sitzt ein Priester, und vor dir sitzt ein Priester. Aber der vor dir ist klar der bessere.«

Der Italiener behauptet, dass in dem Restaurant viele schwule Priester verkehrten.

Er erzählt, er habe seine wahre sexuelle Orientierung erst vor drei Jahren entdeckt, als er in die römischen Kreise und in regelmäßigen Kontakt zu anderen Priestern gekommen sei. Mindestens 98 Prozent derer, die er kenne, seien schwul. Die anderen erlebten ihre Sexualität frustriert und seien dauernd nur im Priestergewand und mit Klöppelspitzen behängt unterwegs. In der heutigen Kirche gebe es eine unversöhnliche Fraktion, die vor den Realitäten die Augen verschließe, und eine andere, eher evangelisch orientierte, die die Tatsachen anerkenne und akzeptiere. Dann kommt er auf den Brasilianer und den Deutschen zu sprechen. Sie seien miteinander liiert, deswegen sei der Franzose wohl eifersüchtig.

Michele fragt, wie die Priester es denn schafften, ihre Sexualität und ihr Amt unter einen Hut zu bringen.

Er und die anderen seien doch erst einmal Menschen und dann Priester, antwortet der Italiener. Der Priester schließe den Menschen und der Mensch den Priester nicht aus.

Nach der Pizza führt er Michele zu seiner Wohnung. Sie durchqueren den großen Torbogen des gewaltigen Baus der kirchlichen Einrichtung, für die er arbeitet. Sie nehmen den Fahrstuhl nach oben. In der Wohnung führt er Michele an die Fenster, damit er das phantastische Panorama bewundern kann. Anschließend legt er ab, zieht kurze Hosen an und fläzt sich aufs Bett.

Einige Tage später besuche ich die Kirche in der Nähe seiner Wohnung und nehme an der Messe teil, die er liest. Ich erscheine als Tourist mit Sonnenbrille, um nicht erkannt zu werden. Mit zitternder Hand filme ich den Priester mit meiner kleinen Kamera, die ich mit einem Stadtplan von Rom gut sichtbar bei mir trage.

Nun versuche ich Don Fabio, den Missionar, aufzuspüren. Aber im Verlauf der Tage wird die Sache um seine Person zusehends mysteriös. Mindestens eine Woche besuche ich sämtliche Messen, die in der Mission in Trastevere in Italienisch, Spanisch und Portugiesisch gelesen werden.

Nichts, keine Spur von ihm.

Ich erkundige mich beim ältesten Priester des Hauses nach ihm. Er antwortet mürrisch, ein Fabio sei nicht da, und verschwindet verärgert.

Ich schließe mich der Gruppe Freiwilliger an, die in der Mission mitarbeiten, lerne fast jedermann kennen, von den kleinen Buben bis zu den brasilianischen und anderen lateinamerikanischen Priestern. Sogar an der sonntäglichen Tombola nehme ich teil, bei der es alle möglichen Spielsachen und einen Computer als Hauptpreis zu gewinnen gibt.

Nichts. Kein Don Fabio.

Ich versuche ihn mit einem Zettel aufzustöbern, den ich mit der Bitte unter seiner Tür hindurchschiebe, dass er mich dringend zurückrufen soll. Unterschrieben mit: »Der Typ von der Nacht damals.«

Nichts: Don Fabio ist verschwunden, hat sich in Luft aufgelöst. Am Ende versuche ich mich den Geistlichen seiner Mission zu offenbaren. Ich sage, ich sei mit Don Fabio im Zimmer im zweiten Stock gewesen. Und beschreibe die gesamte Einrichtung. Die anderen igeln sich ein und behaupten, es gebe dort keinen Don Fabio, keinen Priester aus Molise, überhaupt keinen italienischen Priester. Inzwischen sind seit dem Abend in Testaccio etwa 20 Tage vergangen.

Wer weiß? Vielleicht war Don Fabio tatsächlich kein echter Priester. Aber er hatte die Schlüssel und bewegte sich in der Mission und in dem Zimmer so vertraut wie jemand, der dort tatsächlich wohnt.

Wer weiß?

Bevor ich aus Rom abreise, erhalten Michele und ich eine Nachricht. Es ist der vermeintliche Psychopath, der sich als Priester ausgegeben und Sex im Kloster, im Flur und in der Kapelle, angeboten hat. Er will mich sehen. Zum Sex.

Er erscheint am Nachmittag am vereinbarten Ort. Michele erwartet ihn. Er trägt die typisch schwarzen Hosen sowie ein schwarzes, kurzärmeliges Hemd und einen blauen Rucksack auf dem Rücken. Er ist mindestens 1,90 Meter groß und hat kastanienbraunes, kurz geschnittenes Haar mit einem Seitenscheitel. Er spricht perfektes Italienisch mit ausländischem Akzent.

Er kündigt sich damit an, dass er der Priester sei. Er begrüßt Michele, worauf sich beide einander richtig vorstellen. Dann betreten sie ein kleines Zimmer.

Er öffnet den Rucksack, zieht ein Bündel aus beigem Leinen heraus und legt es auf die Konsole. Danach stürzt er sich auf Michele. Er küsst ihn, greift ihm in den Schritt und sucht sofort nach dem Reißverschluss, öffnet ihn und beginnt sein Geschlechtsteil zu bearbeiten.

Dann entfaltet er das Bündel, holt einen großen, goldenen Kelch heraus, hält ihn unter Micheles Hoden und reibt weiter seinen Penis. Er will ausleben, was er im Chatroom angekündigt hat.

Michele wehrt ihn ab, erfindet eine Ausrede. So etwas kann er nicht. Er sagt, er habe Angst, an einen Psychopathen geraten zu sein.

Der andere verliert die Geduld, fasst sich an die Gesäßtasche seiner Hose und zieht eine Mitgliedskarte heraus. Es ist so eine, wie auch der Franzose sie besitzt. Die Karte ist mit seinem Foto und seinem Namen versehen.

Alles könnte teuflisch listenreich eingefädelt sein, um mich zu täuschen. Aber wenn dem so wäre, erhielte der Leser immerhin eine Vorstellung von den seltsamen Zombies, die die römischen Nächte bevölkern und die Mauern des Vatikans umschwärmen.

An diesem Punkt neige ich allerdings zur Überzeugung, dass der Mann tatsächlich Priester ist.

Er nestelt erneut in seinem Rucksack, zieht Hostien heraus und nimmt die große zur Hand. Er steckt sie sich halb in den Mund und gibt die andere Hälfte Michele zu essen. Dann küsst er ihn, verabschiedet sich und kehrt in sein Kloster zurück.

6
Helle Empörung

Um meine Tage in Rom zwischen Priestern, Schwulenpartys, Callboys und Liturgien zu dokumentieren, habe ich eine versteckte Kamera eingesetzt.

Ich brauche sichere, unumstößliche Beweise, wenn ich mit meinen Behauptungen nicht in der Luft zerrissen werden will.

Es ist der 23. Juli 2010. Das italienische Wochenmagazin *Panorama*, für das ich arbeite, veröffentlicht einen Teil meiner Recherchen und Aufnahmen. Auf der Titelseite sind die gefalteten Hände eines Priesters abgebildet, der einen Rosenkranz hält. Die Fingernägel des Mannes sind rosa lackiert.

Titel: »Die wilden Nächte der schwulen Priester«

Eine erste Erklärung aus der römischen Kirche wird über die Presseagentur Ansa veröffentlicht.

»Anonyme Quellen des Vatikans« brandmarken meine Recherchen als »ohne konkrete und fundierte Quellen« und diskreditieren sie als den »Versuch, um jeden Preis einen Skandal herbeizuschreiben«.

Der Herausgeber von *Panorama*, Giorgio Mulè, reagiert:

»Ich möchte die anonymen Quellen im Vatikan beruhigen und auffordern, sich am Kiosk das betreffende Heft zu beschaffen, um die Reportage zu lesen. Falls dies nicht möglich ist und sofern sie bereit sind, sich der Leitung der Zeitung zu offenbaren, gebe ich ihnen gerne die Namen und Adressen der Priester, die an den fraglichen sexuellen Handlungen beteiligt waren. Diese sind im Übrigen durch Videoaufnahmen dokumentiert.«

Und gesicherte und unwiderlegbare Beweise benötigte ich denn auch tatsächlich.

Einige Stunden später wird eine offizielle Note des Kardinalvikars Agostino Vallini, des Stellvertreters von Papst Benedikt XVI. für die Diözese Rom, verbreitet.

»Der Zweck dieses Artikels liegt auf der Hand: einen Skandal zu entfachen; aufgrund der Behauptung eines Interviewten, wonach ›98 Prozent der ihm bekannten Priester homosexuell‹ seien, sämtliche Geistlichen zu diffamieren; die Kirche in Misskredit zu bringen und Druck auf die Teile der Kirche auszuüben, die von diesen als ›unversöhnlich‹ bezeichnet werden, weil sie angeblich ›vor der Realität‹ der homosexuellen Priester die Augen verschließen«.

Die Tatsachen stellt der Vatikan dabei nicht mehr infrage.

Vallini weiter:»Die dargelegten Fakten können in der Kirchengemeinde Roms nur Schmerz und Bestürzung auslösen: Diese kennt ihre Geistlichen nicht von einem ›Doppelleben‹, sondern von einem ›einzigen Leben‹, einem glücklichen und fröhlichen, das im Einklang mit der Berufung steht, einem für Gott und dem Dienst an den Menschen, das damit befasst ist, das Evangelium zu leben und zu bezeugen, und das allen ein moralisches Vorbild ist.

Dies sind die über 1300 Priester unserer 336 Gemeinden, der Oratorien, der zahlreichen karitativen Einrichtungen, der Institute des geweihten Lebens und der anderen kirchlichen Wirklichkeit, die an den Universitäten, in der Welt der Kultur, den Krankenhäusern und an den Fronten von Armut und menschlicher Verwahrlosung wirken, und nicht nur in unserer Stadt, sondern auch in fernen Regionen und unter sehr unwirtlichen Verhältnissen.

Wer die Kirche von Rom kennt, in dem auch viele hundert weitere Priester aus aller Welt leben, um an der Universität zu studieren, ohne der römischen Geistlichkeit anzugehören oder in der Seelsorge tätig zu sein, der hat es mitnichten mit einem Verhalten wie dem dieser Männer mit ›Doppelleben‹ zu tun, die nicht begriffen haben, was die ›katholische Priesterwürde‹ ausmacht, und die nicht hätten Priester werden sollen.

Sie wissen, dass niemand sie zwingt, Priester zu bleiben, um nur deren Vorteile auszunutzen. Konsequenz würde erfordern, dass sie sich zu erkennen geben. Wir wollen ihnen nichts Übles, können aber nicht akzeptieren, dass ihr Verhalten dazu führt, dass die Ehrbarkeit aller in den Schmutz gezogen wird«.

Im Kern, so räumt der Vatikan ein, gibt es das Problem, auf das in der Reportage mit Belegen aufmerksam gemacht wurde. Zumindest daran besteht keinerlei Zweifel mehr.

Und die Note des Kardinalvikars schließt: »Angesichts solcher Fakten schließen wir uns mit Überzeugung den Worten an, die der Heilige Vater Benedikt XVI. in den letzten Monaten mehrfach wiederholt hat: ›Die Sünden der Priester‹ gemahnen uns alle an eine Umkehr im Herzen und im Leben sowie daran, dass wir wachsam sein müssen, um den ›christlichen Glauben und das christliche Leben nicht zu vergiften, indem die Integrität der Kirche angegriffen, ihre Fähigkeit zur Prophezeiung und zum Zeugnisablegen geschwächt und die Schönheit ihres Antlitzes getrübt wird‹.

Dieses Vikariat hat die Pflicht, jedes unwürdige Verhalten im priesterlichen Leben nach den Regeln der Kirche streng zu verfolgen.«

Man kann über die Form der Reportage und, so man möchte, auch darüber streiten, ob die Dinge so schonungslos ans Licht geholt werden sollten, aber in der Substanz sind die dargelegten Fakten vollständig richtig. So ermahnt das Vikariat denn auch die homosexuellen Priester streng, sich zu erkennen zu geben, das Priestergewand abzulegen und aus dem Kirchenamt auszuscheiden.

Ein zweiter Punkt ist ebenfalls sehr wichtig. Nach dem Tenor der offiziellen Note des Vikariats von Rom handele es sich um einzelne schwarze Schafe, wie es sie in jeder anständigen Familie gebe. Ansonsten sei die Kirche bevölkert von Priestern, die mit ihrer Berufung und Pflicht im Einklang lebten. Sie dienten Gott und den Menschen und seien Zeugen des Evangeliums und moralische Vorbilder für jedermann.

Um Himmels willen! Niemand schert alle Geistlichen über einen Kamm. Ich hatte nie und habe nicht die geringsten Zweifel an Priestern, die hingebungsvoll die Messe lesen und Arbeit mit Jugendlichen und Ausgegrenzten leisten, an Priestern, die in den Jugendfreizeitstätten bis zur Erschöpfung arbeiten, an Missionaren, die ihr Leben an Orten zubringen, an denen Menschen wie wir es keine 24 Stunden aushalten würden.

Es geht um etwas anderes.

Wenn ein Freund Alkohol- oder Drogenprobleme hat, hilft man ihm gewiss nicht, wenn man die Schuld dafür auf andere schiebt, um ihn wieder aufzurichten, auf die Verlobte, die ihn betrogen hat, auf seinen üblen Arbeitgeber oder auf unsere korrupte Gesellschaft, in der alles zugrunde gerichtet wird.

Wenn man den Freund wirklich mag, hat man die Pflicht, aufrichtig, direkt und schonungslos zu sagen, was mit ihm los ist. Man legt nicht die Hände in den Schoß und wartet, bis er vollends am Ende ist. Wenn einem sein Schicksal wirklich etwas bedeutet, sagt man ihm, wie die Dinge liegen: dass das Problem in ihm selbst, in seinem Innersten, seinem Kopf liegt. Und dass er es angehen muss. Man bleibt natürlich in seiner Nähe, unterstützt ihn, klopft ihm aber nicht auf die Schulter. Man sagt ihm ins Gesicht, was sein Problem ist, und macht ihm deutlich, dass er es an der Wurzel packen muss.

Wer ihn darin bestärkt, dass sein Arbeitgeber ein Schuft oder Schlimmeres, dass er das Opfer eines internationalen Komplotts sei, dass der amerikanische Nachrichtendienst, der israelische Geheimdienst, der militärische Abschirmdienst oder sogar der

Nachbar hinter allem stecke, der ist entweder dumm, kein wahrer Freund oder, schlimmer noch, einfach böswillig. Vielleicht will er sich bei ihm einschmeicheln, um ihn bequemerweise in seinem Zustand zu halten, denn je größer seine Schwierigkeiten werden, desto besser lässt er sich ausnutzen.

Wer in der Seele und nicht nur in Worten Christ ist, wer Christi Lehre wirklich im Herzen trägt, der geht der Sache auf den Grund. Auch mit dem Risiko, dass er auf eine Wahrheit stößt, die für ihn und für die Umgebung schmerzhaft ist. Einem echten Christen liegen der Seelenzustand, das innere Gleichgewicht und die Unbeschwertheit auch derer am Herzen, die als schwarze Schafe gelten. Man jagt sie nicht aus seinem Haus, um das eigene Gewissen zu beruhigen und in seinem Leben die Lüge und die Heuchelei aufrechtzuerhalten.

Ein echter Christ fragt sich, ob schwarze Schafe vielleicht nicht weniger Nutznießer und Schmarotzer als vielmehr Opfer sind.

Opfer auch, weil Blindheit, Vernachlässigung und Verwahrlosung herrschen.

Ein echter Christ will begreifen, warum diejenigen, die fehlen, zu dem geworden sind, was sie sind. Er will wissen, welches Denken, welche Empfindungen und welches Unbehagen sie umtreibt. Er will wissen, ob das Bild, das er sich vom äußeren Augenschein gemacht hat, wirklich der Wahrheit entspricht. Und ob diejenigen, die er verurteilt, nicht etwa am Rand des Selbstmordes stehen.

Es ist gewiss nicht seine Schuld, wenn er auf der Suche nach der Wahrheit alleine dasteht. Schuld ist vielmehr derjenige, der einfach nicht sehen will, dass es sie gibt. Denn diese schwarzen Schafe existieren, und sie sind Menschen, Kinder Gottes. Sie sündigen wie alle Sterblichen, müssen aber auch noch die Last der Lüge mit sich schleppen.

Der echte Christ fragt sich hier, ob er noch ein guter Hirte ist. Ihm kommen Zweifel. Er stellt sich angesichts der Tatsachen selbst infrage. Ein wahrhaft guter Hirte setzt darauf, dass seine Schäfchen ihm folgen, weil sie an ihn glauben und auf seine moralischen Kräfte und Führungsqualitäten vertrauen und nicht deshalb, weil sie sich vor den Zähnen der reißenden Hunde fürchten.

Ein echter Christ will wissen, ob es von den schwarzen Schafen wirklich nur ganz wenige gibt. Ob es nicht viele gezeichnete, zerrüttete Seelen gibt, die ihr ganzes Leben an schweren Lasten tragen. Menschen, die im Stillen leiden und auf die Hilfe des Christen warten.

Der echte Christ will auch verstehen, ob diese Menschen nur Sex um des Sexes willen konsumieren oder ob sie nicht auf der Suche nach Zuneigung, Liebe und Mitmenschlichkeit sind. Ob sie sich einsam und von Gott und den Menschen verlassen fühlen.

Sich diese Fragen zu stellen, heißt Christ sein.

Dann liebt man jemanden wirklich, liebt seinen Nächsten so wie sich selbst.

Wenn es um unglückselige Menschen geht, die im Widerspruch mit sich selbst leben und sich unwürdig verhalten, muss man das Problem an der Wurzel packen: Und es sind nicht nur drei oder vier.

In Wahrheit sind sie sehr viele.

Zahlreiche Priester haben eine verborgene Seite und führen ein Doppelleben, ob als Homo- oder als Heterosexuelle. Denn es wird kein Unterschied gemacht, ob Priester nun Frauen oder Männer lieben.

In diesen Recherchen werden sie auf genau dieselbe Weise behandelt. Dass diese Reportage mit einer Party begann, an der schwule Priester teilnahmen, ist reiner Zufall. Im Folgenden werden – ebenfalls anhand von Recherchen *undercover* – das Leben und die Probleme aller, auch die von Nonnen und Frauen, beleuchtet, die im Abseits und Verborgenen eine schwierige Existenz als Geliebte von Priestern leben.

Hier verlässliche Daten zu erheben, ist allerdings ein schwieriges Unterfangen. Da es zu der Problematik natürlich keine offiziellen Untersuchungen und Statistiken gibt, muss man sich mit halboffiziellen, teilweisen und vorläufigen Schätzungen begnügen. Aber selbst wenn diese keinen Anspruch auf Wissenschaftlichkeit erheben können, vermitteln sie immerhin eine Vorstellung von der Größenordnung des Phänomens, mit dem wir uns hier befassen. Die aussagekräftigsten Versuche, diesem auf die Spur zu kommen, stammen aus den USA.

Nach den zahllosen Studien des Psychiaters Richard Sipe, eines ehemaligen Benediktinermönchs und Priesters, unterhielten 25 Prozent der amerikanischen Priester nach ihrer Weihe Beziehungen zu Frauen. 30 Prozent sind schwul, und weitere 20 Prozent hatten homosexuelle Kontakte, gerieten in einen seelischen Konflikt, weil sie phasenweise sexuell aktiv waren, gerieten in Versuchung, homosexuellen Aktivitäten nachzugehen, identifizierten sich als homosexuell oder waren sich ihrer sexuellen Orientierung zumindest unsicher.

Gegenüber dem *Boston Globe* erklärte Richard Sipe: »Wenn wir alle Priester aussondern müssten, die homosexuelle Neigungen haben, käme dies angesichts von deren gewaltiger Anzahl einem kirchlichen Supergau gleich: Ein Drittel der Bischöfe rund um die Welt müsste zurücktreten.«

Nach Schätzung des Soziologen und Schriftstellers James G. Wolf sollen 48 Prozent der amerikanischen Priester schwul sein. Forschungen, die er anhand von Fragebögen an Priester durchführte, führten zu folgendem Ergebnis: Für 58 Prozent ist der Zölibat eher ein Ideal als ein Gesetz, dem unbedingt Folge geleistet werden muss. 35 Prozent sehen ihn eher als Verpflichtung, auf eine Ehe zu verzichten, als den Zwang zu vollständiger sexueller Abstinenz. 41 Prozent meinen, dass ihr Sexualleben mit ihrem Priesterdasein nichts zu tun habe.

Im Herbst 1999 schickte die Tageszeitung *Kansas City Star* 3000 Priestern in den USA einen Fragebogen, den 801 Geistliche auch beantworteten. 75 Prozent bekannten sich in den Antworten zu homosexuellen Neigungen, 15 Prozent erklärten offen, sie seien homosexuell, und 5 Prozent, sie seien bisexuell.

Im Jahr 1990 versandte der Franziskaner Reverend Thomas Crangle an 500 zufällig ausgewählte Priester einen Brief mit Fragen. 398 gaben Auskunft: Dabei erklärten 45 Prozent, sie seien schwul.

In Brasilien führte das Centro de Estatística Religiosa e Investigações Sociais (Ceris) – ein Zentrum für religiöse Statistik und Sozialforschung – eine anonyme Studie durch, an der 758 repräsentativ ausgewählte brasilianische katholische Priester teilnahmen: 41 Prozent räumten ein, bereits sexuelle Kontakte gehabt zu haben. Die Hälfte von ihnen sprach sich gegen den Zölibat aus.

Ähnlich ist die Lage mit Blick auf den Zölibat in Europa: Eugen Drewermann, Schriftsteller, Kirchenkritiker, Theologe und Expriester, vertritt anhand von Studien die Auffassung, dass in Deutschland von insgesamt 18 000 Priestern mindestens 6000 mit einer Frau leben.

Der Theologe Paul Zulehner war von 2000 bis 2007 Dekan der Fakultät für Katholische Theologie an der Universität Wien. In der österreichischen Zeitung *Österreich* erklärte er, 22 Prozent der österreichischen Priester unterhielten Beziehungen zu Frauen. Dabei nannte er andere Untersuchungen, wonach dieser Prozentsatz sogar bei 50 Prozent liege. Zudem verwies er auf eine neuere Studie anhand einer repräsentativen Gruppe von 500 Priestern: 81 Prozent der befragten österreichischen Geistlichen sprachen sich für die Abschaffung des Pflichtzölibats aus, 51 Prozent waren für die Einführung des weiblichen Priesteramts.

Zu einem ähnlichen Ergebnis kam eine Umfrage der Johannes-Kepler-Universität Linz unter 406 katholischen Priestern: 59 Prozent der österreichischen Priester befürworten die Abschaffung des Pflichtzölibats.

Ein Blick auf die britischen Inseln offenbart Ähnliches: In der Tageszeitung *The Guardian* war die Rede davon, dass in Großbritannien rund 1000 Kinder von katholischen Priestern leben.

Nach Pat Buckley, einem irischen Bischof, der eine Unterstützergruppe für Geliebte von Priestern gründete, haben in Irland mindestens 500 Frauen ein Verhältnis mit einem katholischen Priester. Mindestens 200 Kinder sollen aus diesen Beziehungen hervorgegangen sein.

Nach einer Untersuchung mit dem Titel »Radiografía del clero diocesano español« der spanischen Zeitschrift *21rs* wünschten sich 52 Prozent der Geistlichen Wahlfreiheit beim Zölibat.

Und zu Italien? Nichts. Nie hat irgendjemand jemals versucht, eine entsprechende Untersuchung durchzuführen.

Und wehe, man kontaktiert Psychiater mit Priesterweihe, die sich um Geistliche kümmern, die in sexuelle Affären verstrickt sind. Sie meiden einen wie die Pest. Sie haben Angst. Man kann über alles reden, aber doch nicht über Sexualität.

7
Ein offener Brief

Um zu ergründen, was in der verborgenen Welt der italienischen Geistlichkeit tatsächlich vor sich geht, bleibt einem eigentlich nur eine Möglichkeit: sich ins Auto setzen, nach Pinerolo im Piemont fahren und lang mit Don Franco Barbero plaudern.

Dieser Mann verfügt über herausragende menschliche Qualitäten, ist sanftmütig und offen und kann wie nur wenige zuhören. Seine Geschichte ist es wert, erzählt zu werden.

Don Franco Barbero kommt 1939 in Savigliano in der Provinz Cuneo zur Welt. 1963 wird er mit 24 Jahren zum Priester geweiht. Nach einigen weiteren Jahren im Priesterseminar wird er in eine Gemeinde an der Peripherie von Turin entsandt. Die Stadt ist zu der Zeit bereits ein offenes Labor der Laienbewegung. Don Franco lernt zahlreiche Homosexuelle kennen, die zu ihm in die Beichte kommen. Als junger, unerfahrener und papsttreuer Priester begegnet er den Menschen mit besonderer Aufmerksamkeit. Und er hört ihnen zu.

Gegen Ende der Sechzigerjahre kommt ihm der Gedanke, eine kleine Gemeinschaft außerhalb der Gemeindestrukturen zu gründen. Nachdem er mit Nahestehenden darüber gesprochen hat, treffen sie sich regelmäßig zum Gebet, bis 1973 die christliche Basisgemeinschaft mit Sitz in Pinerolo entsteht.

Im Jahr 1975 veröffentlicht Papst Paul VI. nach der Enzyklika *Humanae Vitae* von 1968 das Dokument *Persona Humana*, eine Erklärung zu Fragen der Sexualethik. Vorehelicher Geschlechtsverkehr, Masturbation und homosexuelle Beziehungen galten darin als »Missbrauch der Geschlechtskraft«. Von da an sagt der Vatikan sämtlichen Schwulen und Lesben auf der Welt den Kampf an.

Im Jahr 1977 lernt Don Franco Ferruccio Castellano kennen, einen jungen homosexuellen Gläubigen, der ihn oft besuchen kommt und mit dem er intensive Gespräche führt. Beide haben Pläne für die Organisation einer großen nationalen Tagung, die sich mit dem Thema Glauben und Homosexualität befasst. Aber sie stoßen überall auf verschlossene Türen und Schweigen. Im gleichen Jahr kommen in der Basisgemeinde in Pinerolo zwei junge Schwule vorbei. Wie Don Franco erfährt, wird in einigen katholischen Gruppen in Berlin und in Paris die Liebe homosexueller Paare gefeiert.

Kurz darauf, im Februar 1978, feiert Don Franco Barbero in der kleinen Niederlassung der Gemeinschaft die Eucharistie zur Vermählung dieser beiden Männer. Sie sind begeistert, bewegt, aber auch isoliert.

Don Franco und Ferruccio haben den Gedanken an eine nationale Tagung noch nicht aufgegeben. Unterstützung erhalten sie von Pastor Eugenio Rivoir, dem Leiter des piemontesischen ökumenischen Zentrums Agape, und tatsächlich erfüllt sich 1980 ihr Traum: Vom 13. bis zum 15. Juni findet eine große Konferenz zum Thema »christlicher Glaube und Homosexualität« statt.

Das Ereignis, das Freiheit verheißt, Freude auslöst und Hoffnungen weckt, führt zu weiteren Überlegungen und Vorschlägen. In einem Buch, dessen Titel übersetzt *Homosexualität und Evangelium* lautet, schreibt Don Franco: »Unsere Sichtweise war nicht die einer Übertretung, sondern einer Überwindung. Es ging nicht darum, gegen einen regulären liturgischen Kodex zu verstoßen, sondern aufzuzeigen, dass er veraltet ist. Wir nahmen uns nicht deshalb die Freiheit, die Liebe zu feiern, weil wir liturgische Regeln brechen wollten, sondern weil wir erkannt hatten, dass sie unangemessen sind und den neuerlichen Erwartungen aktiver Christen und Christinnen in der Gemeinschaft nicht mehr entsprechen. Wir wollten uns auf Gebieten positionieren, auf denen es liebende und glaubende Menschen gibt, die in der Gemeinschaft einen realen Platz haben. Jetzt ist es notwendig, nicht mehr irgendeinen Schleichweg zu suchen, nicht mehr gebeugt, sondern mit der vollen Würde der Söhne und Töchter Gottes in die Sakristei zu treten. Hochoffiziell. Es geht darum, die Dynamik und den präzisen Kodex des kirchlichen Diktates zu überwinden, und dies nicht aus Streitlust, nicht um Streiche zu spielen oder aus Ungehorsam, nicht aus Rebellion, sondern aus einem bewussten Reifungsprozess heraus, so begrenzt und fehlbar er auch sein möge. Um die Würde der Menschen anzuerkennen. Es geht nicht darum, Würde zu verleihen, sondern darum, Würde anzuerkennen.«

Derweil widmet sich Don Franco seiner großen Leidenschaft: der biblischen und theologischen Forschung. Wenn er gerade keinem zuhört, liest er.

Don Franco dankt Gott dafür, dass er ihm die Augen für ein neues Reich der Liebe geöffnet hat, und segnet schwule und lesbische Paare. Er mischt sich nicht in die Debatte um die Forderungen der Schwulenbewegung zur Ehe, zu zivilrechtlichen Verträgen und den verschiedenen Formen eingetragener Partnerschaften ein. Er überlässt es den Betroffenen, die den Bund vor Gott schließen, wie sie diesen gerne nennen und ausfüllen wollen: Manche nennen ihn den Bund der Liebe.

Mehr als um Benennungen geht es Don Franco ums Wesentliche: Er anerkennt diese Liebesbeziehungen als kostbare Geschenke, nimmt sie an, schätzt ihren Wert und präsentiert sie der Kirche, damit sie erwägt, ob diese Form des Umgangs mit ihnen nicht ein gangbarer Weg wäre. Für ihn ist Kirche nicht nur ein Ort, an dem Althergebrachtes wiederholt wird, sondern auch ein kreativer Raum und eine Gemeinschaft Gläubiger, in der Gott nicht stumm und noch nicht am Ende ist mit dem, was er mit der

Menschheit vorhat. In diesem kirchlichen Versuchslabor werden neue Ansporne und Anreize entwickelt.

Wo keine neuen Erfahrungen gemacht, keine neuen Wege gegangen, keinen neuen Pfade beschritten, keine neuen Räume erschlossen und keine neuen Theologien gesucht werden, besteht die Gefahr, dass das Neue, das Gott in die Gemeinden pflanzt, nicht angenommen wird.

Am 13. März 2003 um sechs Uhr morgens – die übliche Zeit für polizeiliche Razzien – stellt der Bischof von Pinerolo, Monsignore Piergiorgio Debernardi, Don Franco Barbero das Dekret zu, mit dem er aus dem Amt gejagt wird. Don Franco verliert seine Priesterwürde und wird seiner Obliegenheiten entbunden.

Das Dokument ist das Werk der Glaubenskongregation und trägt die Unterschrift von Kardinal Joseph Ratzinger.

Don Franco wird mit »Signor Franco Barbero« angeredet. Die Höchststrafe ist unwiderruflich und unanfechtbar. Für immer. Sie trifft Don Franco mitten ins Herz. Da er nicht einmal Stellung beziehen darf, antwortet er in einem katholischen Monatsheft. Dort veröffentlicht er das, was er einige Jahre zuvor in einem Buch mit dem übersetzten Titel *Die Gabe der Verwirrung* bereits niedergelegt hat:

»Meine liebe Kirche, ich will dir sagen, dass ich dich sehr liebe. Ich preise jeden Tag Gott, dass er mich zum Glauben gerufen, und oft auch, dass er mich in diese Kirche gesetzt hat. In dir bin ich den Schriften begegnet und habe mich in sie verliebt … auch wenn dir dies nicht eben gefällt. Im Gegenteil …

Aber wie jede gesunde und erwachsene Liebe war die zu dir immer eine schwierige: tief und aufrichtig, aber auch zwiespältig. Ich weiß, dass Millionen Frauen und Männer diese Erfahrung teilen. Jetzt möchte ich offenen Herzens zu dir sprechen.

Ich habe den Eindruck – oder vielmehr, stelle fest –, dass du im Verlauf der Jahrhunderte selbst wie der Turm zu Babel geworden bist: *Auf, bauen wir uns eine Stadt und einen Turm mit einer Spitze bis zum Himmel ... und machen wir uns damit einen Namen, dann werden wir uns nicht über die ganze Erde zerstreuen.* (Genesis 11,4)

Du hast einen gefährlichen Weg eingeschlagen, meine liebe Kirche, in der das Interesse vorherrscht, den Turm immer höher zu bauen, ihn zugleich solide und kompakt zu halten, alle und alles von oben zu überwachen, ihn mit einer Mauer zu umgeben, die Fenster zu schließen und die Türen zu verrammeln. Aber von allzu weit oben erscheint die Realität verändert. Und ganz oben hört man nicht mehr die leidenschaftlichen und bewegten Stimmen der Männer und Frauen, das Tappen ihrer Schritte, den Straßenlärm, die Liebeslieder, die Schmerzensschreie und das Pochen der Herzen. Und ganz unten geht das Mehr und das Bessere am Leben verloren ...

Die gefährlichste Isolation ist die, die wir Christen uns selbst zusammenzimmern, wenn wir, krank am Narzissmus, unseren alten Palast, unser betagtes Schloss um jeden Preis verteidigen und die sich weitende Landschaft um uns herum nicht sehen wollen, die Gott für Seine Kreaturen geschaffen hat und noch schafft. Wenn man sich besessen um seinen Palast sorgt, rücken die eigentlichen Menschen in die zweite Reihe ... bis sie verschwinden. Übrig bleiben dann nur der Palast und diejenigen, die ehrfürchtig und ehrerbietig um ihn herumstreichen.

Meine liebe Kirche, wie viel schöner, wie viel lebendiger wärest du, wenn du, anstatt um jedes zerbröckelnde Stück Turm zu weinen und jeden Ziegel mit Zähnen zu verteidigen, den Gott des Lebens erblicken könntest, der weitläufigere Räume öffnet und die Türme zerstört, in denen wir uns selbst einsperren, damit wir uns menschlicheren und heimeligeren Häusern zuwenden können.

Meine liebe Kirche, erinnerst du dich an Abraham?

Geh, verabschiede dich von der Illusion, dass du das Zentrum der Welt bist. Und von der Illusion, dass deine Dogmen das Ebenbild der Wahrheit seien, von dem Anspruch, dass du in jeder Frage stets das letzte Wort hast. Wir haben zwischen den vergänglichen menschlichen Worten und dem bleibenden Wort Gottes genau unterscheiden gelernt.

Verabschiede dich von der Lüge, die du weiterhin verbreitest, wonach Jesus Frauen das Priesteramt versagt habe. Rück von der anderen feierlichen Lüge ab, wonach das Priesteramt und der Zölibat untrennbar mit dem Willen Jesu verbunden seien. Lass ab von deinen unmenschlichen Gesetzen, die als Wille Gottes ausgegeben werden.

Rück ab von dem Götzendienst des kanonischen Rechts, der Gesetze, die du über die Jahrhunderte kodifiziert hast. Streif ab die Last und den Missbrauch deiner Traditionen, die Orte historischer Erfahrungen und nicht etwa Mumien sind, die unantastbar von einem Jahrtausend ins nächste hineingetragen werden müssen.

Trenn dich von der sexuellen Obsession, von deinen Sexualphobien … die noch immer dafür sorgen, dass du die Lebenslust fürchtest, vor Frauen Angst hast und Homosexuelle, Lesben, getrennt lebende, geschiedene und unverheiratet zusammenlebende Menschen mit Argwohn betrachtest und in selbstsüchtigen Ausdrucksweisen diffamierst, anstatt Gott dafür zu danken, dass er der Menschheit tausend Formen der Liebe gibt und diese Liebe da wieder erblühen lässt, wo sie verwelkt war …

Trenn dich von einer Machtstruktur wie dem des Papsttums, um ein Priesteramt wiederzuentdecken, das wahrhaft Dienst ist. Trenn dich von der Ideologie der Mächtigen, die dich immer zur Primadonna machen. Trenn dich vom Gefängnis deines herrschsüchtigen Auftretens, und gib dich dem Traum Gottes hin …«

Schlichte und einfältige Gemüter mag dieser Brief verärgern. Mich berührt er zutiefst.

Aber es gibt einen weiteren, deutlich pragmatischeren Grund, weshalb ich mich ins Auto setze und nach Pinerolo fahre: Don Franco Barbero ist in all den Jahren für viele tausend Priester, die Anlehnung suchten, zu einer Anlaufstelle, einer Zuflucht und einer Schulter geworden, an der sie sich ausweinen können.

Unter den über 600 000 Briefen, die Don Franco Barbero erhalten hat, tragen über 7000 die Unterschrift von Priestern und Nonnen. Und von diesen sind um die 5000 bekennende Homosexuelle. Unter ihnen sind auch Briefe über den leidvollen Konflikt, wenn Männer ihre Liebe zu einer Frau entdecken, nachdem sie ein Gelübde ewiger Treue gegenüber Gott und seiner Kirche abgelegt haben. So berichtet ein 41-jähriger Geistlicher aus Neapel von der Tragik seines Karfreitags, jenes Tages, an dem die Kirche der Passion Jesu gedenkt.

»Lieber Don Franco, am Karfreitag, verzeih die Gotteslästerung, sah ich mich selbst am Kreuz. Während ich die Liturgie leitete, saß vor mir die Frau, die mich liebt. Sie weinte, ich bin sicher, sie weinte meinetwegen.«

Es sind Briefe, die Schuldgefühle, Einsamkeit, Sprachlosigkeit und Heimlichkeiten beklagen. Und sie sind voller Anklagen gegen eine blinde und unsensible Kirchenführung. Es sind verzweifelte Briefe von Menschen, die mit »ein miserabler Priester« unterschreiben.

»Ich fühle mich wie ein Dieb, der sich jeden Tag vor allem und vor allen verstecken muss. Das Schlimmste ist, dass ich einen guten Ruf genieße und von allen geschätzt werde. Der Gedanke, dass es eines Tages bekannt wird, flößt mir mörderisches Entsetzen ein. Ich denke an meine Mutter und an all diejenigen, die mich kennen und schätzen.« Aber die Liebe zu einer Frau wirkt wie eine Droge: »Eine okkulte Macht treibt mich an, und ich kann ihr nicht widerstehen.«

Und es sind die angsterfüllten Briefe zahlreicher homosexueller Priester und lesbischer Nonnen.

Ich bitte Don Franco, mir dabei zu helfen, zu einigen Kontakt aufzunehmen. Natürlich werde ich ihnen Anonymität zusichern und ihre persönliche Geschichte mit besonderem Respekt behandeln.

Don Franco ist freundlich, zuvorkommend und korrekt. Er sagt mir ganz offen, dass er den Ton meines Artikels in *Panorama* überhaupt nicht geschätzt habe.

Ich verzichte auf eine Rechtfertigung und rede mich nicht heraus. Ich sage nur, dass ich ein Buch schreiben und darin die Betroffenen mit ihren persönlichen Geschichten und Erfahrungen gerne zu Wort kommen lassen wolle.

Ich bleibe einige Stunden. Don Franco führt mich durch die Gemeinde, zu Schulbuben, die am Nachmittag hergekommen sind, um ihre Hausaufgaben zu machen, und zu Erwachsenen, die einige Stunden opfern, um ihnen dabei zu helfen. Ich verbringe bei ihm sehr bewegende Momente. Die Zeit fliegt dahin. Fast vergesse ich den Grund, warum ich gekommen bin.

An einem Nachmittag im Spätsommer teilt mir Don Franco mit, mir helfen zu wollen. Er werde in den nächsten Tagen einige Priester, Nonnen und sogar einen Bischof persönlich kontaktieren und ihnen mein Anliegen vortragen.

Die Freude ist von kurzer Dauer. Als ich Don Franco in der darauffolgenden Woche besuche, teilt er mir bedauernd mit, dass alle, die er angesprochen habe, ein Gespräch mit mir abgelehnt hätten. Sie fürchteten mögliche Konsequenzen. Einige Wochen später schickt er mir per E-Mail ein Schreiben mit Gedanken zum Gegenstand meiner Recherchen. Ich dürfe es veröffentlichen, aber nur »ohne jede Kürzung«. Andernfalls solle ich die Mail löschen.

Und so lautet sie:

»Ich schicke voraus, dass ich mehr denn je Teil der katholischen Kirche als Volk Gottes bin und mein seelsorgerisches Amt weiterhin in vollem Umfang ausübe. Ich blicke dabei weniger auf die Kirchenhierarchie, die eine pathologische Wucherung, eine institutionelle Entartung darstellt. Mich interessiert vielmehr das ›Haus‹. Ich liebe viele Menschen, die es bewohnen, Leben hineintragen und sich mit den Oberen anlegen, die es in eine Kaserne, ein Kinderheim oder ein Gefängnis verwandeln wollen.

Was die schwulen Priester betrifft, so kann ich zu ihrer Zahl keine Statistik liefern. Mir sind nur etwas mehr als 3000 von ihnen bekannt. An mich wenden sich übrigens vornehmlich besonders konstruktiv denkende homosexuelle Priester, Mönche, Nonnen und Seminaristen.

Ihre bisweilen dramatischen Nöte rühren nicht von ihrer homosexuellen Veranlagung her, sondern von ihrer Marginalisierung und den Verfolgungen, denen sie innerhalb der Strukturen der katholischen Kirche ausgesetzt sind. Sie zwingen sie zur Geheimhaltung, weil ihnen andernfalls der Entzug ihres Priesteramts droht.

Ich kenne im Übrigen viele glückliche schwule Priester und ziemlich viele in glücklichen Liebesbeziehungen. Viele Homosexuelle, auch Priester, sind glücklich.

Ich habe es satt, in Wort oder Schrift immer wieder dieses Klischee vom Schwulen aufgetischt zu bekommen: Dieser sei so sexgierig wie unser Ministerpräsident, eine getriebene, zugrunde gerichtete und verzweifelte Existenz, Inbegriff des Unglücks.

Wer bodenständig und in der Realität gut verankert ist, der erkennt, dass es noch einen langen Kampf um Rechte braucht und viel Zeit, um für Homoemotionalität und Homosexualität eine neue Sprache zu finden. Deswegen war ich mit Ihrem Artikel ›Die wilden Nächte der schwulen Priester‹ in *Panorama* nicht einverstanden. Bei der neuen Sprache, die ich meine, geht es nicht darum, homoemotionale Menschen zu idealisieren oder ihre negativen und unreifen Seiten auszublenden. Diese Sprache muss vielmehr die Grundlage dafür bilden, dass emotional und sexuell gleichgeschlechtlich orientierte Menschen und ihre

emotionalen und sexuellen Erfahrungen als absolut normal anerkannt werden, wenn man über sie redet oder schreibt.

Verbreitet ist stattdessen eine Berichterstattung, die auf Sen-
sation und billigen Humor aus ist und die mir vor allem deshalb
als krank und pervers erscheint, weil sie die Achtung vor dem
Einzelnen und seinen Erfahrungen billiger Unterhaltung opfert,
die einer dekadenten Zurschaustellung gleichkommt.

Statt auf die pikanten ›Fälle‹, in denen schwule Priester ›über
die Stränge schlagen‹, müsste sich die Aufmerksamkeit meiner
Ansicht nach stärker auf die Unmenschlichkeit der offiziellen katholischen Institution richten, die ein undemokratisches Relikt
darstellt und damit strukturell auch frauenfeindlich, sexualfeind-
lich, homophob und folglich repressiv ist. Es geht um ein höchst
bedeutendes pädagogisches und kulturelles Anliegen, das die
Gläubigen und diejenigen Bürger, die auf das Religiöse achten,
interessieren kann. Die christliche und katholische Lebenswelt
muss immer schärfer von den reaktionären Positionen der katholischen Würdenträger unterschieden werden, die immer häufiger lebensferne Prinzipien und unsichere Hypothesen verteidigen und arrogant für sich in Anspruch genommen haben, dass
sie die ›Anwälte Gottes‹ seien. Diese Entfremdung der Bischöfe
vom Volk Gottes hat die katholische Theologin Ivone Gebara
›das Schisma der katholischen Hierarchie‹ genannt.

Journalisten und soziale Kommunikatoren könnten sich konstruktiv den Stil Jesu von Nazareth zum Vorbild nehmen, den die
Kirchenführung unter einem Berg von Dogmen, Aberglauben
und PR verborgen hält. Jesus hat den Blick stets bevorzugt darauf gerichtet, was Freiheit, Verantwortlichkeit und Glück her-
vorbrachte. Er hat seinen Blick und seine Worte ständig darauf
gerichtet, zu erkennen und zu fördern, was er in den Menschen,
denen er begegnete, an Gutem entdeckt hat. Das ist die neue
Sprache: Die Bruchstücke der Liebe ausgraben und bekannt machen, anstatt im Sumpf zu wühlen und auf den Schmutz in den

Palästen zu deuten. So gewinnt man wahrscheinlich weniger Publikum, kann aber Menschen dabei helfen, so zu leben, wie sie sind, ohne jemanden um Erlaubnis zu bitten. Im Frieden mit sich selbst und mit Gott, weil zwischen homosexueller Erfahrung und christlicher Lebenswelt keinerlei Widerspruch besteht.«

8
Eine Welt im Zwiespalt

Neben Don Franco Barbero gibt es eine weitere Anlaufstelle, wenn man sich eine ungefähre Vorstellung davon machen will, wie viele Priester in Italien ein Doppelleben führen.

Gay.it ist das Internetportal für die gesamte italienische Schwulen-, Lesben- und Transgendergemeinde. 1997 gegründet, ist es zugleich eine Onlinezeitung mit einer Redaktion in Pisa und 40 Mitarbeitern in ganz Italien. Jeden Monat gibt es über 500 000 Zugriffe auf diese Zeitung.

Über die Jahre machte Gay.it immer wieder Schlagzeilen: so mit Recherchen zur schwulen und lesbischen Lebensqualität in italienischen Städten – die »Goletta gay«; mit Untersuchungen, warum das italienische nationale Statistikinstitut Istat sich mehrfach geweigert hat, Erhebungen zu homosexuellen Paaren durchzuführen; weil sich dort mehrere Filmschauspieler geoutet hatten; weil dort Fälle von Diskriminierung und Homophobie angeprangert wurden; und mit Untersuchungen dazu, wie hoch der Anteil von Homosexuellen in der katholischen Kirche ist.

Die erste große Untersuchung zum Thema »Sex im Beichtstuhl« führte Gay.it im Herbst 2007 durch. Über 10 000 Nutzer waren beteiligt. Am Ende kommentierte der Redaktionsleiter Daniele Nardini die erhobenen Daten so: »Als wir uns entschlossen, die Erhebung durchzuführen, hätten wir uns niemals vorgestellt, dass ein so weit verbreitetes Phänomen zum Vorschein kommen würde.«

Einer von vier Teilnehmern (26 Prozent) erklärte, er sei schon einmal mit einem Annäherungsversuch durch einen Kirchenmann konfrontiert worden. In 25 Prozent dieser Fälle beschränkte sich das auf einen übertriebenen Ausdruck der Wertschätzung und in 21 Prozent auf einen expliziten Antrag. In 25 Prozent der Fälle kam es zu Berührungen.

31 Prozent der Befragten, die mit dem Annäherungsversuch eines Priesters konfrontiert worden waren, hatten mit diesem dann einvernehmlichen Sex. Drei Prozent erklärten, sie seien missbraucht worden. Acht Prozent der Befragten waren zum fraglichen Zeitpunkt minderjährig, ein Prozent unter zehn Jahre, zwei Prozent zwischen 11 und 13 und fünf Prozent zwischen 14 und 17 Jahre alt. 21 Prozent der Annäherungsversuche erfolgte über das Internet, 16 Prozent in der Kirche, 15 Prozent an öffentlichen Orten, 14 Prozent in der Jugendfreizeitstätte, 5 Prozent in der Schule und 4 Prozent im Beichtstuhl.

Daniele Nardini kommentiert abschließend: »Die Daten bestätigen, dass es unter Homosexuellen ein gemeinsames Gespür füreinander gibt. Deswegen ist die Wahrscheinlichkeit, von Kirchenleuten sexuell belästigt zu werden, bei schwulen Jugendlichen deutlich höher als beim Durchschnitt der Gleichaltrigen: Weil sie femininer auftreten, weil sie aus der Gruppe Gleichaltriger ausgeschlossen sind oder weil sie mit einer gewissen Unsicherheit auftreten, wenn sie entdecken, dass sie eine andere sexuelle Orientierung haben, werden diese Jugendlichen von Tätern leichter als mögliche Missbrauchsopfer ausgemacht.

Folglich ist größere Vorsicht geboten, wenn man seine Söhne in die Kirche oder in die Jugendfreizeitstätte schickt, als wenn sie in eine Schwulengruppe gehen. Anders verhält es sich bei Priestern, die sexuelle Kontakte zu Erwachsenen unterhalten. Dies ist Sache der Betroffenen und kann hier kaum interessieren. Es geht nicht darum, sie an den Pranger zu stellen, sondern eine Momentaufnahme von Verhältnissen zu geben, die von den

Würdenträgern des Vatikans nur allzu häufig verschwiegen und geleugnet wird.«

Anfang September 2010 kontaktiere ich Daniele Nardini in der Redaktion von Gay.it. Daniele ist ein höflicher und hilfsbereiter Mann. Ich frage, ob das Portal noch andere Studien zum Thema in der Planung habe. Daran sei bislang noch nicht gedacht worden, antwortet er, kündigt aber an, eine ähnliche Untersuchung wie die erste möglichst bald ins Netz zu stellen. Natürlich könne die repräsentative Gruppe der Befragten angesichts der begrenzten Zeit diesmal nicht so groß sein wie 2007.

Die Größe ist nicht wichtig. Mich interessiert hier vielmehr, ob der Trend in den Jahren seither eher stärker oder schwächer geworden ist.

Das Ergebnis der Befragung unter 800 Homosexuellen: 37 Prozent von ihnen erklärten, sie seien von Männern der Kirche sexuell angegangen worden – also fast vier von zehn Befragten. Bei der Altersstruktur der Betroffenen, beim Ort und der Art der Kontaktaufnahme decken sich die Daten mehr oder weniger mit denen von 2007. Dabei wird das Internet als Kontaktbörse immer wichtiger.

Diese Daten geben allerdings nur einen Eindruck vom Ausmaß dieses Phänomens. Wie es sich im Einzelnen darstellt, zeigen Zeugnisse unmittelbar Betroffener, von denen ich im Folgenden einige kommentarlos wiedergebe.

1

»Er sagte mir nicht, dass er Priester war, und wir hatten mehrfach Sex in einer Schwulensauna.«

2

»Es war eine schöne Liebeserfahrung. Ich hatte sehr starke und intensive Gefühle. Ich empfand es nicht so, als sei mit mir etwas passiert, sondern dass ich mit jemandem etwas geteilt habe.«

3

»Wir haben uns in einem Chatroom für schwule Kontakte kennengelernt und uns danach getroffen.«

4

»Der Kaplan und Leutnant während meines Wehrdienstes als Rekrut war nicht einmal mein Typ. Er hat mir in der Sakristei einen geblasen. Um die volle Wahrheit zu sagen: Hinterher habe ich geheult.«

5

»Ich hatte ein Jahr lang ein Verhältnis mit einem Priester. Wir haben uns in einem Sexklub kennengelernt. Ich hatte mich eigentlich für aufgeschlossen gehalten, aber ab einem bestimmten Punkt wurde es mir einfach zu viel. Ich verlor die Achtung vor ihm. Zu viele Lügen, zu viel Heuchelei. Wasser predigen und Wein trinken. Für mich als Laie verhielt er sich unanständig. Es ist vorbei, aber ich wünsche ihm, dass er seinen Weg findet.«

6

»Ich wollte die Beichte abgenommen bekommen. Der Priester sagte mir, ich solle zu ihm an den Schreibtisch treten. Als ich ihm meine Sünden beichtete, fing er an mich zu streicheln. Als er hörte, dass sich draußen jemand näherte, schubste er mich von sich weg.«

7

»Ein Priester, der mir zugegebenermaßen sehr gefiel, obwohl er 30 Jahre älter war, hat mich abends in der leeren Kirche verführt. Erst habe ich mich geschämt ... aber dann hat es mir gefallen.«

8

»Ein Priester hat mich in einen öffentlichen Park geschleppt ...
Er war jung und sah süß aus ... Er machte Annäherungsversuche
... Er trug einen Overall und führte seinen Hund Gassi ... Er
war unmöglich als Priester zu erkennen ... Das hat er mir erst
bei unserer dritten Verabredung zum Sex gesagt ... Ich wollte
Schluss machen ... Er interessierte mich nur wegen dem Sex ...
Er hätte auch mit einer echten Beziehung weitergemacht ...«

9

»Ich saß im Flugzeug auf meiner Rückreise aus Kuba. Die Maschine war voller Kardinäle, die im Gefolge von Johannes Paul II.
nach Avana gereist waren und jetzt zurückflogen. Ich saß mit
meinem Freund inmitten der Kardinäle, die überall um uns herum saßen: rechts, links, vor uns und hinter uns ... und wir hatten keinerlei Scham, zu uns zu stehen ... Wir hatten wie alle für
unser Flugticket bezahlt und ließen uns von diesen geweihten
Ärschen nicht einschüchtern ... Wir schmusten, liebkosten und
küssten uns, als seien sie gar nicht da, im Gegenteil: Dass sie so
dicht um uns herumsaßen, machte uns noch mehr Lust, unsere
Liebe zu zeigen, und sei es auch als Provokation! Ihre Reaktion
war für uns allerdings eine echte Überraschung: Wir hatten zumindest Klagen und Beschwerden bei den Flugbegleitern erwartet, aber von wegen! Genau das Gegenteil passierte: Sie hatten
gar nichts auszusetzen, sondern hätschelten und verwöhnten uns
sogar während des gesamten Fluges, boten uns mit amüsierten
bis lüsternen Blicken Erdnüsse, Getränke und Bonbons an, während wir miteinander schmusten und uns küssten.«

10

»Bei einer Beichte wurde ich gefragt, ob ich meinem Beichtvater
einen Gefallen tun wolle. Das sei so, wie wenn man Gott einen
Gefallen tue.«

11

»Mein Vater war sehr katholisch. Als ich 13 oder 14 Jahre alt war, sollte ich in eine Jugendgruppe der ›Katholischen Aktion‹ eintreten. Zuerst sollte ich den Priester der Kirche kennenlernen. Mein Vater brachte mich zu ihm, stellte mich ihm vor und ging. Der Priester ließ mich vor seinem Schreibtisch – ich glaube, es war in der Sakristei – Platz nehmen und fragte mich, was ich denn so lernte und in meiner Freizeit gerne machte. Es war Sommer. Ich trug ein kurzärmliges T-Shirt. Er stand auf, näherte sich mir und begann mir mit den Händen den Hals zu massieren. Ich sei ja jetzt ein junger Mann und kein Kind mehr, sagte er, und müsse jetzt lernen, Kontakte zu knüpfen. Aber ich merkte, dass etwas nicht stimmte. Es passte mir nicht, angefasst zu werden. Also stand ich auf, fand eine Ausrede und ging. Ich legte den Nachhauseweg im Laufschritt zurück, weil ich auf meinen Vater fürchterlich sauer war. Ich sagte allerdings nichts, denn er sollte ja nichts Schräges von mir denken. Von da an ging ich nicht mehr in die Kirche. Als mein Vater mich überreden wollte, in einen Fußball-, Tennis- oder Basketballverein einzutreten, hatte ich Angst, dass mir so etwas noch einmal passieren könnte. Mit Lehrern oder Kursleitern hatte ich einfach keinen entspannten Umgang mehr. Ich weiß nicht, ich fühlte mich als Opfer, keine Ahnung, wie ich es erklären soll.«

12

»Ich sage nur, es war eine der traurigsten Erfahrungen meines Lebens.«

13

»Es war ein Typ aus dem Chatroom. Wir machten ein Treffen in der Nähe seiner Wohnung aus. Wir gingen los. Irgendwann begriff ich, dass er Priester war. Nachdem er mir die Kirche gezeigt hatte, machte er mir direkte Sexangebote und betatschte mich.

Als ich ihm klarmachte, dass ich das nicht wollte, versuchte er mich mit Gewalt festzuhalten und verlangte von mir ungeschützten Analverkehr. Als er begriffen hatte, dass er mich auch mit Gewalt nicht zwingen konnte, versuchte er mit Drohungen zu erreichen, dass ich die Sache für mich behielt. Er sagte mir, er sei Anwalt und Priester und habe Einfluss im Vatikan. Ich solle bloß den Mund halten und mich nicht mehr blicken lassen.«

14

»Ich war in einem bekannten Schwulenlokal in Rom, als sich ein Typ an mich heranmachte und mich dann den ganzen Abend mit ständigen sexuellen Anträgen verfolgte. Am Anfang war es noch spaßig, aber dann ging es mir auf die Nerven. Er wurde richtig lästig. Ein Freund sagte mir, er mache das immer so lange, bis er am Ende des Abends jemanden gefunden habe, der mit ihm ins Bett steigt. Folglich stünden alle im Fadenkreuz, insbesondere die Neuen ... Ein kleines Detail: Der Mann ist Priester. Alle wissen es, und er macht auch keinen Hehl daraus. Im Gegenteil, es sieht so aus, als würden die Leute gerade wegen seines Berufs mit ihm ins Bett gehen.«

15

»Er war Lehrer an der Schule meiner Brüder und hat mich acht Monate lang umworben. Ich hatte noch keine Gelegenheit gehabt, meine Sexualität auszuleben. Er hat mich ganz sanft erobert, und ich gab nach, aber alles ganz sachte. Ich war drei Jahre heimlich mit ihm liiert, was einige Spuren hinterließ. Ich habe ihn verlassen, weil er mich betrogen hat.«

16

»Ich hatte sexuelle Erfahrungen mit zwei Diözesanpriestern. Es hat mich immer überrascht und auch etwas geärgert, dass die beiden auf mich zukommen, Sex mit mir machen und hinterher selbstgerecht gegen die verdorbene Welt wettern, die ihre schwachen Momente ausnutze. Dabei fühlte ich mich immer unbehaglich. Sie sind immer zu Angriffen gegen die Schwulenszene bereit, weil die Rechte einfordere, die man angeblich nicht bekommen könne. Meiner Ansicht nach ist das etwas lächerlich.«

Kurz: Konflikte und Vorurteile, Lügen und Heuchelei und materielle Vorteile.

9
Mit Vorbehalt

Entschuldige bitte nochmals, wenn ich dich bitte, mir absolute Anonymität zuzusichern, falls du meine Bekenntnisse irgendwie verwertest: Ich muss selber über mein Leben entscheiden, ich möchte nicht, dass andere dies für mich tun.«

Ich nenne den Priester Don Widerspruch.

»Priester, schon, aber weniger aus echter Berufung als vielmehr einfach wegen einer enttäuschen Liebe.«

Der Priester ist in Italien ziemlich bekannt. Er hat in Zeitungen und im Fernsehen viel von sich reden gemacht, sich seit einiger Zeit aber aus der Öffentlichkeit etwas zurückgezogen.

»Ich habe mit Schwierigkeiten und ziemlich langen Phasen einer tiefen Krise zu kämpfen, die ein Laie als eine existenzielle bezeichnen würde. Dagegen weiß ein Priester im tiefsten Inneren, dass er es mit einer Krise der Berufung zu tun hat. Auch wenn es bei mir um die Berufung geht, sollte ich weniger reden.«

Über Don Widerspruch könnte man vieles sagen. Mit den Einzelheiten zu seinem öffentlichen und privaten Leben könnte man ein faszinierendes und geheimnisvolles Fresko malen. Aber ich möchte sein Vertrauen nicht enttäuschen und behalte alles für mich. Allerdings widerwillig.

Ich darf nur Fragen stellen.

Bist du ein Priester aus enttäuschter Liebe?

»Ich weiß, das klingt nach Klischee und Filmkitsch. Nicht alle, deren Liebe enttäuscht wurde, treten ins Priesterseminar ein und legen die Gelübde ab. Aber ich habe mich bis über beide Ohren so sehr verliebt, dass ich nicht mehr darüber hinausgeblickt habe.«

Ein eingeschränkter Gesichtskreis trifft die Sache gut.

»Für diese Kommilitonin an meiner Uni hätte ich einfach alles getan.«

Wir haben uns an der Uni doch alle in eine Mitstudentin verliebt, und häufig unerwidert.

»Aber meine Liebe wurde erwidert. Sehr sogar. Doch es erging mir so wie vielen: betrogen, verraten und verkauft von einem engen Freund, der einem die Freundin ausspannt.«

Aber nicht alle, die einen schweren Schlag erleiden, werden gleich Priester.

»Die Eltern verstehen nicht, warum man monatelang so still ist. Und der Bruder muss auch noch jeden Abend mit einer anderen Frau unterwegs sein und einem unter die Nase reiben, dass er der Playboy der Versilia ist.«

Und weiter?

»Mir ging es nicht gut. Wenn ich eine bessere Art Vaterfigur gehabt hätte, hätte ich klarer gesehen. Stattdessen jubelte der alte Gemeindepriester damals fast schon über ein Wunder, weil ich jeden Tag weinend in der Kirche kniete.«

In Zeiten schwindender Berufungen mag das als Wunder erscheinen.

»Aber auch dieser arme Wicht begriff nichts. Stattdessen setzte sich hartnäckig die Vorstellung durch, dass ich von einer Berufung angetrieben würde. Man soll nie ins Leben und nie vor dem Leben fliehen.«

Und du bist nicht geflohen.

»Ich landete im Priesterseminar, ich, der ich zuvor dreimal in der Woche in die Disko gegangen war.«

Ein großer Schritt.

»Mein Vater und meine Mutter waren so sauer auf mich, dass sie ein Jahr lang nicht mit mir redeten. Nicht einmal zu Festtagen. Mein Bruder erkannte die Lage sofort und versuchte mich von meiner Entscheidung abzubringen. Aber es war nichts zu machen. Ich wollte mich der Welt lieber in einer Kutte stellen als mich nochmals mit einer Frau einzulassen. Ich habe mir selbst ein Bein gestellt.«

Inwiefern?

»Jetzt, mit gestandenen 40 Jahren, fühle ich mich wieder wie damals. Ich habe das Gefühl, ich höre meine Freunde von einst: Kompliment, Don, du bist ein Vorbild, dass du immer noch predigst etc., etc. Ich hätte in einen Fußballverein eintreten sollen, dort hätte ich sicher bessere Leistungen erbracht.«

Hältst du dich nicht für einen guten Geistlichen?

»Nicht, dass ich ein schlechter Priester wäre. Wir tun hier einiges, und unsere Angebote in der Diözese werden von den Jugendlichen gut angenommen.«

Auch von den Frauen?

»Auch von den Frauen. Die sind auch in mein Leben zurückgekehrt, oder besser, sie sind dort geblieben.«

In deinem Leben als Priester.

»Manchen ist ein Priester lieber. Andere sind misstrauisch, begnügen sich aber mit einer kleinen Lüge. Wenn ich mich Frauen vorstellen muss, die an einer Diskobekanntschaft interessiert sind, bin ich immer ein unkonventioneller Religionslehrer.

Und wie reagieren sie?

»Ein kurzes Erschrecken mit dem Glas in der Hand, dann glauben sie es oder wollen es glauben, und wir tanzen weiter. Ich weiß, dass ich ziemlich wenig von einem Priester habe. Nicht einmal ein kleines Kruzifix oder ein Düftchen Weihrauch können mich zur Vernunft bringen. So viele Sündenbekenntnisse, o Herr.«

Magst du Frauen?

»Soll ich jetzt ganz ehrlich sein?«

Ja.

»Ich mag sie sehr.«

Alle?

»Die hübschen. Wieso? Gefallen dir auch Frauen, die nicht so gut aussehen?«

Ja, auch.

»Wir beide, ich und du, hatten ja beinahe eine Wette zu dieser stellvertretenden Gefängnisdirektorin, der scharfen Dottoressa, abgeschlossen, die mich bei unseren Treffen augenzwinkernd angeschaut hat. Ich hätte sie haben können, und zwar hauptsächlich deshalb, weil ich Priester bin. Ein Priester, wenn auch ein unkonventioneller.«

Unkonventionell ist an dir nur dein Mut, die Sache zur Sprache zu bringen, wenn auch anonym.

»Ich versuche meine Arbeit gut zu machen, wenn wir es so nennen wollen. Man nennt das gewöhnlich Mission. Aber mir erscheint der Ausdruck zu hoch gegriffen. Ich vermeide ihn, damit ich mich weniger als Heuchler fühlen muss, als eine Art Selbstabsolution. Fünf *Ave-Marias* und erledigt.«

Machst du das immer so? Fünf Ave-Marias und erledigt?

»Manchmal, wenn ich gegen das sechste Gebot verstoßen habe, bete ich auch 20. So viele Ave-Marias reichen mir, damit ich nicht bereue, dass ich mit einer Frau zusammen war. Was tue ich schon Schlechtes außer mir wegen einer selbst auferlegten Berufung die Seele zu zermartern?

Wie oft betest du 20 Ave-Marias?

»In letzter Zeit selten. Aber ich mische mich seit vielen Jahren jede Woche unter die Stammgäste der Nachtlokale in der Toskana, der Diskotheken an der Küste. Ich amüsiere mich bis tief in die Nacht, trinke und tanze.«

Ohne Priesterkragen?

»Wenn ich gefragt werde, was ich beruflich mache, bin ich Religionslehrer.«

Und sie nehmen nicht Reißaus?

»Ich gefalle ihnen. Die jungen und nicht mehr so jungen Damen finden mich sympathisch und sehen mich als nette Gesellschaft. Manche kommen auf mich zu. Irgendwann sitzen sie in meinem Auto oder besser, in meinem kleinen Appartement«.

Im Liebesnest.

»Was?«

Vergiss es. Im Pfarrhaus?

»Nein, niemals im Pfarrhaus. Das gäbe ein wahres Chaos.«

Keine koordinierte und kontinuierliche sexuelle Beziehung. Nur Gelegenheitsbeziehungen?

»Nur Gelegenheitsbeziehungen, höchstens einige Male und Schluss.«

Die Nächste bitte ...

»Wenn mich ein Mädchen zu sehr ausfragt, insbesondere was ich am Sonntag mache, schrillen bei mir die Alarmglocken.«

So schnell.

»Dauerhafte Beziehungen sind eher bei schwulen Priestern gefragt, insbesondere ab einem gewissen Alter.«

Wie viele Frauen gönnst du dir im Jahr?

»Können wir die Frage vermeiden?«

Nein.

»Blödmann. Sieben, acht oder zehn pro Jahr, einschließlich mancher Mädchen zum Stundentarif, wenn der Druck zu groß wird.«

Also Prostituierte.

»Ich bin Priester, aber an erster Stelle Mensch. Eben ein Mann.«

Ein Schürzenjäger.

»*Wenn schon nicht keusch, dann doch vorsichtig.*«

Was heißt das? Klär mich auf.

»Wenn man schon nicht keusch ist, muss man wenigstens vorsichtig sein.«

Meinst du *Safer Sex?*

»Nein. Ich meine, wenn Priester schon Sex haben wollen,

müssen sie es eben diskret tun. Und das tun viele meiner Kollegen, die so in meinem Alter sind.«

Deine Kollegen sind aber nicht immer diskret.

»Was du in dem Artikel in *Panorama* da skandalträchtig angeprangert hast, wundert mich überhaupt nicht. Überrascht hat mich dagegen, dass da Dinge publiziert werden, die in der Szene doch schon immer bekannt waren. Als ich das Foto mit dem Priester sah, der die Messe las, nachdem er einen Geschlechtsakt vollzogen hatte, hat mir das richtig wehgetan. Ich musste sofort für ihn ein Sündenbekenntnis beten.«

Warum wundern dich die Ergebnisse meiner Recherchen nicht?

»Weil bekannt ist, dass es schwule Priester gibt. Rom bedeutet für sie eine große Versuchung, weil man dort anonym bleiben kann. In meiner Gegend hat es ein Priester schwerer, seine Aktivitäten zu verbergen.«

Wie macht ihr es denn als Priester in deiner Region?

»Hast du noch nie von Geliebten von Priestern oder von Geistlichen gehört, die sich Pornofilme ausleihen? Oder von Priestern mit Kindern?«

Natürlich. Aus der Serie: »Gebt uns die Haushälterinnen zurück«.

»Das mit der Haushälterin ist leider vorbei. Pech für die Priester. Dass Frauen aus der Gemeinde hinter einem jungen Priester her sind, kommt natürlich vor. Das ist normal. In einigen Fällen glauben sie wirklich an Liebe, in anderen leisten sie sich eher mit diebischer Freude eine Laune, ungefähr so, als würden sie einen uniformierten Polizisten in ihr Bett bekommen. So ist das.«

Und wie reagierst du, wenn Frauen aus deiner Gemeinde zum Angriff blasen?

»Das ist mir schon mehrfach passiert. Aber ich gehe immer auf Distanz. In der Gemeinde darf man nie über die Stränge schlagen. Niemals.«

Was hältst du vom Zölibat?

»Ich halte vom Pflichtzölibat für Priester überhaupt nichts. Dagegen hätte unser Herr einiges zu sagen.«

Glaubst du nicht, dass es euch Priestern als ein geschärftes Schwert dienen kann, um zur Erhabenheit zu finden?

»Als ich meinem alten Priester in der Versilia in der heiligen Messe zur Hand ging, erzählte er mir hinterher im Pfarrhaus immer kurz ein paar Witze. Sie waren schlicht und sauber. Und die Einstellung vieler in der Kirche gab er mit dem lapidaren Satz wieder: Als ich Unterricht gab, mussten wir über den pädagogischen Wert von Ballspielen im Seminar reden. Das Thema Sexualität wurde peinlichst gemieden.«

Tja, das Priesterseminar.

»Ich erinnere mich an meinen ersten Tag. Ich roch diesen typischen Geruch des Refektoriums, wenn es dort Minestrone gibt. Die sollte ich dann fast täglich essen, als hätte diese Küche nichts anderes zu bieten. Zu Hause hatte ich fast kein Gemüse gegessen. Ich war Frischfisch und leckerste Süßspeisen gewohnt. Hier tat ich echte Buße.«

Sex im Priesterseminar: Sind das wahre Geschichten oder urbane Mythen?

»Ich merkte, dass man meinen Gewohnheiten nicht gerade entgegenkam, als in den ersten Nächten ein Priester zur Inspektion zu uns schritt und plötzlich die Bettdecke hob, um nachzuprüfen, ob unsere Hände unerlaubten Beschäftigungen nachgingen.«

Also wahre Geschichten.

»Das Seminar: Noch heute höre ich, dies sei der Ort, an dem der erste Schritt zur Zerstörung dessen getan werde, was Gott uns gegeben hat. Hier wird jede Körperlichkeit, die Dualität von Mann und Frau geleugnet, als gingen nicht auch Priester aus einer sexuellen Beziehung hervor. Die Devise lautet, den eigenen unreinen Körper vergessen und die Existenz von Frauen leugnen. Das ist leider keine Übertreibung. Ich wundere mich noch heute, warum ich nicht schwul geworden bin wie so viele meiner Brüder.«

Wieso?

»Was soll schon herauskommen, wenn man in einem abgeschotteten Umfeld lebt, ohne das andere Geschlecht? Man nähert sich seinem Kameraden, sucht körperliche Erleichterung und vielleicht auch ein bisschen Verständnis und Zuneigung bei einem anderen Mann. Ja, bei einem Mann. Ich glaube nicht, dass es Gott besonders gefällt, dass wir etwas, das er in der Schöpfung hat haben wollen, so sehr erniedrigen.«

Gottes Willen herabsetzen ist ein starkes Wort, tiefgründig und zutreffend. Es hat etwas sehr Erschreckendes.

»Im Seminar gilt alles als Sünde. Angesagt sind Kasteiung der Sinne und blinder Gehorsam. Aber keiner erklärt uns, warum Unser Herr uns einen zu pflegenden Körper und all die Sinne gegeben hat, mit denen wir unser Leben leben.«

Kasteiung der Sinne. Du bist 40 Jahre alt, also ungefähr so alt wie ich. Wie lebt heute ein Mann, der jahrelang seine Sinne kasteit hat?

»Für mich ist aus heutiger Sicht alles schwieriger. Und das hängt mit meinem Grundproblem der Berufung zusammen. Priester zu werden, um einer realen Gefühlswelt zu entfliehen, ist der schlimmste Fehler, den man begehen kann. Er fordert später einen hohen Preis, einen sehr hohen. Er ist keine Torheit, sondern der Anfang vom Ende.«

Fühlst du dich einsam?

»Da ist auch die Angst davor, alleine, ohne die schützende Mutter Kirche, auszukommen. Achtung: Ich gebrauche diesen Ausdruck mit großem Respekt und ohne jede Absicht, die Kirche anzuschwärzen. Für viele Kollegen, die das Priesteramt aufgegeben haben, bedeutete die Trennung von ihr eine sehr schmerzhafte Erfahrung. Zumindest anfangs war ihr neues Leben unglaublich schwierig, auch in den praktischen Dingen des Alltags, was das Auskommen anging.«

Springst du deshalb nicht ins kalte Wasser?

»Ich bin heute Priester, ein Vierziger, ein Mensch, der sich fragt, wie viel Menschliches noch in ihm steckt. Dass ich in meinem Priesterleben weiterhin Kontakte zu Frauen hatte, machte mir nicht nur später klar, dass mir eigentlich die Berufung fehlte, was ich im tiefsten Inneren allerdings schon von Anfang an gewusst hatte. Ich wurde auch mit dem Zweifel konfrontiert, der an so vielen von uns nagt: Wie viel ist noch richtig und wie viel falsch an den Regeln für das Priesterleben so, wie unsere geliebte heilige Kirche es versteht?«

Und du findest keine Antworten.

»Seit zwei Jahren lebe ich hier mit wachsenden inneren Konflikten, die sich in Ängste verwandeln. Angst, komplett zu versagen, meine Eltern erneut zu enttäuschen, mit 40 Jahren wieder bei ihnen klingeln und sie um Unterkunft und Unterstützung bitten zu müssen. Und dass man auf der Straße mit Fingern auf mich zeigt, weil ich ein ehemaliger Priester bin.«

Das sind berechtigte, echte Ängste.

»Mal ehrlich: Hältst du mich für einen Heuchler?«

Nein, um Gottes willen.

»Ich fühle mich schon ein bisschen wie ein Heuchler. In meinem Heimatort in der Versilia führt mich schon jemand als Beispiel für einen Schürzenjäger im Priestergewand vor.«

Machen dir solche Gerüchte keine Angst?

»Es stimmt ja. Was soll ich machen? Seltener in Diskotheken gehen, besser aufpassen, wenn ich neue Mädchen kennenlerne. Gerade deshalb habe ich ja auch öfter auf bezahlten Sex gesetzt.«

Hast du keine Angst, dass dich eine Prostituierte wiedererkennt und in der Hand hat, dich sogar erpresst?

»Ich bin ja nicht blöd. Ich gehe weit von meinem Umfeld entfernt auf die Suche.«

Du fährst stundenlang Auto, um deine sexuellen Bedürfnisse zu befriedigen. Erscheint dir das nicht verrückt?

»Ich empfinde dieses Bedürfnis eben. Es ist stark. Der Mann, der in mir steckt, ist stärker als der Priester. Das war schon immer so. Und ich bin nicht der Einzige. Ich kenne Priester, die seit Jahren ein festes Verhältnis zu einer Frau haben, und schwule Priester in festen oder in gelegentlichen Beziehungen.«

Der Mann ist stärker als der Priester. Aber irgendwann gewinnt wieder der Priester die Oberhand.

»20 Ave-Marias, jedes Mal. Und danach ist es jedes Mal dasselbe, wenn ich in die Gemeinde zurückkehre. Mir krampft sich der Magen zusammen: Es ist eine Mischung aus Scham, eine finstere Einschätzung meiner Lage und Angst vor dem Urteil der Leute. Nicht aber vor dem des Gekreuzigten. Er versteht das, da bin ich mir sicher. Vielleicht ist die Zeit gekommen, da er versteht, welcher Mensch ich bin.«

Ich glaube nicht, dass die Kirche über dein Problem und das vieler anderer Priester jemals nachdenkt: lieber Heuchelei als Wahrheit, Freiheit, innerer Friede und Friede mit anderen.

»Das sind deine Anschauungen. Aber mein Verhalten darf überhaupt nicht so gedeutet werden, dass ich die Kirche angreifen will: Ich bin das Problem, und dabei bleibt es.«

Okay. Erzähl mir von deinem ersten Mal mit einer Frau. Das erste Mal als Priester meine ich.

»Es passierte ungefähr einen Monat nach meiner Ankunft in der Gemeinde. Noch heute fallen mir als Ausrede spontan die sommerliche Hitze damals und all diese Feierlichkeiten ein, mit denen sie mich empfangen haben: Abendessen, Mittagessen, Wein.«

Und mit diesen Ausreden kannst du dein Gewissen beruhigen?

»Natürlich nicht. Ausreden helfen nicht wirklich.«

Erzähl weiter.

»Mein Bruder redete seit einiger Zeit von einem Lokal an der Riviera, in dem schöne Mädchen verkehrten. Es war so weit von meiner Gemeinde entfernt, dass mich dort keiner kannte.«

Dann hat dich der Teufel im Gewand deines Bruders verführt.

»Ich hatte mich schon immer amüsieren wollen. Und ich lebte schon ziemlich lange absolut keusch.«

Also bist du in einer Diskothek auf die Jagd gegangen.

»Als ich mich mit dem Mädchen ins Getümmel gestürzt hatte und unbedingt mit ihm zusammen sein wollte, war es mir eher egal, ob ich Priester oder sonst etwas war. Bei der gegenseitigen Anmache war mir nur wichtig, meinen Beruf geheim zu halten und aufzupassen, dass mir niemand hinterherspionierte. Mehr nicht.«

Der Mann ist stärker als der Priester.

»Ich habe eben eine Schwäche für Frauen, und Gott möge mir verzeihen, eine große Schwäche. Mein erstes Mal als Priester war anders als beim allerersten Mal, als mit dem Mädchen meines jugendlichen Herzens. Ich bin einfach drauflos. Was ich denn beruflich mache, fragte sie. Religionslehrer. Eeecht? Ja, warum denn nicht? Sehe ich etwa wie ein Priester aus?«

In der Tat: In dieser Aufmachung siehst du nach allem, nur nicht nach Priester aus. Ohne dir zu nahe treten zu wollen.

»Nach der obligatorischen Frage tastet man sich weiter vor. Wenn es passt, ist es gut, wenn nicht, geht die Suche weiter.«

Eben ein echter Jäger.

»Ich habe immer darauf geachtet, keine Spuren, keine Telefonnummer oder etwas anderes zu hinterlassen. Wenn ich es doch getan habe, weil mir ein Mädchen besonders gut gefiel und ich es mehrfach wiedersehen wollte, habe ich es immer bereut: Sie rufen einen sogar am Sonntag an, und dann muss man erklären, dass man die heilige Messe feiert und nicht ans Mobiltelefon gehen kann.«

Und wie fühlst du dich am Sonntag, wenn du die Messe liest?

»Wenn ich mit einer Frau zusammen war, heißt das nicht, dass ich anschließend wie Don Camillo vor dem Gekreuzigten die Beichte ablege. Ich bete die 20 Ave-Marias und habe früher, inzwischen nicht mehr, für eine Woche Wein und Süßes gemieden. Ich weiß, es klingt lächerlich und mag dumm erscheinen: Aber für einen Priester, auch für mich, dem die Berufung inzwischen ziemlich egal ist, bedeutet der Verzicht auf eine gut gedeckte Tafel ebenso ein Opfer, wie Keuschheit zu wahren oder den Pflichtzölibat einzuhalten.«

Was tust du, nachdem du mit einer Frau geschlafen hast? Direkt danach, meine ich.

»Was soll ich schon machen? Ich dusche. Ihr Atheisten müsst die Figur des Geistlichen immer überhöhen. Auf die Art nährt ihr bei einigen extremen Fällen, bei wirklich Entgleisten, bei den Pädophilen zum Beispiel, erst so richtig die Vorstellung, sie seien allmächtig und unangreifbar.«

Das hätte ich von dir jetzt nicht erwartet.

»Was nicht?«

Wie kommst du darauf, dass ich Atheist bin?

»Das dachte ich eben.«

Verstehe. Diese Recherchen, die Artikel, die ich schreibe. Ich erscheine als Priesterschreck, als Antiklerikaler. Leider nein. Ich bin katholisch und nehme für mich auch in Anspruch, dass ich ein gläubiger Katholik bin. Ich habe bis zu meinem 14. Lebensjahr als Ministrant gedient, habe gefastet und kirchlich geheiratet, obwohl die Priester einem einen so großen Berg Bürokratie in den Weg legen, dass einem die Lust daran vergehen kann. Das ist fast schon eine Prüfung, mit der festgestellt werden soll, ob man wirklich unter dem Kruzifix heiraten will. Meine Kinder sind getauft, und wir gehen jeden Sonntag zusammen zur Messe. Soll ich weitermachen? Bin ich würdig, an eurer Tafel zu sitzen, auch wenn ich bohre und eine Wahrheit zutage fördere, die dich ebenso schmerzt wie mich?

»Was du da sagst, freut mich sehr. Darüber bin ich wirklich froh.«

Entschuldige, das musste ich loswerden.

»Ich verstehe. Für dich ist das wohl auch nicht leicht.«

Überhaupt nicht. Aber reden wir nicht von mir. Kehren wir zu unserem Thema zurück. Hast du dich nie verliebt?

»Als Priester zum Glück nicht. Das hätte noch gefehlt, dass ich den Verstand, oder besser, mein Herz verliere. Dann wäre ich unrettbar verloren.«

Mit einer kurzen und albernen Bemerkung gesagt: Stärke ist nichts ohne Kontrolle.

»Gut getroffen.«

Und bevor du Priester geworden bist? Abgesehen von der Enttäuschung, von der du erzählt hast.

»Bevor ich ins Seminar eintrat, lebte ich ohne Zwänge und konnte mir große Gefühle leisten. So groß, dass ich mit ihnen nicht fertigwurde. Meine erste Jugendliebe hat ein starkes Trauma hinterlassen: Sie hatte sich wenige Monate nach unserer Trennung das Leben genommen, mit einem Sprung vom Balkon ihrer Wohnung.«

Herrje. Du hast einiges durchgemacht. Allmählich verstehe ich die Berufung aus Enttäuschung.

»Sie hat ihr Leben nicht wegen unserer Trennung beendet. Wir waren damals 16 Jahre alt. Aber diese Episode spukt wohl noch immer in meiner Seele herum, irgendwo da in einem entlegenen Winkel. Manchmal denke ich, sie hat zu meiner Fehlentscheidung beigetragen.«

Und dann kam dieses andere Mädchen, richtig?

»Ja, dann kam dieses Mädchen, das ich geheiratet hätte, kirchlich, streng nach allen Regeln. Fünf Jahre Liebe, Leidenschaft und Pläne: Auf uns wartete schon ein Häuschen. Wie ein Naivling bin ich über den Schmerz, aus heiterem Himmel und plötzlich verlassen worden zu sein, einfach nicht hinweggekommen. Es war ein Absturz, ein schwerer Schlag, der Zusammenbruch jeder Gewissheit.«

Und jetzt sitzen wir hier.

»Meine Eltern und insbesondere mein Bruder erkannten die Lage. Aber nur er versuchte, mich von einem Weg abzubringen, der totale Aufopferung und Hingabe an Gott verlangt. Wahre Berufung. Ich bin davongelaufen. Und mir blieb nichts anderes übrig, als dafür die Buße auf mich zu nehmen.«

Und du bist noch heute auf der Flucht, wie mir scheint. Was suchst du in einer Frau? Sex, Zuneigung, Verständnis, Liebe?

»Sex. Nicht mehr und nicht weniger. Sex, wie ihn jeder Mann in einer Frau sucht, in die er nicht verliebt ist und von der er sich nur körperlich angezogen fühlt.«

Ohne jede Beteiligung von Gefühlen.

»Bloß keine Gefühle. Die muss man vermeiden. Wenn es um eine Nacht, um eine heimliche Stunde geht, muss man möglichst jede Bindung vermeiden.«

Eine harte Strafe.

»Wieso Strafe? Da muss man nicht gleich ein Drama draus machen. Ich sehe mich als ein Mann, der Lust sucht. Punkt.«

Was träumst du nachts?

»Ich schlafe zu wenig, um zu träumen.«

Schuldgefühle?

»Ich trage Konflikte mit mir herum, durchlebe eine heftige existenzielle Krise, nicht einmal mehr wegen meiner Berufung. Viele sähen mich wahrscheinlich gerne auf dem Scheiterhaufen wie zur Zeit der heiligen Inquisition. Aber wenn ich an Priesterkollegen denke, die sich schrecklich an Kindern vergehen, wenn ich an gewisse Bischöfe denke, die diese Verbrechen trotz der Botschaft des Heiligen Vaters noch immer decken, dann kann ich mir selbst die Absolution erteilen. Dann kann ich schlafen.«

Was machst du, wenn du groß bist?

»Wenn ich mich nicht mehr als Peter Pan sehe, wachse ich vielleicht noch.«

In der Kirche?

»Ich will eigentlich nicht weg. Trotz meiner aktuellen und dauerhaften Krise liegt meine Zukunft in meiner Kirche. Mehr möchte ich dazu nicht sagen. Mach mit diesen Bekenntnissen, was du willst, aber mache dich auf die Rache der heiligen Paläste gefasst.«

10
Frauen melden sich zu Wort

Don Widerspruch gönnt sich gelegentlich ein sexuelles Abenteuer, bemüht sich aber ansonsten, in jeder Hinsicht derjenigen treu zu bleiben, die er zu seiner Braut erkoren hat: der Kirche. Seine Lebensart ähnelt stark der vieler christlicher Familienväter, die nach jedem neuen Seitensprung wieder in die Arme der geliebten Ehefrau zurückkehren.

Unter den Priestern, die gegen das Keuschheitsgebot verstoßen, führen allerdings zahlreiche auch ein echtes Doppelleben mit einer festen Partnerin, mit der sie nicht nur schlafen, sondern auch eine heimliche Ehe führen.

Von Deutschland bis Frankreich, von Spanien bis Irland, von der Schweiz bis Österreich, von Polen bis Afrika, von Lateinamerika bis in die USA und Kanada – überall auf der Welt, nicht nur in Rom und im Umfeld des Vatikans, herrschen gleiche Verhältnisse. Diese Recherchen unterliegen keinen geografischen Grenzen. Sie erzählen von Erfahrungen, Täuschungen, Lügen, heimlichen Liebschaften, illegitimen Kindern und von menschlichen sowie familiären Tragödien, die das gesamte katholische Universum betreffen.

Im April 1983 erscheint in Deutschland auf einer Seite der Zeitschrift *Publik-Forum* folgende Annonce: »Welche vom Priesterzölibat betroffenen Frauen haben Interesse an Gedankenaustausch und evtl. Gründung einer Interessen- bzw. Solidargemeinschaft? Kontaktadresse: Anne …«

Anne, eine Deutsche, hat sich in einen katholischen Priester verliebt. Sie weiß genau, dass sie nicht allein ist, und kennt persönlich zahlreiche andere Frauen, die in ähnlichen Verhältnissen leben. Aber keine traut sich aus der Deckung. Anne versucht den Knoten zu lösen und hat Erfolg.

In den drei Jahren nach Veröffentlichung dieser wenigen Zeilen treten über 300 Frauen, die »unter dem Mantel des Schweigens« verborgen waren, langsam aus dem Dunkel. Es entstand die »Initiativgruppe vom Zölibat betroffener Frauen« für alle, die eine heimliche Liebesbeziehung zu einem Priester unterhielten oder noch unterhalten. Die Initiativgruppe besteht noch heute (www.zoelibat-frauen.de; E-Mail: zoelibat-frauen@gmx.de; Telefon: 0821–78 15 65).

Die Seite ihrer Homepage »Unsere Geschichte« ziert ein Cartoon in Schwarz-Weiß, der das Leben der Betroffenen auf den Punkt bringt: Eine Frau im Hochzeitskleid schreitet neben einem Priester einher, den eine riesige Eisenkugel am Bein am Fortkommen hindert. Zwischen ihnen ein Kind. Auf der Kugel steht »Pflichtzölibat«.

Per E-Mail kontaktiere ich Barbara Kremmer, die Sprecherin der Vereinigung. Sie antwortet mir in wenigen Zeilen: Viele katholische Priester lebten insgeheim in einer Beziehung zu einer Frau. Unter dieser Heimlichkeit litten vor allem die Frauen und deren Kinder. Sie stellten sich viele Fragen, fühlten sich alleingelassen, hätten Angst vor der Zukunft und würden häufig von Schuldgefühlen geplagt. Barbara Kremmer bezieht sich auf Studien und genaue Schätzungen zu dem Phänomen. Sie verweist mich an andere europäische Verbände.

In der Schweiz gibt es die Organisation ZöFra, deren Name aus der Abkürzung für »Zölibat und Frau« gebildet ist (www. kath.ch/zoefra; E-Mail: zoefra@kath.ch).

ZöFra bietet einen Beratungsdienst für die Familien katholischer Priester. Gegenwärtig betreut sie nach eigener Aussage ungefähr 450 Frauen und 140 Kinder, die aus solchen Beziehungen hervorgegangen sind. Am Telefon rede ich mit Gabriella Loser, der Vorsitzenden von ZöFra.

»Unsere Aufgabe besteht darin, die Frauen, die in einer heimlichen Beziehung mit einem katholischen Priester leben, psychologisch zu begleiten. Wir befassen uns mit zahlreichen Situationen, die untereinander völlig verschieden sind. Manche Frauen wurden von einem Priester wegen einer anderen verlassen, andere haben von einem priesterlichen Lebensgefährten Kinder und stecken in Schwierigkeiten, weil dieser weiterhin sein Amt ausübt, wieder andere sind von einem Priester missbraucht worden oder haben aus Liebe zu einem Mann ihren Orden verlassen. Oder eine Frau findet nach dem Tod ihres Lebensgefährten keinen Trost, weil ihre Beziehung geheim bleiben musste.«

Die meisten Probleme ergeben sich aus dem belastenden Doppelleben. Viele Priester erkranken am Ende, rutschen in die Depression oder eine Alkohol- oder Medikamentenabhängigkeit.

»Einige ringen ihr ganzes Leben damit, das Priesteramt an den Nagel zu hängen und die Beziehung zu der Geliebten offenzuleben, schaffen aber den großen Schritt nicht. Sie wollen ihre Arbeit nicht aufgeben. Die Priester wissen genau, welche Schwierigkeiten sie hätten, im Dienst der Kirche zu bleiben, sollte ihre Beziehung bekannt werden.«

Die Geliebte des Priesters empfindet ungerechtfertigte Schuldgefühle.

»Obwohl sie keinerlei Verantwortung trifft, gibt die Frau sich die Schuld dafür, dass ihr Lebensgefährte ein Doppelleben führen muss. Die Anzahl der Fälle hat sich in zehn Jahren mehr als verdoppelt. Wir erhalten jeden Monat von zwei bis drei Frauen Bitten um Unterstützung. Bei uns melden sich nur Betroffene, die so ernste Probleme haben, dass sie sich selbst nicht mehr zu helfen wissen. Ich denke, dass sich weniger als die Hälfte der Priester tatsächlich an das Gebot des Zölibats hält.«

Im Jahr 2003 führte ZöFra eine anonyme Umfrage durch, um zu ermitteln, in welchen Verhältnissen Priester und ihre heimlichen Lebensgefährtinnen leben. Berücksichtigt wurden 310 Fälle mit insgesamt 620 Personen – ohne die Kinder – in den meisten Schweizer Kantonen, darunter Tessin und Graubünden. Daraus ergab sich ein interessantes Bild. In den letzten Jahren ist es für einen Priester einfacher geworden, ein Familienleben zu führen, ohne vor den Gläubigen allzu große Geheimhaltung wahren zu müssen. Dazu nochmals Gabriella Loser: »Kinder oder eine Frau an seiner Seite lösen unter den Gemeindemitgliedern selten einen Skandal aus. Dagegen ist die Position der höheren Würdenträger so starr wie eh und je: Eine Beziehung offiziell zu machen, zieht den sofortigen Verlust des Priesteramts nach sich, mit schweren wirtschaftlichen und psychischen Konsequenzen für den Priester wie für seine Familie.«

Priester, die in den Laienstand zurückkehren, erwarten düstere Berufsaussichten. Insbesondere diejenigen, die neben der theologischen keine weitere Ausbildung haben.

»Nur zehn Prozent der Priester haben eine konkrete Möglichkeit, nach dem Ausscheiden aus der Gemeinde eine vergleichbare Arbeit zu finden. Die anderen müssen sich als Lagerarbeiter oder Taxifahrer durchschlagen.«

Nach ZöFra hat die Untersuchung nur die Spitze eines Eisbergs zutage gefördert. Die Vereinigung hat die Ergebnisse für Initiativen zur Abschaffung des Zölibats in der Schweiz verwertet. Und sie hat sie an Vereinigungen in anderen europäischen Ländern und mit konkreten Vorschlägen sogar an die Schweizer Bischofskonferenz weitergeleitet. Sie wurden abgelehnt.

»Wir haben die Bischöfe immer wieder gebeten, Priester, die in den Laienstand versetzt wurden, weiterhin in der Kirche zu beschäftigen. Dies ist ja das Umfeld, in dem sie einen Beitrag leisten und Aufgaben erfüllen können, für die sie qualifiziert sind. Auch haben wir die Bischofskonferenz aufgefordert, einen Fonds zur Vergabe zinsfreier Darlehen aufzulegen, mit denen sich Priester, die aus dem Amt ausgeschieden sind, beruflich weiterqualifizieren können. Leider haben wir keine positiven Antworten erhalten und den Dialog deswegen auf Eis gelegt.«

Ich schreibe eine E-Mail an ZöFra und an eine ähnliche Gruppe in Deutschland, an die Vereinigung katholischer Priester und ihrer Frauen (VkPF), und bitte um Unterstützung, Frauen zu finden, die über ihre Erfahrungen Zeugnis ablegen wollen. In beiden Fällen erhalte ich die Antwort, man werde meine Bitte kaum erfüllen können: Die unmittelbar Betroffenen äußerten sich nur sehr ungern in der Presse. Zu groß sei die Angst, entdeckt zu werden und ihr gewohntes Leben zu gefährden.

Trotzdem gehen in den nächsten beiden Tagen zwei unterzeichnete E-Mails mit der Bitte ein, ihren Inhalt anonym zu veröffentlichen.

Erste E-Mail aus Deutschland
Betreff: Ihr Buch.
Datum: 30. November 2010

»Ich lernte meine Liebe, einen jungen Priester, vor 23 Jahren kennen. Damals arbeitete ich als Religionslehrerin in der Gemeinde meiner Stadt. Er fühlte sich nie in der Lage, seinen Beruf für unsere Liebe aufzugeben, aber trotzdem bin ich ihm in all den Jahren immer nahe geblieben. Vielleicht deshalb, weil er mir oft sagt, dass er die Last seiner Arbeit nicht tragen könnte, wenn ich ihm nicht so viel Kraft gäbe.

Für mich ist diese Beziehung nicht leicht. Das Leben im Verborgenen hat mich in tiefe Depressionen geführt, mit offenkundigen Auswirkungen auf das Leben meines Partners. Das Schwierigste in diesen Jahren war wohl, dass wir auf eigene Kinder verzichten mussten. (Ein Kind habe ich aus einer früheren Ehe.)

Vor ein paar Jahren geriet unsere Beziehung in eine kritische Phase, als sich eine andere Frau rücksichtslos in unser Leben drängte. Sie hatte sich in meinen Partner verliebt und war zu allem bereit, um ihn für sich zu haben, obwohl sie bereits verheiratet war. Es war eine wirklich schwierige Zeit: Monatelang hat mich diese Frau mit Drohanrufen, boshaften SMS und allerhand Vorwürfen bombardiert, auch in der Öffentlichkeit und auf der Straße. Sie schreckte nicht einmal davor zurück, meinen Chef, meinen Pfarrer und einige meiner Kollegen anzurufen und mich als Hure zu beschimpfen.

Am schlimmsten war, als sie auf offener Straße ein Plakat mit einer Aufforderung an den Bürgermeister anbrachte, mich aus der Gemeinde und aus der Schule zu entfernen. Ihre Rufmordkampagne hätte ich ohne die Unterstützung meiner Familie, meiner Freunde und meines Pfarrers kaum überstanden. Zum Glück hatte sie mit ihrer Kampagne keinen Erfolg.

Heute sind die Wunden verheilt. Ich lebe wieder und habe mein psychisches und physisches Gleichgewicht wiedererlangt. Am meisten zählt, dass ich wieder mit Zuversicht in die Zukunft blicke. Ich habe sehr gelitten, habe aber trotzdem keine Zweifel: Wenn ich die Zeit zurückdrehen könnte, würde ich mich wieder für diese Liebe entscheiden.

Ich frage mich oft, wem dieses sinnlose Leiden nützt. Hat es etwa jemanden glücklicher gemacht?«

Zweite E-Mail aus Deutschland
Betreff: Geschichte der Frau eines Priesters
Datum: 2. Dezember 2010

»Ich habe lange gezögert, Ihnen zu schreiben, weil ich das Risiko nicht eingehen kann, dass meine Beziehung entdeckt wird.

Schließlich habe ich mich entschieden, auf Ihre Diskretion zu vertrauen, und meine schöne und zugleich traurige Liebesgeschichte zu erzählen.

Ich lernte meinen gegenwärtigen Partner vor acht Jahren kennen. Ein Blick hat genügt, damit wir uns ineinander verliebten. Bei ihm habe ich zum ersten Mal in meinem Leben erfahren, dass es Liebe auf den ersten Blick nicht nur in Filmen gibt. Dass dieser faszinierende Mann katholischer Priester war, stellte ich erst einige Tage später fest, als es für einen Rückzieher schon zu spät war. Am Anfang lief trotzdem alles bestens. Wir trafen uns zweimal in der Woche bei mir. Ich wartete sehnsüchtig auf seinen freien Tag in der Woche und natürlich auf die Urlaubszeit, die wir einmal im Jahr irgendwo in der Ferne verbrachten.

Eine Wende nahmen die Dinge vor ein paar Jahren, als mein Lebensgefährte in eine andere Gemeinde zwei bis drei Autostunden entfernt versetzt wurde. Von da an war ich es, die ihn am Wochenende besuchte.

Wir sind zu einem Leben in trostloser Heimlichkeit gezwungen: Immer wenn ein öffentliches Ereignis ansteht, ein Abendessen, ein Gemeindefest, kann ich mich nie als das, was ich bin, als seine Lebensgefährtin, vorstellen, sondern muss eine erniedrigende Rolle spielen, um den Anschein aufrechtzuerhalten. Für seine Gemeindemitglieder wurde ich sein ›gutes Mädchen‹, das ihm den Haushalt in Schuss hält und ihm die Kleidung wäscht, aber ich muss sagen, dass mich die Rolle der Putzfrau nach all meinen Studien so ziemlich einengt.

Ich habe es satt, dass ich ständig ein Spiel spielen muss und nicht gleich nach der Messe zu ihm eilen kann. Ich bin diese Situation leid und besuche ihn seit einziger Zeit seltener. Unsere Treffen gehen folglich hauptsächlich von mir aus. Zum Glück wohne ich in einer Stadt und nicht auf dem Dorf. So kann ich mich freier bewegen, auch wenn mein Partner ständig in der Angst lebt, entdeckt zu werden.

Wir sind gut aufeinander eingespielt. Uns verbinden viele gemeinsame Interessen, und ich habe das starke Gefühl, dass wir uns mit den Jahren immer näher kommen.

Meine Familie und unsere engeren Freunde sind über unser Verhältnis informiert. Keiner hatte je Einwände.

Vor einigen Jahren habe ich meine Arbeit verloren und mich auf die Suche nach einer neuen Beschäftigung gemacht. Ein bedeutendes Hindernis dabei war, dass ich ausreichend Freizeit für unsere Treffen brauche. Heute habe ich eine Stelle, die mir zusagt und viel Freizeit lässt. Dafür nehme ich Abstriche beim Gehalt gerne in Kauf. Für mich zählt nur, dass ich meine Arbeit weiterhin mit meiner Beziehung in Einklang bringen kann.

Er und ich reden selten über Geld, aber in dem Punkt gibt es auch kaum eine Diskussion: Die Frau eines Priesters genießt keinerlei finanzielle Absicherung. Wenn ihm etwas zustieße, bliebe mir nichts.

Mein Lebensgefährte ist, und das glaube nicht nur ich, ein außergewöhnlicher Priester. Dank seines Engagements und seiner Energie hat er bedeutende Dinge realisiert. Deswegen bewundere ich ihn sehr und bin noch nie auf den Gedanken gekommen, ihn zu bitten, für mich seine Arbeit aufzugeben. Ich glaube, er würde es nicht überleben, wenn er seine Arbeit als Priester verlöre: Früher oder später würde er seine Identität verlieren, mit gravierenden Folgen für sein seelisches Gleichgewicht.

Mein Lebensgefährte ist von jeher ein zerrissener Mann. Nach Jahren bedrängen ihn immer noch widerstreitende Gedanken. An ihm nagen Schuldgefühle. Er fühlt sich häufig als ein Verräter an allen: an mir, weil er weiß, dass er mir nicht all das bieten kann, was ich bräuchte, und an den Mitgliedern seiner Gemeinde, vor denen er sich verstellen und eine Maske tragen muss.

Er leidet sehr darunter, dass er seiner Familie nichts von mir erzählen kann. Sie hat bis heute keine Ahnung davon, dass ich an seiner Seite bin. Neuerdings machen ihm auch Lästermäuler zu schaffen, die im Dorf Gerüchte verbreiten, wonach er wegen einer Frau bald die Gemeinde verlassen müsse. Ich sehe mich ohne den Hauch eines Zweifels als Opfer des Priesterzölibats.

Jedenfalls habe ich mein Leben so zu organisieren versucht, dass ich mit dem Problem möglichst gut leben kann. Ich liebe meine Arbeit und pflege zahlreiche Hobbys und Freundschaften. Ich habe mich alles in allem gut organisiert, um mein Leben nicht wie in einem ewigen Wartesaal verbringen zu müssen.

Ich wünsche mir von ganzem Herzen, dass der Priesterzölibat eines Tages nur noch eine böse Erinnerung ist. Viele unterhalten eine Beziehung wie unsere. Und die Frauen wie die Männer leiden schrecklich darunter. Wie soll man hoffen, dass sie fromme und ehrliche Menschen werden, die in Frieden leben, wenn man sie täglich zur Lüge zwingt? Das Recht auf Ehe ist ein Menschenrecht. Daran glaubt fest eine Frau, die nicht einmal mehr mit ihrem Namen unterschreiben kann.«

11
Frauen im Dunkel

Gezwungen, im Dunkeln zu bleiben, führen diese Frauen ein Leben, das sich primär nach den Bedürfnissen des priesterlichen Geliebten und vor allem nach denen der Mutter Kirche richtet.

Sie leben wie Pestkranke.

Im Internet schütten die Frauen der Priester ihr Herz aus. Foren, Blogs, Websites von Vereinigungen: Zeugnisse wie diese aus Deutschland gibt es unendlich viele. Garantierte Anonymität ist der entscheidende Faktor. Wenn die Frauen sicher sind, dass sie nicht entdeckt werden, lassen sie ihrem Mitteilungsbedürfnis freien Lauf und erzählen von Freuden, Enttäuschungen, Wut, Ungerechtigkeiten und Hoffnungen.

Ich habe mich in ein französisches Forum für Lebensgefährtinnen, Geliebte und Freundinnen von Priestern eingeloggt. Den Blog betreibt eine gewisse Angel. Als Logo auf der ersten Seite dient die Zeichnung eines Priesters, der eine Frau im Brautkleid im Arm hält. Ein rosa Schriftzug rechts darüber lautet *Le droit d'aimer,* »Das Recht zu lieben«.

Das Forum richtet sich an »Partnerinnen von Priestern, die ihre Geschichte mitteilen wollen, die das Bedürfnis haben, einen Dialog zu führen, sich auszudrücken, Meinungen auszutauschen und Unterstützung zu bekommen«.

Eines der häufigsten Probleme sind Schuldgefühle. Die Frauen bitten ihre »virtuellen Freundinnen« um Rat. Sie sitzen im selben Boot und spüren, dass sie sich einander völlig unbefangen anvertrauen können.

Ich habe einige exemplarische Texte zusammengestellt.

Colombine:

»Mein Freund hat mir immer gesagt, dass Christus und seine Kirche für ihn an erster Stelle stehen. Wenn sein Bischof von ihm verlangen würde, sein Sexualleben zum Wohl seines Priesteramts aufzugeben, käme er der Forderung nach und nähme seine Leiden wie ein Asket auf sich. Für ihn bleibt eine romantische Liebe immer eine ›Liaison‹ gegenüber seiner wichtigsten Verpflichtung, die nach wie vor der Kirche gilt.

Wir leben an verschiedenen Orten und sehen uns deshalb im Durchschnitt nur alle zwei Wochen. Bisher ist es zwischen uns noch nicht zu einem richtigen Geschlechtsakt im eigentlichen Sinn gekommen. Aber er fühlt sich von mir körperlich angezogen, und wenn wir allein oder mit engen Freunden zusammen sind, zeigt er mir mit heißen Küssen gerne seine Liebe.

In der Kirche und in der Öffentlichkeit tut er so, als sei er mein Bruder. In Restaurants reden wir viel, flüstern uns Dinge ins Ohr, bleiben uns immer nah und stupsen uns unbemerkt mit der Fingerspitze an oder streicheln uns sanft.

Wir nehmen uns besonders vor Klatschbasen in Acht. Mir ist sehr wohl bewusst, dass ihm die sichere Versetzung drohte, wenn die Sache herauskäme: Das ist meinem Freund schon einmal und nur deshalb passiert, weil der Bischof Gerüchte gehört hat. Er braucht keine handfesten Beweise, um gegen jemanden vorzugehen.

Mein Freund muss sehr vorsichtig sein: Seine Mutter ist krebskrank und hat nur noch wenige Jahre zu leben. Er will in ihrer Nähe bleiben.

Und ich? Dass wir so füreinander da sind, ist der kostbarste Schatz unserer Beziehung. Und den wollen wir uns beide bewahren. Ich dränge ihn nicht zu mehr, möchte ihn nicht verletzen.

Ich warte darauf, dass er die Initiative ergreift, und finde das Warten auf die Liebe wunderschön.«

Im Folgenden das Zeugnis einer Krankenschwester mit dem Nicknamen *Passion:* »Es freut mich, dass wir viele sind, die eine so komplizierte Geschichte mit Kirchenmännern erleben. Ich selbst erwarte eine positive Entwicklung. Meiner ist sehr fürsorglich und vorsichtig. Er kann mir Liebesworte schreiben (sie mir aber nicht sagen) und ist sehr zärtlich, wenn wir uns sehen. Ich habe Vertrauen in die Zukunft.

In seiner Gemeinde verpassen sie ihm Tiefschläge. Er fühlt sich an den Rand gedrängt. Wie tief wollen sie ihn noch in den Wahnsinn treiben? Und die Klatschmäuler im Viertel spionieren ihm auch noch nach.«

Auf Colombines Bericht antwortet *Passion:* »Ich sehe, dass dein Freund sexuell aktiv werden will. Meiner hält sich zurück, wenn wir zusammen sind. Wenn er seinen Lüsten nachgibt, fühlt er sich unglücklich. Ich zwinge ihn nicht zu sexuellen Aktivitäten. Mir genügen unsere leidenschaftlichen und zärtlichen Umarmungen, aber ich spüre seine Begierde, deswegen tut er mir leid. Vielleicht ändert er sich mit der Zeit.

Er möchte gerne den Menschen nahe sein, das ist seine Berufung. Deshalb ist er nach Afrika gereist, und er hat dort eine glückliche Zeit verbracht. Seit seiner Rückkehr nach Frankreich geht es ihm schlecht. Christus ist in seinem Leben zwar wichtig, aber ich glaube, dass er sich von der Kirche allmählich immer mehr distanziert.

Wir haben eben eine halbe Stunde miteinander telefoniert. Ich habe gespürt, dass er müde, frustriert und traurig ist. Das ist er seit einigen Wochen fast immer. Nur letzten Freitag, als ich zu ihm kam, strahlte er, war glücklich und sehr zärtlich.

Aber was soll ich machen? Ich habe ihm gesagt, dass ich an seiner Seite sein will, um ihm zu helfen. Er hat nichts darauf gesagt. Er antwortet ja nie … Was soll ich davon halten? Vor dem Auflegen hat er gesagt: ›Gute Nacht, mein Schwesterchen.‹ Sehr seltsam. Es ist das erste Mal, dass er sich so von mir verabschiedet. Was bedeutet das in seiner Sprache?

Ich fühle mich heute Abend schlecht. Ich habe Tränen in den Augen.

Es ist so schmerzhaft, wenn man nicht lieben kann, ohne sich schuldig und im Weg zu fühlen.

Ich habe Angst um ihn und um seine sich verschlechternde Gesundheit. Ich würde ihn so gerne in die Arme schließen, ihn trösten und sich bei mir ausweinen lassen.

Ich liebe ihn, bis zum Wahnsinn.«

In den USA machen zahlreiche Blogs von sich reden. Unter ihnen *The Apostles Wives' Club* und *Secret Lover No More.* Urheberin beider Blogs ist Marcella Paliekara. Sie hat den ehemaligen katholischen Priester Frances Paliekara geheiratet.

Kennengelernt haben sich die beiden während seines Sabbatjahrs nach seiner Zeit als Missionar in Afrika. Als aus ihrer Beziehung mehr als reine Freundschaft wurde, hat er auf sein Amt verzichtet und sich offiziell zu seiner Frau bekannt.

2008 startete Marcella den Blog *The Apostles Wives' Club,* in dem sie von ihren Erfahrungen berichtete und die Art des Umgangs der Kirche mit Frauen von Priestern analysierte. Sie stellte fest, dass die strengen Regeln zum Zölibat letztendlich heimliche Liebschaften und Beziehungen begünstigen. Und sie befasste sich damit, wie die Kirchenführung Priester bestraft, die ihr Amt aufgeben, damit sie heiraten können.

Kein Tag verging, ohne dass Marcella von Geliebten, unglücklichen und unbefriedigten Frauen kontaktiert wurde. Sie baten um Gehör und suchten Trost. Aber mehr als einfache Ratschläge suchten sie praktische Lösungen für ihre tausend Alltagssorgen. Deshalb dachte Marcella über einen zweiten Blog nach, einen, der eher als Serviceangebot funktionierte. So entstand *Secret Lover No More,* eine Website, die verschiedene Themen aufgreift.

Eines ist *Sex in the forbidden zone,* »Sex in der verbotenen Zone«, nach dem gleichnamigen Buchtitel des amerikanischen Psychotherapeuten Peter Rutter. Er analysiert sexuelle Beziehungen, die deshalb »verboten« sind, weil sie aus Situationen hervorgehen, in denen ein Mann die verletzlichsten, intimsten, verwundbarsten und am stärksten unterdrückten Bereiche einer Frau in der Hand hat: ihren Körper, ihren Geist und ihre Seele. Auf der Website heißt es: »Das Vertrauensverhältnis zwischen beiden entsteht auf der Basis der beruflichen Rolle des Mannes: als Arzt, Therapeut, Anwalt, Lehrer, Betreuer oder Priester. Aus diesem Verhältnis ergibt sich für die Frau die Überzeugung, dass der Bereich ihres Körpers oder ihrer Seele, den sie ihm anvertraut, von ihm nur zur Lösung ihrer Probleme eingesetzt wird, aber sicher nicht, um sie – sexuell oder anders – auszunutzen.«

Aber es kommt anders. Rutter schreibt: »Die Priester spielen ihre Autorität aus und beuten die verletzlichsten Frauen aus, indem sie ihnen weismachen, dass ihre sexuelle Beziehung von Gott befohlen worden sci.« Ein besonders eindrückliches Beispiel in dem Buch ist das Verhältnis, das der Leiter eines Seminars, Ehemann und Vater mehrerer Kinder, fünf Jahre lang mit einer 21-jährigen Studentin unterhielt. Obwohl die Studentin bereits eine religiöse Berufung verspürte, fand sie ihre Identität nur in einer »sexuellen Berufung« als Magd des Mannes, den sie am meisten bewunderte: des Seminarleiters. Sie konnte diese Beziehung beenden und sich aus ihrer Unterwürfigkeit befreien. Allerdings erst, als sie entdeckte, dass ihr Geliebter auch mit anderen Frauen schlief.

Kehren wir zu Marcella Paliekara zurück. Ihr Blog enthält interessante Rubriken, darunter »Geschichten heimlicher Liebe«, »Vergeudest du deine Zeit mit einem Priester?«, »Des Wartens müde?«, »Fühlt ihr euch in einer heimlichen Beziehung wie in der Falle?«, »Liebt dich dein Priester wirklich?« und schließlich »Zehn gute Gründe, sich nicht mit einem Priester einzulassen«:

1. Wenn ihr mit einem Priester (oder verheirateten Mann) ausgeht, heißt das nicht, dass ihr mit ihm ein Geheimnis teilt, sondern dass ihr zu seinem Geheimnis werdet.
2. Ihr seid keine gleichwertigen Partnerinnen. Ihr habt keine Kontrolle über die Richtung, in die sich eure Beziehung entwickelt. Ihr könnt nicht planen oder euch für eine Lösung entscheiden. Aber eine Wahl habt ihr doch: die Beziehung eingehen oder sie nicht eingehen.
3. Es ist sehr unwahrscheinlich, dass er euch heiratet.
4. Wenn ihr mit einem Priester (oder einem verheirateten Mann) ausgeht, habt ihr bereits den Beweis dafür, dass er untreu und unzuverlässig ist.
5. Wie in Punkt 1 müsst ihr euer Gewissen beruhigen und eure Überzeugungen verraten. Wenn ihr eines von beiden verliert, seid ihr verloren. Und ihr bekommt sie nicht so leicht zurück.
6. Ihr werdet eher das Objekt seiner Schläge als das seiner Begierde.
7. Wenn es euch gelingt zu heiraten, wird es sehr schwer werden, wirtschaftlich wieder auf die Beine zu kommen.
8. Ein Verhältnis mit einem Priester, das als Geheimnis gehütet werden muss, wirkt körperlich und seelisch verheerend.
9. Die heimliche Beziehung betrifft nicht nur ihn und sie, sondern auch Unbeteiligte.
10. Mit einem Priester auszugehen, ist schlicht ein Fehler.

Mit ihrem Blog konnte Marcella zahlreichen Frauen helfen.

Höchste Anerkennung hat sich Marcella auch bei Priestern erworben, die mit dem Doppelleben Schluss machen wollten und sich entschieden haben, ihre Frau zu heiraten und ihre Liebe in Freiheit zu leben.

Auch diesen Priestern bietet sie Hilfe an.

Kein Verständnis hat sie allerdings für die heimliche Beziehung zu einem Priester. Folglich unternimmt sie alles, um die Beteiligten zu einem Bruch zu ermuntern, auch wenn dieser sehr schmerzhaft ist. Marcella erklärt, dass den Preis für eine solche Beziehung immer die Frau zahlt. Am Ende wird sie verletzt, verlassen oder manchmal sogar mit einem Kind sitzen gelassen.

12
Und noch mehr Fälle

Eine US-amerikanische gemeinnützige Organisation kümmert sich um Frauen, die sich in Priester verliebt haben. Sie heißt Good Tidings, »Frohe Botschaft«. Die Gründerin Cait Finnegan hat selbst einen ehemaligen katholischen Priester geheiratet. Beide leben in Pennsylvania.

Ich nehme zu Cait Telefonkontakt auf. Sie nennt mir einige Zahlen: »Ungefähr 100 000 Priester haben weltweit ihr Amt aufgegeben, um zu heiraten. Viele sind katholisch geblieben und praktizieren weiterhin ihren Glauben, ja feiern wie wir mit Freunden zu Hause sogar die Messe.«

Dann erzählt sie mir ihre Geschichte:

»Als ich mich in meinen Mann verliebte, war er seit 30 Jahren Priester. Ich dachte daran, meinerseits das Ordensgelübde abzulegen. Wir wussten nicht, was wir tun sollten, und suchten beim Vorgesetzten meines Mannes Rat. Und der sagte ihm, dass ich ihn sicher irgendwann wegen eines jüngeren Mannes verlassen würde. (Mein Mann ist deutlich älter als ich.) Das einzig Richtige für uns beide sei eine Trennung. Trotzdem entschlossen wir uns zu einer Heirat und haben soeben unseren 30. Hochzeitstag gefeiert.

Ich habe die Vereinigung ins Leben gerufen, um Frauen Hilfestellung zu leisten, wenn sie sich in der gleichen Lage befinden wie einst ich: verwirrt und orientierungslos. Dabei bekam ich Einblick in eine neue Welt: Ich musste feststellen, dass es sehr viele Priester gibt, die Frauen, die Zuwendung brauchen, ausnutzen und missbrauchen. Und danach praktizieren und predigen sie weiter, als sei nichts geschehen.

Ich war geschockt: Ich war in einer aus Irland stammenden katholischen Familie aufgewachsen und hatte noch nie einen üblen Priester kennengelernt. Ich hatte fast den Eindruck, dass mein Ehemann in Wahrheit der einzige lautere Geistliche sei.

Ich entwickelte die Vorstellung, dass sich die Priester, die weiterhin in der Kirche ihr Amt ausüben, nur um eigene Belange kümmern und sich keinem gegenüber verantwortlich fühlen, nicht einmal gegenüber Gott. Und dass diejenigen, die leider zum Ausscheiden gezwungen werden, weil sie nicht in der Lüge leben wollen, die aufrichtigeren sind.

Ein Prälat, der Liebschaften hatte und sich dann für die Karriere entscheidet, ist egoistisch und unfähig, die eigene Verantwortung zu erkennen. Das kann nur als Missbrauch gelten.«

Seitdem Cait Anfang der Achtzigerjahre ihre Vereinigung gegründet hat, hatte sie zu ungefähr 2000 Frauen Kontakt. Auf ihrer Website geißelt sie sämtliche Verfehlungen der Kirche. Sie erzählt von Priestern, die Nonnen benutzen und fallen lassen, und von Frauen, denen das Wort »Liebe« ins Ohr geflüstert wird und die dann aus allen Wolken fallen, weil sie feststellen müssen, dass auch Priester lügen können.

Sie erzählt von Frauen, die von Priestern Kinder bekamen und als Gegenleistung für Unterhaltszahlungen die Verpflichtung unterzeichnen mussten, den Namen des Vaters geheim zu halten. Und viele von ihnen hatte man zuvor zu einer Abtreibung oder einer Freigabe zur Adoption zu überreden versucht.

Cait sagt, sie habe Kopien solcher Verträge in Verwahrung, Dokumente zu einem Aspekt der Kirchengeschichte, der unter allen Umständen unter Verschluss bleiben soll. Sie habe persönlich mit ungefähr 50 Frauen gesprochen, denen der betreffende Priester oder dessen Vorgesetzter nahegelegt habe, das Kind vor der Geburt zur Adoption freizugeben.

Eine dieser Frauen ist Terri, die sich in einen Priester verliebt hatte: Nach der Geburt ihres Kindes eröffnete er ihr, dass er sich in eine andere Frau verliebt habe. Und die liebe ihn so sehr, dass sie ihr gemeinsames Kind zur Adoption freigegeben habe.

In all den Jahren hatte Cait mit einer Vielzahl solcher Fälle zu tun.

»Die heutigen Frauen sind unabhängiger und stärker als die, die sich in den Achtzigerjahren an mich gewandt haben. Trotzdem werden sie noch immer von Priestern ausgenutzt, die aus einem Augenblick der Schwäche Kapital zu schlagen wissen.

Viele sind verheiratet und haben familiäre Probleme. Die häufigste Haltung, der ich hier begegne, bringt mich auf die Palme: Am Ende neigen alle dazu, das egoistische Verhalten des Priesters zu entschuldigen und ihn in Schutz zu nehmen.«

Für Cait sind diese Priester Täter.

»Das Hauptproblem der meisten sehe ich in ihrer emotionalen Unreife. Sie treten blutjung ins Seminar ein und werden gegen Frauen abgeschottet. Und wenn dann eines Tages ihre Sexualität erwacht, können sie nicht mit ihr umgehen.«

Ein neues Phänomen stellen Frauen aus lateinamerikanischen Ländern dar.

»Bis vor einigen Jahren war häufig davon die Rede, dass Bischöfe entsprechende Vorfälle vertuschten oder dass Frauen dafür bezahlt wurden, dass sie abtreiben ließen oder ihre Kinder zur Adoption freigaben. Dass man heute seltener davon hört, heißt freilich nicht, dass so etwas nicht mehr vorkommt. Bei den Latinas, die in den USA zu einem wachsenden Bevölkerungsteil gehören, werden solche Geheimnisse noch strenger gehütet. Lateinamerikanische Frauen sind solche Verhältnisse in ihrer Kultur eher gewohnt als nordamerikanische. Sie reagieren häufig standhafter und schlucken ihr Leid lieber hinunter, anstatt sich Hilfe zu suchen.«

Und Opfer sind auch die Sprösslinge katholischer Priester:

»Diese Kinder werden ihrer Identität, ihres Unterhalts und ihrer persönlichen Geschichte beraubt. Aber anstatt ihnen zu helfen, ignoriert sie die Kirche lieber.«

Cait hebt die Besonderheit Amerikas gegenüber Europa hervor.

»Ich glaube, in Amerika herrschen andere Verhältnisse als in Europa, weil wir zwischen Kirche und Staat eine klare Trennung haben. Die katholische Kirche versucht Gruppen, die ihr kritisch begegnen, zwar Knüppel zwischen die Beine zu werfen, aber sie kann sie allenfalls finanziell austrocknen. Gott sei Dank können wir uns auch alleine zum Beten treffen, katholische Kreise gründen und den Glauben auch ohne die finanzielle Unterstützung der offiziellen Kirche praktizieren. Vor allem haben wir das Recht, unsere Meinung zu äußern, und tun dies auch.«

Das Gespräch mit der Gründerin von Good Tidings hat mich sehr nachdenklich gemacht. Cait hat mir, der ich in Europa und vor allem in Italien lebe, völlig neue Einblicke gewährt.

Wie die Kirchenführung reagiert, wenn sie erfährt, dass Geistliche ein Verhältnis mit einer Frau haben, hat mich betroffen gemacht: Versuche, Frauen dazu zu bringen, ihr Kind abtreiben zu lassen oder es zur Adoption freizugeben, oder Verträge, die Mütter dazu zwingen, gegen Unterhaltszahlungen die Identität der Väter ihrer Kinder zu verschweigen! Diese schwerwiegenden Vorwürfe wurden öffentlich erhoben und sind schriftlich belegt.

Jedenfalls ist Cait Finnegan nicht die erste Frau, die Bischöfe dafür an den Pranger stellt, dass sie bereit sind, Lügen und unwürdige Verhaltensweisen zu vertuschen, um der Kirche jeden Skandal zu ersparen. Dazu fällt mir die Geschichte der Odette Desfonds ein, einer Französin, die einen Priester heiratete und ein Buch geschrieben hat: In *Rivalinnen Gottes. Priesterfrauen schweigen nicht länger,* Berlin 2002, schildert sie die Wechselfälle ihres Lebens und das vieler anderer Frauen in ihrer Lage:

Odette lernt Jean bei einem Abendessen kennen. Sie reden über alles Mögliche, er erzählt von seiner Kindheit auf dem Land, seinen Eltern und Geschwistern. Sie reden über Musik, beide singen und spielen gerne Gitarre. Sie reden über Lateinamerika, über Diktaturen und Menschenrechte. Jean begegnet ihr unkompliziert, herzlich und respektvoll.

Erst am Ende des Abendessens erfährt Odette überrascht und amüsiert, dass Jean Priester ist. Er ist der Gemeindepfarrer eines multikulturellen Stadtviertels in Lyon. Zunächst denkt Odette: Wenigstens einer, der mich nicht gleich abschleppen will.

Über katholische Priester hat sie eine ganz unbefangene und oberflächliche Meinung: Es sind eben unverheiratete Männer, und das ist ganz selbstverständlich so.

Von der Kirche kennt Odette nur die sichtbare Fassade. Ihre Bauten, in denen feierlich die wichtigen Ereignisse des Lebens begangen werden, zelebriert von einem Klerus mit göttlicher Ausstrahlung.

Am nächsten Tag entdecken Odette und Jean ihre Seelenverwandtschaft. Sie hören ergriffen dieselben Chansons, lachen über dieselben Schwänke im Leben, empfinden dasselbe seelische Leid und begehren gegen dieselben Ungerechtigkeiten auf.

Der Herr Pfarrer und Odette haben sich ineinander verliebt.

Sie machen die gleiche wunderbare Erfahrung wie Milliarden Menschen auf dem Globus.

Jean kommt um 22.00 Uhr zu Odette nach Hause. Auf der Schwelle nimmt er seinen Motorradhelm ab. Sie umarmen sich. Wenn die Luft noch lau ist, setzen sie sich auf den Balkon und blicken auf die Lichter der Stadt hinab. Und sie reden und reden.

Sie haben sich so viel zu sagen, als würden sie sich nach Jahren einer Trennung wiedersehen.

Gegen Mitternacht bricht er auf und kehrt ins Pfarrhaus zurück.

Manchmal, am Wochenende, unternehmen sie eine Spritztour im Auto aufs Land. Auf der Rückbank sitzen Odettes Kinder. Damit sie Händchen haltend spazieren gehen können, steuern sie einsame Straßen an.

Sie richtet ihr Familienleben nach seinen Besuchen aus. Unter Vorwänden nabelt sie sich von Freunden und den Eltern etwas ab, um genaueren Nachfragen aus dem Weg zu gehen.

Jean vermeidet es tunlichst, mit ihr gesehen zu werden. Wenn sie einkaufen müssen, gehen sie abwechselnd und niemals zusammen in den Supermarkt.

Aber die Heimlichtuerei erscheint ihnen absurd: Sie sind überzeugt, dass das, was sie verbindet, die Arbeit und das spirituelle Wohl des Priesters nicht im Geringsten behindert. Aber Jean fehlt der Mut, ein Amt aufzugeben, das er seit 20 Jahren mit ganzem Herzen und voller Begeisterung ausfüllt. Odette nimmt es hin, ihre Beziehung vor der Welt zu verbergen.

Niemand in der Gemeinde ahnt, dass Jean bei Odette seine Sonntagspredigt vorbereitet und dass er im Kreis ihrer kleinen Familie immer wieder die Kraft schöpft, um die Menschen und was sie bewegt zu verstehen.

Sie führen eine Liebe auf Distanz und trösten sich mit dem Gedanken an die Ehe von Seeleuten, Fernfahrern oder Berufspiloten.

Aber sie haben die Rechnung ohne den gemacht, der alles auf Erden lenkt und der diejenigen, die ihm vertrauen, auch unter widrigen Umständen einen geraden Weg weist.

Im Juni 1984 ist Odette schwanger.

Jeans erste Reaktion ist die eines Mannes im Anblick einer Katastrophe.

Beide denken über einen Schwangerschaftsabbruch nach. Aber nach einiger Zeit akzeptiert Jean das Ungeborene als ein Geschenk des Himmels.

Er geht zu seinem Vorgesetzten und beichtet ihm alles: seine

Liebe zu einer Frau, das Kind, das zur Welt kommen wird, seinen Wunsch, sein Priesteramt weiter auszuüben.

Der Bischof wartet mit einer gewaltigen Überraschung auf: Er beruhigt ihn. Jean könne unter der Voraussetzung, dass seine Beziehung geheim bleibe, sein Amt weiter ausüben. Dies sei möglich. Schon andere hätten sich für diese Lösung entschieden.

Und so hätte es endlos weitergehen können, hätte Jean das Leben eines Heuchlers nicht sattbekommen. Und wenn er nicht das Gefühl gehabt hätte, in einer Institution zu wirken, die sich von ihrem Idealbild immer weiter entfernte. Also entschloss er sich zum Rücktritt.

Weihnachten 1985 hält er um Odettes Hand an. Inzwischen ist ihr kleines Mädchen neun Monate alt.

Odette stellt nur eine Bedingung: Sie will nicht mehr geduckt durchs Leben schleichen, sondern frei und offen ihre Beziehung leben. Sie hat es satt, sich zu verstecken, als hätten sie ein Verbrechen begangen.

Jean wendet sich mit einem offenen Brief an die Gemeinde. Die Sache wird öffentlich, landet in den Zeitungen und im Fernsehen.

Odette wird zur Anlaufstelle für zahlreiche Frauen, die ein heimliches Liebesverhältnis zu einem Priester unterhalten. Sie schreiben ihr, rufen sie an oder melden sich gleich an der Sprechanlage ihrer Wohnung. Wie Odette hatten diese Frauen geglaubt, sie seien ein Einzelfall.

Aber auch viele Priester wenden sich an Odette und Jean. Sie suchen Trost, Unterstützung und Rat. Sie erzählen von ihren quälenden seelischen Konflikten und den Reaktionen ihrer Vorgesetzten, als die von ihrer heimlichen Liebe erfuhren.

So vertraute Nicolas beispielsweise seinem Bischof an, dass Christine von ihm ein Kind erwarte und dass über beide bereits getuschelt werde. Nicolas erhält die Aufforderung, schleunigst die Koffer zu packen, auf dem Land warte ein Posten auf ihn.

Dort könne er die Frau nach und nach vergessen. Sorgen müsse er sich keine machen. Die Mutter könne ihr Kind sorglos aufziehen. Der Episkopat komme für den Unterhalt auf, bis es 20 Jahre alt sei.

Dagegen wählt Robertos Bischof eine pragmatische Lösung. Er schlägt vor, Roberto in eine kleine Gemeindepfarrei zu versetzen, wo er sich mit der Haushälterin seiner Wahl niederlassen könne.

Was ich nicht weiß, macht mich nicht heiß.

13
Viele Briefe …

Die Lava brodelt tief im Untergrund vor sich hin, bis ein Vulkankrater aufreißt, aus dem sie dann mit vernichtender Gewalt nach oben schießt. Egal, wo sie die Öffnung findet, sie muss hinaus …

So geschieht es immer. Wer den Gang an die Öffentlichkeit gewagt hat, den nutzen all jene als Ventil, die in Stille vor sich hin leiden und noch am Vortag glaubten, sie seien ein Einzelfall auf der Welt.

So war es bei Marcella, bei Cait und bei Odette.

Und so erging es auch einem italienischen Priester, dessen Name ich hier nicht nennen darf.

Ich muss ihn verschweigen, weil die Menschen, die ihm Einblick in ihre Privatsphäre gaben, gar nicht wissen dürfen, dass er mich an ihnen teilhaben ließ.

Warum er das getan hat?

Weil er nicht ans Beichtgeheimnis gebunden war. Und weil auch er zu einem Ventil geworden war, bei der sich viele Luft machten …

Auch er hatte die Lügen satt und festgestellt, dass er mit seinen quälenden Konflikten kein Einzelfall war. Am Tag, nach dem dieser namenlose Priester *urbi et orbi* verkündete, dass er eine Frau liebe und sich deshalb entschlossen habe, sein Priesteramt aufzugeben, wurde er mit E-Mails, Telefonaten und Hausbesuchen bombardiert. Alle wollten Rückhalt oder zumindest ein offenes Ohr finden.

Zumeist beichteten ihm Frauen eine heimliche Liebe.

So auch das folgende unterzeichnete Schreiben, das ich ohne Namen wiedergebe:

»Was du und deine Frau erlebt habt, ähnelt stark dem, was mir widerfahren ist. Ich weiß nicht, ob es richtig ist, wenn ich euch meine Geschichte erzähle, aber jedenfalls spüre ich, dass ihr mich deutlich besser verstehen könnt als meine besten Freunde.

Vor über neun Jahren kam ein neuer Kaplan, ein neuer Don, in meine Gemeinde. Ich war sehr jung, ging in die achte Klasse und war noch eine frisch gewonnene Seele …. eben so ein Mädchen, das den Don als Idol, als Führungsfigur verehrt. Vor allem wenn er extrovertiert, charismatisch, sympathisch und für alles Menschliche offen ist – eben ein Priester der ganz anderen Art.

Seine Tatkraft hat mir gleich gefallen, aber vor allem beeindruckten mich seine Unbekümmertheit und Leichtigkeit. Er hatte wenig von einem Priester und war einfach ein junger Mann unter Jugendlichen.

Mit den Jahren übertrugen sich sein lebhaftes Wesen und seine Begeisterung für Jugendliche auf mich. Allmählich verbrachte ich immer mehr Zeit in den Einrichtungen der Gemeinde. Ich engagierte mich als Jugendgruppenleiterin und ich teilte mit dem Don immer mehr Erlebnisse, sodass sich unsere Bekanntschaft zusehends vertiefte.

Er hatte immer eine Umarmung übrig, um mich aufzubauen oder zu trösten. Oder er begrüßte mich einfach so und sagte mir damit, dass er mich mochte.

Ich hatte einen engen Freund gefunden, jemanden, der zuhören und in meiner Seele lesen konnte und der mit einem einzigen Blick wusste, was mit mir los war. Er wusste, wann und wie er mir die Leviten lesen musste, setzte Vertrauen in mich und half mir, aus allem das Beste zu machen. Mit seiner Hilfe wurde ich erwachsen und zu einer Frau.

Unsere zuneigungsvolle und verschwörerische Beziehung dauerte so lange, bis mir mein Don eröffnete, dass er sich in mich verliebt habe. Dass er sehr starke Gefühle für mich empfinde.

Mir verschlug es die Sprache. Ich wusste nicht, was ich sagen sollte, und musste erst einmal nachdenken. Konnte das sein? Der Don hatte sich in mich verliebt??!!

Aber dann lösten sich die Fragen plötzlich auf. Die Gefühle bekamen die Oberhand. Auch ich hatte mich verliebt, auch wenn ich meinen Empfindungen nie einen konkreten Namen hatte geben wollen oder können. Vielleicht war auch ich zu ängstlich gewesen.

Es begann unser heimliches und schmerzliches Verhältnis. Wir haben mehrfach versucht, voneinander loszukommen. Eine Trennung sei für uns beide gut, sagten wir uns jedes Mal.

Dann lagen wir uns wieder in den Armen, trafen uns an einem verschwiegenen Ort, um zusammenbleiben zu können, in einem Käfig aus Lügen und Ausreden, die so perfekt zusammengeflochten waren, dass uns keiner auf die Schliche kam.

Es war herzzerreißend, anstrengend, aber auch großartig und wunderschön. Wir liebten uns wirklich sehr. Und wir spürten das Leben wie noch nie.

Er fragte mich mehrmals: ›Was denkst du jetzt von mir, von einem Priester, der sich unsterblich in ein Mädchen verliebt?‹

Ich sagte immer, das sei für mich kein Problem, im Gegenteil: Ich fände es toll, dass er Priester und auf der Suche nach dem Reich Gottes sei. Ich hatte schon immer gedacht, dass ein Mann und eine Frau erst als Liebende und Geliebte vollständig seien.

Vollständig ist man erst, wenn man jemanden neben sich hat, der nicht nur deshalb bei einem bleibt, weil er gelegentlich gerne einen Kuss, eine Zärtlichkeit oder ein bisschen Zuneigung empfangen oder geben will, sondern weil er an einen glaubt, mit einem wachsen möchte und mit einem einen großen Lebensplan entwirft.

Diese zwei Jahre meines Lebens werde ich niemals vergessen.

Am Ende kam dann doch der Augenblick der Trennung. Er ging auf Mission und ließ mich in meinem Alltag zwischen meinem Studium an der Uni und meiner Arbeit als Animateurin zurück.

Im Innersten hätte ich am liebsten alles stehen und liegen lassen, meine Liebe zu ihm in die Welt hinausposaunt und mit ihm ein gemeinsames Leben begonnen.

Aber am Ende hat die Ungerechtigkeit gesiegt.

Ich weiß nicht, was die Zukunft für uns bereithält. Ich weiß nur, dass ich nicht aufhören kann zu lieben. Ohne ihn kann ich mir mein Leben nicht vorstellen.

Zwei Jahre sind seit seiner Abreise vergangen. Es gab Momente, in denen ich wütend auf ihn war. Um ihm nahe zu sein, habe ich kostbare Jahre meiner Jugend vergeudet, Schei... In manchen Momenten spürte ich die ganze Last eines unfairen Schicksals.

Warum? Warum muss gerade ich mich in einen Priester verlieben? Warum gibt es so idiotische Regeln zu beachten?

Es gab Momente, in denen ich Gott dafür dankte, dass er mich die Liebe kennenlernen ließ. Momente, in denen ich hoffte, diese zauberhaften Augenblicke erneut zu erleben.

Vor allem aber Momente des Zweifels, der Ungewissheit und Unsicherheit.

Was will das Leben von mir? Was will Gott von mir? Was wollen sie mir sagen?

Der Schmerz ist noch nicht überwunden. Ich stecke noch bis zum Hals darin. Es hat mir das Herz gebrochen.

Ich schreibe dir nicht, um eine Antwort zu bekommen, sondern weil ich jemandem mitteilen muss, was mir zugestoßen ist. Meine Freunde, die wenigen, die davon wissen, können die immer gleiche Geschichte nicht mehr hören. Für sie bin ich über den Berg. Es sei an der Zeit, mir einen festen Freund zu suchen.

Aber leider ist dem nicht so.

Ich bewundere deinen Mut, gegen den Strom zu schwimmen. So viel Mut hätte ich auch gerne gehabt. Ich danke dir für die Aufmerksamkeit und für das Buch, das du geschrieben hast. Alles Gute!«

Ich habe diesen Brief immer und immer wieder gelesen.

Und in der Korrespondenz des namenlosen Priesters gab es noch weitere dieser Art. Er weiß nicht, dass ich welche heimlich abfotografiert habe. Wenn er diese Zeilen liest, wird er sicher wütend.

Dann sei es so.

Dieser Brief hat mich betroffen gemacht, weil er aufrichtig, unbefangen, ernüchtert und gelassen klingt. Weil er von der Entdeckung der Liebe, von Gefühlen und von erlittenem Verrat erzählt.

Ich empfand Rührung und Wut. War betroffen und zugleich aufgebracht. Ich hatte diese junge Frau für einfältig gehalten, sah dann aber mich als einfältig an.

Danach stellte ich anhand des Vor- und des Zunamens ihres Priesters im Internet Nachforschungen an und machte ihn ausfindig: Eine Lokalzeitung hatte ein Interview mit ihm abgedruckt.

Ich las, was er zu sagen hatte.

Er redete von Erfahrungen und von Menschen, mit denen er eine innige Bekanntschaft geschlossen habe.

Danach las ich weitere Male den Brief der jungen Frau durch. Und ich suchte den verliebten Don auch auf Facebook.

Und da entdeckte ich ihn, lächelnd und glückselig.

Ausdruck eines guten Leben, eines prallen Lebens.

14
… und viele Begegnungen
mit Frauen

Was treibt eine Frau dazu, sich in einen Priester zu verlieben?

Mit dieser Frage im Sinn setze ich mich ins Auto und fahre weitere 300 Kilometer, um Marzia im Veneto zu treffen.

Es ist Anfang September 2010.

Marzia ist 35 Jahre alt. Sie hat eine Tochter und lebt von ihrem Mann seit geraumer Zeit getrennt. Ihre Geschichte ähnelt stark der vieler Frauen. Sie verkehrt in der Gemeinde ihres Heimatorts, arbeitet als Animateurin und begleitet eine Jugendgruppe.

Flavio ist Kaplan und Vizepfarrer. Zwischen ihnen entspinnt sich eine innige Freundschaft. Sie vertraut sich ihm an, erzählt ihm alles, empfindet ihn als ihren besten Freund.

Eines Abends ruft Pater Flavio bei ihr an. Er sei traurig, habe sich soeben von einer Frau getrennt, mit der er seit einiger Zeit eine Beziehung gehabt habe. Er sagt Marzia alles und erzählt ihr von dieser anderen, die deutlich jünger als er ist und als Gruppenleiterin arbeitet. Marzia ist nicht überrascht. Sie hatte bereits gemutmaßt, dass zwischen den beiden etwas war.

Vom nächsten Tag an sehen sich Pater Flavio und Marzia immer häufiger. Er holt sie abends zu einer kleinen Unternehmung, auf einen Spaziergang, ein Eis oder eine Pizza ab. Marzia findet, er sei deutlich einfühlsamer als die Männer, die sie bislang kennengelernt hat. Er kann zuhören, gibt die richtigen Ratschläge, drängt sich nicht auf, begleitet sie auf ihrem Weg und lässt sie in Ruhe, sobald sie will.

Aber nach einiger Zeit gerät sie in eine Krise. Sie geht zu einem anderen Priester in die Beichte und erzählt ihm alles.

Wenn mit dem, dann auch mit mir.

Männer können tölpelhaft naiv sein: Er ist schon der dritte Priester, der bei Marzia zu landen versucht. Sie weist ihn zurück. Er eilt zum Bischof und verpetzt alles, ohne sich um das Beichtgeheimnis zu scheren. Pater Flavio wird in eine andere Gemeinde versetzt. Der Bischof sagt ihm, er könne seine Frau weiterhin sehen, müsse aber absolute Diskretion wahren. Er wolle keinen Skandal.

Pater Flavio ist enttäuscht und bittet um ein Sabbatjahr. Als es abgelehnt wird, hängt er sein Kirchenamt an den Nagel. Marzia bleibt bei ihm. Sie bietet ihm Freundschaft, Anlehnung und Schutz.

Ihre Liebe erblüht.

Inzwischen leben Marzia und Flavio glücklich zusammen. Sie wären noch glücklicher, wenn Flavio eine Arbeit fände, um seiner Familie eine anständige Zukunft bieten zu können. Aber das ist schwierig. Die Kirche hat ihm die Tür vor der Nase zugeschlagen.

An dem Tag, als er aus dem Priesteramt ausschied, hat sie ihm die Lehrerlaubnis für den Religionsunterricht in der Schule entzogen.

Ich besuche Marzia und Flavio einige Wochen lang immer wieder, komme zum Abendessen und lerne ihre Freunde kennen. Zu einem Paar habe ich besonders viel Kontakt: Federica und ihr Expriester sind beide um die 40 Jahre alt.

Federica ist für mich genau die richtige Ansprechpartnerin: Sie hat ihre eigenen Erfahrungen gemacht und kennt zahlreiche Frauen, die Ähnliches erlebt haben wie sie. Die Diskussion mit ihr ist besonders interessant.

Was treibt eine Frau dazu, sich in einen Priester zu verlieben?

»Vielleicht das Einfühlungsvermögen von Priestern, ihre Fähigkeit zuzuhören und ihre sanfte Art.«

Einfühlungsvermögen, zuhören können und eine sanfte Art. Das gibt einem zu denken. Eine Frau ist bereit, im Schatten zu stehen, nie vollwertig zu sein und so zu leben wie die heimliche Geliebte eines verheirateten Mannes, vielleicht weil sie hofft, dass er früher oder später alles aufkündigt, zu ihr eilt, sie in die Arme schließt und auf Händen durchs Leben trägt. Und zwar in aller Öffentlichkeit.

Federica spricht von der Faszination des Priestergewands. »Das Priesteramt übt deshalb Faszination aus, weil es auf jeden Fall ein wichtiges Amt in der Gemeinde ist, insbesondere in kleinen Ortschaften. Hier hat der Priester großen Einfluss.

Der Priester ist ein gütiger, stets entgegenkommender Mensch, der Kindern besonders einfühlsam begegnet und gute Ratschläge erteilt. Häufig fasziniert auch die Bildung, die in seinen Sonntagspredigten aufscheint.«

Federica redet von der Einsamkeit des Priesters. Und dass gerade auch die Verhältnisse des alleinstehenden Mannes auf Frauen anziehend wirken.

»Wenn wir nachfragen, stoßen wir darauf, dass den Priester gerade auch seine Einsamkeit attraktiv macht. Kaum hat sich eine Frau ihm genähert und seine Freundschaft oder eine Art Komplizenschaft gewonnen, entdeckt sie einen verletzlichen Mann, der in den wichtigen Augenblicken des Lebens häufig allein ist. Was seine persönlichen Gefühle und Freundschaften angeht, ist er arm dran, obwohl er von morgens bis abends von Menschen umgeben ist. Wenn er keine Familie in der Nähe hat, verbringt er seine Fest- und Sonntage mit sich alleine.

Ich habe Priester erlebt, die ihre ganze Energie auf die Körperpflege verwendeten und zu eitlen Pfauen wurden. Das zieht einen bestimmten Typ Frau ebenfalls an.

Meiner Meinung kann man allerdings leicht die kosmische

Liebe predigen, wenn man immer gut versorgt ist. Man spürt keinen finanziellen Druck, kann sich ausruhen, wenn man müde ist, und bekommt seine Bedürfnisse befriedigt. Und um die Höhe der Rechnung braucht man sich sicher nicht zu sorgen.

Warum also ein so natürliches Bedürfnis wie die Sexualität unterdrücken? So entstehen absurde Situationen wie die der Frauen, die ich kennengelernt habe. Sie haben ein schwieriges Leben und machen sich auf die Suche nach etwas, das verboten ist.

Eine Freundin sagte mir einmal, ein Priester sei der ideale Geliebte. Man habe nicht das Problem, dass es eine Ehefrau und Kinder gebe. Vor allem könne man sicher sein, dass er einen nicht unter Druck setze und einem das Leben schwer mache, weil sich ein Priester in seiner Rolle ja wohlfühle. Und bei finanziellen Problemen springe er gerne ein.«

Ich verabschiede mich von Federica und fahre mit dem Versprechen nach Hause, dass sie mir helfen werde: Sie will für mich Frauen ansprechen, die die heimliche Geliebte eines Priesters sind.

Und zwar die eines Priesters, der sein Amt anders als ihr Lebensgefährte immer noch ausübt. Federica meint, es sei zwar ziemlich unwahrscheinlich, dass sie sich mit mir treffen wollten, aber sie werde ihr Mögliches tun, um sie zu überreden.

Lucia lehnt ein Treffen mit mir ab. Federica erzählt mir von der Begegnung mit ihr.

»Ich kenne sie von unserer gemeinsamen Arbeit für die ›Katholische Aktion‹. Sie ist 50 Jahre alt, eher klein und robust und blickt irgendwie seltsam aus ihrer Lockenpracht hervor. Sie lebt allein in einem kleinen Vorort. Ich treffe sie morgens in einer Bar in der Nähe meines Hauses. Etwas atemlos, schlecht aufgemacht und mit traurigem Blick kommt sie zur Tür herein.

Sie erzählt mir zunächst, dass ihr ihre beiden Söhne fehlen. Sie sind inzwischen erwachsen und leben so weit entfernt, dass sie sie sonntags nur selten sieht. Lucia arbeitet seit vielen Jahren als Sekretärin.

Fast schweigend trinken wir einen Espresso zusammen. Als Bekannte in die Bar kommen, grüßt sie müde. Ohne dass ich Fragen stelle, setzt sie plötzlich zu einer Art Befreiungsschlag an und macht ihrem Kummer Luft.

Lucia lebte früher in einer anderen Ortschaft in familiären Verhältnissen, mit denen es nicht zum Besten stand. Sie und die Kinder waren ihrem Mann ziemlich egal. Er verschleuderte das Einkommen in Bars und beim Glückspiel und machte Schulden. Als die Söhne noch klein waren, bot die Kirchengemeinde Lucia die einzige Ablenkung.

Hier lernte sie den Gemeindepriester Giacomo kennen. Er war zehn Jahre älter als sie, sanftmütig und hatte einen offenen Blick.

Als ich andeute, dass ich Giacomo kenne, reagiert sie fast erleichtert, dass sie über ihren Geliebten ganz offen und ohne Lügen reden kann. Allmählich wurde ihre Beziehung zu einem verschwörerischen Verhältnis. Eines Morgens gingen sie gemeinsam ins Einkaufszentrum, um Besorgungen für die Kirchweih der Gemeinde zu machen. Im Auto tat er den ersten Schritt: ein erster Kuss, eine erste Zärtlichkeit, ein erster Schauder.

Anstatt Angst empfand Lucia Freude, eine pubertäre Freude. In diesem Moment kehrte in ihr Leben der Sonnenschein zurück. Sie erzählt mir von Unternehmungen, Abendessen, Treffen zu zweit in Giacomos Zimmer, immer unter dem Vorwand gemeinsamer Organisationsarbeiten für die Kirchengemeinde. Und es gab Klatsch. Die Frauen in der Gemeinde schauten sie plötzlich anders an.

Sie verbrachten ein wunderschönes Jahr mit heimlichen Treffen, Händen, die sich berührten, und komplizenhaften Blicken. Bis die Kunde von einem Verhältnis die Runde machte und der Gemeindepriester versetzt wurde. Lucia musste umziehen.

An dieser Stelle frage ich Lucia, ob sie und Giacomo nicht daran gedacht hätten, auszubrechen und zusammenzuziehen. Ihre Antwort überrascht mich etwas. Sie sagt, sie habe nie den Mut gehabt, dieses Thema anzuschneiden. Und sie wisse auch gar nicht, ob sie selbst das wolle. Sie gesteht, vor Giacomo tatsächlich ein bisschen Angst zu haben. Immerhin sei er ein erfolgreicher Mann und sie doch nur ein Nichts.

Lucia trifft sich weiterhin heimlich mit ihm. Die Treffen werden immer seltener, aber wenn eines stattfindet, bereitet sie sich darauf vor, als wäre es ihre Trauung. Sie fühlt sich verstanden und glücklich, und wenn sie miteinander schlafen, genießt sie es, als sei es das letzte Mal.«

Auch Paola will sich nicht mit mir treffen. Federica, die ihr vorab die Gründe für das Gespräch mitteilt, kommt nur mit Mühe an sie heran. Nach mehreren Mitteilungen und Anrufen stimmt sie einer Verabredung zu. Federica muss ihr fest versprechen, dass sie kein Aufnahmegerät mitbringt. Und vor allem, dass ich weder ihren richtigen Namen noch irgendeine Einzelheit nennen werde, die dazu beitragen könnte, dass sie erkannt wird.

Paola ist 40 Jahre alt und unterrichtet in einer Schule im Stadtzentrum. Sie wirkt zart, geradezu zerbrechlich. Ihr Leben erscheint fremdbestimmt. Ihre verletzliche Seele spiegelt sich auch in ihrem Körper wider. Kleidung im Ethno-Schick, die sie in Fair-Trade-Läden kauft, machen sie jünger: ein Blumenkind, das man in eine andere Zeit versetzt hat.

Federica und Paola treffen sich in einem Park im Stadtzentrum. Paola setzt sich, zieht aus ihrer Handtasche einen Apfel heraus und streicht sich das Haar aus der Stirn.

»Du gehörst also auch zum Klub«, sagt Federica, worauf Paola sofort zu erzählen beginnt:

»Ich habe Marco in einem Diözesankurs kennengelernt. Damals war ich schon vier Jahre verheiratet. Ich habe sehr früh geheiratet, um die Freiheiten zu bekommen, die ich in meiner Familie nicht hatte. Ich verbrachte mit meinem Mann schöne Jahre. Aber wir hatten eher das Verhältnis von Geschwistern als das eines Liebespaars.

Marco war anders als mein Mann, sanftmütig und einfühlsam. Er hörte mir still zu und verstand mich, maßregelte mich aber auch, als wolle er Verantwortung für mich übernehmen und mich zu einem besseren Menschen erziehen.

Ich hätte nie gedacht, dass ich mich in ihn verlieben könnte. Ich bin erzkatholisch. Allein dieser Gedanke ließ mich erstarren.

An einem Abend nach einem Treffen bat mich Marco, ihm noch bei einer Pizza Gesellschaft zu leisten. Ich nahm die Einladung an: Mein Mann war beim Fußball und kam erst spät zurück. Außerdem gefiel mir der Gedanke, mit Marco allein zu sein. Bei einer Pizza würde ich ihm all die Fragen stellen können, die ich ihm seit Langem stellen wollte: Ich hatte tausend Zweifel an meinem Glauben. Er konnte mir bestimmt helfen.

Auf der Fahrt zur Pizzeria beugte er sich an einer roten Ampel zu mir herüber und küsste mich. Es war ein süßer und heftiger Kuss. Ich war wie erstarrt, froh, glücklich und voller Angst. In Sekunden schossen tausend Gedanken durch meinen Kopf.

Wir aßen keine Pizza mehr. Stattdessen saßen wir im Auto auf einem Parkplatz, redeten und küssten uns. Er hatte etwas Geheimnisvolles und Männliches und war zugleich süß und angriffslustig.

Heute, nach drei Jahren, ist mir klar, dass er seine Kirchengemeinde niemals verlassen wird. Er ist Gemeindepriester und fühlt sich in dieser Rolle zu Hause. Er sagt, er habe Schuldgefühle, wolle mich aber nicht verlieren.

Ich bin keine Geliebte, sondern seine Frau. Wir sehen uns oft, weil ich für die Gemeinde viele Aufgaben erledige. In diesem Jahr sind wir sogar für zwei Tage zusammen zu einer Schulung gegangen. So sieht mein Leben aus, und ein anderes kann ich mir gar nicht vorstellen.

Mein Mann weiß nichts und wird nie etwas erfahren. Ich bete jede Nacht zum lieben Gott, damit er all dem ein Ende setzt. Und am Morgen bete ich dann, dass mir Marco den lieben Gruß schickt, den ich mir wünsche.«

Eine weitere Betroffene ist Erika. Federica kennt sie noch nicht. Den Kontakt vermittelt ihr eine gemeinsame Freundin, die ebenfalls eine Liaison mit einem Priester hat. Von ihr bekommt sie Erikas Telefonnummer. Federica ruft sie an, Erika erklärt sich zu einem Treffen bereit.

Die junge Frau ist 23 Jahre alt und so wunderhübsch wie ein Model. Sie erscheint mit Pfennigabsätzen und einem Minirock zum Treffen, bei dem sie ihr kupferrotes schulterlanges Haar ständig mit den Händen zu bändigen versucht. Erika fürchtet, ihre Eltern, die in einer anderen Region wohnen, könnten von ihrer Beziehung erfahren. Sie lässt sich absolute Verschwiegenheit zusichern und erzählt daraufhin ihre Geschichte.

»Ich begeisterte mich für die Mode und für Marken. Ich bin ein Fan von Diskotheken und Restaurants. In einer Diskothek, die ich regelmäßig besuche, habe ich dann auch Andrea kennengelernt, einen wahnsinnig hübschen Kerl, einen typischen Südländer.

Ich war mit Freundinnen da. Er hat sich mir genähert und angefangen, mich zu umwerben. Das ging dann den ganzen Abend so. Ich begann mit ihm zu flirten. Er sah klasse aus, trug Markenjeans, die richtigen Schuhe und ein offenes Hemd. Er redete wenig, aber seine Augen verrieten mir genau, was er von mir wollte.

Er war der Mann und ich seine Beute.

Sofa, Küsschen, Mojito und Tanz. Beim Abschied im Morgengrauen tauschten wir Handynummern aus. Ich habe den Zettel sofort weggeworfen, auch deshalb, weil ich beschwipst war. Das mache ich nach der Disko immer so.

In den nächsten Wochen dachte ich nicht mehr an diesen Abend. Er war so amüsant gewesen wie viele andere, und ich hatte wie an vielen anderen tolle Augenblicke erlebt.

Nach einem Monat kam eine erste faszinierende und aufregende SMS. Er wollte mit mir schlafen.

Ich antwortete mit ja, ohne mich überhaupt an ihn zu erinnern. Ich war einfach überrumpelt. In der darauffolgenden Woche verabredeten wir ein Treffen am Meer, wenige Kilometer von meinem Wohnort entfernt. Seltsam, dachte ich. Es ist Winter, am Meer ist doch jetzt kein Mensch. Er empfing mich noch schöner und gepflegter in seinen perfekt sitzenden Markenklamotten. Er duftete wahnsinnig gut und hatte auf jedes Detail geachtet.

Wir verbrachten zwei heiße Tage miteinander: Sex, Sex und nochmals Sex.

Er ließ mir einen wunderschönen Schal und einen Zettel zurück, über den ich hätte weinen können, und löste sich wieder in Luft auf.

An einem Montagmorgen bat er mich, meine Univorlesung sausen zu lassen. Er wolle mit mir reden. Ich dachte an eine weitere seiner erotischen Eskapaden.

Er sagte mir, er sei Priester, werde in Kürze in eine andere Gemeinde versetzt und wolle mich nicht verlieren.

Ach du Schreck, und jetzt?

Ein Priester. Mit Priestern hatte ich seit der Grundschule und der Jugendfreizeitstätte nichts mehr zu tun gehabt. Waren Priester nicht alle fett, hässlich, verschlampt und miefig in ihren schwarzen Klamotten?

Aber war es nicht egal, was er beruflich machte? Ich ging ja nicht zur Messe, hielt mich von der Kirche fern und wollte ihn nicht heiraten, sondern mich bloß amüsieren. Und verlieben musste ich mich ja auch nicht gleich. Bei genauerer Überlegung war er dadurch, dass er in einem Paralleluniversum lebte, ja nur noch interessanter für mich.

Jetzt ist er Gemeindepfarrer in einem Ort in meiner Nähe. Wir sehen uns häufig. Er hat nahe der Universität eine kleine Mansardenwohnung für mich angemietet und besucht mich, sooft er kann. Er überschüttet mich mit Geschenken und Fantasien. Wir können uns tagsüber nicht sehen, aber das ist im Augenblick okay, solange er früher oder später mir gehört. Und falls nicht, dann eben nicht.«

Federica ist sprachlos. Das Treffen hat sie betroffen gemacht, ein wenig, weil Erika so selbstbewusst und dreist auftritt, und ein wenig, weil sie so jung ist. Vor allem weil Erika das Klischee von der Frau durchbricht, die im Priester Zärtlichkeit, Trost und Sicherheit sucht. Erika will Geld, Geschenke, Sex und gegen Regeln verstoßen. Und das bekommt sie auch.

Aber auf Federica warten weitere Überraschungen. Zum Schluss trifft sie sich mit Carla. Eine Zufallsbegegnung. Federica isst mit einer Freundin in einem Restaurant zu Abend, in dem Carla kellnert. Die beiden Freundinnen haben sich lange nicht gesehen, aber über Facebook Kontakt gehalten. Carla setzt sich nach dem Essen zu ihnen an den Tisch. Sie ist 43 Jahre alt und wirkt wie eine starke Persönlichkeit. Aber als sie dann von sich erzählt, kommt in ihrem Schweigen und ihren Blicken, mit denen sie Zustimmung erheischt, ihre ganze Verletzlichkeit zum Vorschein.

»Ich bin ziemlich wütend auf die Kirche und ihre heuchlerischen Regeln. Ich bin eine ledige Mutter. Meine Tochter muss ohne ihren Vater aufwachsen, weil er Priester ist. Und dem sind die Vorteile der Kirche lieber als die Verantwortung für seine Familie. Er ist schwach und ohne Mumm. Mit mir ins Bett zu gehen, hat ihm Spaß gemacht, aber jetzt fürchtet er sich vor dem realen Leben und den möglichen Reaktionen seiner Familie.

Ich hätte auch Ärger machen und an die Öffentlichkeit gehen können. Ich kenne Frauen, die das gemacht haben. Ich tue es nicht: Ich möchte nicht, dass meine Tochter einen Vater hat, der nur deshalb zu ihr steht, weil ihm nichts anderes übrigbleibt.

Er schickt mir Geld, fragt jeden Monat, ob ich etwas brauche, lässt mich aber mit meinem Kampf gegen alles und jeden im Stich. Und dabei hat er mir, als ich ihn kennenlernte, versprochen, er würde für mich alles stehen und liegen lassen.

Er hat mich geradezu genötigt, ohne zu verhüten mit ihm zu schlafen, weil es ihm so mehr Spaß gemacht hat. Ich habe geweint und ihn angefleht, alles aufzugeben und zu uns zu ziehen. Ich habe alles versucht, aber er will eben nicht. Seine Familie würde ihn dann keines Blickes mehr würdigen, sein Leben stünde kopf.

Ich würde ihn mit offenen Armen empfangen, weil ich noch nie einen Mann wie ihn kennengelernt habe. Ich hasse ihn, und ich liebe ihn. Ich eile zu ihm, wenn ich kann, weil ich mir nur mit ihm eine Zukunft vorstellen kann.

Er kommt jeden Sonntagabend zu mir. Für meine – und seine – Tochter ist er der sympathisch nette Onkel.

Federica schreibt mir einige Kommentarzeilen an den Rand:

»Jedes Mal wenn ich mit dir telefoniert habe, Carmelo, sehe ich mich als eine Frau an, die Glück gehabt hat.

Mein Mann hat eine Entscheidung getroffen.

Ich denke, ich wäre nie in so einem Tunnel ohne Licht am Ende geblieben. Ich esse einen Apfel gerne ganz auf und knabbere nicht bloß daran. Ich kenne viele Priester und habe viele kennengelernt. Sie starten mit hehren Idealen und Prinzipien, stoßen aber früher oder später auf die Realität und merken, wie Gott uns geschaffen hat.

Einen Mann zu kastrieren und zur Keuschheit zu zwingen ist widernatürlich. Zum Glück lehnt sich der Körper früher oder später dagegen auf. Manchmal möchte ich diesen Frauen danken, weil sie mit ihrer Geduld und ihrem Schweigen sexuelle Übergriffe wie die Pädophiler verhüten.

Ich lernte Priester kennen, die sich aus Bequemlichkeit wie Zecken an ihrer Kirche festklammern und ihre Position ausnutzen, aber im Inneren leer und traurig sind.

Es gibt viele Frauen, die ein Verhältnis mit einem Priester haben. Ich habe deine Recherchen unterstützt, um naiven Leuten aufzuzeigen, dass hinter der Tür zur Kirche in unserer Nähe eine verborgene Welt liegt.«

Wenige Tage vor Weihnachten schickt mir Federica eine Mitteilung.

Sie hat ein Töchterlein zur Welt gebracht. Und das hat ein Riesenglück.

Italien ist ein vulkanisches Land. Die Lava findet immer einen Krater, durch den sie emporschießen kann.

Im März 2010 haben sich ungefähr 40 Frauen, heimliche Geliebte und Lebensgefährtinnen von Priestern, in einem offenen Brief an Papst Benedikt XVI. gewandt.

Der italienischen Presse war dieser Brief keine Meldung wert. Nur einige Websites, die internationale Presseagentur Global Post und die britische Tageszeitung *The Guardian* haben über ihn berichtet. Dabei ist es ein nie da gewesener Vorgang, dass sich um die 40 Personen, die mit »die italienischen Frauen der Priester« unterschreiben, an den Papst wenden und die Abschaffung des Pflichtzölibats verlangen.

Sie seien es gewohnt, schreiben diese Frauen, »in der Anonymität jene wenigen Augenblicke zu erleben, die ihnen der Priester zugestehen« könne. Sie spürten täglich »die Zweifel, Ängste und Unsicherheit unserer Männer, wobei wir ihre emotionalen

Defizite ausgleichen und die Konsequenzen des Pflichtzölibats tragen«. Der Zölibat ist für sie ein »zerrissenes Schweißtuch«. Ihre Männer würden ihr Amt doch besser ausüben, wenn sie eine Ehe führen könnten.

»Die Gründe, welche die Kirchenführung einst dazu bewogen, diese Disziplin in ihre juristische Ordnung einzuführen, sind bekannt: wirtschaftliche Interessen und Vorteile. Über die Jahrhunderte kamen noch ein gerüttelt Maß an Frauenfeindlichkeit sowie eine Feindschaft gegenüber dem Körper, der Seele und deren Grundbedürfnissen hinzu.

Der Zölibat ist folglich ein ›menschliches‹, das heißt, ein von Menschen gemachtes Gesetz. Und hier muss man ansetzen, wenn man sich fragt, ob es nicht wie alle menschlichen Gesetze zu einem gewissen Zeitpunkt, in einem bestimmten historischen Augenblick neu diskutiert und geändert oder, so unsere Wünsche, rundweg abgeschafft werden müsse.

Können Sie denn nicht sehen, dass der Priester schmerzlich einsam ist? Er hat eine Vielfalt an Aufgaben zu erledigen, die seinen Tag ausfüllen, in seinem Herzen aber eine Leere zurücklassen. Häufig bemerkt er es nicht einmal, so sehr nehmen ihn die Liturgien und die Verpflichtungen seines Amtes in Beschlag.

Da kann es geschehen, dass unter den Frauen, die er kennt, eine etwas Besonderes ist: Schon auf den ersten Blick scheint sie sein Herz zu erwärmen und sein Priesteramt zu vervollständigen und zu bereichern. Und genau das passiert schlichtweg auch.

Aber die Kirchendisziplin sagt: Nein, du bist für Größeres auserwählt. Und er fühlt sich als Versager, weil er sich nichts Größeres vorstellen kann, als das, was er empfindet. Aber er schickt sich in den Gehorsam, den er gelobt hat, und denkt, dass dieser den Willen Gottes, seinen Plan für ihn und seinesgleichen darstelle. Folglich tritt der unverheiratete Held wieder nach vorn auf die Bühne einer Institution, die dies von ihm verlangt und als

Belohnung für die notwendige Trennung vielleicht schon mit einer Beförderung winkt.«

Unterschrieben ist der Brief mit: »Antonella Carisio, Maria Grazia Filippucci, Stefania Salomone und weiteren sowie im Namen all jener, die unter diesem unrechten Gesetz leiden«.

15
Widerstand regt sich

Jede heimliche Liebe mit einem Priester beinhaltet eine menschliche und familiäre Tragödie. Es ist nur eine Frage der Zeit, bis sie zum Vorschein kommt.

Die Zärtlichkeit, die Einfühlsamkeit, der Rausch der Sinne und die entfesselte Sexualität weichen früher oder später Tränen, schlaflosen Nächten und den Psychopharmaka.

Christan ist 37 Jahre alt und lebt in New York. Er arbeitet als Meeresbiologe. Er ist der Sohn von Reverend Marcel und Judy.

Judy war Lehrerin im Bundesstaat Maine und lernte mit 21 Jahren den acht Jahre älteren Marcel kennen, der die Priesterlaufbahn eingeschlagen hatte. Beide unterhalten ein leidenschaftliches und inniges Liebesverhältnis miteinander, bis Judys Schwangerschaft alles verändert.

Marcel nimmt das Auto, lässt sie neben sich Platz nehmen, legt ihr den Sicherheitsgurt an und fährt mit ihr zu einer Klink in New York City. Dort soll sie abtreiben. Im letzten Augenblick schreckt Judy zurück. Sie will das Kind behalten.

Auf der Rückfahrt herrscht Schweigen. Marcel blickt stur durch die Windschutzscheibe nach vorn. Sie würde sich am liebsten in Luft auflösen.

Einige Tage später klopft es an Judys Tür. Ein Priester überbringt ihr eine Nachricht von dem Mann, in den sie sich verliebt hat, vom Vater ihres ungeborenen Kindes: »Zieh aus Maine weg.

Bring das Kind zur Welt, egal, was es kostet, und gib es zur Adoption frei.«

Die Kirche komme für alles auf.

Wenig später drückt ihr ein anderer kirchlicher Würdenträger einen Umschlag mit 3000 Dollar für Arztkosten in die Hand.

Judy lehnt alle Angebote ab und trägt ihr Kind aus. Für ihren Nachwuchs bleibt sie drei Jahre lang zu Hause und nimmt anschließend ihre Arbeit als Lehrerin und Sozialarbeiterin in der Kirche wieder auf. Sie verrät niemandem, wer der Vater des Kindes ist. Das ändert sich erst, als ihr Sohn elf Jahre alt wird.

Jetzt geht Judy juristisch gegen Marcel vor und bekommt eine Entschädigung und einen monatlichen Unterhalt für den Jungen bis zu dessen 18. Lebensjahr zugesprochen.

Im Jahr 2008 bricht sie ihr Schweigen und erzählt ihre Geschichte unter einem Pseudonym in einem Buch mit dem Titel *Perfect: a love story.* Dann gibt sie ein TV-Interview und erzählt die ganze Geschichte um ihren Sohn und diesen Mann, den sie nach eigener Aussage einst unglaublich geliebt hat und noch liebt.

Heute ist Judy 66 Jahre alt. Marcel ist 74.

Beide sind sich kürzlich wieder in dem Pfarrhaus begegnet, in dem der Priester lebt. Er leidet an Alzheimer und erinnert sich offenbar nur noch schwach an seine Vergangenheit.

Judy ist der Kirche treu geblieben. Sie sagt, sie bereue nichts. Sie sei überzeugt, dass ihre heimliche Liebe und Christians Geburt Gottes Wille gewesen seien. Und sie ist auch sicher: Marcel und sie hätten geheiratet und ihren Sohn gemeinsam aufgezogen, wenn in der katholischen Kirche nicht der Pflichtzölibat herrschen würde.

In den USA gibt es eine Myriade solcher Lebensgeschichten. Tausende Frauen und vor allem Kinder, von denen viele inzwischen erwachsen sind, müssen mit einem verstörenden Geheimnis leben.

Und es gibt sehr viele Playboy-Priester.

Nur wenige Geistliche geben ihr Amt auf, um Verantwortung zu übernehmen. Einer von ihnen ist Bischof James.

Im Jahr 2002 schied der 59-Jährige, ein Sekretär eines Kardinals, häufiger Gast im Vatikan und eine herausgehobene Figur der katholischen Kirche der USA, aus dem Priesteramt aus: Er hatte eingeräumt, dass er mit mehreren Frauen ein Verhältnis gehabt hatte.

In seinem Abschiedsbrief schrieb er: »In den ersten 20 Jahren meines Amtes habe ich ein keusches und lediges Leben zu führen versucht. Mit Demut und Scham muss ich gestehen, dass ich damit keinen Erfolg hatte und gesündigt habe. Dafür habe ich Gott schon vor vielen Jahren um Verzeihung gebeten. Ich gestehe, dass ich eine ungehörige Beziehung mit einer damals gerade 21 Jahre alten Frau gehabt und weitere sexuelle Beziehungen zu verschiedenen Personen weiblichen Geschlechts unterhalten habe.«

Manche rekonstruieren den Fall so, dass die Kirche auf dem Höhepunkt des Skandals um pädophile Missbräuche James zum Sündenbock gemacht habe, um ihr Image aufzupolieren. Dabei hatte James keinen Missbrauch an Minderjährigen zu verantworten. Nach seinem Rücktritt heiratete James und wurde Vater.

Ebenso musste der 40-jährige Robert, der erste hispanoamerikanische Bischof der USA, am 19. März 1993 nach fast 20 Jahren an der Spitze der Erzdiözese Santa Fe in New Mexico sein Amt aufgeben. Seine Verfehlung: sexuelle Beziehungen zu mindestens fünf Frauen. Drei von ihnen haben in der CBS-Sendung *60 minutes* Stellung bezogen.

Cathy erzählte, sie sei 18 Jahre alt gewesen, als Robert sie und ein anderes Mädchen zum Camping eingeladen und sich nachts neben ihnen schlafen gelegt habe. Irgendwann habe er ihre Brust berührt. Patty, das andere Mädchen von damals, erklärte, sie habe in der bewussten Nacht zunächst nichts davon mitbekommen. Aber dann sei ihr Robert nicht mehr von der Seite gewichen und habe sie zu küssen begonnen.

Beide erklärten, der Erzbischof habe mit ihnen nie einen Geschlechtsakt vollzogen, sie im Verlauf vieler Monate aber mehrfach geküsst und unsittlich berührt. Vor den TV-Kameras sagte Patty, der Erzbischof habe sie an der Brust angefasst und gesagt: »Wenn dein Pater wüsste, was er verpasst.«

Eugene Marino, Erzbischof aus Atlanta, reichte am 10. Juli 1990 seinen Rücktritt ein – nach dem Geständnis, mit der 27-jährigen Vicky aus seiner Gemeinde eine Beziehung eingegangen zu sein. Er hatte sie sogar auf einer Reise im Januar 1990 heimlich in New York geheiratet.

Die Frau behauptete, sie sei als Jugendliche von einer Nonne sexuell missbraucht worden. Später habe sie von einem anderen Priester ein Kind bekommen. Für den Unterhalt dieses Mädchens versuchte Vicky in einem langen Prozess über zwei Millionen Dollar einzuklagen. Am Ende erbrachte ein DNA-Test, dass der Priester nicht der Vater war.

Die Kirche erklärte sich trotzdem zu einer monatlichen Unterhaltszahlung für das Kind bereit.

Marino starb im Jahr 2000 im Alter von 66 Jahren an einem Herzinfarkt.

Ähnlich ist das Bild in Europa: Allein in Frankreich legten von 1965 bis heute jedes Jahr 250 Priester ihr Amt nieder. Natürlich handelt es sich auch hier um Schätzungen, weil gesicherte Daten fehlen. Die Hälfte von ihnen gaben ihr Amt auf, um offen eine Liebe zu leben, die sie bislang hatten geheim halten müssen.

Die Anzahl der Priester, die irgendwann in ihrer Amtszeit in einen Konflikt geraten, weil sie eine Frau oder einen Mann lieben, liegt vermutlich sehr viel höher. Wie wir gesehen haben und noch sehen werden, bringen nicht alle den Mut auf, die Dinge selbst in Ordnung zu bringen.

Die katholische Kirche geht über das Problem lieber schweigend hinweg. Die von ihr verfolgte Linie sieht so aus: Sie drückt so lange eines oder beide Augen zu, bis das Doppelleben von Priestern zum öffentlichen Thema wird. Sie tut alles, um Skandale zu vermeiden.

Dazu die Daten: In Frankreich sollen seit dem Vatikanischen Konzil von 1965 10 000 Priester ihr Amt aufgegeben haben. Hier drängt sich die Frage auf, wie wohl ein Unternehmen darauf reagieren würde, wenn ihm innerhalb von 40 Jahren so viele leitende Angestellte abhanden kämen. Vor allem, wenn es auch noch Nachwuchssorgen hat: Immerhin ist bekannt, dass die Zahl der Priesterseminaristen drastisch zurückgegangen ist.

Die Kirche reagierte offenbar so darauf, dass die Bischöfe die Aufgabenbereiche der verbliebenen Gemeindepriester ausweiteten. Du stehst einer Gemeinde vor? Jetzt hast du noch eine zweite dazu. Und eine dritte, eine vierte, eine fünfte und sogar noch eine sechste.

Durch dieses Vorgehen hat sich die Beziehung zwischen der Geistlichkeit und den Gläubigen verändert: Ein Priester auf Wanderschaft verliert den direkten menschlichen Kontakt zu den Mitgliedern seiner Gemeinden mit dem Ergebnis, dass sie sich schließlich abwenden. Und diese Reaktion wirkt auf die Kirche zurück.

In Frankreich, wo die Themen Bioethik, künstliche Befruchtung, Schwangerschaftsabbruch und Sterbehilfe offene Wunden sind, macht sich im Klerus inzwischen auch in weiteren Fragen Unmut bemerkbar: beim Pflichtzölibat und der Entscheidung, Frauen in der Organisation der Kirche eine zweitrangige Rolle zuzuweisen.

Inzwischen wurden verschiedene katholische Vereinigungen

ins Leben gerufen, die gegen die Führung im Vatikan aufbegehren. Die einzelnen Gruppen unterhalten eine gemeinsame Anlaufstelle im Internet: *Chrétiens en liberté,* »Christen in Freiheit«.

26. Oktober 2010, um neun Uhr morgens: Ich versuche eine dieser Vereinigungen, die Prêtres en Foyer, zu erreichen. Eine Frau meldet sich. Ich sage ihr, dass ich Journalist bin und eine Recherche zur Lage der katholischen Priester in Frankreich durchführe.

Antwort: »Einen Augenblick, ich gebe Ihnen meinen Mann.«

Am Telefon meldet sich Claude Bertin, 65 Jahre alt, Priester im Ruhestand, verheiratet, zwei Töchter und mehrere Enkel. Er ist Mitbegründer der Prêtres en Foyer, die Bob und Colette Joubert 1970 in Marseille ins Leben gerufen haben. Gegenwärtig sind in der Vereinigung ungefähr 40 Vollmitglieder und etwa 300 Sympathisanten engagiert, vor allem im Südosten Frankreichs.

Trotz starker Halsschmerzen opfert mir Claude eine Stunde seiner Zeit und erläutert mir die Lage der Priester in Frankreich. Nach ihm übt der Vatikan auf das Gemeindeleben hier eine geringere Kontrolle aus als in Italien. Folglich können sich leichter freier denkende Gruppen bilden. Aber auch unter denen, die sich an die Direktiven aus Rom halten, sind viele Priester unzufrieden mit der Institution. Sie sehen sie als »unzeitgemäß und überholt« an. Am meisten fällt eine Säkularisierung der Geistlichkeit auf, ein Phänomen, das Claude lieber als *décléricalisation,* als eine Entklerikalisierung bezeichnet. Gemeint ist eine Verschiebung bei den klassischen Aufgaben des Priesters, der sich bislang nur um die Gemeinden und Diözesen kümmerte und sich nun verstärkt in der Zivil- und Laiengesellschaft engagiert. »Priester müssen ihren Arbeitsbereich finden und in der Gegenwart leben.«

Claude Bertin ist eine Art Priestergewerkschafter, ein Gläubiger, der für soziale Gerechtigkeit kämpft. Die Pension, die er in zehn Jahren Arbeit für die Kirche erworben hat, beträgt 42 Euro im Monat. Hinzu kommt die Pension aus seinem über 30-jährigen Wirken als Arbeiterpriester im Betrieb.

»Die Kirche ist auch deshalb dagegen, dass Priester eine Familie gründen, weil man mit dem Einkommen eines Geistlichen keine Familie ernähren kann.«

Bertin zeigt eine so große Praxisnähe, dass er mich damit fast überrumpelt. Und so schafft er es auch, in seinen theologischen Ausführungen die Brücke vom Klassenkampf zum Kampf um Frauenrechte zu schlagen. In der Stunde, die wir miteinander reden, spannt er den Bogen vom Konzil von Chalcedon im Jahr 451, das mit der Verurteilung der monophysitischen Lehre endete, über das von Trient 1545 mit dem Beginn der Gegenreformation bis hin zum Kampf um die Anerkennung des Werts von Arbeit und Familie auch für die Geistlichkeit.

1972 hat Claude Bertin seine Michelle standesamtlich in Marseille geheiratet. Dann empfing er den Trauungssegen der anderen Prêtres en Foyer in einer Zeremonie außerhalb der Gesetze des Vatikans. Seine seelsorgerische Tätigkeit führe er außerhalb der Gemeinden fort, erklärt er mir, da er aus kanonischer Sicht wegen seiner Eheschließung aus der Kirchenführung habe ausgeschlossen werden müssen. Deshalb dürfe er auch die Messe nicht mehr lesen. Folglich hat er durch die Zusammenkünfte seiner Vereinigung Anteil an einem Glauben, der mit den Direktiven der römisch-katholischen Kirche nicht mehr in Einklang zu bringen sei.

»Bei uns gibt es viele Priester, die von den Positionen des Vatikans abweichen, insbesondere in Sachen Sexualerziehung und Bioethik. Wo es um die künstliche Befruchtung geht, die der wissenschaftliche Fortschritt ermöglicht hat, ist der Standpunkt der Kirche *out of date*.«

Am Ende unseres intensiven Gesprächs äußert Claude Bertin die Prognose, dass der Vatikan seine Direktiven irgendwann ändern müsse. Er erinnert mich daran, dass Persönlichkeiten vom Kaliber eines Abbé Pierre oder Hans Küng erklärten, dass sie der Priesterehe durchaus offen gegenüberstünden.

Aber der Weg bis dahin ist lang und nach wie vor steinig. Das weiß Claude Bertin nur zu gut.

16
Playboy-Priester

Ich habe mich auf der Website von Plein Jour eingeloggt. Auch diese französische Vereinigung unterstützt Lebensgefährtinnen von Priestern und Ordensleute im Kampf um die Abschaffung des Zölibats. Ihr Ehrenvorsitzender ist Jacques Gaillot.

»Das männliche Priesteramt ist überholt. Ich sehe nicht, warum nicht auch Frauen ordiniert werden sollten. Ich kann nicht nachvollziehen, warum Männer der Kirche nicht frei zwischen Ehe und Zölibat wählen sollten. Ehe und Vaterschaft können doch nicht als Hindernis für die Ausübung des Priesteramts gelten. Wichtig ist doch, dass die Priester nahe an den Menschen und mit sich und ihrer Umgebung im Reinen leben. Mit den Lügen muss Schluss sein.

Unsere Vereinigung ist eine Stätte der Freiheit, des Austauschs und der Unterstützung für jene, die Verstellung und Schuldgefühle am eigenen Leibe erfahren haben. Viele Priester haben heimliche Geliebte und manche auch Kinder. Einige scheiden deshalb aus dem Priesteramt aus. Bei den Betroffenen bleibt eine offene Wunde zurück, und die Kirche verliert mit ihnen häufig wertvolle Mitarbeiter. Für den Einzelnen ist die Lage gegenwärtig ungesund und destruktiv.«

Als ich die Seiten von Plein Jour überfliege, bleibe ich am Zeugnis einer Frau hängen.

Sie war damals nur 19 Jahre alt, liebte Gott aus tiefster Seele und wollte ihm dienen. Aber ich frage mich, wo denn dieser Gott ist, wenn heute seine Apostel, seine Jünger das Leben von Menschen zerstören? Und sie tun dies in seinem Namen. Um eigene Interessen zu verfolgen, ohne Rücksicht auf andere.

Man erzähle mir bloß nichts von der Prüfung, dem Leiden und dem Kreuz, das sich jeder Christ auf die Schultern laden müsse, wenn er zu Gott kommen wolle. So einfach lasse ich mich nicht hinters Licht führen. Jesus schlägt denen, die seinen Namen vereinnahmen, um üblen Mist zu verbreiten, das Kreuz um die Ohren.

Das Zeugnis:

»Ich war die Geliebte von ... Schon seinen Namen zu schreiben, erfüllt mich mit Ekel. Ich war 19 Jahre alt, liebte zutiefst Gott und wollte ihm dienen. Ich nahm an verschiedenen religiösen Aktivitäten teil, ging zu den Pfadfindern, sang im Chor etc. Ich war oft mit kirchlich engagierten Leuten zusammen. Auch mit Geistlichen. Eine meiner besten Freundinnen damals war Nonne.

Sie hatten mir auch vorgeschlagen, in einen religiösen Orden einzutreten, aber mein Freiheitsbedürfnis und meine Überzeugungen gingen nicht in diese Richtung. Im Grunde wollte ich eines Tages Ehefrau und Mutter werden. Meine Persönlichkeit, die äußeren Umstände und mein damaliger Umgang ...

Ich weiß bis heute nicht, warum und weshalb ich es nicht geschafft oder nicht gewagt habe, nein zu einem Priester zu sagen, der 30 Jahre älter war als ich.

In kurzer Zeit fand ich mich in seinem Bett im Pfarrhaus wieder. Ich hatte das im Grunde nicht gewollt. Mein Traum war es gewesen, unberührt in die Ehe zu gehen. Ich fühlte mich schmutzig, unrein und wie ein willenloses Werkzeug, sah mich als Spielball in den Händen eines lüsternen und skrupellosen Mannes.

Aber ein Teil von mir hoffte auf das Unmögliche: Und wenn

150

er mich wirklich liebt? Und das Priesteramt aufgibt? Mich heiratet?

Ich war bereit, ihm dorthin zu folgen. Und er redete davon. Ich fühlte mich an ihn gebunden, sah mich als seine Frau.

Diese Vorstellung war oberflächlich und naiv, wenn man den Mann sieht, der er im tiefsten Inneren war. Aber meine Loyalität und mein unverstelltes Wesen drängten mich zu diesem Leben. Was ich ihm sagte, drang nicht bis zu ihm durch. Er blieb fern und abwesend. Was für ihn zählte, waren einzig und allein unsere heimlichen Verabredungen.

Es gab immer nur Sex und nochmals Sex. Sonst nichts, keine Zärtlichkeit und keine Liebe. Und dazu nur Stress, Lügen, Ängste, Schuldgefühle und Leiden. Ich hatte das Gefühl, dass ich über mein Leben keinerlei Kontrolle mehr hatte.

In diesen Monaten erlebte ich Traurigkeit, äußerste Einsamkeit, die Angst vor einer Schwangerschaft und Misstrauen. Ich bat ihn inständig, unserer Beziehung einen Sinn zu verleihen, sie zu vertiefen und ihr eine Zukunft zu geben, bis er es schließlich satthatte. Er warf mich weg wie ein zerknülltes Stück Papier.

Ohne eine Bitte um Verzeihung, ohne ein liebes Wort oder irgendetwas anderes. Er ließ sich in eine andere Gemeinde versetzen und verschwand.

Ich war frei, aber am Boden zerstört. Ich brauchte Jahre, um mich von dem Schlag zu erholen. Dieses üble Abenteuer hat den Lauf meines Lebens und meine späteren Entscheidungen verändert. An den Folgen trage ich noch heute.

Ich bitte Gott für meine Sünden um Vergebung.

Ich bin davon überzeugt, dass sexuelle Beziehungen nur in der Ehe gesegnet sind und Glück spenden. Ich sehe ein, dass ich Fehler begangen habe und schwach gewesen bin. Aber ich war damals erst 19 Jahre alt. Ich war unberührt und wurde betrogen.

Vergewaltigt darf ich nicht sagen, denn ich habe nicht nein gesagt. Aber ich wurde manipuliert. Der betreffende Priester erklärte mir, er habe zwar das Gelübde der Ehelosigkeit, nicht aber das der Keuschheit abgelegt.

Was für eine Schande. Er hat behauptet, er liebe mich. Und ich habe mich wie jedes Mädchen in diesem Alter nach Liebe gesehnt. In Wahrheit hätte er das größte Zeichen einer Liebe gesetzt, wenn er mich respektiert hätte. Ich glaube, dass er mich nie geliebt, sondern nur sexuell begehrt hat. Er hat mich ohne jede Erklärung verlassen.

So sieht eine Zusammenfassung meines Lebens in dieser Zeit aus. Mehr Details braucht es nicht. Über zehn Jahre später habe ich dem Mann einen Brief geschrieben, ihn darin meinerseits um Verzeihung gebeten und meinen Teil der Sünde anerkannt. Seine Antwort fiel enttäuschend aus. Keinerlei Anteilnahme, nichts, nur hohle Worte.

Wie kann so ein Mann das Wort Gottes lehren?

Ich habe ihm verziehen. Ich bin nicht sein Richter. Gott wird es mit ihm ausmachen.

Aber dafür rate ich allen Frauen, die sich in einen Priester verliebt haben, sich auf keinen Fall auf eine wilde Ehe einzulassen. Außer Depression und Verzweiflung kommt nichts dabei heraus.

So wie in meiner Geschichte.«

Michel Taubmann, Journalist von ARTE, führte unter katholischen Geistlichen in Frankreich Recherchen dazu durch, wie sehr sie gegen den Pflichtzölibat verstießen. Aus seiner Arbeit ging zunächst eine Reportage für den französisch-deutschen Sender und dann ein Buch mit dem Titel *Femmes de prêtres,* »Priesterfrauen«, hervor.

Taubmann nahm die Vereinigung Plein Jour zum Ausgangspunkt und traf sich mit Priestern und deren Partnerinnen, die sich bereit erklärt hatten, unter Wahrung ihrer Anonymität Zeugnis abzulegen. All diesen Lebensgeschichten ist gemein, dass sie sich im Verborgenen abspielen müssen. Nichts darf nach außen dringen.

»Der Priester parkt seinen Wagen 300 Meter von der Wohnung seiner Geliebten entfernt, blickt sich aufmerksam um und schaut nochmals nach rechts und links, um ganz sicherzugehen, dass ihn niemand erkennt. Wenn er sich vergewissert hat, dass keine Gefahr droht, geht er ins Haus.«

Taubmanns Recherchen offenbaren, wie Priester den Zwiespalt zwischen der Liebe zu ihrer Kirche und der zu einer Frau empfinden. Es handelt sich um einen sehr schmerzhaften Konflikt.

Die wahren Opfer sind freilich die Frauen und, falls vorhanden, vor allem die Kinder: Sie erfahren die Wahrheit oft erst als Erwachsene. Zudem sind die meisten Geliebten von Priestern praktizierende Gläubige und müssen deshalb auch noch mit erdrückenden Schuldgefühlen leben.

Taubmanns Priester erscheinen in ihrer ganzen Unreife. Sie leiden unter einem tief greifenden Mangel an Zuwendung, sind beklommen und wie gelähmt vor Angst. Es sind Männer, denen ein persönliches Leben außerhalb der religiösen Obliegenheiten versperrt ist. Das System, auf das sie sich eingelassen haben, treibt sie zu einem Leben zwischen Lüge und Verstellung.

Unfähig, einen Entschluss zu fassen, weichen sie ihrer Verantwortung gegenüber ihrer Geliebten, ihren Kindern und auch ihrer Kirche aus. Die Bischöfe versuchen den Priestern unter allen Umständen einen Skandal zu ersparen und vor allem den Ruf der Kirche zu schützen. Die Probleme der Kinder, die ohne Vater aufwachsen müssen, stehen dabei in der zweiten Reihe.

Die Geliebten müssen sich mit einer schwierigen und ungewissen Beziehung abfinden. Sie entscheiden weder über die Häufigkeit noch über den Ort ihrer Begegnungen. In ihrer Beziehung haben sie über die zeitlichen Abläufe keine Kontrolle. Und sie müssen auf ein echtes Leben zu zweit verzichten: Der Zwang zur

Heimlichkeit ermöglicht dem Paar kein gesellschaftliches und familiäres Leben und sorgt so für ernsthafte interne Spannungen.

Der staatliche Nachrichtensender Radio France Info hat mit François, einem verheirateten Priester, und seiner Frau Chantal ein anrührendes Interview geführt. Man erhält eine gute Vorstellung davon, wie so ein Dasein im Alltag aussieht:

François beschreibt darin die Einsamkeit in seinem Leben als Priester.

»Ich war bei Tisch allein und beim Beten allein. Ich wusste nicht, wo ich am Sonntag die Messe feiern würde. Ich warf mich Leuten an den Hals, die bereit waren, mir irgendeine Form der Zuwendung zu geben. Natürlich Frauen, die mir Zärtlichkeit, Zuneigung und Wärme spendeten.

Im Priesterseminar wurden Fragen zur Sexualität, zum Zölibat und zur Einsamkeit peinlichst gemieden. Sie waren tabu. Und in Dingen, von denen man keine Ahnung hat, begeht man umso leichter Fehler. Mir wurden zwei Töchter geboren. Von wem, tut nichts zur Sache. Ich hatte ja viele Kontakte.

Meine Mädchen haben sich verraten gefühlt. Sie werfen mir vor, ich hätte sie im Stich gelassen. In Wahrheit dachte ich immer an sie, konnte mich aber nie um sie kümmern.«

François hat kein Sorge- und kein Besuchsrecht und kommt damit schlecht zurecht.

Dann lernt er Chantal kennen. Zehn Jahre unterhalten sie eine heimliche Beziehung.

Chantal: »Man stelle sich die Frustration einer Frau vor, die so viele Jahre darauf warten muss, ihren legitimen Wunsch nach Kindern zu erfüllen. Sie opfert ihrem Mann ihr ganzes Leben, und als bei ihm das körperliche Bedürfnis erlischt, verlässt er sie sogar. Dann steht sie völlig allein und ohne Freunde da.«

An diesem Punkt in der Sendung richtet der Moderator eine klare Frage an den ebenfalls anwesenden Monsignor Rouet, den

Bischof von Poitier: Weiß die Kirchenführung, was diese inhumane Regelung bei den Betroffenen anrichtet?

Der Prälat überrascht durch eine mutige Antwort:

»Unter Priestern hat sich eine gewaltige Einsamkeit breitgemacht, die zu sehr gefördert wurde. Zu viele Priester haben keinen Menschen zum Reden. Das Priesteramt ist hart. Das innere Leben oder das Leben des Gebets, wie wir es nennen, vermag eine vertraute Person, die man an seiner Seite hat und der man die kleinen Dinge des Alltagslebens erzählt, nicht zu ersetzen. Ich verstehe sehr gut, dass ein Mann im Priesteramt zeitweilig in eine Niedergeschlagenheit versinken kann, aus der er alleine nicht mehr herauskommt.

Welch eine Verschwendung. Eine strenge Disziplin hindert viele Männer daran, ein echtes Leben zu gestalten. Kommen sie damit nicht klar, suchen sie nach Ersatz. Und wenn sie Entschädigungen gefunden haben, haben sie keinen Halt mehr und setzen sich einem erbarmungslosen Urteil aus.

Mein Blick auf die Institution ist deutlich kritisch: Ich sehe Frauen, die unterwürfig sind oder im Dunkeln agieren. Ich sehe Spiele zur Verführung von Frauen in der Gemeinde. Ich sehe Priester, die sich als arrogante Amtsträger gebärden und sich wenig um die Armen scheren. Ich sehe ein ziemlich lebhaftes Interesse an Geldfragen und eine besondere Zuneigung zu Wohltäterinnen. Diese ganze Haltung widert mich an.«

Es gibt sehr viele Playboy-Priester – und sehr viele Frauen, die Geld dafür bekommen, dass sie den Mund halten und ihr »Kind der Schande« heimlich aufziehen.

Pats Geschichte beginnt Mitte der Achtzigerjahre. Pat ist damals ungefähr 25 Jahre alt, hat drei Kinder und eine Ehe, in der es kriselt. Sie entschließt sich mit anderen Katholikinnen zu einem Kurs für spirituelle Einkehr. So sucht sie Trost und Unterstützung.

Sie lernt Reverend Henry kennen, einen faszinierenden und charismatischen Franziskanermönch. Er wird zu ihrem spirituellen Führer. Er stützt sie und berät sie, wie sie die Krise mit ihrem Mann angehen und bewältigen kann.

Eines Tages, nach einem weiteren endlos langen Gespräch, umarmt und küsst er sie leidenschaftlich.

Es ist Liebe.

Pat verlässt ihren Ehemann und beginnt mit dem Franziskaner eine heimliche Beziehung. Sie leben im Verborgenen wie ein normales Ehepaar, schlafen im selben Bett, schauen abends zusammen fern und fahren mit den drei Kindern der Frau in den Urlaub.

Pat ist an Pater Henrys Seite glücklich.

Als ein Mädchen vom Land fühlt sie sich eher unattraktiv, während er für Hunderte von Menschen die Anlaufstelle ist und für jedermann Worte des Trosts übrig hat. Ihn zu lieben, bedeutet geradezu eine Ehre. Als gläubige Katholikin weiß Pat sehr wohl, dass ihr Verhältnis zu Henry Sünde ist, versucht dafür aber irgendwie eine tiefere spirituelle Rechtfertigung zu finden.

Und dann wird sie schwanger.

Reverend Henry bittet sie, das Kind abtreiben zu lassen. Als sie ablehnt, informiert er seine Vorgesetzten.

Pat erleidet eine Fehlgeburt. Henry wird zum Rektor eines Seminars ernannt. Ihre Beziehung ist inzwischen nur noch platonischer Art. Aber einige Monate später, wieder im Kurs für spirituelle Einkehr, klopft Henry nachts an die Tür zu ihrem Zimmer.

Pat wird wieder schwanger.

Diesmal ermahnen die Vorgesetzten Henry, das Kind schon im Mutterleib zur Adoption freizugeben. Für Pat kommt das überhaupt nicht infrage. Sie lehnt ab, unterzeichnet aber eine Verschwiegenheitserklärung, die ihr der Orden der Minderen Brüder vorlegt. Im Gegenzug für Unterhaltszahlungen verpflichtet sie sich, die Identität des Vaters für sich zu behalten.

Dafür kassiert sie eine Zuwendung von 50 000 Dollar. Und wie viele andere Affären, die die Kirche so unter den Teppich gekehrt hat, wäre auch diese Geschichte nie ans Tageslicht gekommen, wenn nicht irgendwann Pats Sohn krank geworden wäre. In seinem zweiten Studienjahr an der Universität Missouri sieht der junge Mann plötzlich doppelt. Ihm ist ständig schwindelig, und er hat Mühe, sich die banalsten Dinge zu merken.

Die Diagnose lautet auf Hirntumor.

Pat kann die Kosten für die Chemotherapie und die Bestrahlungen nicht aufbringen. Sie wendet sich an die Franziskaner, die ihre Hoffnungen aber enttäuschen.

Ihr Sohn stirbt. Die Angelegenheit dringt an die Öffentlichkeit. Pater Henry wird suspendiert und für eine gewisse Zeit in eine Spezialklinik geschickt, die sexsüchtige Männer therapiert.

Inzwischen ist er Seelsorger in einer Gemeinde in Wisconsin.

Es gibt viele Playboy-Priester. Und so mancher Priester landet auch vor Gericht.

Carla ist 58 Jahre alt. Sie arbeitet als Staatsanwältin in New York und lebt in New Jersey. Ihr Bruder Adrian ist pensionierter Musiker und lebt in Kanada. Im Jahr 2009 verklagen die beiden die Erzdiözese Baltimore, die die dortige St. Joseph's Society of the Sacred Heart, einen katholischen Orden, unterhält: Sie haben durch einen DNA-Test erfahren, dass ihr biologischer Vater ein katholischer Priester ist. Sie verlangen 10 Millionen Dollar Entschädigung.

Beide haben weder vom Priester noch von dessen Vorgesetzten Unterhaltszahlungen oder andere Zuwendungen erhalten. In den Vierziger- und Fünfzigerjahren, so werfen sie Pater Francis vor, habe er ihre Mutter Anna Maria, damals eine Kirchenorganistin in Alabama, emotional und sexuell hörig gemacht.

1945 brachte sie Adrian und 1952 Carla zur Welt. Adrian kam ins Waisenhaus, Carla wurde zur Adoption freigegeben.

Es gibt viele Playboy-Priester.

Und die Kirche gibt Millionen und Abermillionen Dollar dafür aus, um die Risse zu verspachteln, die wegen ihrer untreuen Priester aufklaffen.

In Amerika, im Vereinigten Königreich, in Irland, Deutschland, Frankreich, Italien, Österreich: Überall auf der Welt mussten die Geliebten von Priestern, die schwanger wurden, Verschwiegenheitserklärungen unterzeichnen, um für ihre Kinder Unterhaltszahlungen zu bekommen.

17
Episoden der Lust

Sex, Lügen, Erpressungen.

Ganz unverbesserliche – oder dumme – Priester geraten oft in die Fänge der Justiz. Und mitunter nehmen ihre amourösen Eskapaden auch groteske Züge an.

So in den drei folgenden Episoden, die sich in Süditalien ereignet haben:

Erste Episode:
Neun Uhr abends auf der Autobahn zwischen Neapel und Caserta: Eine Streife der Straßenpolizei macht eine der üblichen Kontrollfahrten. Auf einem Parkplatz lenkt ein Wagen die Aufmerksamkeit der Beamten auf sich. Von außen sind deutlich ein Mann und eine Frau beim Geschlechtsverkehr zu erkennen.

Die drei Polizisten steigen aus und treten an die Fensterscheiben des Citroën. Die beiden Partner liegen auf dem Rücksitz und sind so sehr mit sich beschäftigt, dass sie die drei Beamten zunächst gar nicht bemerken.

Die kommen sofort zur Sache: Der Vorwurf lautet auf Erregung öffentlichen Ärgernisses.

Die Frau verbirgt ihr Gesicht in den Händen und bricht in Tränen aus. Sie ist ein dunkler, eher kleiner Typ und trägt einen Pullover. Ihre Strumpfhosen sind bis zu den Waden heruntergezogen.

Der Mann ist jung, blond und peinlichst berührt. Er versucht seine Partnerin zu beruhigen. Dann zieht er seine Hose hoch und steigt aus dem Wagen. Er bittet die Beamten beiseite und gibt sich als Priester einer Kirche in der Region zu erkennen.

In der Hoffnung auf Milde und Vergebung gesteht der Priester den verblüfften Beamten die ganze Wahrheit. Die Frau, so erklärt er, sei ein Mitglied seiner Gemeinde und werde in wenigen Tagen heiraten. Deswegen bitte er darum, in der Sache beide Augen zuzudrücken. Weil sie unbedingt als Jungfrau in die Ehe gehen müsse, so erläutert er, hätten sie sich mit Analverkehr begnügt. Er habe sie und ihren Verlobten als Priester bei den Vorbereitungen zur Trauungszeremonie begleitet. Bei diesen Begegnungen sei zwischen ihnen eine Leidenschaft entflammt. Sie hätten sich bereits öfter heimlich getroffen. Ihr Verhältnis sei schon eine ganze Weile am Laufen.

Als der Priester vollständig ausgepackt hat, bittet er um größtmögliche Diskretion. Wenn die Angelegenheit publik würde, würde der Skandal sie beide mit Schande bedecken.

Die Polizisten beschließen, auf ein Protokoll zu verzichten, ermahnen aber das Liebespaar, den Parkplatz unverzüglich zu verlassen.

Der Priester bedankt sich. Bevor er geht, bittet er um einen weiteren Gefallen: Die drei mögen sich von der Frau fernhalten, weil sie vor Scham in den Boden versinke.

Die Beamten geben dem Wunsch nach und steigen in ihr Fahrzeug, während der Citroën davonfährt.

Im Kommissariat überprüfen sie mehr aus Neugierde als aus Sorgfalt das Kennzeichen des Wagens: Wie sich herausstellt, ist das Fahrzeug auf den künftigen Ehemann der Frau zugelassen.

Zweite Episode:
Abends an der Autobahn zwischen Neapel und Capua, wieder auf einem Parkplatz. An einem Lieferwagen brennt das Standlicht. Eine Streife der Straßenpolizei stoppt mit dem Verdacht, dass der Wagen aufgebrochen und verlassen worden sein

könnte. Vielleicht habe der Fahrer auch einen Schwächeanfall erlitten.

Als sich die Polizisten dem Wagen nähern, fällt ihnen auf, dass der Lieferwagen rhythmisch auf und ab wippt.

Während ein Beamter im Streifenwagen wartet, klopfen die beiden anderen an die Tür und geben sich als Polizisten zu erkennen.

Von drinnen hört man Stimmen. Nach einigen Minuten öffnet sich ein Türflügel. Ein Mann erscheint und bittet um einen Augenblick Geduld, um sich anzuziehen. Er werde alles erklären. Die Polizisten erkennen eine Frau, die sich zwischen leeren Körben Platz zu schaffen versucht.

Der Mann sagt plötzlich, dass er Priester sei. Die Frau sei ein Mitglied seiner Gemeinde. Sie seien auf dem Rückweg von einem Waisenhaus, dem sie Brot für die bedürftigen Kinder angeliefert hätten.

Der Priester bleibt gelassen. Der Reißverschluss seiner Hose steht noch offen. Aus seinem Gesicht spricht keinerlei Verlegenheit oder Besorgnis. Er ist um die 40, trägt ein Spitzbärtchen und hat einen Bauchansatz.

Er appelliert an die männliche Solidarität.

»Ich bitte Sie nicht um Entschuldigung, sondern um Verständnis.«

Er rückt seinen weißen Kragen zurecht und vertraut den Polizisten an, dass er mit seiner »Freundin« einen Autobahnparkplatz angesteuert habe, weil sie befürchtet hätten, irgendwo auf dem Land an Voyeure oder Banditen zu geraten.

Auch hier wird auf ein Protokoll verzichtet.

Dritte Episode:
Die Szene spielt bei Acerra in der Provinz Neapel. Eine Streife entdeckt im Halbdunkel auf einem Parkplatz einen Gemeindepriester mit zwei jungen Männern dunklen Typs. Der Pries-

ter steht am Wagen hinter dem einen jungen Mann, der sich mit Händen auf dem Auto abstützt, einen alten Fiat Croma. Der zweite steht neben ihnen.

Die Polizisten halten an. Der Ton verschärft sich rasch, weil die Beamten Anstoß an der Haltung des Priesters nehmen, der auf die Störung verärgert reagiert und nichts zur Entspannung der Lage beiträgt. Die Polizisten werden misstrauisch. Mehr aus Verärgerung als aus Überzeugung nehmen sie die beiden Männer, es sind Marokkaner, fest, um sie einer Personenkontrolle zu unterziehen: Sie wollen wissen, ob sie eine Aufenthaltsgenehmigung besitzen. Einer der Polizisten tritt auf den Priester zu, der seine Hose zurechtrückt, und macht ihm Vorwürfe, weil er sich mit den Marokkanern einlässt.

Der Priester reagiert kaltschnäuzig. »Sind Sie Rassist? Könnt ihr die beiden armen Burschen nicht in Ruhe lassen?«

Der Beamte hält ihm eine Standpauke:

»Nein, ich bin kein Rassist, aber auch kein Priester. Ich bin katholisch und weiß, dass es viele anständige Priester gibt. Wir verzichten auf ein Protokoll und melden höchstens Ihre beiden Freunde bei der Ausländerbehörde. Aber Sie müssen sich hier gar nicht so aufblasen. Was ich heute Abend gesehen habe, hat mir gereicht.«

Der Priester und der Polizist stehen knapp davor, aufeinander loszugehen. Die Kollegen führen den Beamten weg, während der Priester verärgert in sein Auto steigt. Stunden später werden die beiden Migranten bei der Ausländerbehörde auf dem Polizeipräsidium von Caserta angezeigt.

Mit solchen kleinen Episoden, auch mit deutlich schwerwiegenderen und noch peinlicheren, bekommen es die Beamten auf den Polizeipräsidien und Kommissariaten, in den Kasernen der Carabinieri und den Revieren der städtischen Polizei überall in Italien immer wieder zu tun.

Wenn man mit den Beamten redet oder die Protokolle und Strafbefehle durchforstet, öffnen sich Türen zu einer verborgenen Welt. Und verborgen bleibt sie auch weitgehend, weil sie zwar oft im Zusammenhang mit strafrechtlichen Ermittlungen oder Untersuchungen auftauchen, für diese aber eigentlich keinerlei Relevanz besitzen.

So auch bei Don Franco, einem Priester aus Süditalien, gegen den eine juristische Untersuchung läuft.

Don Franco ist ein stark sozial engagierter Priester. Dass sein Doppelleben – zumindest für die Ermittler – zum Vorschein kam, ändert nichts an der Selbstlosigkeit seines zivilen Engagements. Ich möchte seinen Namen nicht in Misskredit bringen und wahre deshalb auch hier die Anonymität des Betroffenen.

Warum rede ich von ihm?

Weil ich glaube, dass in polizeilichen Protokollen so manche Vorfälle festgehalten sind, die für meine Recherchen zum Doppelleben zahlreicher Kirchenmänner durchaus von Belang sind.

Als die Ermittler die Schublade von Don Francos Schreibtisch öffnen, stoßen sie auf Briefe, Karten und Fotos. Alle stammen von Frauen und sind sorgfältig geordnet abgelegt worden.

Don Franco ist ein sportlicher Typ. Und sehr umgänglich, wie man so sagt. Er trägt häufig Sportpullover und Jogginghosen. Als Jugendlicher war er zu seinem Schutz bewaffnet unterwegs. Als Assistent des Bischofs fiel er durch einen hitzigen Fahrstil auf, der zu zahlreichen Unfällen führte. Außerdem trug er seinen weißen Kragen nicht.

Den Mitgliedern seiner Gemeinde, insbesondere den Frauen gegenüber ist er sehr offenherzig. Letztere lädt er gern in die Sakristei ein, vertraut sich ihnen an und erwirbt ihr Vertrauen. Don Franco ist für weiblichen Charme empfänglich. Das wissen alle im Ort.

Die Ermittler rufen die erste Frau auf.

Michelina ist 36 Jahre alt und erklärt, sie habe Don Franco

anlässlich einer Reise in die Toskana kennengelernt, eine Reise in Begleitung von Kolleginnen und Kollegen mit der Pfadfindergruppe ihrer Gemeinde. Zwischen dem Priester und Michelina entsteht eine innige Freundschaft, von der es bis zum Sex nur noch ein kleiner Schritt ist: Das Liebespaar trifft sich heimlich in einem Hotel. Sie weiß, dass er Priester ist, stört sich aber nicht daran.

Sie treffen sich immer häufiger, und wenn keine Zeit bleibt, um das Zimmer zu reservieren, lieben sie sich irgendwo an der Landstraße in ihrer Heimatprovinz im Auto.

Das Liebesverhältnis zwischen Michelina und Don Franco dauert mehrere Monate, so vermerken die Ermittler, und endet auf einer Reise nach Sizilien. Dort machen mehrere Freunde des Gemeindepfarrers Urlaub.

Wie jedes Paar gehen Franco und Michelina an den Strand oder zum Abendessen ins Restaurant, schlafen aber in getrennten Betten. In diesen Tagen wird Michelina klar, dass Franco seinen Priesterrock niemals an den Nagel hängen wird. Es belastet sie, dass ihre Liebe immer geheim bleiben muss und sie sich nicht einmal ihren engsten Freundinnen anvertrauen darf.

Nach der Rückkehr aus dem Urlaub treffen sich Michelina und Don Franco nicht mehr. Sie bleiben gute Freunde.

Aber das ist nicht die einzige Affäre des priesterlichen Helden.

Die Ermittler vernehmen auch die 47-jährige Lisa. Sie nähert sich Don Franco zu einem Zeitpunkt an, da sie eine tiefe Ehekrise durchmacht. Der Priester berät, unterstützt und verführt sie.

In Don Francos Armen vergisst Lisa ihre Alltagsprobleme, die Verständnislosigkeit und Streitereien mit dem Ehemann. In ihr lodert ein Feuer wieder auf, das sie für immer erloschen glaubte. Sie leben ihre Affäre in billigen Hotels und schließlich auch bei Lisa zu Hause aus.

Don Franco teilt die Fußballbegeisterung ihres Ehemannes

und freundet sich mit ihm an. Er wird von ihm häufig am Sonntag zum Mittagessen eingeladen – zur Freude ihres Töchterchens, das den Priester sehr nett findet.

Allmählich kühlt zwischen Franco und Lisa die Leidenschaft ab. Ihre Treffen sind weniger innig, die Zärtlichkeit und das Feuer der ersten Monate weichen der Last einer Situation, von der beide wissen, dass sie nicht mehr lange anhalten kann. Lisa erzählt den Polizisten, dass der Priester um eine Beendigung des Verhältnisses gebeten habe. Der Einzige, der nie erfahren wird, warum Don Franco sonntags nicht mehr zu Besuch kommt, wird ihr Mann sein.

Der Charme des Gemeindepfarrers scheint unwiderstehlich. Und er wirkt auch auf jüngere Frauen. So auf Teresa, eine robuste 32-Jährige, die sich angesichts einer schweren Erkrankung ihres Vaters der Religion zuwendet.

Don Franco ist ihr anfangs nahe, hilft ihr, überschüttet sie mit Aufmerksamkeit und Fürsorge. Er besucht sie zu Hause, wo sie mit ihrer alten Mutter lebt, auch dann noch, als der Vater gestorben ist. Don Franco ist sehr herzlich, vielleicht etwas zu deutlich mit Komplimenten und Bekundungen seiner Zuneigung, aber Teresa denkt sich nichts dabei, so sehr erschüttert ist sie vor Trauer um den Vater. Sie wundert sich nur ein wenig über den Überschwang, mit dem der Priester befreundeten Frauen begegnet. Aber eines Tages, auf der Rückfahrt im Zug von einem Pfadfinderlager, sieht sie zufällig, wie Franco verstohlen eine Frau küsst.

Don Franco küsst die Frauen auf den Mund. Das macht er immer so.

Das erzählt den Ermittlern auch Silvana, die rundheraus sagt, dass sie dem Gemeindepriester für Treffen eine Wohnung außerhalb ihrer Region zur Verfügung gestellt habe. Die Schlüssel habe sie ihm hinter einem Busch wenige Schritte vom Eingang entfernt hinterlegt.

18
Zweierlei Maß

Nicht alle Priester haben so großzügige Freundinnen, die ihnen für geheime Tête-à-Têtes ihre Schlafgemächer zur Verfügung stellen, und das sogar ohne Gegenleistung. Die weniger Verwöhnten müssen sich anderweitig behelfen. Die einen fahren mit dem Auto auf schlecht beleuchtete Park- oder Rastplätze, die anderen gehen ins Motel.

Besonders in einigen süditalienischen Stundenhotels trifft man häufig am Nachmittag auf heimliche Paare.

Wie etwa das Paar der folgenden Geschichte:

Beim Verlassen des Hotels berühren sich ihre Hände, die zuvor noch zitternd wie ihre Körper ineinander verschlungen waren, nicht. Sie bleiben auf Distanz. Wie zwei Fremde.

Er lässt die Hoteltreppe hinter sich und tritt ins Freie, die Hände tief in den Taschen vergraben und eine Ray-Ban-Pilotenbrille auf der Nase, die sein halbes Gesicht verdeckt.

Die Frau ist an der Rezeption stehen geblieben.

Sie muss die 31 Euro für das Zimmer bezahlen, in dem sie nur ein paar Stunden zusammen verbracht haben – Stunden feuriger Leidenschaft.

Sie ist elegant gekleidet: beiger Mantel, die Handtasche von Gucci. Wer weiß, ob es sich um ein Original handelt oder um eine Imitation von einem der fliegenden Händler, die die Straßen der neapolitanischen Provinz bevölkern?

Sie wirkt routiniert, wechselt noch einige belanglose Worte

mit der Inhaberin. Den Personalausweis muss sie nicht zurück-verlangen. Ihr Aufenthalt wurde nicht registriert.

So funktioniert das eben in diesen Stundenhotels, wo sich Liebespaare treffen, aber auch Eheleute auf der Suche nach einem kleinen Kick. Auch Huren kommen hierher.

Huren aller Couleur, die leicht bekleidet an der nahen Umgehungsstraße auf und ab flanieren, wo die Clans der Nigerianer den Handel mit den Sexsklavinnen betreiben, geköpfte Hähne durch die Luft schwingen und Voodoo-Rituale durchführen.

Jenes Hotel ist nicht einmal das schlechteste seiner Kategorie. Als das Zimmermädchen den Raum betritt, sind die zerwühlten Laken auf dem Bett noch warm und die Kissen duften nach ihrem Parfüm. Im Bad liegt eine leere Kondompackung im Mülleimer. Der Wind rüttelt an den Fensterläden, und der Himmel ist düster. Ein Gewitter kündigt sich an.

Draußen ist es kalt. Es ist ein eisiger Februarnachmittag.

Er wartet nicht auf seine Gefährtin. Es ist besser, wenn sie nicht zusammen gesehen werden. Er kramt in seinen Taschen nach dem Autoschlüssel. Als er auf die Fernbedienung drückt, leuchten die Lichter eines auf Hochglanz polierten Autos auf. Auf dem Rücksitz liegen Autozeitschriften und ein schwarzes Kleiderbündel, aus dem ein weißer Kragen hervorschaut.

Er steigt ein und hebt zum Abschied dezent die Hand, als er die Frau im Rückspiegel entdeckt. Dann fährt er los.

Auf der Heimfahrt ist er viel gelassener als zuvor. Er hat kein Kribbeln mehr im Magen, und sein Herz schlägt wieder im normalen Takt. Den Ellenbogen auf den Fensterrahmen gestützt lehnt er sich entspannt in den Sitz zurück.

Doch plötzlich fällt ihm etwas ein. Verflucht! Fast hätte er einen wichtigen Termin vergessen.

Er schaut auf die Uhr. Es ist spät. Er muss sich beeilen. Um diese Zeit haben bestimmt schon alle Platz genommen und warten auf ihn. Er steigt aufs Gaspedal.

In der Zwischenzeit hat die Frau das Hotel verlassen. Ohne Eile. Auch sie setzt eine Sonnenbrille auf, zieht sie jedoch bis auf die Nasenspitze herunter, um ihren Wagen auf dem Parkplatz besser sehen zu können. Da steht ihr kleines Auto, die Motorhaube dem Park zugewandt, der den Parkplatz umgibt, neben anderen Autos, die auf die Rückkehr ihrer Besitzer warten.

Ihre Stiefelabsätze klackern über den Asphalt. Die Frau bleibt stehen, kramt in ihrer Tasche. Sie findet den Schlüssel nicht. Im Hotel findet sie ihn wieder, neben dem Red-Bull-Automaten.

Auch sie muss sich beeilen, denn in ein paar Minuten wird sie wieder die brave Ehefrau sein, die mit ihren Freundinnen einen Kaffee trinken war.

Er ist zu diesem Zeitpunkt bereits auf der Landstraße. Sein Blick schweift über die trostlose Landschaft, geprägt von Verfall und Unrat. Überall ragen Bauruinen aus Metallstreben und Beton in den Himmel – illegale Bauten, halb fertig. Er kommt durch die Gegend der Feuer mit ihren Rauchsäulen, die unter den Stützpfeilern der Autobahn aufsteigen. Roma verbrennen dort Autoreifen und metallhaltige Abfälle, um anschließend den Schrott zu verkaufen.

Überall schreien es Werbetafeln hinaus: »Du willst dein Haus vergrößern? Die neuen Wohnbaugesetze machen es jetzt möglich. Ruf an unter der Nummer ...«

Grau gewordene, schwarze, ausgebrannte Gebäude. Zerbrochene Fensterscheiben. Eine einsame Satellitenschüssel zeugt von besseren Zeiten.

Frauen mit tiefen Ausschnitten flanieren hinter Leitplanken auf und ab. Sie haben in ihrem Leben schon unzählige Stundenhotels gesehen.

Er holpert über die vielen Schlaglöcher im Asphalt, die die Scheiben vibrieren lassen und die Stoßdämpfer bis an die Belastungsgrenzen beanspruchen. Die ganz großen zwingen zu einem Slalom, sonst würde man stecken bleiben.

Instandhaltung der Straßen: Fehlanzeige.

Schnell fährt er an dem Clown mit der gelben Perücke und den Luftballons vorüber, der bereits auf sein Auto zusteuert.

Er hat es eilig. Ein andermal, das nächste Mal.

Denn es wird ein nächstes Mal geben.

Er erreicht die Stadt.

Es ist viel Verkehr, und er kommt noch langsamer vorwärts, weil alle ihn grüßen.

Die einen klopfen ans Fenster oder auf die Motorhaube. Die anderen lächeln oder zwinkern ihm zu.

Die letzte Kurve. Er hat es geschafft.

Er zieht den Mantel aus, schaut erneut auf die Uhr. Mehr als eine halbe Stunde Verspätung.

Sie sitzen bereits alle auf den Bänken, warten schweigend.

Er zieht sich rasch um. Seine Beinmuskeln schmerzen. Ein prüfender Blick in den Spiegel, um mögliche Spuren von Lippenstift zu entfernen. Alles ist in Ordnung. Die Messe kann beginnen.

Don Giuseppe ist Pfarrer der Hauptkirche eines Vorortes von Neapel.

Er ist ein komischer Vogel.

Über ihn wird viel geredet.

Er achtet auf sein Äußeres, investiert viel Geld in seine Garderobe und hat eine Schwäche für schöne Frauen. Er hat gerne einen dicken Geldbeutel und mag teure Autos. Seit einigen Monaten geht er mit dieser Frau ins Bett. Die beiden treffen sich in diskreten Hotels, wo ihn niemand kennt und er sich sicher fühlt.

In der Stadt erzählt man sich nichts Gutes über Don Giuseppe. Es wird ihm nachgesagt, er gehe mit den jungen Studentinnen, die ihn um Nachhilfe in Latein oder Griechisch bitten, etwas zu offenherzig um und seine Unterstützung gehe weit über eine gewöhnliche Nachhilfestunde hinaus. So heißt es zumindest.

Was man sich nicht zu erzählen braucht, weil es alle mit eigenen Augen mitverfolgen konnten, ist das, was nach einer sonntäglichen Messe im Mai auf dem Dorfplatz passierte.

Don Giuseppe soll sich vor den Augen seiner sprachlosen Gemeinde mit einem anderen Priester geprügelt haben, Beschimpfungen, Stöße und Schläge inklusive, und alles wegen einer attraktiven Frau, die vor Kurzem Witwe geworden war.

Nur wenige Kilometer entfernt hat zur selben Zeit ein anderer Priester Probleme mit der Justiz. Von seinem Anwalt dazu gedrängt, gesteht Don Marcello dem Richter, vom Dämon der Fleischeslust besessen zu sein. Seine Aussage wird zu Protokoll genommen.

»Ich bekenne mich schuldig. Ich gebe zu, diese Telefonate getätigt zu haben, auch nachts. Aber sie waren alle an die Frau gerichtet und nicht an das Mädchen. Ich hatte mir eingebildet, dass die Frau eine Sympathie für mich hegte. Später wurde mir klar, dass dem nicht so war, also dass die Frau an keinerlei Beziehung zu mir interessiert war.«

Don Marcello musste sich in einem Prozess wegen telefonischer Belästigung verantworten.

Zwei Monate lang terrorisierte er zu allen Tages- und Nachtzeiten eine unbescholtene Familie seines Dorfes mit unzähligen Anrufen. Merkwürdigen Anrufen, in denen er kein Wort sagte. Zumindest dann nicht, wenn am anderen Ende die Frau oder der Mann antworteten. Geile und perverse Anrufe waren es hingegen, wenn sich Silvia, die zehnjährige Tochter, meldete.

»Ich möchte dir dein Höschen ausziehen, und ich weiß, wo du zur Schule gehst. Früher oder später hole ich dich ab, und dann vergnügen wir uns.«

Klammer auf: Eines der Themen, auf die ich in dieser Reportage bewusst nicht eingehe, ist der sexuelle Missbrauch. Dafür ist in diesem Buch kein Platz. Bei Don Marcello mache ich aus zwei Gründen eine Ausnahme. Zum einen, weil die Belästigung – so schlimm sie ist – zum Glück nur telefonisch stattfand und keine weiteren Taten folgten. Zum anderen, weil dieses Detail nicht weggelassen werden kann, wenn man von einem Pfarrer berichtet, der sich nachts ans Telefon der Kirchengemeinde hängt und Schaden anrichtet. Klammer zu.

Die Eltern des Mädchens erstatten bei den Carabinieri Anzeige, woraufhin ihr Telefon auf richterliche Anordnung abgehört wird.

Der Täter ist leicht zu überführen, denn er hat keinerlei Vorkehrungen getroffen, um seine Identifizierung zu erschweren. Die Carabinieri reiben sich ungläubig die Augen, als sie die Liste der einschlägigen Anrufe sehen: Sie stammen allesamt von den Telefonanschlüssen der vielen kleinen Kirchen der Gemeinde. Eine Gemeinde, deren Pfarrer es mit seiner unkomplizierten und direkten Art zu einer gewissen Bekanntheit gebracht hat: Don Marcello eben.

Die Telefonüberwachung enthüllt ebenfalls, dass der Pfarrer sich des Öfteren die Einsamkeit des Keuschheitsgebots und des religiösen Lebens versüßt, indem er kostenpflichtige Erotik-Hotlines anruft, jene, die einst die berüchtigte Vorwahl 144 hatten. Seine nächtliche Lieblingsgefährtin ist die Pornodiva Jessica Rizzo, mit der er animalischen Telefonsex betreibt, der ebenfalls auf den Tonbändern der Carabinieri landet.

Der Pfarrer erhält eine zweimonatige Haftstrafe, die am Ende in eine Geldstrafe umgewandelt wird.

Trotz seiner eindeutigen Schuld wird Don Marcello nicht versetzt. Er bleibt in seiner ursprünglichen Gemeinde, wo sich noch heute Dutzende von Jugendlichen in den Schauspielkursen und im Filmforum engagieren.

Er bleibt an seinem Platz, während die Familie der armen Silvia gezwungen war, den Ort zu verlassen und weit fortzuziehen.

Don Marcello ist glimpflich davongekommen, in jeglicher Hinsicht. Denn in seiner Gegend riskiert man viel mehr für viel weniger. Don Giovanni kann ein Lied davon singen.

Er ist ein stattlicher Mann mittleren Alters, der sich vor beinahe einem Jahrzehnt zum Priester weihen ließ, nachdem er seine Verlobte mit einem anderen im Bett erwischt hatte. Dass seine Berufung zum Priestertum nicht die stärkste ist, ist allgemein bekannt.

In seinem Bezirk, der zu den berüchtigtsten der Stadt zählt und in dem das organisierte Verbrechen allgegenwärtig ist, wird viel über Don Giovannis Schwäche für Jugendliche gesprochen, die das Pfarramt frequentieren. Es wird behauptet, er gehe abends mit ihnen aus – und nicht immer, um eine Pizza zu essen. Es heißt, er sei homosexuell. Und in dieser Gegend ist Homosexualität nicht gern gesehen. Vor allem nicht bei jemandem, der sich erlaubt, sonntags die Hostien zu verteilen.

Doch seine Hauptschuld besteht darin, dass er nichts unternimmt, um seine Neigungen zu verheimlichen oder zu leugnen. Ein Verhalten, das in der abwegigen Logik der Kriminellen dieser Gegend als Provokation erachtet und als mögliche Gefahr für die örtliche Jugend interpretiert wird.

So kommt es, dass die Bosse der Gegend beschließen, Don Giovanni eine Lektion zu erteilen, indem sie sich seine beiden Schwächen zu Nutze machen: die Homosexualität und seine Leidenschaft für Facebook, wo er Hunderte von Freunden hat.

Ein circa 20-jähriger Mann wird zum Lockvogel auserkoren, sein Name ist Luigi. Er kontaktiert Don Giovanni über Facebook und beginnt mit ihm einen ausführlichen und heißen Flirt über Chat und SMS. Die Nachrichten der beiden werden immer expliziter und intimer, bis der junge Mann schließlich um ein Treffen bittet.

Es ist ein heißer Tag im Juli. Der Priester lässt sich, ohne zu zögern, auf die Verabredung ein, aber Luigi ist nicht da. Keine

Spur von dem so kühnen und romantischen Jungen, der ihn auf virtuellem Wege ganz verrückt gemacht hat.

Stattdessen erwarten ihn die Freunde und Verwandten von Luigi und fallen mit Schlägen und Tritten über ihn her. Don Giovanni ergreift die Flucht, rennt durch das ganze Viertel mit der Schlägerbande auf den Fersen und flüchtet sich ins Pfarrhaus. Später geht er zu den Carabinieri, um den Überfall anzuzeigen, und lässt sich im nächstgelegenen Krankenhaus behandeln.

Die Geschichte des Übergriffs und des Flirts über Facebook macht bald die Runde. Am darauffolgenden Sonntag kommt der Priester in seiner Predigt auf den Vorfall zu sprechen und schwört, niemals einen Jungen in Versuchung gebracht zu haben.

Die zahlreich erschienenen Gläubigen denken an den letzten Geliebten des Pfarrers: einen 26-jährigen Mann, geschieden und Vater eines Kindes.

Das Nachspiel der Geschichte obliegt der Entscheidung des Kardinals, der ihn in eine weit entfernte Gemeinde versetzt, um das Gerede und das erhitzte Gemüt Don Giovannis zu besänftigen.

19
Nur kein Skandal

Versetzt und erneut in Versuchung gebracht. Hauptsache, ein Skandal wurde vermieden.

In seinem Buch mit dem Titel *Preti* (*Priester*), geht Professor Vittorino Andreoli diesem Sachverhalt auf den Grund.

Der Psychiater, der sich von Berufs wegen die Missgeschicke zahlreicher Priester angehört hat, holt weit aus. Er erklärt, dass die Beziehung zwischen einem Priester und einer Frau von der Gemeinschaft nicht als natürliche Bindung betrachtet wird, sondern als rein sexuelle Beziehung. Selbst wenn es sich um wahre Liebe handelt, empfinden es die Leute als Verrat.

Das ist der Grund, warum die Beziehung Anstoß erregt und ein schlechtes Licht auf den Priester wirft, der eigentlich ein Beispiel der Treue und Liebe zu Gott sein sollte. Er wird beinahe zu einem Dämon in Pfarrerskleidung.

Deshalb, so Andreoli weiter, begeht ein Priester, dessen Beziehung mit einer Frau an die Öffentlichkeit gerät, zwei Fehler: Er sündigt und ruft einen Skandal hervor. Bleibt die Affäre des Priesters geheim, sündigt er zwar, erregt jedoch keinen Anstoß. Die Angelegenheit bleibt eine Sache zwischen ihm und dem Herrn, von dem die Priester wissen, wie barmherzig und gut er ist.

Andreoli kommt somit zu folgendem Schluss: Das zentrale Problem ist der Skandal, nicht die eigentliche Sünde. Denn der Skandal betrifft nicht nur das Individuum selbst, sondern schadet der gesamten Institution, indem er in den schockierten Gläubigen Zweifel weckt. Durch den Skandal wird das Problem offenkundig, dass die Kirche Personen im Amt belässt, die ihre Berufung nicht erfüllen und diese sogar verraten.

Kurz gesagt, der Skandal distanziert die Gläubigen von der Kirche.

Ich kann diese Einschätzung bestätigen, denn im Laufe meiner Recherchen wurde mir eines klar: Die Kirche will keine Probleme. Der Respekt gegenüber den armen, ahnungslosen Gläubigen ist, von wenigen Ausnahmen abgesehen, sekundär. So streng wie die Kirche in ihren Grundsatzerklärungen ist, so scheinheilig ist sie im konkreten Handeln.

Das ist die Hierarchie des Vatikans. Das ist die Kirche Roms.

Das erste Gebot ist der Erhalt der Art, einer im Aussterben begriffenen Art.

Versetzt und erneut in Versuchung gebracht.

Mit dieser Disziplinarmaßnahme bestraften die Kirchenoberen auch das Verhalten Don Giorgios, den ein Mann auf frischer Tat beim Ehebruch mit seiner Frau erwischt hat.

Wir sind in Venedig.

Don Giorgio ist ein Priester um die 50, der in der ganzen Gemeinde bekannt ist. Ein Mann von tadellosem Ruf, der sich bester Wertschätzung und hoher Achtung erfreut, nicht nur seiner herausragenden Bibelkenntnisse wegen, sondern auch wegen seines großen Engagements in der Pfarrgemeinde.

Doch dann kommt eines Tages ein Mann früher als erwartet nach Hause und erwischt seine Frau mit Don Giorgio im Bett – in seinem Bett. Zu allem Übel ist Don Giorgio auch noch ein guter Freund, praktisch ein Familienmitglied.

Der Mann rast vor Wut, behält aber einen klaren Kopf: Er greift zu seinem Fotoapparat und dokumentiert die Szene, wie der mittlerweile verstorbene Journalist Giorgio Boscolo in der Lokalzeitung *Gazzettino di Venezia* berichtet. Wenig später stürzt der Mann, noch immer wutentbrannt, ins Büro des Bischofs.

»Ihr solltet euch schämen! Seht her, was einer tut, der eigentlich mit gutem Beispiel vorangehen sollte«, schimpft er, mit den Fotos winkend, auf denen die treulosen Liebenden in unmissverständlicher Pose zu sehen sind.

Er gerät immer mehr in Rage, sagt, er werde alles kurz und klein schlagen. Je mehr sie ihn zu beruhigen versuchen, desto größer wird sein Zorn, dem er endlich mit aller Gewalt und Verzweiflung Luft macht. Er ist nicht nur wütend. Er ist enttäuscht, gedemütigt, verletzt.

»Wie konnten sie das tun? Sie, die Mutter meiner beiden Kinder, die Frau, die ich in der Kirche geehelicht habe. Und er? Ich habe ihm vertraut, er war mein Freund.«

Weil befürchtet wird, die Situation könne außer Kontrolle geraten und der Mann, vor Wut außer sich, handgreiflich werden, wird die Polizei gerufen, in der Hoffnung, dass dadurch wieder Ruhe einkehrt an einem Ort, an dem man an derartige Wutausbrüche nicht gewöhnt ist.

Und tatsächlich, die Einzigen, die es am Ende schaffen, den 39-Jährigen zu besänftigen, sind die Streifenpolizisten.

Dieser peinliche Vorfall erinnert nicht nur an die Novellen von Boccaccios Dekameron, sondern versetzt auch der klerikalen Gemeinschaft sowie der religiösen und zivilen Gemeinde einen enormen Schlag.

Am Ende hat der betrogene Ehemann seiner Frau verziehen, und der Pfarrer wurde versetzt.

Versetzt und erneut in Versuchung gebracht.

Wie Don Pasquale, ein sizilianischer Pfarrer, der, von Einsamkeit geplagt, die Anzeigenseiten des *Giornale di Sicilia* aufschlägt und eine »attraktive 40-jährige Frau« aus Palermo anruft.

Die attraktive Frau meldet sich.

Als Don Pasquale sie fragt, wo sie ihre Kunden empfängt, nennt sie ihm ein kleines Hotel im Stadtzentrum. Er antwortet, dass er Pfarrer sei und Angst habe, gesehen zu werden. Er fragt deshalb, ob sie ihn im Pfarrhaus besuchen könne.

»Das macht 150 Euro in bar.«

Don Pasquale erwartet sie vor der Kirche. Die attraktive Frau fährt in einem alten, zerbeulten Kleinwagen vor. Sie ist 1,70 Meter groß, hat ihre schwarzen, glatten Haare zu einem Zopf zusammengebunden und trägt eine Jeans und eine dunkle Bluse.

Sie geht auf ihn zu und sagt: »Ich bin's.«

Sie ist nicht allein.

Sie hat eine Freundin mitgebracht, die kleiner und etwas robuster ist als sie.

Der Priester führt die Frauen ins Pfarrhaus. Als sie drinnen sind, fragt er die attraktive Frau, warum sie nicht allein gekommen sei.

»Das ist meine Freundin. Sie weiß über alles, was ich tue, Bescheid.«

Don Pasquale und die attraktive Frau gehen ins Schlafzimmer, die andere bleibt in der Küche und wartet zehn Minuten.

Bevor sie geht, sagt ihm die attraktive Frau, dass sie ihm nicht ihren richtigen Namen genannt hat.

Don Pasquale bezahlt und verabschiedet die beiden Frauen.

Zwei Monate später ruft er wieder an und bittet für den darauffolgenden Nachmittag um einen Hausbesuch.

Die attraktive Frau kommt wieder in Gesellschaft ihrer kleineren und robusteren Freundin. Der Pfarrer erwartet sie diesmal nicht vor der Kirche, sondern direkt im Haus. Die Freundin bleibt in der Küche. Diesmal muss sie etwas länger warten als beim letzten Mal: 15 Minuten.

Nach ein paar Monaten ruft er wieder an. Diesmal findet das Treffen auf einer Landstraße statt.

Die attraktive Frau erscheint wieder in Begleitung ihrer Freundin, und Don Pasquale fährt mit seinem Wagen voran zu einem einfachen Häuschen auf dem Lande, in dem er im Sommer die Messe liest. Die kleinere und robustere Freundin wartet im Auto: 15 Minuten.

Wieder bezahlt er 150 Euro.

Das nächste Treffen findet wieder im Pfarrhaus statt.

Die attraktive Frau fragt Don Pasquale, ob ihre kleinere und robustere Freundin am Liebesakt teilnehmen könne. Don Pasquale kneift nicht, doch die Aufregung spielt ihm übel mit.

»Unter diesen Umständen konnte ich, trotz der Vereinigung mit beiden Frauen, nicht zu Ende kommen«, wird später ein bekümmerter Don Pasquale den Carabinieri gestehen.

Ein Verkehr, der nicht zu Ende gebracht, aber dennoch in Anspruch genommen wurde. Das macht 150 Euro für die attraktive Frau und 50 Euro für ihre kleinere und robustere Freundin.

Don Pasquale will es noch einmal versuchen und ruft einige Wochen später wieder an.

Aber die attraktive Frau ist nicht zu erreichen. Er probiert es immer wieder. Doch es ist nichts zu machen, mindestens ein halbes Jahr lang gibt das Handy der Frau kein Lebenszeichen von sich.

Dann klingelt eines Tages Don Pasquales Handy. Sie meldet sich, beleidigt und verärgert, weil er sich nicht mehr gemeldet hat.

Wie bitte? Aber das Handy war doch ... Don Pasquale bestellt sie noch am selben Nachmittag zu sich, um die Sache zu klären.

Die attraktive Frau ist allein. Ohne ihre kleinere und robustere Freundin.

Allein.

Don Pasquale führt sie ins Schlafzimmer, zieht sie aus und bemerkt, dass ihr Bauch gewachsen ist.

Die attraktive Frau ist schwanger, mindestens im siebten oder achten Monat.

»Unter diesen Umständen wollte ich mit der Frau nicht mehr intim werden, allein schon aus Respekt vor dem Kind, das sie unter dem Herzen trug.«

Die attraktive, schwangere Frau sagt, dass sie mit ihrem Mann nicht gut auskomme und Geld benötige, um ihre Kinder satt zu bekommen. Das in ihrem Bauch ist nicht das einzige.

Don Pasquale ist ein großzügiger Mann.

Es vergeht beinahe ein Jahr. Die attraktive Frau ruft ihn an und beschwert sich, er habe sie vernachlässigt und im Stich gelassen.

Don Pasquale erlaubt ihr, ihn am Nachmittag zu besuchen.

Wieder sieht er sie für einige Monate nicht, bis September.

Die attraktive Frau ruft ihn an und sagt, sie habe große Probleme mit dem Mann. Sie behauptet, sie habe ihn verlassen und wolle nach Parma ziehen. Für zwei oder drei Tage werde sie in einem kleinen Hotel übernachten. Am nächsten Tag sucht sie Don Pasquale im Pfarrhaus auf, und der Pfarrer gibt ihr das Geld für das Hotel und für Essen.

»Ich möchte betonen, dass ich bei diesen Treffen keinen sexuellen Kontakt mit der Frau hatte, deren Arm eingegipst war, als sie mich aufsuchte.«

Einige Tage später taucht die attraktive Frau mit dem eingegipsten Arm erneut im Pfarrhaus auf. Sie sagt, ihre Abreise stünde kurz bevor und sie brauche Geld, um vor ihrem Mann zu fliehen.

Von Mitleid ergriffen zückt Don Pasquale sein Scheckbuch, das des Girokontos der Kirchengemeinde, unterschreibt und reißt den Scheck ab: 1500 Euro.

Am darauffolgenden Abend ist der Pfarrer zum Abendessen in einem Restaurant, als Gast eines Paares, das silberne Hochzeit feiert. Sein Telefon klingelt.

Die attraktive Frau sagt, sie sei in ernsten Schwierigkeiten und bittet ihn, sie an einer Tankstelle auf der Landstraße zu treffen.

»Ich dachte an ihren eingegipsten Arm und die Misshandlungen, von denen sie mir erzählt hatte, und eilte zu ihr, um zu sehen, was los war.«

Als sie den Priester kommen sieht, steigt die attraktive Frau aus ihrem Auto aus und in seines ein. Unter Tränen sagt sie, sie sei in ernsten Schwierigkeiten und werde verfolgt. Don Pasquale startet den Motor und fährt los, mit ihr auf dem Beifahrersitz.

Plötzlich hat er eine große, dunkle Limousine vor sich.

Im Protokoll ist dazu zu lesen: »Sie begann plötzlich um Hilfe zu rufen und zog mit dem eingegipsten Arm die Handbremse meines Wagens. Ich wandte mich der Frau zu und fragte sie, warum sie gebremst habe. Im selben Augenblick sah ich hinter mir ein Blitzlicht aufleuchten und hörte dann eine Männerstimme sagen: ›Alles klar.‹ Ich drehte mich um und sah, wie sich das andere Auto entfernte. In diesem Augenblick begriff ich, dass sie mich in eine Falle gelockt hatten, um mich später erpressen zu können. Ich fuhr sie daraufhin zu ihrem Auto zurück. Kurz vor der Tankstelle sah ich erneut die dunkle Limousine, während sie wieder panisch zu schreien begann und so tat, als hätte sie Angst. Und als wir die ersten Häuser des Dorfes erreicht hatten, bat ich sie auszusteigen und fuhr, entnervt von allem, was passiert war, nach Hause.«

Am nächsten Tag kommt die attraktive Frau in die Kirche, wartet, bis Don Pasquale den Gottesdienst beendet hat, und sucht ihn dann in der Sakristei auf.

Sie gibt sich beleidigt, weil er sie am Abend zuvor mitten auf der Straße hatte stehen lassen. Sie sagt, dass ihre kleinere und robustere Freundin neben dem Mann in der dunklen Limousine gesessen hatte und dass diese Bilder in der Zeitung landen würden, wenn er nicht bezahle.

Aus Angst, sein Ansehen zu verlieren, fragt Don Pasquale, wie viel sie verlange.

Sie verlangt 15 000 Euro für den Fotografen und seine Assistentin und weitere 5000 Euro in bar für sich selbst.

Don Pasquale bittet um einen Tag Zeit. Er hebt 9500 Euro von seinem Konto ab und weitere 10 000 vom Konto des Pfarramts, 500 Euro hat er in bar. Als Beweis, die Summe bezahlt zu haben, und um sich in Zukunft gegen weitere Forderungen zu schützen, überlegt er sich eine Art Empfangsbestätigung, die er sich von der attraktiven Frau unterschreiben lassen möchte. Er schreibt: Die unterzeichnende Frau erklärt, entschädigt worden zu sein und von Don Pasquale nichts mehr verlangen zu können.

»Mir erschien diese Maßnahme deshalb notwendig, weil sie mich während der vorhergehenden Treffen beschuldigt hatte, sie erst benutzt und dann im Stich gelassen zu haben. Sie hatte behauptet, wegen mir ihren Mann und ihre Kinder verloren zu haben, und beschwerte sich, ich habe sie mitten auf der Straße stehen gelassen. Sie verlangte deshalb einen hohen Schadensersatz, sonst würde sie mit unserer Beziehung an die Öffentlichkeit gehen. Sie drohte mir mehrmals, sie würde mich fertigmachen und meinen Ruf ruinieren, wenn ich die geforderte Summe nicht bezahlte.«

Am nächsten Abend sucht ihn die attraktive Frau im Pfarrhaus auf. Sie steckt das Geld ein, unterschreibt die Empfangsbestätigung, holt dann den Fotoapparat aus ihrer Handtasche, wirft ihn auf den Boden, trampelt mit den Füßen darauf herum, verabschiedet sich und geht.

Fünfzehn Minuten später kommt sie ins Pfarrhaus zurück. Vielleicht hat sie etwas vergessen. Sie erklärt Don Pasquale, die anderen Erpresser hätten ihr ein Tonbandgerät in ihre Tasche geschmuggelt und die Aufnahme als Druckmittel benutzt, um sich auch ihre 5000 Euro zu nehmen.

Die attraktive Frau verlangt deshalb weitere 5000 Euro.

Don Pasquale reicht es jetzt. Er verhandelt und stellt am Ende vom Girokonto des Pfarramts einen Scheck über 3000 Euro aus.

Die attraktive Frau vernichtet das Band, verabschiedet sich und geht.

Don Pasquale seufzt vor Erleichterung.

Es ist vorbei.

Eine Woche später kommt die attraktive Frau mit einem Aufnahmegerät ins Pfarramt zurück und sagt, sie brauche mehr Geld.

Jetzt reicht es Don Pasquale endgültig. Er greift zum Telefonhörer und ruft den Maresciallo der Carabinieri an.

»Francesco, komm bitte sofort, ich brauche dich.«

Die attraktive Frau kommt ins Gefängnis. Don Pasquale wird in eine Hunderte Kilometer entfernte Pfarrgemeinde versetzt.

Versetzt und erneut in Versuchung gebracht.

20
Priester leugnet
Vaterschaft

Im Laufe meiner Recherchen für dieses Buch besuchte ich die Wohnung eines Pfarrerssohns. Ich unterhielt mich einige Nachmittage mit seiner Mutter. Das Kind selbst, knapp zehn Jahre alt, lernte ich nur flüchtig kennen, weshalb ich von ihm kaum etwas erzählen kann.

Das ist ihre Geschichte.

Margherita ist eine Frau um die 40. Sie kommt aus Rom und hat studiert. Im Jahr 2000 zieht sie in eine mittelgroße Stadt Norditaliens. Sie hat noch keine Arbeit und versucht sich so gut wie möglich durchzuschlagen. Ihre Stimmung ist nicht die beste.

Eine Freundin lädt sie eines Sonntags ein, mit ihr in die Kirche zu gehen. Sie erzählt ihr von einem besonderen Pfarrer, der den Gottesdienst ganz anders gestaltet als andere Pfarrer: »Du wirst sehen, er wird dich so begeistern, dass du das Bedürfnis haben wirst, Gott näherzukommen.«

Margherita ist skeptisch. Sie spürt keinerlei Bedürfnis nach Spiritualität. Aber die Freundin ist hartnäckig, hakt immer wieder nach. Und weil sich Margherita stets ein wenig traurig fühlt, lässt sie sich am Ostersonntag schließlich überreden.

Die Kirche liegt mitten im Industrieviertel der Stadt. Sie ist kalt, anonym, ohne einen erkennbaren architektonischen Stil und passt damit gut zu den umliegenden Lagerhallen aus Beton und Stahl.

Die Kirche ist voll. Es ist schwer, noch einen Platz zu finden.

Eine erwartungsvolle Atmosphäre beherrscht den Raum. Man hat das Gefühl, im Theater zu sitzen, kurz vor Beginn der Vorstellung.

Auf einer großen Leinwand über dem Altar ziehen Bilder aus dem Zeffirelli-Film *Jesus von Nazareth* vorüber mit jenem wunderschönen Jesus mit Bart und den großen Augen. Als sie klein war, glaubte Margherita, Jesus hätte genauso ausgesehen, hätte genau dieses Gesicht gehabt.

Der Gottesdienst beginnt.

Margherita spürt Energie, Harmonie, menschliche Wärme. Der Priester fesselt sie und gibt ihr das Gefühl, sie sei Julia Roberts neben Richard Gere in *Pretty Woman.*

Margherita geht von nun an jeden Sonntag in die Kirche. Sie beobachtet, wie er vor dem Altar mit dem Mikrofon in der Hand theatralisch auf und ab geht. Sie sieht den dunkelhäutigen Diakon anstelle der Ministranten. Sie sieht die Kinder, die während der Messe am Fuße des Altars spielen.

Seine Predigten sind ergreifend, revolutionär.

Er ist ein Pfarrer, der kein Blatt vor den Mund nimmt, der nicht kuscht, wenn es etwas zu kritisieren gibt. Selbst dann nicht, wenn die heilige katholische Kirche selbst Zielscheibe ist.

Da ist Leidenschaft und Licht in seinen Augen. Es ist, als sagten sie zu einem: »Komm, folge mir, lass dich auf mich ein, und ich lasse dich mit eigenen Händen das Geheimnis Gottes fassen.«

Für Margherita ist der Moment der Firmung gekommen. Die spirituelle Leere, die im Laufe ihres Lebens in ihr entstanden war, soll nun ausgefüllt werden. Nach dem Gottesdienst geht sie zu ihm in die Sakristei, lässt sich beraten, horcht in sich hinein, stellt Fragen.

Der Pfarrer sagt, er könne ihr natürlich nicht zumuten, den Katechismusunterricht zusammen mit den Kindern zu besuchen. Gott behüte! Das wäre ja noch schöner! Er überlegt einen Augenblick und findet die Lösung. Er ist gütig und barmherzig wie Jesus.

Er wird sie persönlich auf die Firmung vorbereiten. Wenn sie Geduld hat, wird er ihr Privatstunden geben.

Sie ist einverstanden.

Er gibt ihr seine Handynummer.

Ihr kommt das ein wenig seltsam vor.

Aber hatte sie nicht dasselbe gedacht, als sie diese Kirche das erste Mal betrat oder als sie ihn predigen hörte? Als sie die Kinder während der Messe spielen sah? War hier nicht alles ein wenig seltsam, anders als in der Kirche, die sie aus ihrer Kindheit kannte? Und war nicht gerade das der Grund, warum sie sich nun firmen lassen wollte? Ausgerechnet sie, die schon jahrelang keinen Fuß mehr in eine Kirche gesetzt hatte.

Zum Abschied küsste er sie auf die Wange. Warm. Zärtlich. Magisch. Er hat etwas Verführerisches, etwas Unwiderstehliches an sich. Und sie fühlt sich …

Margherita schämt sich ein wenig für das, was sie eben dachte. Er ist ein Priester. Er ist *der* Priester.

Nach einiger Zeit schreibt Margherita ihm eine SMS: der Katechismusunterricht?

Am nächsten Tag geht sie zu ihm. Eine Freundin fährt sie hin. Sie selbst kann nicht fahren, weil sie einen Unfall hatte und eine dicke weiße Halskrause trägt.

Es ist ein Nachmittag im November. Er empfängt sie in seinem Büro in der Sakristei. Es ist dunkel. Nur ein schummriges Licht brennt. Im Hintergrund läuft ruhige Musik. Er lässt sie auf dem Sofa Platz nehmen. Er nimmt die Bibel und beginnt zu lesen. Dann reicht er ihr die Bibel, und sie liest.

Wieder hat Margherita ein seltsames Gefühl.

Der Unterricht geht weiter.

Bei der vierten oder fünften Sitzung sagt er ihr, er wisse sehr gut, dass sie Gefühle für ihn hege.

Margherita empfindet Wertschätzung und Zuneigung für ihn. Sie ist fasziniert von ihm, das stimmt.

Er ist charismatisch, gut aussehend, verführerisch. Aber sie glaubt nicht, irgendetwas Besonderes für ihn zu empfinden oder gar verliebt in ihn zu sein. Das ist unmöglich. Liebe ist etwas anderes. Und er ist ein Priester. Man kann sich schließlich nicht in einen Priester verlieben. Bewunderung – das ist es, was sie für ihn empfindet. Dieselbe Art von Bewunderung, die man einem Arzt oder einem Professor entgegenbringt.

Er bleibt dabei. Er ist sich seiner Sache sicher. Sie verlässt schockiert die Kirche.

Sie grübelt immer wieder darüber nach, quält sich. Sie ruft ihn an. Sie kämpft gegen ihre Gefühle an. Dann geht sie wieder zu ihm.

Sie ist wütend.

Er lächelt.

Er steht auf und geht an ihr vorbei zur Tür.

Er schließt sie ab und dreht sich ihr zu.

Er breitet die Arme aus, lächelt.

Sie nähert sich ihm.

Er nimmt sie in den Arm.

Er küsst sie auf die Wange.

Auf den Hals.

Den Mund.

Sie küsst ihn auf den Mund.

Sie spürt, wie sie zittert.

Am ganzen Leib.

Sie bebt.

Sie ist verwirrt.

Glücklich.

Sie liegt in den Armen einer bewunderten Person.

Einer geliebten Person.

Einer vergötterten Person.

Er trägt schwarze Hosen und einen blauen Pullover. Sie trägt ein langes Röhrenkleid in schlichtem Grau.

Er küsst sie erneut.

Sie zögert.

Er legt sie auf den Teppich.

Er ist über ihr.

Er sagt, es sei das erste Mal, er sei unerfahren.

Sie schaut ihm ins Gesicht. In seinem Ausdruck liegt etwas Unvollendetes, etwas Unausgesprochenes, Unharmonisches. Und das bei ihm, der im täglichen Leben so strahlend erscheint.

Sie bleiben auf dem Boden liegen.

Sie fragt ihn aus, bohrt nach. Er sagt ihr, dass sie die Erste sei. Dass er auf sie gewartet habe und dass sie vom Himmel zu ihm gesandt worden sei. Er behauptet, einer der zwölf Apostel zu sein, die von Gott auf die Erde geschickt wurden. Sie sei gesandt worden, um seinen Aufstieg zur Spiritualität aufzuhalten. Er sei zu schnell aufgestiegen, und nun werde er festgehalten, damit er noch ein wenig bei den verirrten Schafen bliebe.

Sie hält ihn für einen Spinner, für jemanden, der den Verstand verloren hat. Aber sie liebt ihn. Sie liebt ihn, sehnt sich nach ihm, möchte ihn ganz für sich haben.

Sie zieht sich wieder an und verlässt aufgewühlt und glücklich die Kirche.

Sie glaubt, er habe sich in sie verliebt und würde für sie sein Kirchenamt aufgeben und mit ihr zusammenziehen. Endlich jemand, der es gut mit ihr meinte. So viel ist sicher. Ein Pfarrer, vor allem einer wie er, würde ihr niemals wehtun.

Wie schön! Er würde sie auch auf dem spirituellen Weg begleiten können, den sie eingeschlagen hat und der ihr Leben verändern würde.

Das Leben lächelt sie an – endlich.

Sogar das Handy lächelt sie an mit seinem *Beep beep.* 20 SMS pro Tag – mehr noch, 30.

»Ich will dich, ich sehne mich nach dir.«

Margherita verlässt am Spätnachmittag das Büro und geht jeden Tag zur Sieben-Uhr-Messe.

Sie setzt sich in die erste Reihe. Er sieht sie an, während er predigt. Ihre Augen leuchten. Und wenn die Messe zu Ende ist, geht sie in die Sakristei. Auch wenn draußen Leute darauf warten, von ihm empfangen zu werden, bittet er sie herein, schließt die Tür ab und liebt sie auf dem Teppich.

Nur eine Tür trennt sie von den Wartenden.

Margherita fällt auf, dass seine Art zu lieben irgendwie anders ist. Das heißt, nicht wirklich anders, jugendlich.

Genau, jugendlich. Das ist das richtige Wort.

Er liebt sie mechanisch, ohne irgendeine Variante, bis zum schnellen Orgasmus. Er ist mehr auf seinen eigenen Spaß bedacht als auf ihren.

Doch das ist selbstverständlich kein Problem. Mit der Zeit würde das schon besser werden. Wenn sie erst einmal zusammenwohnten und vielleicht verheiratet waren, dann würde er sie im Ehebett sicherlich nach allen Regeln der Kunst verführen.

Bis dahin würde sie sich mit der zarten Berührung seiner Hand begnügen, wenn er ihr am Altar die Hostie reicht.

Seine Hand, die zwei Sekunden länger als nötig auf der ihren verweilt und den Kontakt zu ihr sucht: Schon das versetzt ihr einen Adrenalinstoß, wie sie ihn noch nie zuvor erlebt hat. So geht es zwei Jahre lang.

Mittlerweile verspricht sich Margherita bei jedem Treffen von neuem, dass es das letzte Mal sein wird. Sie ist nicht dumm. Sie hat begriffen, dass er trotz aller Versprechen niemals seine Kirche aufgeben wird. Und in ihrem Herzen kann sie ihm das auch nicht verübeln. Wer weiß, welche Qualen, welcher Kummer, welche Gewissensbisse damit verbunden wären. Und alles wegen ihr, die geglaubt hatte, ein Priester könne eine Frau wie jeder andere Mann lieben.

Schluss, aus, vorbei!

Doch dann pfeift er, und sie eilt herbei – auf den Teppich der Sakristei.

Auch er sagt, er wolle das Verhältnis beenden, um in die Arme Gottes zurückzukehren. Wenn er sie aber sieht, kann er ihr nicht widerstehen. Es ist stärker als er.

Es ist wohl Margherita, die die Kraft aufbringen muss, sich von ihm zu lösen, einen Schlussstrich zu ziehen, ihn nicht mehr wiederzusehen.

Es ist September 2001. Nach dem Samstagabend-Gottesdienst geht sie in die Sakristei, um sich zu verabschieden. Nur ein kurzer Abschiedsgruß, dann will sie wieder gehen. Er steht am Kopierer. Als er sie bemerkt, schließt er die Tür. Er umarmt sie, küsst sie, drängt sie zum Sofa hin.

Der Kopierer, der ein weißes Blatt nach dem anderen verschluckt, um sie beschrieben wieder auszuspucken, gibt den Rhythmus an, in dem sich sein Körper über ihrem bewegt.

Margherita nimmt nicht die Pille. Er benutzt kein Kondom.

Sie haben immer aufgepasst.

An diesem Abend jedoch merkt sie sofort etwas. Eine Frau spürt so etwas. Dafür braucht sie keine Tests.

In der folgenden Nacht tut sie kein Auge zu. Sie fasst sich an den Bauch. Er kommt ihr verändert vor, fühlt sich anders an.

Am nächsten Morgen ist sich Margherita sicher, dass sie schwanger ist, dass sie in ihrem Bauch ein winziges Baby trägt, das wachsen und bald ihrer beider Kind sein wird. Ihres und das des Priesters.

Sie liebt ihn sehr. Und wenn sie ihn schon nicht ganz für sich alleine haben konnte, dann würde sie zumindest die höchste Frucht ihrer Liebe haben.

Der Test bestätigte, was sie bereits wusste.

Margherita ist glücklich. Und sie will ihr Glück mit dem Mann teilen, den sie liebt. Mit dem Vater ihres Kindes.

Eine Woche später geht sie zum Gottesdienst. Am Ende sagt sie zu ihm: Warte, ich muss mit dir sprechen. Er sagt, er habe keine Zeit, wegen irgendwelcher Proben.

Margherita sagt, es sei sehr wichtig. Er kann aber wirklich nicht, er wird erwartet. Als Margherita immer noch insistiert, bleibt er stehen.

»Okay, was ist los?«

»Ich erwarte ein Kind.«

Der Priester erstarrt.

Das Lächeln verschwindet aus seinem Gesicht.

»Und jetzt?«, fragt er.

»Was ›und jetzt‹?«, fragt sie.

»Wie gut, dass wir aufgepasst haben«, sagt er sarkastisch.

Dann geht er. Margherita schaut ihm nach. Sie ist allein. Er hat sie alleingelassen.

In dieser Nacht schreibt er ihr eine SMS. Nur wenige sinnlose Worte. Dann verreist er für einige Monate ins Ausland.

Sie hingegen muss das Bett hüten. Es besteht die Gefahr einer Fehlgeburt. Eines Abends hat sie eine Blutung. Sie ruft den Krankenwagen und wird ins Krankenhaus eingeliefert. Die Ärzte machen nicht einmal eine Ultraschalluntersuchung, weil sie sich sicher sind, dass sie das Kind verloren hat. Sie bringen sie in einem Krankenzimmer unter und versuchen, sie zu beruhigen.

Mit der letzten Kraft, die ihr geblieben ist, betet Margherita die ganze Nacht hindurch. Das kann nicht sein, sie kann es nicht verloren haben. Sie spürt es. Sie spürt, dass sie es in sich trägt. Dass es sich bewegt, dass sein Herz schlägt. Es kann nicht sein, die Ärzte müssen sich irren.

Und sie hat recht. Als am Morgen der Ultraschall bestätigt, was sie spürte und hoffte, kann Margherita endlich beruhigt einschlafen.

Sie ist im vierten Monat schwanger. Nach dem Gottesdienst besucht sie ihren Pfarrer.

Er umarmt sie, er streichelt sie, er küsst sie. Er sagt ihr, er wolle sich an ihre Brust hängen und ihre Milch trinken.

Dann zieht er sie aus und hat Sex mit ihr, aber auf eine andere Art. Er ist ungestüm und grob.

Sie verlässt fluchtartig den Raum.

In den folgenden Monaten verbringt Margherita mehr Zeit im Krankenhaus als zu Hause.

Er besucht sie wie ein guter Priester ein Mitglied seiner Gemeinde besucht, das in einem solch heiklen und bedeutenden Moment des Lebens alleingelassen wurde.

Er zieht nie in Zweifel, dass das Kind von ihm stammt. Doch wenn sie ihn auf die Zukunft des Kindes anspricht, sagt er immer nur: »Wir werden sehen, wir werden sehen.«

Indessen besucht er sie jedes Mal, wenn sie wieder einige Tage zu Hause verbringen kann. Und dann schlafen sie miteinander.

Das Kind kommt im siebten Monat durch einen Notkaiserschnitt zur Welt.

Es ist ein Junge.

Das ist das Erste, was sie ihrem Pfarrer am Telefon erzählt.

»Was meinst du, sollen wir ihn Carlo nennen?«

»Ja, wie schön.«

Carlo ist sein Lieblingsheiliger.

Für einige Tage sind Mutter und Sohn getrennt. Der Gesundheitszustand des Kleinen verschlechtert sich. Sie will, dass er ihn sieht und packt die Gelegenheit beim Schopfe. Sie ruft den Pfarrer an und sagt ihm, dass das Baby an Gewicht verliere, und bittet ihn, es sofort zu taufen. Man könne nie wissen.

Er kommt, und sie gehen gemeinsam zu dem Kind. Er bleibt bei seinem Anblick völlig ungerührt, legt ihm seine riesige Hand auf und tauft es im Namen des Vaters, des Sohnes und des Heiligen Geistes. Das Kind hebt die Hand und greift nach seinem Finger.

Einen Monat später verlassen Mutter und Sohn das Krankenhaus. Er besucht sie zu Hause. Sie legt ihm seinen Sohn auf den Arm.

Er ist wie versteinert.

Dann verschwindet er.

Er meldet sich nicht mehr, nur ab und zu noch am Telefon. Er sagt, der Teufel sei an allem schuld. Der Beweis dafür sei, dass das Kind um den 11. September herum gezeugt wurde. Er habe sein ganzes Leben lang gegen den Satan gekämpft, sogar die Tür seines Büros weise verdächtige Kratzspuren auf.

Margherita ist alleine, verlassen, verzweifelt.

Sie ist 40 Jahre alt. Sie war eine angesehene Freiberuflerin. Sie hat alles verloren: die Kunden, die Arbeit. Und er hilft ihr nicht, nicht einmal finanziell.

Für ihn existiert das Kind nicht. Er nennt es nicht einmal beim Namen, sondern spricht von »dieser Angelegenheit«.

Er ist verrückt vor Angst und blind vor Wut. Wenn sie es wage, so warnt er sie schon jetzt, »dieser Angelegenheit« zu erzählen, dass er der Vater ist, würde er sagen, sie sei verrückt und hätte sich alles nur ausgedacht.

Margherita erkrankt, erst an Pfeiffer'schem Drüsenfieber und kurz darauf an Lungenentzündung. Als es ihr wieder besser geht, bringt sie ihren Sohn in die Kindergrippe und fängt wieder an zu arbeiten.

Er lässt ein Jahr lang nichts von sich hören. Ihren Freunden, Bekannten und allen, die nach dem Vater des Kindes fragen, erzählt Margherita, er habe eine sehr kranke Frau und sie hätten gemeinsam entschieden, dass er diese nicht im Stich lassen dürfe.

Carlo ist drei Jahre alt.

Eines Tages kommt er weinend vom Kindergarten nach Hause.

»Mama, warum muss ich für den Vatertag basteln, wenn ich gar keinen Papa habe?«

Carlo ist kein gewöhnliches Kind. Carlo ist anders. Er hat keinen Papa. Alle haben einen Papa, nur er nicht.

Margherita sagt ihm, dass sein Papa weit weg wohnt.

»Dann rufen wir ihn doch an, nimm das Telefon und ruf ihn an.«

Margherita sagt ihm, dass sein Papa kein Telefon hat.

»Dann steigen wir in den Zug und fahren zu ihm!«

Margherita sagt, dass der Zug gar nicht bis dorthin fährt, wo sein Papa wohnt.

Kleinlaut ruft sie den Priester an und erzählt ihm alles. Er will von »dieser Angelegenheit« nichts wissen, das sei nicht sein Problem. Sie solle selbst sehen, wie sie damit zurechtkomme. Sie hätte sich das früher überlegen müssen und nicht das Leben von drei Menschen zerstören sollen. Er sagt, er wolle ihn nicht, jetzt nicht und auch später nicht. Er würde für »diese Angelegenheit« nie existieren – niemals.

Carlo ist vier Jahre alt.

Margherita beschließt, mit einem Priester zu sprechen, der seit 20 Jahren mit ihrem Pfarrer befreundet ist. Der lacht nur: »Und du erwartest von mir, dass ich dir das glaube? Du könntest auch irgendeine Verrückte sein.«

Als Margherita ihm ein Foto des Jungen zeigt, verstummt der Priester. Die Ähnlichkeit ist frappierend. Er bittet sie um ihre Telefonnummer und verspricht ihr, sich so bald wie möglich bei ihr zu melden.

Einige Tage später ruft er an, um seinen Besuch anzukündigen. Als er Carlo sieht, kommen ihm die Tränen. Er tröstet sie und verspricht, selbst mit dem Freund zu sprechen.

Dann geht auch er.

Nun bemüht sich Margherita, zu dem Priester ein anderes Verhältnis aufzubauen – mit Erfolg. Zumindest schickt er ihr nun jeden Monat Geld.

Mit der Post, in einem weißen Briefumschlag. Darin stecken ein weißes Blatt, ohne einen Gruß, und 500 Euro in Scheinen. Mit einem sachlichen »Briefträger« kündigt er ihr per SMS die Geldsendung an.

Margherita bemüht sich auch weiterhin um ein freundschaftliches Verhältnis. Sie sagt ihm, dass sie ihn verstehe und seine Entscheidung respektiere. Sie will nicht seinen Nachnamen für ihr Kind. Sie will nur eine normale Beziehung zu ihm, nichts weiter.

Ab und zu gehen sie zusammen in ein Restaurant, sie erzählt ihm von Carlo, wie rasch er wächst und was er in der Schule macht. Sie schickt ihm Fotos. Er jedoch bleibt auf Distanz.

An Carlos sechstem Geburtstag lädt Margherita den Priester zu sich nach Hause ein. Sie will dem Kind nicht die Wahrheit sagen. Sie möchte nur, dass Carlo ein wenig Zeit mit seinem Vater verbringt und eine positive Beziehung zu ihm entwickelt. Eines Tages wird Carlo ohnehin erfahren, wer sein Vater ist. Und wenn es so weit ist, soll er zumindest einige gute Erinnerungen an jenen Mann haben, von dem er bis dahin nicht wusste, dass er sein Vater ist.

Indessen wächst der Junge heran und fragt immer nachdrücklicher nach dem Vater. Sie vertröstet ihn und sagt, er sei noch zu jung, um die Wahrheit zu erfahren.

»Du bist die Frucht einer großen Liebe. Aber obwohl sich Mama und Papa sehr geliebt haben, kann er leider nicht bei uns leben.«

Margherita bekommt mitten in der Nacht eine SMS auf ihr Handy: »Ich werde nicht mehr lange auf dieser Erde sein.«

Diesmal hat es nichts mit Satan und dessen Kratzspuren an der Tür oder seinem spirituellen Aufstieg zu tun. Der Pfarrer hat Krebs, und ihm bleibt nur noch wenig Zeit.

Die Krankheit hat den positiven Effekt, dass sie sich wieder näherkommen. »Diese Angelegenheit« wird plötzlich zu ihrem gemeinsamen Sohn, und Margherita bittet den Priester, ihn offiziell anzuerkennen, wobei sie vor allem an die materiellen Vorteile denkt, die diese Entscheidung für das Kind hätte.

Endlich blockt er nicht mehr ab. Endlich diskutieren sie ernsthaft darüber.

Das geht so einige Monate weiter, bis er sich eines Nachmittags dazu bereit erklärt, das Kind anzuerkennen. Jedoch unter einer Bedingung: Ein DNA-Test soll ihm Gewissheit bringen.

Margherita ist einverstanden, seine Forderung erscheint ihr legitim. Unter falschem Namen bestellt er im Internet ein Analyse-Kit und bringt es zu ihr nach Hause. Der Wattetupfer wird zurückgeschickt, und nach einiger Zeit kommt die Antwort: positiv. Carlo ist das Kind des Priesters.

Damit scheinen die Familienverhältnisse ein für alle Mal geklärt. Doch dann taucht er eines Abends mit einem neuen Kit bei ihr auf und sagt, er wolle den Test wiederholen, weil er beim ersten Mal nicht alle Vorgaben eingehalten habe.

Margherita ist enttäuscht. Nun hat sie endgültig genug. Einige Tage später erzählt sie ihrem Sohn die Wahrheit.

Carlo reagiert wütend. Er weint, brüllt, schließt sich in seinem Zimmer ein, will mit niemandem reden. In den folgenden Nächten wacht er schreiend auf. Er bekommt hohes Fieber, das einige Tage später wieder verschwindet, kurz darauf aber wiederkehrt. Ihr Arzt, der über alles Bescheid weiß, spricht mit dem Priester. Der kommt erneut mit der Satan-Geschichte daher und sagt, er sei nicht sicher, ob er wirklich der Vater ist, weil sie die Probe möglicherweise ausgetauscht habe.

Inzwischen hat Carlo den Schock überstanden. Er hat einen Vater, endlich hat auch er einen Vater. Alle sollen es wissen, angefangen bei den Klassenkameraden und den Lehrern. Eine Lehrerin ist es dann auch, die Margherita in die Schule kommen lässt, um sich von ihr erklären zu lassen, was das Kind seit einigen Wochen herumerzählt.

Die Nachricht verbreitet sich wie ein Lauffeuer. Der Pfarrer meldet sich nicht. Und wenn sie ihn anruft, sagt er, er habe keine Zeit und werde in seinem Terminkalender nachsehen, wann er ihr fünf Minuten widmen könne.

Margherita wird zum Bischof geladen. Dann zu seinem Anwalt, der ihr einen Blankoscheck anbietet, wenn sie im Gegenzug von juristischen Schritten absieht.

So weit der öffentliche Teil der Geschichte.

21
… und hat weitere Affären

Widmen wir uns stattdessen dem privaten Teil der Geschichte.
Für Margherita ist es eine Zeit der Überraschungen.

Sie wird von einer 26-jährigen Frau kontaktiert, die sagt, sie
leide an Hepatitis und habe mit dem Priester eine Affäre gehabt.
Auch ihr erzählte der Pfarrer, er sei der zwölfte Apostel. Sie behauptet, mit ihren eigenen Augen jene seltsamen Kratzspuren an
der Tür der Sakristei gesehen zu haben.

Sie hatte zur selben Zeit Sex mit dem Pfarrer, in der er mit
Margherita zusammen gewesen war.

Dann meldet sich eine magersüchtige Katechetin, die an Depressionen leidet und nach ihrer Affäre mit dem Priester zu keinem anderen Mann mehr eine Beziehung aufbauen konnte.

Die dritte Frau, die sich bei Margherita meldet, ist verheiratet
und heißt Valentina. Sie ist 50 Jahre alt und hatte vor rund zehn
Jahren mit dem Pfarrer zu tun. Das ist ihre Geschichte:

Ein Freund von ihr und ihrem Mann erzählt ihr eines Abends
von einem außergewöhnlich charismatischen Pfarrer, dessen
Gottesdienste selbst auf die größten Zweifler ergreifend wirken.
Valentina, die seit der Kommunion ihrer Kinder keine Kirche
mehr betreten hatte, lässt es auf einen Versuch ankommen und
ist begeistert. Der Gottesdienst lässt sie innerlich beben, und sie
spürt ein unerwartetes Bedürfnis nach Spiritualität. Der Freund
hatte recht.

Valentina trägt ein Geheimnis mit sich herum. Ihr Leben ist
von einem Erlebnis in ihrer Kindheit geprägt, über das sie nie

wirklich hinweggekommen ist und das sie immer wieder auf schreckliche Weise einholt und ihr Kummer bereitet.

Sie leidet an Depressionen, plötzlicher Übelkeit, Panikattacken und Schlafstörungen. Wenn sie nachts aufwacht, liegt sie oft stundenlang wach und starrt an die Decke. Sie muss Medikamente nehmen. Niemand weiß etwas von dem Fels, der auf ihrer Seele lastet. Sie hütet ihr Geheimnis.

Darunter leidet auch die Beziehung zu ihrem Mann. Valentina kann seit Langem nicht mehr mit ihm schlafen. Sie kapselt sich ab. Ihr ahnungsloser Mann quält sich, versucht, sie aufzubauen, resigniert. Dann versucht er es erneut, insistiert, gibt auf.

Nichts zu machen, sie lässt einfach niemanden an sich heran.

Bis sie den Pfarrer kennenlernt.

Ihr Mann sieht in diesem außergewöhnlichen Pfarrer die letzte Chance, um seine Frau zurückzugewinnen. Nachdem er mit ihm gesprochen hat, erzählt er seiner Frau, wie sehr ihn dieser Pfarrer beeindruckt habe und dass er schon zahlreichen Menschen geholfen habe, die in Schwierigkeiten waren. Er hat sich ihrer angenommen und sie in manchen Fällen sogar von schweren Krankheiten geheilt. Das sagen alle.

Er begleitet Valentina zu dem Pfarrer und bleibt bei dem kurzen Gespräch der beiden im Raum. Der Pfarrer fragt sie, ob sie sich sicher sei, dass sie diesen Weg mit ihm gehen wolle und ob ihr Ehemann bei ihren Treffen anwesend sein solle.

Nein. Valentina möchte diesen Weg alleine gehen.

Der Pfarrer gibt ihr seine Handynummer und lädt sie ein, ihn anzurufen, um ihr erstes Treffen zu vereinbaren.

Der Treffpunkt ist die Sakristei. Er stellt ihr viele Fragen, um ihr das Geheimnis zu entlocken. Sie schweigt, das Gesicht in den Händen verborgen. Sie kann ihm nicht in die Augen schauen. Sie will sich verstecken, nicht gesehen werden. Er denkt sich eine Geschichte aus, in der sie die Hauptrolle spielt und die sie gemeinsam zu Ende schreiben müssen.

Seine Ausdauer trägt langsam Früchte. Nach einiger Zeit erzählt Valentina ihm ihr Geheimnis.

Als sie zwölf Jahre alt war, wurde sie von ihrem vier Jahre älteren Bruder missbraucht. Zwei Jahre lang.

Der Pfarrer umarmt sie, tröstet sie. Dann sagt er ihr, sie dürfe niemandem von ihrem Gespräch erzählen, weder von diesem noch von den kommenden. Auch müssten sie, wenn ihre Sitzungen beendet sein würden, so tun, als würden sie sich nicht kennen.

Valentina hatte ihr Geheimnis gelüftet und ihr Innerstes preisgegeben, und niemand hilft ihr. Er hatte das Monster befreit und ließ es jetzt unbehelligt herumgeistern.

Valentina geht es schlechter als vorher. Sie kann ihrer Arbeit nicht mehr nachgehen und endet schließlich im Krankenhaus, wo sie eine Untersuchung nach der anderen über sich ergehen lassen muss. Schließlich ruft sie den Priester an. Der erklärt sich bereit, ihr zu helfen, aber nicht in der Sakristei.

Er lässt sie zu sich nach Hause kommen.

Er möchte sie einem speziellen Experiment unterziehen, das er »die Sonnengeburt« nennt.

Als Valentina nicht versteht, was er damit meint, spricht er über Geburt und Wiedergeburt. Doch Valentina versteht noch immer nicht.

Während der Sitzung müssen ihre Augen verbunden sein, im Hintergrund wird Musik laufen, und er wird vor ihr in Meditation treten.

Er fragt sie: »Wie ist ein Kind, wenn es geboren wird?«

»Nackt«, antwortet sie.

»Richtig«, sagt er.

Valentina muss das Mädchen in sich wiederfinden. Ein nacktes Mädchen, ohne Kleider. Dann kommt das große Finale, bei dem sie in die Hände klatschen, singen oder tun kann, was ihr gefällt.

Nachdem er ihr alles erklärt hat, verabschiedet er sich von ihr und sagt, sie solle ihn anrufen, wenn sie sich bereit fühle, diese fundamentale, befreiende Erfahrung zu machen.

Valentina geht es schlecht. Also geht sie zu ihm.

Sie bleibt regungslos vor ihm sitzen. Mit verbundenen Augen. Sie weint und weint und weint, die ganzen 45 Minuten bis zum Ende der CD. Er bleibt ganz ruhig, am Ende sagt er, sie solle sich keine Sorgen machen, das sei völlig normal, und lädt sie ein, ihn wieder anzurufen, wenn sie sich bereit fühle.

Acht Tage später ist der 8. März, der Weltfrauentag.

Valentina hat wieder die Augen verbunden.

Die Musik beginnt.

Valentina zieht sich die Jacke aus.

Die Bluse.

Die Hose.

Sie erkennt nichts Mädchenhaftes an sich. Sie weint nur.

Den BH.

Den Slip.

Bis sie splitternackt vor ihm steht.

Mit verbundenen Augen.

Sie weint, schluchzt. Dann setzt sie sich.

Sie streckt die Hand aus, sucht seine Hand, sucht einen Körperkontakt, einen Kontakt mit der Welt.

Er ist bekleidet. Valentina spürt den Stoff seiner Kleidung, als er sie in den Arm nimmt und streichelt.

Er legt sie aufs Bett.

»Woran denkst du?«, fragt er.

»Ich denke an das, was wir tun«, antwortet sie.

»Ich habe die Befugnis, diese Dinge zu tun«, sagt er.

Sie antwortet nicht.

»Sag mir, was du jetzt gerne tun würdest«, sagt er.

»Nichts«, sagt sie.

»Sag mir, dass dich noch niemand zuvor so umarmt hat«, sagt er.

Sie sagt nichts, weint nur.

Er küsst sie.

Er küsst ihr Gesicht, ihren Mund.

Sie fühlt sich beschützt.

Sie steht auf und zieht sich wieder an. Sie weiß nicht einmal, wie viel Zeit vergangen ist.

In den folgenden Tagen überkommen sie Gefühle, die ihr bisher vollkommen unbekannt waren. Sie hat Anfälle von Selbstverstümmelung.

Sie fühlt sich krank, schizophren. Sie hat Angst.

Immer wieder ruft sie den Pfarrer an und erzählt ihm, was mit ihr passiert. Er beruhigt sie, hält sie jedoch auf Distanz.

Dann verschwindet er plötzlich.

Valentina bekommt ihn nicht mehr zu Gesicht.

Wer ihn weiterhin zu Gesicht bekommt, ist Daniela. Sie ist verheiratet und hat einen kleinen Sohn. Und auch sie ist in Schwierigkeiten.

Es ist das Jahr 1997, Daniela ist um die 30 Jahre alt. Seit zehn Jahren ist sie mit dem Mann verheiratet, den sie für die Liebe ihres Lebens hielt.

Das glaubte sie zumindest.

Doch ihr Mann betrügt sie. Für Daniela bricht eine Welt zusammen, als sie davon erfährt. Sie leidet so sehr unter der Situation, dass sie Depressionen bekommt. Erst jetzt wird ihr bewusst, wie viele Ehemänner und Ehefrauen den Partner betrügen und dass die meisten diese Treulosigkeit einfach so hinnehmen.

Um ihren Mann nicht zu verlassen, sucht sie Hilfe in Meditationszentren und spirituellen Selbsthilfegruppen. Bei einem dieser Treffen lernt sie den Priester kennen. Er ist mitten unter den Teilnehmern.

Am Ende des Treffens stellt sie ihm eine belanglose Frage, auf die er ihr eine absurde Antwort gibt: »Du weißt doch nur nicht, wie du dich verteidigen sollst.«

Das versetzt ihr einen tiefen Stich ins Herz. Er schaut in ihre Augen und löst in ihr einen Sturm der Gefühle aus. Sie dreht sich um und geht weg.

Bald wird der Pfarrer für sie die einzige Person, die Antworten auf die quälenden Fragen hat, die sie nicht zur Ruhe kommen lassen. Sie wartet oft stundenlang vor der Tür der Sakristei, nur um einige Minuten unter vier Augen mit ihm sprechen zu können.

Bei einem dieser Treffen sagt er zu ihr: »Sag mir die Wahrheit, warum bist du hier?«

»Ich habe mich in dich verliebt«, sagt sie.

Er überhäuft sie mit Komplimenten, gibt ihr das Gefühl lebendig zu sein, lässt sie innerlich beben. Sie erzählt ihm von den Problemen mit ihrem Mann und den Versuchen, ihre Ehe zu retten.

Dann kommt er eines Abends zum Abendessen zu ihr. Während sie mit dem Ehemann am Tisch sitzen, nimmt der Pfarrer ein Glas und streicht mit dem Finger so lange über dessen Rand, bis ein Ton zu hören ist. Während der Ehemann weiter isst, bebt Daniela.

Sie ist erregt.

Sie hat einen Orgasmus.

Als er sich von ihnen verabschiedet, rät ihnen der Pfarrer, 40 Tage lang gemeinsam zu beten. Doch als die Tür hinter ihm ins Schloss fällt, schaut Daniela ihren Mann an und weiß mit Bestimmtheit, dass ihre Ehe zu Ende ist.

Am Weihnachtstag verlässt sie das Haus und lebt von da an allein.

Von diesem Moment an wird ihr Leben zu einem Drama.

Sie hat alles verlassen: Geborgenheit, Trost, die Familie. Doch sie liebt einen anderen Mann. Sie hat sich in den Pfarrer verliebt. Das kann sie nicht ignorieren.

Sie geht wieder in die Sakristei und bittet ihn, sie aus der Situation zu retten, in die sie sich gebracht hatte. Er steht auf und bittet sie, ebenfalls aufzustehen. Dann schließt er sie in die Arme und drückt sie an sich. Sie hat zum ersten Mal das Gefühl, den Mann zu umarmen, den sie liebt. Den Mann, für den sie die Kraft gefunden hat, etwas zu tun, das sie sich hätte nie vorstellen können: ihren Mann und ihren Sohn zu verlassen. Sie hat das Gefühl, mit den Fingerspitzen den Himmel zu berühren. Als er seine Umarmung löst, sagt er ihr: »Ist das alles?«

Diese Frage schwirrt ihr eine Woche lang im Kopf herum. Was sollte das heißen? Was meinte er damit?

Wieder geht sie zur Sakristei und wartet, bis sie an der Reihe ist. Als er sie eintreten lässt, schickt der Pfarrer die übrigen Wartenden weg und schließt die Tür hinter ihr ab.

Sie haben Sex – auf dem Teppich.

Doch sein Körper strömt weder Reinheit noch Liebe aus.

Er strömt nur Schweiß aus, das ist alles.

Daniela verlässt enttäuscht und traurig die Sakristei. Die Betrügende fühlt sich betrogen. Wieder bricht für sie eine Welt zusammen. Sie fühlt sich allein, hat das Gefühl, den Boden unter den Füßen zu verlieren.

Er entspricht nicht im Entferntesten dem Bild des idealen Mannes, das sie sich in ihrer Vorstellung konstruiert hatte.

Er ist roh.

Er ist scheinheilig.

Er ist nicht er.

Daniela begreift plötzlich, in welch aussichtslose Lage sie sich gebracht hat. Denn je verliebter sie ist, desto mehr wird er sie meiden.

Es ist, wie es ist. Und es ist die Hölle.

Sie sieht ihn einmal im Monat und immer in der Sakristei. Sie geht hinein, hat Sex mit ihm und geht wieder hinaus. Immer auf dem Teppich, immer auf dieselbe Weise und immer gleich lang.

Daniela lebt nur noch in Erwartung dieser wenigen Minuten. Es existiert nichts anderes mehr für sie. Sie wartet immer nur auf eine Nachricht auf ihrem Handy, die sie in die Sakristei ruft.

So geht es drei Jahre lang.

Ihr Sohn, der inzwischen bei ihr wohnt, leidet darunter.

Mit seinen acht Jahren musste er nicht nur das Drama der Scheidung seiner Eltern miterleben, sondern nun auch das der Persönlichkeitsveränderung und Emotionslosigkeit seiner Mutter, die nur an den Gottesdienst am Abend denkt, in der Hoffnung, einige Worte mit dem Pfarrer wechseln zu können.

Es sind seltsame Dialoge, die die beiden führen: Er spricht, sie hört zu. Er erklärt ihr die Zeichen, die er auf den Händen hat, Kreuze und antike Symbole. Er behauptet, einer der zwölf Auserwählten zu sein, die im Laufe der Jahrhunderte auf die Erde kommen, um die Wahrheit und die Botschaft Jesu Christi zu verbreiten.

Manchmal ruft sie ihn 40-mal am Tag an, ohne dass er antwortet.

Doch wenn sie versucht, Abstand von ihm zu gewinnen, bekommt sie eine SMS oder einen Anruf und eilt zu ihm in die Sakristei.

Eines Tages lernt sie eine Frau kennen, die sie unter den Wartenden vor der Sakristei schon oft gesehen hat und die vor Kurzem ein Kind bekommen hat. Der Vater des Kindes ist ein verheirateter Mann, der seine kranke Frau nicht verlassen möchte.

Als Daniela das Kind anschaut, besteht für sie kein Zweifel: Dieses Kind ist der Sohn des Pfarrers, ihres Pfarrers.

Doch die Liebe ist stärker als alles andere. Sie will ihn erst recht sehen, sie will mehr.

Er bleibt hart: Das geht nicht. Sie wird laut, fordert. Er sagt, sie habe offenbar nicht verstanden: Er tue das für sie, denn wenn sie sich auch nur noch einmal wiedersehen würden, könnte es sogar sein, dass sie stirbt.

Einige Tage später vertraut sich Daniela einem befreundeten Arbeitskollegen an. Auch er hat sich scheiden lassen. Sie beginnen, miteinander auszugehen. Sie sind sich sympathisch, sie gefallen einander und verlieben sich.

Endlich kann sie sich von dem Pfarrer lösen. Doch zuvor schreibt sie in einem Brief: »Wäre ich mit einem Bademeister ins Bett gegangen, hätte ich auf eine spirituellere Weise Sex gehabt.«

22
Hintergründe der
katholischen Sexualethik

Natürlich kann man nicht von heute auf morgen den Theologen mimen. Ich bin Journalist und kenne mich auf politischem, juristischem und administrativem Gebiet aus, gebe aber zu, dass meine Kenntnisse auf humanistischem und philosophischem Gebiet eher dürftig sind.

Ich habe deshalb weder den Anspruch noch will ich mir anmaßen, vermeintliche Wahrheiten über solch tiefgründige Fragestellungen zu verbreiten. Aber ich habe mich selbstverständlich gefragt, woher diese vollkommene Verschlossenheit der Kirche gegenüber Sexualität und gegenüber Frauen kommt.

Es ist dieselbe Frage, die sich Millionen von Katholiken auf der ganzen Welt stellen. Oft sind das Menschen mit schwerwiegenden Problemen. Menschen, die sich von ihrem Partner getrennt haben, sich scheiden ließen oder wieder geheiratet haben. All diejenigen also, die zusätzlich zum persönlichen Drama des Scheiterns eines wichtigen Teils ihres Lebens erfahren mussten, wie ihnen die Kirche – ihre Kirche – die Tür vor der Nase zuschlägt und sagt: Tut uns leid, aber für euch ist hier kein Platz mehr, ihr müsst draußen bleiben.

Es ist also durchaus legitim, sich die folgenden Fragen zu stellen: Woher kommt diese Haltung der Kirche? Steht das so in der Bibel? Ist es der Wille Gottes? Hat Jesus das so vorgelebt?

Oder handelt es sich um eine Glaubenslehre, die im Laufe der Geschichte von den Menschen eingeführt wurde, und zwar von denen, die sich in der Nachfolge Petri sehen?

Um es noch deutlicher zu formulieren: War es Jesus, der gesagt hat, ein Pfarrer dürfe keine Frau oder Lebensgefährtin haben und müsse in Keuschheit leben?

War es Jesus, der Frauen vom Priestertum ausgeschlossen und Homosexualität als etwas Unmoralisches, Unnatürliches und an sich Böses abgestempelt hat?

Auch diesen Fragen bin ich als Journalist nachgegangen: Ich habe nachgelesen, recherchiert und dann Fragen gestellt, viele, viele Fragen.

Geholfen hat mir dabei Federico Bollettin, der bis 2007 katholischer Priester war.

Heute ist er verheiratet und hat zwei Kinder. Seine Geschichte hat er in dem Buch mit dem Titel *Bianco e nera. Amanti per la pelle* festgehalten.

Ich war mehrmals bei Federico und habe stundenlang mit ihm geredet, während er an dem Haus baute, in dem er nun gemeinsam mit seiner Frau lebt.

Schließlich habe ich mir mein eigenes Urteil gebildet.

Und ich will es klar und deutlich sagen: Was ich im Rest des Buches schreibe, sind Fakten, die nachgewiesen und dokumentiert sind. Doch beim Betreten eines solch heiklen Terrains, über das die größten Gelehrten seit fast zwei Jahrtausenden diskutieren, kann ich lediglich meine Meinung äußern, die selbstverständlich subjektiv und nicht gegen Fehler gefeit ist.

Man nehme sie also für das, was sie ist.

Bevor ich auf die Anfänge zu sprechen komme, möchte ich zunächst etwas Grundsätzliches klarstellen: Der kirchliche Zölibat ist kein Gebot Gottes.

Der Zölibat, der in den ersten Jahrhunderten des Christentums von Asketen und Mönchen gelebt wurde und bereits mehrmals in der Kirchenverfassung verankert werden sollte, wurde erst durch das Konzil von Trient verbindlich, das von Papst Paul III.

im Jahr 1545 einberufen und nach zahlreichen Unterbrechungen 1563 abgeschlossen wurde.

Gehen wir also, nachdem das geklärt wäre, zu den Ursprüngen zurück.

»Und Gott schuf den Menschen nach seinem Bilde. Als Mann und Weib schuf er sie. Und Gott sah an, was er gemacht hatte, und siehe, es war sehr gut. Und er sprach zu ihnen: Seid fruchtbar und mehret euch.« So heißt es in der ersten hebräischen Überlieferung im Buch *Genesis.*

Doch es gibt auch eine zweite Überlieferung mit einer wichtigen Ergänzung. Warum hat Gott Mann und Frau geschaffen? Nur der Fortpflanzung wegen?

Die Antwort: »Es ist nicht gut, dass der Mensch allein sei: Ich will ihm eine Hilfe schaffen, die zu ihm passt.«

Es geht also um gegenseitige Unterstützung, Freundschaft, Annehmlichkeiten, nicht nur Fortpflanzung.

Anhand dieser ersten Sätze versteht man, wie fundamental die sexuelle Dimension im Entwurf Gottes ist. Für jegliche Art von Liebe in zwischenmenschlichen Beziehungen benutzt die Sprache des Alten Testaments immer denselben hebräischen Ausdruck: *ahavah.* Sei es nun die Liebe zwischen zwei Verliebten, die Liebe zwischen Freunden, die elterliche Liebe für ein Kind oder die Liebe eines Schülers gegenüber seinem Lehrer. Ebenso verhält es sich im Englischen. So kann ich auch zu einem Freund »I love you« sagen, ohne falsch verstanden zu werden.

Die Erotik, die das *Hohelied* kennzeichnet, wird in der Bibel als etwas völlig Normales empfunden, das größte Beachtung verdient. Auch die Schönheit des weiblichen Körpers wird darin detailreich beschrieben, vom Nabel über die Brüste und Schenkel bis hin zum Bauch. Der Liebende sagt: »Die Biegungen deiner Hüften sind wie Halsgeschmeide, gefertigt von Künstlerhänden ... Wie du dastehst, gleichst du der Palme und deine Brüste den Trauben.«

Komplimente, die, in der Sprache der Zeit gelesen, Leidenschaft, Verlangen und körperliche Anziehung ausdrücken.

Ein Frauen- und Beziehungsbild, das vollkommen anders ist als das im Buch der *Sprüche,* wo das Bild der perfekten Hausfrau im Grunde dem einer Sklavin gleichkommt: »Noch bei Nacht steht sie auf, gibt ihrem Hause die Speise ... Prachthemden macht und verkauft sie ... Tun und Treiben im Haus überwacht sie ...«

Es ist zunächst notwendig, sich der enormen Vielfalt der Bibeltexte bewusst zu werden. Die Bibel ist nicht nur ein Buch, sondern, wie ihr Name schon sagt, eine Vielzahl von Büchern, eine Bibliothek an Büchern, die in jeweils unterschiedlichem religiösem Kontext entstanden sind. Es sind dort verschiedene Gedanken, Strömungen und Gruppen vertreten, die auf wundersame Weise, jedoch nicht ohne Schwierigkeiten und gegenseitigem Unverständnis nebeneinander existieren.

Das ist der Grund, warum wir in der Bibel alles Mögliche und durchaus auch Gegensätzliches finden, je nachdem, welcher Autor einen Text verfasst hat oder an welche Glaubensgemeinde er gerichtet ist.

Um ein Beispiel zu geben: Das Gesetz Mose schrieb den Priestern vor, dass sie vor dem Gottesdienst keinen Geschlechtsverkehr haben durften, und den Frauen war es untersagt, während der Menstruation den Tempel zu betreten.

Manche Wissenschaftler sind der Ansicht, dass diese Normen allein aus hygienischen Gründen eingeführt wurden oder um den Zusammenhalt und die Identität des Volkes in Abgrenzung zu anderen Völkern zu stärken.

Andere erklären sich diese Gesetze auf philosophischer Ebene. In der antiken hebräischen Auffassung waren Sperma und Blut mystische Entitäten, die für den Menschen nicht fassbar sind. Entitäten, die stärker sind als der Mensch und in enger Beziehung zu Gott stehen. Die sexuelle Vereinigung war eine der Ursachen, die zu ritueller Unreinheit führten. Wie kann ein Priester in unreinem Zustand den Tempel betreten und dem Herrn Opfer bringen? Blut zu verlieren, bedeutete damals an Leben zu verlieren. Wie kann eine Frau in einem Augenblick den Tempel betreten, in dem sie an Leben verliert?

Während positive Erfahrungen und Gegebenheiten im religiösen Sinne rein waren, galten negative und gefährliche als religiös unrein.

Innerhalb des Judentums gibt es also, was Sexualität und Körperlichkeit angeht, verschiedene Positionen, die manchmal im Widerspruch zueinander stehen und sich ein andermal ergänzen, manchmal zutiefst chauvinistisch und ein andermal romantisch sind.

Die Geburt einer Bewegung, die aus dem Leben und der Botschaft Jesu von Nazareth entstand, scheint die Diskussionen darüber, was rein und unrein ist, moralisch oder unmoralisch, sexuell erlaubt oder nicht in den Hintergrund zu rücken, um sich dagegen auf die Errichtung des Gottesreiches vorzubereiten, das auf Gerechtigkeit, Nächstenliebe und Glückseligkeit basiert.

Die Evangelisten, die vom Leben Jesu berichten, legen ihm nie Urteile über die Sexualität eines Menschen in den Mund. Im Gegenteil, manchmal wird er als Gesetzesübertreter dargestellt, als einer, der die Sabbatruhe nicht einhält und der sich von unreinen Frauen anfassen lässt.

Menschen, deren sexuelles Verhalten nicht dem Gesetz Mose entspricht und die deshalb von der Gesellschaft ausgeschlossen werden, begegnet Jesus unvoreingenommen und präsentiert sie immer wieder als positive Beispiele des Glaubens, die er vorbehaltlos in die Schar seiner Anhänger aufnimmt.

Er heilt den Gefährten des schwulen Zenturio, ohne die Beziehung der beiden in irgendeiner Weise zu kritisieren. Er lässt sich von der Frau anfassen, die an ständigen Blutungen leidet und gemäß dem Gesetz unrein und folglich unberührbar ist.

Er ist ein neuer Messias, der anders ist als der, den die wichtigsten religiösen Strömungen angekündigt hatten, und der mehr auf die Menschen eingeht als auf Gesetze. Ein Messias ohne Vorurteile.

Dass Jesus von einer Jungfrau geboren wird, passt zur damaligen Literatur. Um deutlich zu machen, dass es sich bei Jesus von Nazareth um den Messias handelt, lässt man ihn auf außergewöhnliche Weise zur Welt kommen: von einem Paar, das gemäß der Tradition noch nicht ordnungsgemäß verheiratet ist, und nicht durch einen Geschlechtsakt gezeugt.

All das soll seine Größe und das Gewicht seiner Mission von Geburt an unter Beweis stellen. Wie um zu sagen: Trotz vieler Hürden, sowohl biologischer als auch gesellschaftlicher Natur, musste dieser Messias geboren werden, weil es die göttliche Vorsehung so wollte.

Nichts Außergewöhnliches, wenn man an die Geburten von Mose, Mohammed, Buddha und anderer großer Propheten denkt. Als Mohammed geboren wird, wird die Welt von einem riesigen Licht erhellt. Jesus wird wie gesagt von einer Jungfrau geboren, und die drei Weisen aus dem Morgenland kommen, um ihn zu bewundern.

Auch Marias Jungfräulichkeit ist ein päpstliches Dogma, das von Papst Pius IX am 8. Dezember 1854 mit der Bulle *Ineffabilis Deus (Der unbegreifliche Gott)* proklamiert wurde.

Wenn wir in den vier Evangelien weiterlesen, die nach und nach als kanonisch erklärt wurden, also als wahrheitsgetreu im Gegensatz zu anderen, die als apokryph bezeichnet werden, sehen wir, dass sich Jesus nie über Sexualität äußert. Er schreibt uns nicht vor, wie wir uns unter der Bettdecke zu verhalten haben.

Die Evangelisten berichten uns von einem Jesus, der bereit ist, Gesten der Zuneigung wie Küsse, zärtliche Berührungen, Umarmungen zu dulden und zu erwidern. Er ist dem Körperlichen gegenüber so aufgeschlossen, dass er den Frömmlern sogar als Freidenker galt.

Für die Verfasser der Evangelien musste es eine schwierige Aufgabe gewesen sein, die richtigen Euphemismen zu finden, um die gläubigen Leser nicht mit unanständigen Worten vor den Kopf zu stoßen.

Das Zusammentreffen Jesu mit einer Prostituierten im Hause des Pharisäers Simon beschreiben sie folgendermaßen: »[Eine Frau] trat hinten zu seinen Füßen, weinte und fing an, seine Füße mit ihren Tränen zu benetzen, und trocknete sie mit den Haaren ihres Hauptes, küsste seine Füße und salbte sie mit der Salbe.«

Was für eine Szene. Auf den ersten Blick harmlos, auf den zweiten freilich skandalös, wenn man sich die wahre Bedeutung der verwendeten Bilder vor Augen führt. Die Füße repräsentieren in der hebräischen Symbolik die Genitalien und werden in diesem Satz sogar dreimal erwähnt. Haare wurden als höchst erotisches Mittel der Verführung betrachtet, weshalb nur Prostituierte ihr Haar nicht unter einem Kopftuch verbargen.

Jesus lässt sich anfassen. Ohne zu verurteilen, akzeptiert er diese Gesten der Aufmerksamkeit als Liebesbeweis einer Frau, die sehr wahrscheinlich gezwungen ist, sich zu prostituieren, und tadelt am Ende die Scheinheiligkeit dessen, der sich erlaubt hat, über die Frau zu richten.

Vorfälle wie diesen gibt es weitere, jedoch verschleiert von spirituellen Interpretationen.

Uns sollte die Hypothese nicht schockieren, dass der Prophet aus Nazareth verheiratet gewesen ist, wie es für alle Männer der damaligen Zeit üblich war, und auch nicht, dass seine Mutter weitere Kinder gehabt hatte. Über die Brüder von Jesus wird in den apokryphen Evangelien berichtet.

Die Regel ist die: Über triviale Dinge wird nicht geschrieben. Sie werden als selbstverständlich vorausgesetzt. Es ist so menschlich, eine Liebesbeziehung einzugehen und Geschlechtsverkehr zu haben, auch nur über einen kurzen Zeitraum hinweg, dass die Evangelisten nicht darüber berichten. Natürlich verlangte das Leben als Wanderprediger von Jesus eine gewisse Freiheit und Unabhängigkeit. Doch selbst in diesem Fall wurde von den Jüngern nicht verlangt, auf eine Lebensgefährtin oder einen Lebensgefährten zu verzichten.

Botschaft und Lebensstil Jesu, wie sie von den ersten Christengemeinschaften überliefert wurden, enthalten keine Stellungnahmen zu sexuellem Verhalten.

Es waren die Kirchenväter und vor allem die Päpste, die sittenstrenge Vorstellungen entwickelt haben, die im Laufe der Zeit zu Glaubenssätzen und Verboten für die gesamte Christenheit wurden.

Doch wieso quillt trotz dieser positiven und freizügigen Auffassung von Sexualität seitens des Gründers des Christentums die christliche Tradition vor Texten über, die das Gegenteil verkünden? Oder anders ausgedrückt, warum ist die Botschaft Jesu von Anfang an verkannt worden?

Der heilige Hieronymus etwa lässt Beischlaf nur zum Zwecke der Fortpflanzung zu. Und Ambrosius von Mailand behauptet, dass die Ehe, obwohl er sie für gut hält, gewisse Dinge beinhaltet, deretwegen sogar verheiratete Leute aus Scham über sich erröten.

Es gibt auch einige Gegenstimmen, wie die von Irenäus von Lyon, der den Menschen, gerade weil er aus Fleisch und Blut ist, als Abbild Gottes sieht. Doch ein Großteil der Kirchenväter und Heiligen hat uns eine Denkweise vermittelt, nach der Sexualität und generell Körperlichkeit als etwas betrachtet werden, von dem wir uns befreien müssen, um Gott näher zu sein.

Vergnügen zu empfinden, kann zu Stolz und Sünde verleiten. Das Kreuz zu tragen, Opfer zu erbringen, sich bei einigen primären Bedürfnissen in Enthaltsamkeit zu üben, ist hingegen ein Zeichen großer spiritueller Reife.

Nehmen wir beispielsweise Augustinus, einen großen Heiligen unserer christlichen Tradition.

Wenn wir einmal das immense kulturelle und spirituelle Erbe, das er uns hinterlassen hat, beiseitelassen und seine persönliche Erfahrung betrachten, verstehen wir, dass seine Sexualität im Widerstreit mit den anderen Dimensionen seiner Persönlichkeit stand – um es im heutigen psychotherapeutischen Fachjargon auszudrücken.

In seinem autobiografischen Buch *Confessiones (Bekenntnisse)* verschweigt der Bischof von Hippo nicht, dass er sich im Umgang mit seiner Sexualität schwertat.

Vergessen wir nicht, dass er vor seinem Übertritt zum Christentum jahrelang mit einer Frau zusammengelebt hat, mit der er einen leiblichen Sohn namens Adeodatus hatte, der mit 18 Jahren starb. Der heilige Augustinus empfand die Anziehung zu einer Frau als bloße Fleischeslust und damit als etwas, dem ein weit geringerer Wert beizumessen war als der freundschaftlichen Beziehung zu einem anderen Mann.

Die Jugendzeit, in der die sexuellen Triebe am größten sind, war für ihn traumatisch.

Sollte man das Bedürfnis, seinen eigenen Körper kennenzulernen und Vergnügen am körperlichen Kontakt zu empfinden, nicht als etwas Natürliches betrachten. Sollte man Ängste, Schuldgefühle, Enttäuschungen nicht beiseitelegen, die durch zu sittenstrenge Erwartungen entstanden sind?

In den *Soliloquia (Selbstgespräche)* schreibt er: »Und wenn du mir sie [eine Gattin] noch so verlockend malst und mit allen Vorzügen ausstattest, bin ich doch zu dem Entschluss gekommen, dass ich nichts so sehr fliehen muss wie das Ehebett. Ich fühle es, dass nichts den männlichen Geist aus seiner Höhe mehr herabwirft als Liebkosungen der Frau und jene Berührung der

Leiber, ohne die es nicht möglich ist, eine Gattin zu besitzen.«
(Soliloquia 1, Kapitel 10, Paragraph 17)

Damit will er offenbar sagen: Die Lust auf Sex verursacht nur Probleme, besser man unterdrückt sie, indem man unreine Gedanken verdrängt und sich im Geiste seiner Männlichkeit entledigt. Der Geschlechtsapparat sollte ausschließlich der Fortpflanzung der von Gott gewollten menschlichen Spezies dienen. Obwohl er sagt, dass die Schöpfung gut und die Sinne nützlich sind und man auf sie hören soll, hat man den Eindruck, er glaube selbst nicht genügend daran.

Demnach resultiert also die skeptische Haltung vieler Heiliger gegenüber sexuellen Beziehungen – und seien diese auch von noch so edlen Gefühlen geleitet – aus einem Mangel an positiven, gesunden und von religiös-kulturellen Vorurteilen losgelösten Erfahrungen.

Wie hat sich diese Haltung durchgesetzt? Wann und wodurch wurde eine spezielle Interpretation, nicht nur die der Körperlichkeit, zur offiziellen Position der Kirche? Von Konzil zu Konzil, von Dogma zu Dogma, von Papst zu Papst.

Viele Theologen und Bibelforscher sind der Überzeugung, dass beim Übergang von einer einfachen lokalen Bewegung in eine universelle religiöse Institution der ursprüngliche Geist der ersten christlichen Gemeinschaften verfälscht wurde.

Dasselbe passierte auch nach dem Tod von Franz von Assisi. Wie hätte ausgerechnet er, der das Evangelium wörtlich nahm und Regeln oder Hierarchien ablehnte, es akzeptieren können, dass seine Bewegung durch einen religiösen Orden und seine Rückzugsorte im Wald durch mächtige Kathedralen ersetzt wurden?

Es wurde ein Kompromiss eingegangen: Um fortzubestehen, hat sich das Christentum institutionalisiert und so unvermeidlich eine Macht- und Kontrollfunktion übernommen.

»Dass Jesus nie eine Kirche gründen wollte, ist eine Erkenntnis, zu der die Bibelauslegung und die Theologie bereits vor Jahrzehnten gelangten, die jedoch die Mehrheit des Kirchenvolkes nur schwer erreicht«, behauptet José María Vigil, einer der Hauptvertreter der pluralistischen Theologie der Befreiung, in seinem Werk, dessen Titel übersetzt *Theologie des religiösen Pluralismus* lautet.

Gehen wir einen großen Schritt zurück zum Konzil von Nicäa im Jahr 325.

Ein Kaiser, der weder ein praktizierender Gläubiger noch getauft war, ergreift damals die Initiative, indem er die Bischöfe zum ersten Konzil in der Geschichte der Kirche zusammenruft. Die Rede ist von Konstantin I., der aufgrund eigener Interessen und Ziele die gesamte Logistik des Konzils finanziert: Transport, Verpflegung und Unterbringung. Der Kaiser ahnt, dass die christliche Religion als sehr effizienter Kohäsionsfaktor für eine Gesellschaft fungieren kann, die zu einem Großteil zersplittert ist. Das Christentum wird also zur offiziellen Religion des Römischen Reichs und beginnt sichtbar und mächtig zu werden.

Um ein Gebilde zu lenken, das sich in ständigem Wachstum befindet, müssen die Verantwortlichen die Hierarchie ausbauen, die durch die Dogmen die Kontrolle über die Masse der Gläubigen ausüben wird. So entsteht zum Beispiel die Praxis der Kindstaufe, also der Taufe von Religionsunmündigen, die die sofortige Zugehörigkeit eines Individuums zur Kirche festlegt.

Aber hat sich Jesus nicht erst als Erwachsener von Johannes dem Täufer im Jordan taufen lassen?

In den Evangelien und in der Apostelgeschichte ist die Rede vom Reich Gottes oder – bei Matthäus, der es vermied, Gott direkt zu nennen – vom Himmelreich. Nicht von einer anderen Welt, die man sich verdienen muss, sondern von einem Reich, das man in dieser Welt erschaffen muss, durch Liebe, Gerechtigkeit und Vergebung, gemäß dem Beispiel Jesu von Nazareth.

Manchmal habe ich den Eindruck, eine Art Nostalgie für ein verlorenes irdisches Himmelreich wahrzunehmen, unerreichbar oder zerstört und durch das himmlische ersetzt.

Das liefert auch das Motiv dafür, dass sich Christen immer mehr aus den Verantwortlichkeiten dieser Welt heraushalten, aus der Politik, der Ökonomie und anderen gesellschaftlichen Auseinandersetzungen. Seit fast zwei Jahrtausenden wird die Welt nur als Zwischenstation gesehen, um im Paradies das wahre Leben zu erreichen, und nicht als der privilegierte Ort, den Gott den Menschen zugedacht hat, damit sie seine Gaben empfangen und vermehren.

In diesem Kontext können wir auch die sieben Sakramente der römisch-katholischen Tradition lesen.

Von dem Moment an, als die religiöse Botschaft das Böse, den Dämon, das Inferno in den Mittelpunkt rückte, ist die Praxis der Ohrenbeichte entstanden: Um die Vergebung der Sünden zu erlangen und sich einen Platz im Paradies zu verdienen, musste man zwingend durch die geweihten Hände eines Geistlichen gehen, am besten mit einem Huhn oder einer Flasche Wein.

Doch viele – allen voran Luther – fragten sich, ob es nicht ausreichte, sich wie Zachäus im Lukas-Evangelium zu verhalten, der denen, die er betrogen hatte, als Wiedergutmachung viermal so viel zurückzahlte. Oder wie der verlorene Sohn, der direkt beim Vater um Verzeihung bat. Kurz gesagt, ob es zur Vergebung unserer Sünden tatsächlich eines Mittlers bedurfte.

Wenn ich ehrlich bin, frage auch ich mich, ob die Beichte nicht vielmehr zum Zweck der kirchlichen Kontrolle eingeführt wurde.

Mein ehemaliger Pfarrer hat die Beichte einige Jahre lang auf traditionelle Weise abgenommen, und die Mehrzahl der Sünden, von denen er die Beichtenden freisprechen sollte, gehörten der Kategorie *de sexto* an, waren also auf das sechste Gebot zurückzuführen: »Du sollst nicht Unkeuschheit treiben.« Niemals jedoch hat mein ehemaliger Pfarrer einen Steuerhinterzieher von seinen Sünden befreit – nicht, weil er streng gewesen wäre, sondern weil ihm niemand diese Sünde gestanden hat.

Den Begriff der Sünde so eng an den fragwürdigen Umgang mit Sexualität zu knüpfen, war vielleicht der beste Weg, sich vor den Beichtstühlen eine Schlange von gewissenhaften Gläubigen zu sichern.

Wer kann schließlich von sich behaupten, ein reines Gewissen zu haben, was Sexualität angeht? Wer hat noch nie erotische Wunschträume gehabt? Wer hat noch nie masturbiert? Wer hat einen Geschlechtsakt noch nie mit ein wenig Egoismus oder Narzissmus vollzogen?

Bis vor nicht allzu langer Zeit war die Beichte neben der spirituellen auch die einzige Möglichkeit einer psychologischen Beratung. Heute wissen wir allerdings, dass ein Sündenerlass nicht ausreicht, um sich ein Laster abzugewöhnen. Dafür bedarf es einer ernsthaften Therapie und viel guten Willens.

Der heilige Thomas versucht sich an einer Theologie der Sexualität. In seiner *Summa Theologiae* stellt er klar, dass der Mensch nur in einer Beziehung existiert, so wie Gott nur in Beziehungsereignissen existiert. Und gerade das ist es, was den Menschen über die Instinkte hinaus ausmacht.

Die Gefühlsbeziehung treibt Mann und Frau dazu, nach jemandem zu suchen, den sie lieben können und von dem sie geliebt werden. Beim Geschlechtsakt ist der eine mit dem anderen vereint. Der Mensch ist in seinem ganzen Sein daran beteiligt.

Thomas von Aquin schämte sich nicht einmal, seinen Schülern mitzuteilen, dass sein Körper, wenn er besonders intensiv über göttliche Fragestellungen nachdachte, manchmal mit einem Samenerguss reagierte. Ein Phänomen, das häufiger ist, als man im Allgemeinen glaubt.

In ihrem vor 20 Jahren erschienenen Buch *Ostergelächter: Se-*

xualität und Lust im Raum des Heiligen geht die italienische Theologin Maria Caterina Jacobelli der interessanten Frage nach, ob zwischen sexueller Lust und der Liebe Gottes eine Verbindung besteht.

Zur Untermauerung dieser These bezieht sich Jacobelli im Folgenden auf den heiligen Thomas. »Gott erfreut sich. In ihm, dem reinsten Geist, kann keine körperliche Freude herrschen, aber dieses Hervorbrechen der Freude aus der Tiefe, wenn sie den Menschen erfasst, hat offenkundig einen körperlichen Überfluss. Deshalb kann man mit gutem Recht sagen, dass die Sexualität, zusammen mit der Lust, die sie mit sich bringt, ihre letzte Wurzel in Gott hat.«

Dies von einer Theologin zu lesen, mutet seltsam an. Und dennoch versucht die inzwischen über 80-jährige Caterina Jacobelli auf positive Weise über Gott und Sexualität zu sprechen.

Die sexuelle Lust, die dem Menschen geschenkt wurde, basiert auf dessen Fähigkeit, mit dem anderen eine intensive Gefühlsbindung einzugehen, was das größte Geschenk ist, das der Menschheit zuteilwurde.

So schreibt die Theologin an anderer Stelle: »Wenn ein Mann und eine Frau sich in der Liebe vereinen, dann wird der Körper Mittel, Ausdruck, Sprache zweier Personen, die sich in der Tiefe ihres eigenen Seins gegenseitig mitteilen … der Orgasmus ist ein stummer Schrei totaler Entleerung: ›Siehe, ich habe dir alles gesagt‹ … Keine andere Lust, die dem Menschen geschenkt wird, ist im Stande, ihn außerhalb seines Körpers und Raumes zu tragen und ebenso wenig außerhalb des Augenblicks, in dem er gerade lebt. Im Orgasmus, der aus der Liebe hervorbricht, lösen sich Raum und Zeit auf, und der Mensch berührt die Unendlichkeit.«

Beeindruckend.

Nur eine Frau konnte der Beziehung zwischen Gott und Sexualität, die in der kollektiven Vorstellung so konfliktgeladen ist, derart intelligent und einfühlsam auf den Grund gehen.

Wenn aber die sexuelle Befriedigung in unserem Leben eine zweifellos bedeutsame Rolle spielt, warum wird dann in den Predigten oder im Katechismus nicht gelehrt, wie man »sich richtig liebt«?

Man nehme es als Provokation, aber die Hormone haben auf uns einen größeren Einfluss als das Evangelium.

Wenden wir uns nun dem bekannten Theologen und Priester, Autor und Psychotherapeuten Eugen Drewermann zu, gegen den der Vatikan in den vergangenen Jahren mit aller Härte vorgegangen ist.

Nachdem ihm die Lehrbefugnis an der katholischen theologischen Fakultät Paderborn entzogen worden war, wo er Religionsgeschichte und Dogmatik unterrichtete, wurde er auch *a divinis*, also von der Ausübung des Priesteramtes, suspendiert.

Seine Kirchenkritik bezieht sich insbesondere auf den fehlenden Gebrauch einer modernen Bibelauslegung in der offiziellen Kirchenlehre. Es gibt keinen qualitativen Fortschritt in der katholischen Kirchenlehre, sie ist statisch und gewollt anachronistisch. Dennoch existiert die Forschung – dämonisiert und geknebelt zwar – aber es gibt sie.

Wobei die Forschungsanstöße häufig auf progressive Stimmen von außen zurückgehen, die das Leben und das Evangelium in einem neuen Licht betrachten lassen. Denken wir an Phänomene wie die Arbeiterbewegung, die Frauenbewegung, die 68er-Bewegung, die Entkolonialisierung, die Befreiungstheologie, die Lesben-, Schwulen- und Transsexuellenbewegung, der Dialog zwischen den Kulturen und Religionen. Alles Stimmen, die zu einer aufgeschlosseneren Geisteshaltung und zum Verzicht auf Anmaßung führen sollten, denn das Leben ist kein Dogma, sondern ein Dialog.

Nicht nur Drewermann, sondern auch andere Bibelkundige, die einen menschlicheren Jesus beschreiben, wurden auf die eine oder andere Weise von der Kirchenhierarchie bestraft. Drastisch formuliert: Es herrscht die Angst, dem Begründer des Christentums würde das Göttliche abhandenkommen, das es dem Katholizismus seit jeher erlaubt, sich als der authentischste Ausdruck des göttlichen Willens durchzusetzen. Denn das könnte dem ganzen System ernste Probleme bereiten. Erkenntnisse, die die Macht und die Autorität der römisch-katholischen Kirche schwächen könnten, werden daher mit allen Mitteln in den Hintergrund gedrängt.

Für Drewermann dagegen muss der Umgang mit moralischen Fragestellungen frei von jeglicher Art der Zensur sein. Frauen in der Kirche, der Pflichtzölibat für Priester, Verhütungsmittel, voreheliche Beziehungen, Abtreibung, Schuldgefühle – all das sind Themen, denen Drewermann im Lichte seiner Erfahrung als Psychotherapeut nachgeht.

In seinem Werk *Kleriker – Psychogramm eines Ideals,* erklärt er das Keuschheitsgelübde mit den folgenden Worten: »Das Beste wird sein, man vermeidet die Worte ›unkeusch‹ und ›keusch‹ in Zukunft überhaupt und spricht stattdessen, wenn man ›unkeusch‹ meint, von: verletzend, roh, rücksichtslos, machohaft, ›demütigend‹ (!), prosaisch, gefühllos, mechanisch, seelenlos, einfallslos, rein leistungsbetont, nur um die Pflicht zu erledigen … – alles Worte, die das konkrete Verhalten zweier Menschen bezeichnen und zum Ausdruck bringen, wie sie sich wechselseitig persönlich erleben. ›Unkeusch‹ ist in diesem Sinne bereits das seelenlose, ›objektivierende‹, gefühlskalte Sprechen über die Fragen der Liebe und die Nöte des Herzens, wie es in der katholischen Moraltheologie immer noch übliche Pflicht zu sein scheint«.

Drewermann hat sich als Mann und als gläubiger Mensch infrage gestellt. Er ist weder eine Kirchenmaus noch ein weltfremder Intellektueller. Kurz bevor er sich von der öffentlichen Bühne verabschiedete, sagte er in einem seiner letzten Interviews: »Doch das, was in den Augen der Kirche eine Sünde ist, ist mir ein Hauptanliegen: die Botschaft Jesu so zu übersetzen, dass sie die seelische Not der Menschen berührt, die Unmenschlichkeit im öffentlichen Leben reduziert und im Gespräch der Kulturen integrierend wirkt.«

Auf dem Höhepunkt seines Engagements gab er – möglicherweise aus Enttäuschung über so viel Scheinheiligkeit und Fundamentalismus, möglicherweise aber auch im Bewusstsein seiner eigenen Machtlosigkeit – in der ARD-Talkshow *Menschen bei Maischberger* am 13. Dezember 2005 überraschend seinen Austritt aus der katholischen Kirche bekannt: »Ich habe geglaubt, ich könnte in der katholischen Kirche Interpretationsbrücken schaffen, von der Botschaft Jesu zu der Not der Menschen hin. Daran leide ich nach wie vor, dass die katholische Kirche dies im Grunde verweigert.«

Er nennt seinen Schritt »ein Geschenk der Freiheit an mich selber.«

Deutschland unter Papst Ratzinger war der Kampfplatz eines anderen weltbekannten Theologen. Hans Küng, der zuletzt in der internationalen Presse mit der Kritik an seinem ehemaligen Studienkollegen Benedikt XVI. und dem klerozentrischen Umgang des Vatikans mit den erschütternden Fällen von Kindesmissbrauch präsent war, war für den Vatikan schon immer ein Stachel im Fleisch. Seine wiederholten Stellungnahmen sollen Kardinal Carlo Maria Martini sogar zu der folgenden Äußerung veranlasst haben: »Der verpflichtende Zölibat als Lebensform der Priester sollte überdacht werden.«

Ich benutze an dieser Stelle den Konjunktiv, da sich um diese Angelegenheit eine heftige Diskussion entwickelte. Die Martini zugeschriebene Äußerung wurde in der österreichischen Zeitung *Die Presse* wörtlich zitiert und von der internationalen Presse aufgegriffen. Der Kardinal zeigte sich jedoch überrascht über die ihm zugeschriebenen Aussagen und erklärte: »Die deutsche Wochenzeitung hat mich gar nicht direkt kontaktiert, sondern hat Passagen aus einem Brief übernommen, den ich an die österreichischen Jugendlichen geschrieben habe. Wörtlich lautet jedoch der Text des von mir autorisierten Briefes: ›Es wäre notwendig, die Lebensweise des Priesters zu überdenken.‹ Damit wollte ich hervorheben, wie wichtig es ist, mehr Brüderlichkeit und einen stärkeren Gemeinschaftssinn unter den Priestern zu fördern, um Situationen einer innerlichen Einsamkeit möglichst zu vermeiden.«

Die Lebensweise des Priesters zu überdenken, ist schon ein großer Schritt – ein sehr großer Schritt.

Um auf Küng zurückzukommen: Seine »skandalösen« Forderungen an die Verantwortlichen der Kirche stellen das Primat des Papstes, den Zentralismus Roms sowie die antiquierte Haltung in der Sexual- und Familienethik infrage. Solange ein einzelnes Individuum, das von nur wenigen gewählt wurde, das letzte Wort in allen Fragen hat, wird es nie zu Reformen kommen.

Küng gehörte zu den Unterstützern der (ignorierten) Reformforderungen im Zusammenhang des Zweiten Vatikanischen Konzils – Forderungen, die heute so aktuell sind wie nie zuvor und die zusammen mit dem Enthusiasmus ihrer letzten betagten Vertreter drohen verloren zu gehen:

Die Reform der Kurie, also eine Dezentralisierung der Macht, die den lokalen Kirchengemeinden mehr Autonomie einräumt.

Eine neue Sicht auf die Sexualität, die einen Mittelweg darstellt zwischen einem Libertinismus und einem weltfremden Rigorismus.

Die Abschaffung des mittelalterlichen Pflichtzölibats für Priester, die weder zeitgemäß ist noch der Heiligen Schrift entspricht.

Die Änderung des Bischofswahlrechts und die Rückkehr zu einer alten katholischen Tradition, die dem Volk, dem lokalen

Klerus und Laien das Recht zugestand, durch Handzeichen eine würdige Person zum Bischof zu wählen, während die heutigen Bischöfe immer noch auf der Grundlage ihrer Konformität mit der Linie Roms ernannt werden.

Und schließlich die Änderung der Papstwahl zugunsten einer repräsentativen Synode von Bischöfen der katholischen Gesamtkirche, anstatt durch ein römisches Kardinalskollegium.

All das sind Träume, Ideale, Hoffnungen und Illusionen, aufgrund derer viele Menschen, Gruppen und Initiativen der katholischen Kirche bis heute treu geblieben sind.

»Wir wollen die Kirche nicht neu erfinden, sondern diese Kirche verändern« ist das Motto der lokalen italienischen Basisgemeinden.

Dank des Beitrags von Professor Küng können wir die folgende bittere Schlussfolgerung ziehen: Hinter der negativen Einstellung zur Sexualität und dem Anspruch, diese auf eine bestimmte Weise zu reglementieren, verbirgt sich massive Machtpolitik. Die große Herausforderung der Kirche besteht jedoch darin, ohne Machtgebaren für das Evangelium zu werben, von einem Gleichheitsgrundsatz ausgehend mit Ebenbürtigen in Beziehung zu treten und nicht von oben herab zu predigen.

Wer aber so denkt, wird des Kommunismus beschuldigt und ist zum Scheitern verurteilt, wie es den Initiativen und kirchlichen Basisgemeinden Lateinamerikas ergeht, die die Befreiungstheologie ins Leben gerufen haben.

Der Schlüsselbegriff lautet Befreiung.

Der Weg eines erwachsenen Christen ist ein kontinuierlicher Befreiungsprozess – Befreiung von Schuldgefühlen, von der Knechtschaft, die als Notwendigkeit verkauft wird, von der institutionellen Abhängigkeit, die die Unwissenheit und die Unterdrückung verstärkt, von der Angst, von Gott verurteilt und bestraft zu werden.

Die derzeitige offizielle Sexual- und Familienethik der römisch-katholischen Kirche wird von einer negativen und antiquierten Auffassung von Sexualität beherrscht. Die katholische Glaubenslehre hat große Scheu davor, die moderne Wissenschaft um Rat zu fragen, wenn es darum geht, gesellschaftliche Phänomene zu verstehen und mit ihnen umzugehen. Sie fürchtet sich davor, sich mit anderen Meinungen und Standpunkten auseinanderzusetzen.

Deshalb beharrt sie darauf, dass der Zweck der Fortpflanzung wichtiger sei als die Vereinigung und dass deshalb die Verwendung von Kondomen und anderen Verhütungsmitteln eine Sünde sei.

Von Lebenspartnerschaften oder standesamtlich verheirateten Paaren wird bis zur kirchlichen Hochzeit Enthaltsamkeit verlangt, ansonsten droht der Ausschluss von den Sakramenten, dem Abendmahl und der Vergebung der Sünden.

Geschiedene sind von den Sakramenten ausgeschlossen. Das geht so weit, dass der Kardinal von Mailand, Dionigi Tettamanzi, im Januar 2008 einen Brief schrieb, dessen Inhalt mehr oder weniger folgendermaßen lautet: Wenn ihr Männer und Frauen der christlichen Gemeinschaft getroffen habt, die euch in irgendeiner Weise verletzt oder unbarmherzig verurteilt haben, ohne euch die Möglichkeit einzuräumen, euch zu verteidigen, möchte ich euch mein Bedauern aussprechen.

Homosexuellen Paaren wird gesagt: Ihr habt eine Krankheit, aber wenn ihr euch wirklich liebt, bleibt zusammen, jedoch unter der Voraussetzung, dass ihr keine sexuelle Beziehung führt.

Priestern wird der Pflichtzölibat auferlegt.

Frauen wird die Priesterweihe verwehrt.

Dies zumindest sind die offiziellen Regeln. Glücklicherweise siegt in vielen Fällen der gesunde Menschenverstand.

Dieser war es wohl auch, der Giuseppe Barbaglio, einen bekannten Theologen und Bibelforscher, auf einer Konferenz im

Jahr 1975 zu folgender Einschätzung bewog: »Die Liebe zwischen Mann und Frau genügt sich selbst: Sie braucht keinen heiligen Segen. Der Geliebte und die Geliebte sind nicht Ehemann und Ehefrau, sondern Mann und Frau. Liebe braucht nicht auf juristischem Weg ehrlich gemacht werden. Es ist nicht die Heirat, die die Liebe aufrichtig macht, wenn überhaupt ist es der Ort, wo man sie lebt. Die Liebe hat eine zutiefst körperliche, erotische Dimension: Sie braucht nicht zusätzlich durch spirituelle Handlungen legitimiert werden.«

Am Ende siegt der gesunde Menschenverstand:

Wenn Priester, Seelsorger und Katecheten in erster Linie das Gesamtwohl der Person und die soziale Gerechtigkeit im Blick haben und sich in Wort und Tat dafür einsetzen. Wenn sie nicht die Mittel mit dem Zweck verwechseln, die Theorie nicht mit dem wahren Leben. Wenn Gläubige, Laien und Atheisten sich für ihre eigenen Entscheidungen verantwortlich fühlen und es nicht akzeptieren, wie Kinder behandelt zu werden.

All das ist schlussendlich nur eine persönliche Meinung und sicherlich diskutierbar.

Doch es ist wichtig, über Sexualität zu sprechen, und zwar nicht nur als Problem oder private Angelegenheit, sondern als uns alle betreffende Möglichkeit des Reifens und des Glücks.

23
Kritik von unten

Eugen Drewermann, Autor, Kritiker, Theologe und ehemaliger Priester, geht anhand von Studien davon aus, dass von den insgesamt 18 000 Priestern in Deutschland mindestens 6000 mit einer Frau zusammenleben, ohne dass dieser Umstand einen größeren Skandal auslösen würde.

Einer von dreien! Das hat mich sehr überrascht.

Der ebenso bekannte wie angesehene Religionswissenschaftler ist von diesem Phänomen hingegen wenig beeindruckt. Die deutsche Gesellschaft ist, was die Sexualität anbetrifft, traditionell offener als die italienische und zeigt sich deshalb Pfarrern gegenüber, die gegen den Zölibat verstoßen, toleranter.

In einer im April 2005, nach dem Tode von Papst Johannes Paul II. durchgeführten öffentlichen Umfrage sprachen sich 78 Prozent der deutschen Katholiken für eine Lockerung der Zölibatsregelung aus und befürworteten die Priesterehe. 77 Prozent der Befragten waren für die Zulassung von Frauen zum Priesteramt. Hoffnungen, die nicht nur von der katholischen Basis geteilt werden, sondern überraschenderweise auch von den Geistlichen selbst.

Im benachbarten Österreich kam eine kürzlich von Paul M. Zulehner, Theologe und Dekan der Katholisch-Theologischen Fakultät Wien, durchgeführte Umfrage unter 500 Priestern zu folgendem Ergebnis: 81 Prozent der Befragten würden eine Aufhebung des Pflichtzölibats begrüßen, 51 Prozent sprachen sich für die Zulassung von Frauen zum Priesteramt aus.

Zulehner hat die Ergebnisse seiner Untersuchung in dem Buch *Wie geht's, Herr Pfarrer?* festgehalten, das einen tief greifenden Reformwillen sowohl unter den Priestern als auch unter den Gläubigen erkennen lässt. Der stattfindende Wandel ist nach Ansicht Zulehners nicht mehr zu verhindern, im Gegenteil, er bedarf einer verantwortlichen, sowohl spirituellen als auch juristischen Leitung.

Tatsächlich macht sich, wenn auch in diskreterer Form, in höheren Positionen ebenfalls eine zunehmende Unzufriedenheit über die aktuelle Haltung des Vatikans zum Zölibat breit.

Hanspeter Schmitt, Professor für Ethik an der Theologischen Hochschule Chur, ist Autor eines Artikels, der im Oktober 2010 in der Zeitschrift *Diakonia* erschienen ist und eine Liste sämtlicher Bischöfe deutschsprachiger Länder enthält, die sich bei einer oder mehreren Gelegenheiten öffentlich für eine Abschaffung des Zölibats ausgesprochen haben sollen: Robert Zollitsch (Freiburg), Ludwig Schick (Bamberg), Franz-Josef Bode (Osnabrück), Heinz-Josef Algermissen (Fulda), Hans-Jochen Jaschke (Hamburg), Thomas M. Renz (Stuttgart), Christoph Schönborn (Wien), Manfred Scheuer (Innsbruck), Ludwig Schwarz (Linz), Alois Kothgasser (Salzburg), Kurt Koch (Basel), Norbert Brunner (Sitten). Im selben Artikel spricht sich Schmitt klar gegen den Pflichtzölibat für Priester aus, den er sowohl aus theologischer als auch aus kirchenrechtlicher Sicht als unbegründet erachtet: Laut Schmitt wird die Zölibatsvorschrift mittlerweile von nahezu allen katholischen Priestern als unnötige und belastende Bürde empfunden, was dazu führt, dass den Gemeinden reihenweise fähige Pfarrer verloren gehen und die ihnen zustehende sonntägliche Eucharistiefeier als zentraler Vollzug des christlichen Gemeindelebens vielerorts nicht mehr gewährleistet ist.

Die Priester, sofern sie sich mit dem Fehlen von Ehe und partnerschaftlich gelebter Intimität schwertun, würden mehr oder weniger offen nach Auswegen suchen, so Schmitt. Und selbst diejenigen, die den Zölibat leben können, stehen, so prangert der Theologe an, unter dem Generalverdacht, einer »sexuell unbefriedigten Kaste« anzugehören und deshalb äußerst gefährlich zu sein. Schade, dass die Bischöfe, die die Not ihrer geweihten Seelsorger kennen, zur Wahrung des Scheins weiterhin den kirchenrechtlichen Status quo verteidigen.

Auch in der Schweiz gibt es zahlreiche Stimmen, die sich für eine Reform des Priestertums starkmachen. Zum Beispiel die Synode der Luzerner Kantonalkirche, die Initiative Kirche von unten, Politiker wie Doris Leuthard, der Bischof von St. Gallen Markus Büchel sowie der Abt des Benediktinerklosters Einsiedeln Martin Werlen.

Die Rufe nach Reformen innerhalb der katholischen Kirche werden immer lauter. Die katholische Welt ist im Aufbruch.

Man denke nur an die Gruppe bedeutender deutscher Politiker mit katholischen Wurzeln, die sich vor Kurzem in einem gemeinsamen Appell gegen den Zölibat ausgesprochen haben, unter ihnen Bundestagspräsident Norbert Lammert. Auf uns Italiener wirkt so etwas verblüffend und wäre zum Beispiel bei Senatspräsident Renato Schifani auch schwer vorstellbar.

Ein kürzlich erschienener Artikel der *Süddeutschen Zeitung* ist ein weiteres Beispiel dafür, welches Niveau die kulturelle Diskussion in Deutschland bereits erreicht hat: Der Artikel berichtet über einen vertraulichen Appell aus dem Jahr 1970, in dem acht illustre deutsche Theologen den Pflichtzölibat infrage stellen.

Unter den Unterzeichnern des an die Deutsche Bischofskonferenz gerichteten Memorandums war auch der damals 42-jährige Joseph Ratzinger.

Die inzwischen in mehr als 20 Ländern und auf fünf Kontinenten vertretene Initiative *Wir sind Kirche* entstand 1995 in

Österreich in Folge des großen Medienskandals um den einfluss-reichen Erzbischof von Wien Hans Hermann Groër, der des se-xuellen Missbrauchs von Minderjährigen beschuldigt wurde. Die Initiative sieht sich als »Stimme des Kirchenvolkes« und hat das Ziel, grundlegende Reformprozesse anzustoßen.

Gleich im Anschluss an ihre Gründung organisierte *Wir sind Kirche* das Kirchenvolksbegehren, eine bis dahin beispiellose Aktion, die eine grundlegende Erneuerung der römisch-katho-lischen Kirche fordert:

Den Aufbau einer geschwisterlichen Kirche, die den Glauben als Frohbotschaft und nicht als Drohbotschaft überbringt.

Die Gleichberechtigung der Frau in allen Kirchenämtern, das des Papstes eingeschlossen.

Freie Wahl zwischen zölibatärer und nicht zölibatärer Lebens-form.

Eine positive Bewertung der Sexualität als wichtiger und un-ersetzbarer Teil des von Gott geschaffenen Menschen.

Die Unterschriftenaktion startete am 3. Juni 1995. Rund 20 Tage später waren die Forderungen auch zur großen Überraschung der Organisatoren bereits von über 500 000 Menschen in Öster-reich und sogar fast zwei Millionen in Deutschland unterschrie-ben. Die Zahlen zeigen, wie groß das Unverständnis über be-stimmte Aspekte der Vatikanpolitik, vor allem dem der Sexual-ethik, unter den Katholiken der deutschsprachigen Länder ist.

Auch findet man im Internet verschiedene deutsche Seiten, Blogs und Foren, wo sich Frauen austauschen, die eine heimliche Be-ziehung mit einem Priester haben. Zwei Beispiele dazu habe ich ausgewählt.

Der erste Bericht ist namenlos, stammt aber von einer identi-fizierbaren E-Mail-Adresse.

»Liebe Freunde, ich habe ein Problem: Seit einiger Zeit habe ich ein sehr wechselhaftes Verhältnis mit einem katholischen Pfarrer. Ich liebe ihn, ich liebe ihn wirklich sehr, mehr als jeden anderen. Und ich könnte mir mein Leben ohne ihn nicht mehr vorstellen. Ich ertappe mich häufig dabei, mir vorzustellen, wie es wäre, mit ihm zusammenzuleben, seine Frau zu sein, Kinder zu haben.

Das ist nichts Besonderes, werdet ihr sagen: eine junge Frau, die sich in ihren Priester verliebt hat.

Das Problem ist, dass auch er mich liebt. Er lebt hin- und hergerissen zwischen seiner Liebe zu mir und der zu Jesus und hat Angst, das Versprechen zu brechen, das er einst der Kirche gegenüber abgelegt hat.

Obgleich unsere Beziehung nicht kontinuierlich ist, ist sie dennoch wunderbar.

Wir haben Sex, kuscheln stundenlang und diskutieren über alles Mögliche. Ich helfe ihm bei der Vorbereitung seiner Predigten, während er neben mir sitzt und meine Hand hält.

Um eines klarzustellen: Es geht nicht nur um Sex. Was uns verbindet, ist einfach wunderbar, und wenn ich bei ihm bin, fühle ich mich so gut wie nie zuvor.

Doch es gibt auch dunkle Momente, wenn er mich plötzlich zurückweist, mich auffordert, nach Hause zu gehen, und mir sagt, dass eine Beziehung mit ihm unmöglich sei. Das sind Momente, in denen seine Schuldgefühle die Oberhand gewinnen und er das Gefühl hat, die Kirche und Christus zu verraten.

Ich bin selbst gläubige Katholikin und verstehe seine Zurückweisung. Trotzdem habe ich jedes Mal, wenn das passiert, das Gefühl, in einem schwarzen Loch zu versinken, und verkrieche mich stundenlang weinend im Bett. Meine täglichen Aufgaben, denen ich sonst mit Freude nachgehe, verlieren ihren Reiz und werden bedeutungslos.

Ich frage mich, welchen Sinn mein Leben hat, wenn ich es nicht mit dem Mann teilen darf, den ich liebe.

Ich brauche ihn und kann ihn nicht vergessen. Bin ich verrückt?«

Die zweite Geschichte stammt von der *Verzweifelten Tanja.*

»Ich bin 28 Jahre alt und habe seit circa zwei Jahren ein Verhältnis mit einem katholischen Priester.

Alles fing an, als ich ihn um ein vertrauliches Gespräch bat, weil ich meine Arbeit verloren hatte und verzweifelt war. Nach einigen Treffen passierte das Unvermeidliche. Wir haben mehrmals versucht, unsere Beziehung zu beenden, jedoch ohne Erfolg.

Der Sex zwischen uns ist himmlisch – oder teuflisch, das hängt vom Blickwinkel ab.

Ich habe ihm schon mehrmals vorgeschlagen, seinen Beruf aufzugeben und stattdessen als Religionslehrer zu arbeiten, aber davon will er nichts wissen.

Er will mich als seine Geliebte, hat aber keinerlei Absicht, auf sein Priesteramt zu verzichten. Er hat nicht das Gefühl, eine Sünde zu begehen, weil er sagt, der Zölibat sei von der Kirche eingeführt worden und nicht von Gott. Er sagt, dass er mich liebt, aber er sagt auch, unsere Liebe müsse angesichts der Umstände geheim bleiben.

Sollte ich seinen Vorgesetzten von unserer Beziehung erzählen? Manchmal wünsche ich mir, dass wir ertappt werden.

Ich kann so nicht weiterleben.

Ich denke sogar oft an Selbstmord. Helft mir.«

Ich nehme mit der deutschen Initiative *Wir sind Kirche* Kontakt auf, die 1996, wenige Monate nach der österreichischen, gegründet wurde, und führe ein Gespräch mit deren Sprecher Christian Weisner. Er gibt sich zuversichtlich, dass das Thema der Sexualität der Priester in den nächsten Jahren auf der Reformagenda der Kirche landen wird: »Es ist unvermeidlich. Die Seelsorge ist nicht nur in Deutschland, sondern auf der ganzen Welt an einem kritischen Punkt angelangt. Es gibt immer weniger junge Männer, die sich trotz der Zölibatspflicht für ein Leben als Priester entscheiden. Die Zahlen sprechen eine deutliche Sprache, und Rom wird sie nicht mehr lange ignorieren können.«

Weisner liefert mir einige Daten:

Während des mehr als 26-jährigen Pontifikats von Johannes Paul II. wuchs die Zahl der Katholiken um 40 Prozent. Im selben Zeitraum sank die Zahl der Priester um vier Prozent.

Als Hauptgrund dafür sieht Weisner den Zwangszölibat, der also indirekt den katholischen Gemeinden und deren Recht auf religiöse Betreuung schadet.

Ungefähr die Hälfte der katholischen Gemeinden weltweit, so Weisner, habe keinen eigenen Pfarrer mehr.

Laut Päpstlichem Jahrbuch betrug die Anzahl von Katholiken pro Pfarrer im Jahr 2005 durchschnittlich 2700, während es 1978 noch 1800 waren.

Helmut Schüller teilt Weisners Befürchtungen. Schüller ist Präsident der österreichischen Pfarrer-Initiative, die am 2. April 2006 in St. Pölten gegründet wurde, um die vielen Kirchengemeinden zu retten, denen wegen Priestermangels die Schließung droht. Am Telefon sagte mir Schüller: »Es gibt viele Gläubige mit einer starken Berufung, die von der Kirche zu einem zölibatären Leben gezwungen werden, mit dem sie sich nicht identifizieren können. Daneben gibt es zahlreiche Menschen, die das Zeug zu einem guten Priester hätten, jedoch aus Angst vor dem Zölibat einen Rückzieher machen. Wie jedes andere Unternehmen auf der Welt, sollte auch die katholische Kirche endlich damit beginnen, ernsthaft über Reformen nachzudenken.«

Inzwischen beten Menschen bereits dafür, dass Priester heiraten dürfen.

Seit dem 22. Oktober 2009 trifft sich die Gemeinde Hammelburg jeden Donnerstag um 18 Uhr zu einem Gebet für die Abschaffung des Pflichtzölibats.

Die Initiative entstand aus der Empörung eines Großteils der Gemeindemitglieder über die Suspendierung ihres beliebten Pfarrers, der sich öffentlich zu seiner Beziehung mit einer Frau bekannt und den Wunsch geäußert hatte, ihren gemeinsamen Sohn anzuerkennen. Ich telefoniere mit einem der Organisatoren: »Anfangs hatten wir unsere Aktion bis zum Adventsbeginn geplant. Nun ist über ein Jahr vergangen, und wir treffen uns immer noch. Wir sind tief überzeugt davon, dass die Zeit reif ist für einen Aufstand der Gläubigen, und hoffen, der Funke zu sein, der auf andere Gemeinden des Landes überspringt und zu einem Lauffeuer wird. Es ist an der Zeit, den Zwangszölibat abzuschaffen und einen Weg der Reformen einzuschlagen.«

Auch in den deutschsprachigen Ländern sind die Konsequenzen für die Priester, die gegen den Zölibat verstoßen, dieselben: die sofortige Suspendierung vom Priesteramt und der Beginn einer schwierigen, wenn nicht unmöglichen Wiedereingliederung in die Arbeitswelt.

Pfarrer Johann Fent, 74 Jahre alt, salesianischer Priester der österreichischen Diözese Kappeln, weiß ein Lied davon zu singen. Am 15. November 2010 berichtet der österreichische *Kurier* davon, dass Pater Fent vom Dienst suspendiert worden sei, weil sich infolge eines anonymen Hinweises herausgestellt habe, dass er mit seiner Köchin in der Heimatgemeinde standesamtlich verheiratet sei. Trotz seines Alters wurde seine Pension sofort eingefroren.

In einem Interview derselben Zeitung setzt sich der ehemalige Priester am Tag nach dem Skandal zur Wehr. Er sagt darin, er sei kein schwarzes Schaf, vielmehr glaube er, dass 75 Prozent aller Priester eine sexuelle Beziehung führten und gut die Hälfte davon sogar Kinder hätten. Die Lösung für viele Frauen, deren Kinder von einem Priester stammen, sei, dass die Kirche für sie zahle. Solange es die Zölibatspflicht gibt, so Fent, seien die Frauen Opfer dieser Scheinheiligkeit, aber auch die Kinder.

24
Es geht auch ohne Zölibat

Auf der Suche nach weiteren Informationen spreche ich mit Claus Schiffgen, dem Vorsitzenden der Vereinigung katholischer Priester und ihrer Frauen: »Nach unserer Einschätzung leben 50 Prozent der deutschen Priester in einer festen Beziehung heterosexueller oder homosexueller Art. Dies führt zu einem Verlust: Während die Zahl der Priesteranwärter zurückgeht, geben gleichzeitig immer mehr Priester ihr Amt wegen des Zölibats auf.«

Ich erfahre, dass es in Deutschland viele verheiratete katholische Pfarrer gibt, von denen die meisten ihren Beruf nicht ausüben können, weil sie sich zwischen ihrer Berufung und der Ehe entscheiden mussten.

Doch es gibt Ausnahmen: evangelische Pfarrer, die zum Katholizismus konvertieren und zu diesem Zeitpunkt bereits verheiratet sind. Ihnen erlaubt es der Vatikan seit 1980, ihre Ehe fortzuführen. In Zeiten abnehmender Seminaristenzahlen, Priestern, die das Handtuch werfen, und verwaisten Pfarrämtern ist eine nicht unerhebliche Zahl evangelischer Pfarrer, die beim Vatikan anklopfen und sich bereit erklären zu konvertieren, genau das, was die Kirche Roms braucht. In den USA sind es mittlerweile etwa 100.

Reverend Richard Bradford zum Beispiel hat eine Frau und drei Kinder und ist katholischer Pfarrer in der Nähe von Boston. Vor seinem Übertritt zum Katholizismus war Bradford Pfarrer einer Episkopalkirche, die es ihren Geistlichen erlaubt zu heiraten.

Pater Sidney Bruggemans Geschichte ist ähnlich: Protestant, seit 38 Jahren verheiratet, vier Kinder, zehn Enkelkinder. Dem Katholizismus kommt er näher, als er drei seiner Töchter auf eine katholische Schule in der Nähe seines Wohnorts schickt, und konvertiert schließlich nach Jahrzehnten der Mitgliedschaft in der protestantischen Kirche. Es bedarf 14 Jahre der Vorbereitung und der Zustimmung des Papstes, um aus Opa Bruggeman aus Nebraska einen echten Priester zu machen.

Paul Schenck, seit 33 Jahren verheiratet und Vater von acht Kindern, wuchs in einer jüdischen Familie auf, trat aber mit 16 zum Christentum über und wurde 1994 protestantischer und 2004 schließlich vollwertiger katholischer Pfarrer. Er organisierte zahlreiche Veranstaltungen gegen Abtreibung und Sterbehilfe. Im Jahr 1992 wurde er verhaftet, weil er Bill Clinton während einer Wahlveranstaltung der Demokraten in New York einen abgetriebenen Fötus gezeigt hatte. Er ist Leiter des National Pro-Life Action Center und Gründer des Radiosenders National Pro-Life Radio.

Der 49-jährige Tom McMichael trat im Jahr 2005 aus seiner lutherischen Gemeinde aus und wandte sich dem Katholizismus zu. Der Papst gab seinem Gesuch statt, und McMichael wurde 2009 nach einigen Jahren der Vorbereitung zum katholischen Priester geweiht, obwohl er seit 23 Jahren verheiratet war und zwei Kinder im Alter von 19 und 20 Jahren hatte.

In den Vereinigten Staaten gibt es außerdem zahlreiche Fälle von Priestern, die beschlossen haben, auf eigene Faust zu heiraten, nachdem sie vergeblich auf grünes Licht aus Rom gewartet haben. Und da die vatikanische Kontrolle in den USA gering ist, zelebrieren viele verheiratete katholische Pfarrer in ihren Gemeinden weiterhin Hochzeiten und Taufen, auch wenn diese von der offiziellen Kirche als ungültig erachtet werden.

John Schuster zum Beispiel heiratete 1983 gegen den Willen

des Vatikans, führt aber gegen Bezahlung in einer Kleinstadt im Staat Washington, wo es ansonsten keinen katholischen Pfarrer gäbe, weiterhin die Sakramente aus.

Don Wright hat der katholischen Kirche den Rücken gekehrt, um seine Frau Jane zu heiraten, und arbeitet seitdem für die Alt-katholische Kirche von Amerika, deren Mitglieder sich zwar als Katholiken empfinden und auch nie exkommuniziert wurden, jedoch keine Geldmittel vom Vatikan erhalten.

Vielsagend ist auch die Geschichte Frank Baiocchis:

Als drittes von fünf Kindern italienischer Immigranten aus einem Dorf in der Nähe von Lucca wächst Frank in einer sehr katholischen Familie in Chicago auf. Im Jahr 1960 wird er nach fünf Jahren Seminar zum Priester geweiht.

Frank bleibt über zehn Jahre lang in einer Kirchengemeinde in Chicago, wo er einen Verein für junge Katholiken gründet. Er lernt eine junge Frau kennen, die Tochter polnischer und italienischer Immigranten, und verliebt sich in sie. Weil er nicht weiß, was er tun soll, vertraut er sich seinem Vorgesetzten an, der ihm rät, sich eine kurze Liebschaft zu gönnen und die Frau dann zu vergessen.

Ich erreiche Baiocchi telefonisch in Wisconsin: »Der Erzbischof sagte mir unverblümt, dass er für mich eine wichtige Arbeit hätte, sobald mit ihr Schluss sei. Ich war zutiefst enttäuscht von der Reaktion meines Vorgesetzten und dessen Respektlosigkeit gegenüber der Frau, die ich liebte und achtete.«

Baiocchi beschließt auf eigene Faust zu handeln und den Rat des Erzbischofs zu ignorieren. Er schreibt einen Brief an den Vatikan, in dem er seine Freistellung erbittet, um heiraten zu können.

Die Antwort kommt wenige Wochen vor der Hochzeit und ist negativ. Die Hochzeit findet trotzdem statt, im Dezember 1971.

»Die Kirche Roms lässt ihre Mitglieder nicht gerne gehen, sie will alle unter ihren Fittichen behalten, auch dann, wenn diese sich ein anderes Leben aufbauen möchten.«

Frank studiert wieder und findet im Nachbarstaat Wisconsin Arbeit als Lehrer. Er wird Vater zweier Töchter und ist auch weiterhin in der katholischen Gemeinde aktiv.

»Meine Frau und ich haben uns immer weiter vom Katholizismus entfernt. Meine Religion, zu der ich mich von klein auf aus Überzeugung bekannt habe, bedeutete für mich Offenheit und Unterstützung der Notleidenden. Aber die vielen Zeichen der Abriegelung, wie die Ablehnung der Empfängnisverhütung und der Homosexualität, haben mich derart enttäuscht, dass ich mich dazu entschlossen habe, aus der Kirche auszutreten.«

Als er bereits das Rentenalter erreicht hat, wird Frank noch einmal Pater Baiocchi. Er gründet eine Kirche, die allen Religionen offensteht. Er nennt sie Jesus our Shepherd (Jesus unser Hirte) und zelebriert dort jeden Sonntag den Gottesdienst und zahlreiche Hochzeiten.

»Ich habe meine Achtung vor den Erzbischöfen der Vereinigten Staaten verloren. Sie sind heuchlerische Karrieristen, die anstatt an die Interessen ihrer Gemeindemitglieder zu denken, nur an Macht und Geld interessiert sind.

Ich glaube, dass die Kirche sich gegen die Heirat von Priestern sperrt, die ja in vergangenen Jahrhunderten durchaus üblich war, um ihren Reichtum und ihre Macht nicht mit deren Frauen teilen zu müssen. Es ist alles eine Frage der Kontrolle. Es ist viel leichter, einen alleinstehenden Mann zu kontrollieren als einen, der eine Familie hinter sich hat.«

Ein weiterer Fall ist Daniel O'Rourke, der 1959 sein Gelübde ablegt, 1971 sein Priesteramt aber wieder aufgibt, um zu heiraten. Er hat 35 Jahre lang für die Universität von New York gearbeitet und schreibt für einige Zeitschriften über religiöse und spirituelle Themen. Er hat drei Kinder und sechs Enkelkinder.

Auch mit Daniel führe ich ein Telefonat:

»Für Priester ist es vollkommen normal, sexuelle Beziehungen zu haben. Die meisten Priester treten sehr jung in die Kirche ein und sind in sexueller Hinsicht noch unerfahren und unreif. Das Leben im Priesterseminar hält von der Außenwelt fern und lässt einen nicht die üblichen Erfahrungen machen, die einen Mann auf natürliche Weise reifen lassen. Ich bin überzeugt davon, dass ich erst jetzt, da ich verheiratet bin und das Eheleben kennengelernt habe, wirklich nachfühlen kann, was die meisten Menschen im Laufe ihres Lebens empfinden. Erst jetzt kann ich deren Sorgen wirklich verstehen und sinnvolle Ratschläge geben.

Die Welt von heute ist geradezu besessen von Sex. Die Flut an pornografischen Bildern, denen wir durch Internet und Fernsehen ausgesetzt sind, ist gigantisch. Ein Problem, das von unserer extrem puritanisch geprägten amerikanischen Gesellschaft noch verschärft wird. Manche sind davon überzeugt, dass die Fälle von Pädophilie, die in den letzten Jahren innerhalb der Kirche aufgedeckt wurden, darauf zurückzuführen sind. Ich bin da anderer Meinung.

Ich glaube jedoch, dass es in der Kirche eine große Zahl Homosexueller gibt, die ihre Neigung verleugnen und deshalb unfrei leben. Und das gilt für die jungen Priester von heute noch mehr als für frühere Generationen.

Viele Priester haben sexuelle Beziehungen, die von den Bischöfen stillschweigend geduldet werden. Ihr Prestige ist ihnen wichtiger als die moralische Korrektheit. Ich habe es am eigenen Leibe zu spüren bekommen, glauben Sie mir. Es war nicht leicht, für eine Frau alles aufzugeben. Das Priestertum niederzulegen, an das ich geglaubt hatte und von dem ich dachte, es sei für immer, war für mich wie eine Scheidung. Man trennt sich von einem wichtigen Teil des Lebens, der einem Stabilität gegeben hat.

Selbst wenn es uns verheirateten Priestern eines Tages erlaubt wäre, unseren Beruf wieder auszuüben, glaube ich nicht, dass ich es tun würde: Die Kirche übt über ihre einzelnen Vertreter eine zu große Kontrolle aus.

Ich glaube nicht, dass sich die Dinge in nächster Zeit ändern werden, nicht unter diesem Papst und auch nicht unter dem nächsten. Aber ich vertraue darauf, dass es eines Tages verheiratete katholische Pfarrer und sogar weibliche Pfarrer geben wird.«

25
Widerstand
gegen den Zölibat

Mittlerweile gibt es auch in Europa eine große Anzahl verheirateter Priester. In Spanien könnten es mehr als 6000 sein, 20 Prozent der gesamten Priesterschaft, jeder fünfte Priester. Das sagen zumindest die Zahlen des Journalisten José Catalán Deus, der die Angelegenheiten des Vatikans immer aus nächster Nähe verfolgt und ein Buch geschrieben hat, dessen Titel übersetzt lautet *Ratzinger, und was kommt dann?*

Auch in diesem Fall handelt es sich natürlich nur um Schätzungen. Die genauen Zahlen hält der Vatikan streng geheim. Andernfalls müsste er einen großen Teil der spanischen Priester ihres Amtes entheben, und das kann er sich nicht leisten.

Der Mangel an neuen Priesteranwärtern und die Vergreisung der Priesterschaft sind ernste Probleme: Auf jeden Seminaristen, der zum Priester geweiht wird, kommen drei Sterbefälle. Der Generationenwechsel funktioniert nicht mehr.

Angesichts eines so weit verbreiteten Phänomens sah sich der Erzbischof von Madrid bereits mehrmals gezwungen, in offiziellen Stellungnahmen zu bekräftigen, dass es verheirateten Pfarrern strengstens untersagt ist, die Messe oder die Eucharistie zu feiern, die Beichte abzunehmen, den Segen auszusprechen, zu vermählen oder zu taufen.

Doch viele Priester stellen sich angesichts der breiten Unterstützung, die sie erfahren, taub: In Spanien setzen sich rund 150 Initiativen für die Einrichtung eines freiwilligen Zölibats ein, das den Priestern die Wahl überlässt. Die Forderung basiert auf der

Überzeugung, dass der Pflichtzölibat weder in der Bibel noch in der Theologie oder der katholischen Tradition seine Berechtigung findet. Er ist kein Dogma, sondern eine vom Vatikan eingeführte Norm und kann somit abgeschafft werden.

Unter diesen meist kleineren Bewegungen ragen zwei Organisationen besonders heraus: die ASCE, Asociación de Sacerdotes Casados de España (Vereinigung verheirateter Priester Spaniens) und das MOCEOP, Movimiento pro-Celibato Opcional (Bewegung für das freiwillige Zölibat). Sie vereinen ehemalige Priester und deren Frauen, aber auch zahlreiche Priester, die, obwohl sie verheiratet sind und Kinder haben, nie offiziell vom Priesteramt ausgeschlossen wurden, entweder weil ihnen eine Dispens gewährt wurde oder weil die kirchlichen Hierarchien so getan haben, als wüssten sie von nichts. Das Hauptziel dieser Vereinigungen ist die Wiedereinsetzung verheirateter Priester in ihr Amt, die als Familienväter und dank ihres außerkirchlichen Berufs einen reichen Erfahrungsschatz mitbringen.

Nehmen wir zum Beispiel Julio Pérez Pinillos, Vorsitzender der europäischen Föderation der katholischen verheirateten Priester. Er ist verheiratet, hat zwei Töchter und ist, wie es scheint, dank des Entgegenkommens der Bischöfe bis heute Priester. Julio ist ein Arbeiterpriester, ein *cura obrero*. Einer derjenigen, die in den Sechziger- und Siebzigerjahren, also mitten in der Franco-Diktatur, unter den Arbeitern lebten und sich bei Kundgebungen engagierten, um das Gewissen der Leute wachzurütteln. Sie machten sich die Hände schmutzig, um das wieder aufzubauen, was unter Franco zerstört wurde.

Julio ist ein gut aussehender Mann: himmelblaue Augen, dunkelhaarig, gebräunte Haut. Er ist der Sohn von Bauersleuten, die in der trockenen Hitze der Espinosa de Cerrato, einem kleinen Ort in der Provinz Palencia im Herzen der Region Kastilien-León, sich ihren Lebensunterhalt hart verdienen mussten. Ursprünglich wollte er als Priester in ferne Länder reisen und missionieren.

Als er 1964 zum ersten Mal den Talar überstreift, ist er 23 Jahre alt und wird Pfarrer von drei sehr armen kastilischen Dörfern mit insgesamt 430 Einwohnern und einem Durchschnittsalter von 60. Die jungen Leute sind auf Arbeitssuche in größere Städte gezogen. Julio muss miterleben, wie seine Dörfer sterben, eines nach dem anderen. Schließlich entscheidet er sich, zur Mission aufzubrechen, und packt seine Koffer.

Er kommt nach Madrid, wo das politische Klima sehr angespannt ist und der Arbeiterkampf die Stadt in Aufruhr versetzt. Julio begreift, dass er Spanien nicht zu verlassen braucht, auch hier gibt es viel zu tun. Er findet Arbeit in einem multinationalen Unternehmen mit Sitz in Vallecas. Als einfacher Fabrikarbeiter wird er zum Gewerkschaftsvertreter der Arbeiter. Er erlebt deren Schwierigkeiten während der industriellen Krise der Siebzigerjahre und der sozialen Revolution nach Francos Tod 1975 am eigenen Leib. Im Umfeld der Gewerkschaft lernt er Emilia kennen. Sie wird zu seiner Kampfgefährtin, mit der er leidenschaftlich über den Sinn des Lebens und die Botschaft Jesu philosophiert. Emilia ist nicht die erste Frau, in die sich Julio verliebt. Aber sie ist die richtige, und er beschließt, sie zu heiraten. Damals ist er 33 Jahre alt. Gemeinsam bitten sie um Audienz beim Bischof und tragen ihr Anliegen vor.

Die Antwort ist revolutionär: Das Evangelium verbietet es nicht. Aber es ist ein steiniger Weg, und die zu überwindenden Hürden sind groß.

Julio und Emilia heiraten 1974.

Gemeinsam mit 20 Priestern und 250 Gläubigen feiern sie in der kleinen Kirche von Vallecas. Es ist eine außergewöhnliche Zeremonie und gegen die Regeln der Kirche. Um eine Befreiung vom Priesteramt bittet Julio nicht – auch deshalb nicht, weil er sich, um diese Bewilligung zu bekommen, einem psychologischen Test hätte unterziehen müssen, der ihm eine ernste Störung des mentalen Gleichgewichts bescheinigt hätte.

Nach seiner Heirat arbeitet Julio weiterhin in der Fabrik in Vallecas. Aus der Ehe mit Emilia gehen zwei Töchter hervor. Und auch heute noch, da er als Lehrer einer Oberschule arbeitet, hält er die Messe und zelebriert das Abendmahl, wenn die Gemeinde ihn darum bittet. Er ist 69 Jahre alt und hat noch immer den sportlichen kräftigen Körperbau, der sich während der harten Arbeit seiner Jugendjahre geformt hat. Sein Blick ist entschlossen und seine Stimme herzlich.

In all den Jahren konnte sich Julio auf die Unterstützung der Gemeinde, seiner Familie und Freunde verlassen. Und die spanische Kirche verhält sich ihm gegenüber, wie auch in anderen Fällen, tolerant, indem sie die Ausübung des Priesteramtes durch verheiratete Pfarrer vor allem in kleinen Gemeinden stillschweigend akzeptiert.

Kommen wir zur Geschichte von Gumersindo Meiriño, der im zarten Alter von zehn Jahren ins Seminar in Santiago de Compostela eintritt. Mit 25 Jahren wird er Priester, promoviert an der Universität von Navarra in Theologie und arbeitet in zahlreichen Pfarrgemeinden, bevor er als Missionar nach Südamerika geht.

In Argentinien verliebt er sich in María, eine Laienmissionarin. Er ist 40, als sie sich entschließen zu heiraten, wobei er weder sein Priesteramt aufgibt noch um eine Befreiung vom Zölibat bittet. Die beiden heiraten standesamtlich in einem Sportklub. Der Bischof von Santo Tomé, der kleinen argentinischen Stadt, in der Gumersindo die Mission leitet, warnt in einem Brief alle Gemeindemitglieder: Wer an der Hochzeit des Priesters teilnimmt, begeht eine Todsünde. Der Bischof im spanischen Ourense, Gumersindos ursprünglicher Diözese, bittet derweil die Gemeinde, ihn wieder auf den rechten Weg zurückzuführen.

Doch all das ändert nichts, Gumersindo heiratet trotzdem. Heute ist er 44 Jahre alt, er wurde als Priester suspendiert und ist anerkannter Theologe.

Gumersindos Geschichte ähnelt der von Victorino Pérez Prieto. Victorino, Theologe und verheirateter Priester, ist heute 56 Jahre alt und zelebriert noch immer die Eucharistie, obwohl ihn die Diözese von Mondoñedo-Ferrol in der spanischen Region Galicien, wo er 1981 zum Priester geweiht wurde, deshalb bereits mehrmals mit einschüchternden Schreiben zur Ordnung gerufen hat.

Victorino war 25 Jahre lang Priester, zunächst in einigen bäuerlichen Gemeinden, dann in kleinen Orten am Meer und schließlich in der Stadt. Er ist ein gebildeter Theologe und als Nationalist von der Notwendigkeit einer größeren politischen und ökonomischen Autonomie seines Galiciens überzeugt. Er verliebt sich in Cristina Moreira und heiratet sie standesamtlich, nachdem er das Priesteramt schweren Herzens aufgegeben hat. Victorino liest weiterhin die Messe in einer Kirche der Erzdiözese von Santiago, die auf die Anprangerungen einzelner Gemeindemitglieder zunächst nicht reagiert, bis sie schließlich doch öffentlich Stellung beziehen muss, als die Angelegenheit von der Presse aufgegriffen wird.

Ein Sprecher des Vatikans stritt zunächst ab, dass es in der Erzdiözese Santiago einen verheirateten Priester gibt, um später zurückzurudern und Victorino in einer offiziellen Verlautbarung zu untersagen, den Gottesdienst abzuhalten oder sich an dessen Gestaltung zu beteiligen.

Aber Victorino ignoriert das Verbot und macht weiter wie bisher.

In jeder Provinz des vatikanischen Imperiums mehren sich die Stimmen zugunsten einer Reform des Zölibats und werden zunehmend einflussreicher.

In Frankreich etwa sorgte das Buch von Abbé Pierre für Aufsehen, der nicht nur in seinem eigenen Land sehr beliebt war. Seine Lebensgeschichte ist außergewöhnlich.

Im Jahr 1928, als Pierre 16 Jahre alt war, empfand er plötzlich eine starke Berufung zu Gott und beschloss, dem Franziskanerorden beizutreten. »Man sagte mir nach, ich sei ein hübscher Junge, ein bisschen mondän vielleicht, doch dann wurde ich Mönch.«

Zehn Jahre später wurde er zum Priester geweiht. Nachdem er während der deutschen Besatzung mehrere jüdische Kinder gerettet hat, gründete er 1949 Emmaus, eine Hilfsorganisation für Bedürftige und Ausgegrenzte. In seinem Buch *Mein Gott, warum? Fragen eines streitbaren Gottesmannes* bezieht Abbé Pierre eine für die Regeln der katholischen Kirche wenig orthodoxe Position. Er erklärt, dass auch er jung gewesen sei und sich von jungen Mädchen angezogen gefühlt habe, bevor er dem Orden beigetreten war: »Es ist mir gelegentlich passiert, Versuchungen nachzugeben. Aber ich hatte nie eine richtige Beziehung, weil ich meinem sexuellen Verlangen nie erlaubt habe, Wurzeln zu schlagen. Ich habe also sexuelles Verlangen gehabt und mitunter auch dessen Befriedigung erfahren, doch diese Befriedigung war eine wahre Quelle der Unzufriedenheit, weil ich spürte, dass ich nicht aufrichtig war.«

Abbé Pierre lud die Kirchenführer ein, eine Reform zugunsten der Ordination verheirateter Männer in Erwägung zu ziehen. Doch die Antworten von Johannes Paul II. und von Benedikt XVI. waren negativ.

Er sagte daraufhin, dass er die unnachgiebige Position des Vatikans angesichts des Priestermangels nicht verstehen könne, und versuchte auch, die Ordination von Frauen anzustoßen: »Noch nie hat jemand ein einziges entscheidendes theologisches Argument hervorgebracht, um zu beweisen, dass die Zulassung von Frauen zum Priesteramt im Widerspruch zum Glauben stünde. Warum also sollte man Frauen, die sich berufen fühlen und die nötigen Fähigkeiten haben, den Zutritt zum Priestertum verweigern?«

Den Franzosen liegen die von Abbé Pierre angesprochenen Themen sehr am Herzen.

Die europäische Föderation katholischer verheirateter Priester ist ein Zusammenschluss von neun Organisationen: Moceop in Spanien, Vacatio in Italien, Hors-les-murs in Belgien, Advent in Großbritannien, Vereinigung katholischer Priester und ihrer Frauen in Deutschland, Priester ohne Amt in Österreich. In Frankreich sind es sogar drei Gruppen, die dem internationalen Kreis angehören: Prêtres en foyer, Effata und Prêtres mariés. Die meisten dieser Organisationen entstanden in den Siebzigerjahren, zu einer Zeit der massenhaften Austritte aus dem katholischen Klerus, was auch auf den Einfluss der Jugend- und Arbeiterbewegungen der 68er-Jahre zurückging. Nach einem vorübergehenden Aufblühen der katholischen Kirche, dem sogenannten »printemps de l'Église«, dem Frühling der Kirche, einer Folge des Zweiten Vatikanischen Konzils, der den Geist des Evangeliums und die Erneuerung im Blick zu haben schien, schwächte sich der Dialog mit der modernen Welt in den Siebzigerjahren wieder ab.

Die päpstliche Enzyklika *Humanae Vitae* von 1968 und die Bischofssynode von 1971 kündigten eine Restauration des vorkonziliaren römischen Herrschaftssystems an, sowohl in moralischer Hinsicht (dogmatische Starre im Blick auf die Sexualität) als auch in kirchenstruktureller Hinsicht (starke Hierarchisierung). Angesichts dieser Umstände legten zahlreiche französische Pfarrer ihr Amt nieder und heirateten.

Einer von ihnen war Alain.

»Letzten Samstag haben Marie-Claude und ich im Rathaus des 20. Arrondissement von Paris geheiratet. Marie-Claude ist eine hübsche, ursprünglich aus Guadeloupe stammende Flugbegleiterin, eine entschlossene und fröhliche junge Frau. Ich war sieben Jahre lang Priester, bevor ich mein Psychologiestudium wieder aufgenommen habe.

Das hier ist unsere Geschichte:

Vor sechs Jahren traf ich mich als Gemeindepfarrer mit einem Paar für die Vorbereitung der Taufe ihres ersten Kindes. Ich war damals 32 Jahre alt. Die junge Mutter kam kurz darauf wieder, um mit mir über die Schwierigkeiten ihrer Ehe zu sprechen. Im Laufe der interessanten Gespräche, die wir miteinander führten, entwickelte sich zwischen uns eine freundschaftliche Zuneigung. Und schließlich verliebten wir uns ineinander.

Ich nahm mir daraufhin eine Auszeit, um mir über den Stand der Dinge klar zu werden. Ich begann, einmal pro Woche zur Psychoanalyse zu gehen. Und dennoch, die Aussicht, das Priesteramt nicht mehr ausüben zu dürfen, bereitete mir nach einigen Monaten schreckliche Angst. Mir gelang es nicht, mich zu unserer Beziehung zu bekennen. Also verbrachte ich ein weiteres Studienjahr damit, für Marie-Claude zu beten und für sie da zu sein.

Neun Monate später beschloss ich, um meine Befreiung vom Priesteramt zu bitten.

Nun lebe ich glücklich und zufrieden mit reinem Gewissen vor Gott. Meine Unfähigkeit, im Einklang mit dem Zölibat zu leben, hat mich zu dieser Entscheidung veranlasst.

Marie-Claude ist das Wort, das mir Gott in der Nacht der Entscheidung zugeflüstert hat. Für mich ist sie ein Weg der Rettung und unsere Liebe ein Geschenk Gottes.

Bevor wir heirateten, nahmen wir uns ein Jahr Zeit, um einander besser kennenzulernen. Eine Probezeit, die wir im Kreise unserer Familien und Freunde bestanden haben, in Erwartung unserer kirchlichen Hochzeit in Gubbio, nahe Assisi.«

26
Im Land der Sekten

Selbst in Brasilien, wo in den Fünfzigerjahren noch 94 Prozent der Gläubigen Katholiken waren, fehlt es nicht an Problemen. In dem Land, das von der Kirche einst als das katholischste der Welt bezeichnet wurde, sinkt die Zahl der Katholiken seitdem stetig.

Das Meinungsforschungsinstitut Datafolha geht nach letzten Erhebungen von 2010 davon aus, dass im Laufe der letzten zehn Jahre rund sechs Millionen Menschen dem Katholizismus den Rücken gekehrt haben. Ein Großteil von ihnen schloss sich den neu gegründeten evangelikalen Sekten, vor allem den pfingstlerischen Gemeinden nordamerikanischer Prägung an. Man geht davon aus, dass zum Zeitpunkt des Brasilienbesuchs von Papst Benedikt XVI. im Mai 2007 der Anteil der Katholiken bereits auf 64 Prozent gesunken war.

64 Prozent!

Das »katholischste Land der Welt« wird bald nur noch ein Schlagwort von gestern sein, so zumindest die Einschätzung des selbst ernannten Bischofs Edir Macedo Bezerra.

Macedo kommt am 18. Februar 1945 als Sohn einer gläubigen katholischen Familie zur Welt. Als Kind ist er sehr religiös und geht fast jeden Tag in die Kirche. Doch bereits in seiner Jugend ist ihm die Heiligen- und Marienverehrung nicht mehr genug. Die katholische Kirche ist ihm zu unpersönlich und institutionell. Durch einen Freund aus der Oberschule kommt er mit Umbanda in Berührung, einer traditionellen afrobrasilianischen Religion, die Elemente des Katholizismus und Spiritualismus vereint.

Der religiöse und ökonomische Wendepunkt im Leben Macedos erfolgt in den Siebzigerjahren. Er ist damals 30 Jahre alt und arbeitet als Kassierer der Lotería Nacional, dem brasilianischen Lotto. Am 9. Juli 1977 gründet er die Igreja Universal do Reino de Deus, zu Deutsch Universalkirche des Reiches Gottes, und ernennt sich selbst zum Bischof. Seither schließen sich immer mehr Katholiken seiner Kirche an.

Edir Macedo ist nicht mit einem gewöhnlichen katholischen Bischof zu vergleichen. Er ist das Oberhaupt der Kirche, die mit über 20 Millionen Gläubigen zur mittlerweile wichtigsten evangelikalen Kirche Brasiliens geworden ist.

Er ist ein Mann der medienwirksamen Auftritte und lässt sich keine Gelegenheit entgehen, um leidenschaftlich gegen den Vatikan zu wettern. In einer Live-Übertragung des Fernsehens versetzte er einer Madonnenstatue Fußtritte und verhöhnte den Papst.

Edir Macedo ist eine, gelinde gesagt, skurrile, jedoch äußerst einflussreiche und skrupellose Persönlichkeit. Er ist Eigentümer des zweitgrößten brasilianischen Fernsehkanals Record und handelte sich seit den Anfängen seiner religiösen und unternehmerischen Karriere schon viel Ärger mit der Justiz ein.

Am 13. September 2010 ist auf der Titelseite von *Folha,* einer der bedeutendsten brasilianischen Tageszeitungen, folgender Aufmacher zu lesen: »São Paulo wie das Jerusalem vor 2500 Jahren«. Und darunter: »Edir Macedo legt den Grundstein für einen Tempel mit den Ausmaßen und der Pracht des Tempels Salomos.«

Das riesige Bauwerk soll auf einem zwei Quadratkilometer großen Areal entstehen und genau wie der Tempel Salomos mit viel Gold verziert sein. Erklärtes Ziel ist es, »den Petersdom zu übertrumpfen«.

Um seinen Traum zu verwirklichen, kaufte Macedo fast das ganze Stadtviertel Brás de Pina auf, das im 20. Jahrhundert hauptsächlich von italienischen Immigranten bewohnt wurde und später wegen seines desolaten Zustands und als Umschlagplatz für den Drogenhandel in Verruf geraten war. Um sich Sympathien zu erwerben und vor allem um an die nötigen Lizenzen heranzukommen, versprach Macedo neue Straßen, Ampelanlagen und Verkehrsschilder. Ganz im Sinne der Kultur des schnellen Wunders zu geringem Preis, das für die Pfingstgemeinden in ganz Lateinamerika der Schlüssel zum Erfolg ist.

Sie verbessern ihren Gläubigen das Leben, ohne dass diese etwas anderes dafür tun müssen, als zu beten und jeden Monat ein Zehntel ihres Gehalts abzugeben.

Der von Macedo geplante neue Salomotempel hat großen Symbolcharakter: Auf 14 Stockwerken, zwei davon unterirdisch, soll es 10 000 Sitzplätze für die Besucher der Gottesdienste geben sowie 36 Schulen, in denen 1300 Kinder im Alter von vier bis 14 Jahren die »Macedo-Version« der Bibel studieren sollen, aber auch Souvenirläden, ein Auditorium mit 500 Sitzplätzen und Radio- und Fernsehstudios, um die Gottesdienste live in ganz Brasilien zu übertragen.

Der mit dem Bau beauftragte Architekt Rogério Silva de Araújo spricht von einem »gewagten Unternehmen«, für dessen Realisierung »die neueste Technologie« verwendet werde. Die Gläubigen sollen beim Betreten des Tempels das Gefühl haben, »um Tausende von Jahren zurückzureisen und sich tatsächlich im ersten Tempel Salomos zu befinden«.

Ein monumentales Projekt, dessen Kosten auf über 100 Millionen Euro geschätzt werden.

Macedos Kirche ist die einflussreichste unter den evangelikalen Kirchen Brasiliens und zählt rund 70 Abgeordnete und Senatoren zu ihren Gläubigen. Eine weitere ebenso bekannte wie umstrittene neopfingstlerische Gruppe ist die Igreja Renascer, die Kirche der Wiedergeburt Christi, zu deren berühmtesten Mitgliedern Ricardo Kakà, Fußballspieler bei Real Madrid, zählt. Die beiden Gründer, die Bischöfin Sônia Hernandes und der »Apostel« und ehemalige Angestellte der Drucktechnologie-Firma Xerox, Estevam Hernandes, wurden 2007 in den USA unter dem Vorwurf der Steuerhinterziehung vom FBI verhaftet. Sie trugen 56 000 Dollar bei sich, die sie in einer Bibelattrappe versteckt hatten.

Ihre drei Millionen Gemeindemitglieder hielten ihnen auch während ihres zweijährigen Gefängnisaufenthalts in Florida die Treue.

Nun sind sie wieder frei und haben in Brasilien von Neuem erfolgreich begonnen, um Konvertiten zu werben – zum Leidwesen der römisch-katholischen Kirche.

Das Land des Samba ist keine Ausnahme.

In Spanien entstanden zwei Freikirchen, die jedem offenstehen, ganz gleich welche sexuellen Vorlieben man pflegt.

Die Vereinigung von Schwulen, Lesben, Bisexuellen, Transsexuellen und Heterosexuellen im Glauben hat sich in der evangelischen Kirchengemeinde von Sagunto nahe Valencia verwirklicht. Das Ergebnis ist eher ein buntes Gemisch als eine religiöse Gemeinschaft, das aber im Zeichen des Kreuzes steht und von der katholischen Lehre geleitet wird, nach der vor Gott alle Menschen gleich sind. Nach 20 Jahren vergeblicher Versuche und Drohungen von kirchlicher und konfessionsloser Seite hat eine Gruppe protestantischer Pfarrer unter der Leitung von Andrés de la Portilla, dem Sprecher der evangelischen Schwulengemeinschaft, dieses ambitionierte Projekt verwirklicht.

In der evangelischen Kirche von Sagunto ist nicht nur jeder willkommen. Schwule und Lesben können auch zu Pfarrern bestellt werden und – den Gesetzen des Vatikans zum Trotz – heiraten.

Eine weitere erstaunliche Einrichtung ist die Christlich Essenische Kirche, die vor den Toren Barcelonas entstanden ist. Mittlerweile hat die Gemeinschaft, die schwule Priester, lesbische Nonnen und verheiratete Geistliche aufnimmt, Niederlassungen in Vigo, Valencia, Sevilla und Madrid.

Dort predigt man das Ende des katholischen Pflichtzölibats und die Einführung des doppelten Modells, das verheiratete Priester neben unverheirateten Priestern vorsieht, also eine freie Wahl in einer freien Kirche.

Von dem Phänomen der neuen, hauptsächlich evangelikalen Kirchen ist ganz Lateinamerika betroffen.

Nach einer Studie des Meinungsforschungsinstituts Iudop der zentralamerikanischen Jesuitenuniversität UCA stieg die Zahl der Neupfingstler allein in El Salvador von 16 Prozent im Jahr 1988 auf inzwischen 38 Prozent der Bevölkerung. Guatemala, das einst katholischste Land Zentralamerikas, wurde in den letzten Jahren zum neoevangelikalsten Land.

Nach Einschätzung von Experten hat der Brasilienbesuch von Benedikt XVI. im Jahr 2007 keine große Änderung gebracht und konnte die Abwanderung der Katholiken zu den neoevangelikalen Sekten nicht stoppen.

Indessen nimmt die Zahl der Sekten rapide zu. Wie etwa die des Koreaners Sun Myung Moon, dem über 90-jährigen Gründer der sogenannten Vereinigungskirche, die über ein beeindruckendes, weit verzweigtes Wirtschaftsimperium verfügt. Ein glühender Anhänger dieser Kirche ist der Exorzist Monsignore Emmanuel Milingo. Er heiratete am 27. Mai 2001 bei einer von Moon organisierten Massenhochzeit in New York die Südkoreanerin Maria Sung, die ihm angeblich von Moon zur Braut ausgewählt worden war. Nachdem er von Benedikt XVI. auf Laienstatus herabgestuft worden war, äußerte Milingo mehrmals den Wunsch, sein Amt in Brasilien auszuüben und sich für verheiratete brasilianische Priester einzusetzen.

Die Moon-Sekte hat unterdessen im brasilianischen Pantanal, einem weltweit einzigartigen Binnenfeuchtgebiet, ungefähr siebeneinhalb Millionen Acre Land gekauft.

Neben dem Boom von Sekten jeglicher Art erschüttern zwei weitere Faktoren die Fundamente des brasilianischen Katholizismus: erstens der Rückgang neuer Priesteranwärter und der daraus resultierende Mangel an Gemeindepfarrern und zweitens die Sexskandale innerhalb der katholischen Kirche.

Das Institut für religiöse Statistik und Sozialforschung CERIS führte unter 758 katholischen Pfarrern eine anonyme Umfrage durch. Das Ergebnis: 41 Prozent der Priester gaben zu, sexuelle Beziehungen gehabt zu haben. Die Hälfte von ihnen sprach sich gegen den Zölibat aus.

Schätzungen zufolge leben in Brasilien mehr als 3000 Priester, die heimlich geheiratet haben. Sie wohnen hauptsächlich in den ländlicheren Gebieten im Landesinneren oder in den peripheren Armenvierteln der Metropolen. Sie leben in festen, geheim gehaltenen Beziehungen und zelebrieren weiterhin die Messe und die Sakramente. Häufig haben sie Kinder, die sie nicht offiziell anerkannt haben, um die Vorzüge ihres Berufs nicht zu verlieren: das Gehalt, das Haus, das Auto.

Daneben gibt es weitere 5000 verheiratete Priester, die der katholischen Kirche nach Jahren des Doppellebens den Rücken gekehrt haben. Doch nur selten greifen die Bischöfe zu drastischen Maßnahmen wie einer Suspendierung. In 95 Prozent der Fälle ordnen die kirchlichen Autoritäten folgende Maßnahmen an: entweder eine inoffizielle Ermahnung, im Privatleben auf größere Diskretion zu achten, oder die Versetzung in eine Pfarrgemeinde, die tausende Kilometer von dem Ort entfernt ist, in dem die Priester emotionale Bindungen geknüpft haben.

Aber neun von zehn dieser Priester entschlossen sich dazu, ihr Amt niederzulegen.

Geht man gemäß den offiziellen Angaben des Vatikans davon aus, dass es in Brasilien etwas mehr als 20 000 katholische Priester gibt, kommt laut den Zahlen der Bewegung verheirateter Priester auf vier katholische Pfarrer ein verheirateter. Zählt man auch die heimlich verheirateten Priester hinzu, beträgt das Verhältnis circa eins zu drei.

José Edson da Silva, ehemals Pfarrer von Recife, der Hauptstadt des Bundesstaates Pernambuco im armen Nordosten Brasiliens, leitet die Bewegung und ist mit Maria Lucia de Moura verheiratet.

Ihre Biografie ist beispielhaft für mindestens 5000 weitere Frauen in Brasilien, die mit Priestern verheiratet sind. Maria Lucia stammt aus Ceará, einem der ärmsten Bundesstaaten Brasiliens im Nordosten des Landes. Als sie durch eine unheilbare Krankheit ihre Mutter verliert, beginnt sie Anfang der Neunzigerjahre ein Theologiestudium an der Universität und lernt dort den jungen Priester José da Silva kennen. Sie ist von Josés Lehrveranstaltungen begeistert. Ein Jahr später ist sie schwanger. Als die Kirchenoberen vom Verhältnis der beiden erfahren, versetzen sie José nach Paris.

Seine Tochter Sonia ist damals gerade ein Jahr alt. Das Paar leidet sehr unter der Trennung, doch die Kosten für ein Flugticket sind für die beiden unerschwinglich.

Zwei Jahre lang haben sie nur telefonischen Kontakt. Dann wird José in das 4000 Kilometer von Recife entfernte Brasilia versetzt. José und Maria sehen sich während der Sommerferien. Dann kommt die zweite Tochter Marianna zur Welt. Seine Vorgesetzten tun so, als wüssten sie von nichts.

Zehn Jahre später legt José sein Priesteramt nieder und heiratet dank eines befreundeten Priesters kirchlich. Heute leitet das Paar die Monatszeitschrift *Rumos* und reist durch ganz Brasilien, um von seinen einschlägigen Erfahrungen zu berichten.

Um den Verlust von Priestern und Gläubigen zu mildern, setzte die katholische Kirche vor allem unter Papst Johannes Paul II. beachtliche Finanzmittel ein. Die Empfänger waren geistliche Orden, die der katholischen Kirche, zumindest was die Liturgie anbelangt, am ähnlichsten sind, allen voran der Neokatechumenale Weg und die Charismatische Erneuerung, katholische Strömungen, die besonderen Wert auf die Rolle und das Wirken des Heiligen Geistes im Leben der Gläubigen legen.

Heute sind dies in Brasilien die einzigen Gruppierungen der katholischen Kirche, die sich behaupten können.

Zur Charismatischen Bewegung gehören zum Beispiel Pater Antonello Cadeddu und Pater Enrico Porcu, die beide aus Cagliari stammen, wie ihr Akzent verrät, und in São Paulo eine Gemeinschaft mit dem Namen Allianz der Barmherzigkeit gegründet haben. Obwohl sie innerhalb der Grenzen der katholischen Kirche bleiben, passen sich die beiden in Liturgie und Dialog den bei der lokalen Bevölkerung beliebten Standards an.

Der donnerstagabends stattfindende Gottesdienst von Pater Antonello ist zu einem Event geworden, über das die ganze Stadt spricht und das mehr als 3000 Menschen anzieht. Treffpunkt ist um 19 Uhr der Vorplatz der Metro-Haltestelle Bresser. Das ist zwar ein öffentlicher Platz, doch die stets strenge und mitunter korrupte Polizei machte für den Priester aus Cagliari eine Ausnahme und erteilte ihm für die Veranstaltung eine Sondergenehmigung. Jede Messe dauert mehr als drei Stunden. Es wird gesungen, getanzt, gebetet, und alles mit einer kollektiven Kraft, die aus der alten und vielfältigen Kultur Brasiliens schöpft. Schwarze, Weiße, Kinder, Alte – jeder bewegt sich so, wie es ihm passt. Viele fallen zu Boden, aber nicht etwa vor Erschöpfung. Padre Antonello nennt es vielmehr die geistige Ruhe, einen Zustand des inneren Friedens, der sich durch seine Gottesdienste bei den Gläubigen einstellt.

Keine Spur von Latein, an dem Papst Ratzinger noch immer

festhält. Im Unterschied zu seinem Vorgänger lässt dieser der Gemeinde keine Finanzmittel mehr zukommen.

Die beiden Priester haben sich die »Christothek« ausgedacht, also eine Diskothek Christi, wo sich nach der Messe viele Jugendliche aus der Peripherie São Paulos auf der Tanzfläche austoben. Für die Durstigen gibt es die strikt alkoholfreien Christ-Drinks. Kein Bier, keine Spirituosen, allenfalls ein Red Bull.

Die katholische Kirche steht auch wegen einer Reihe von Reaktionen in der Kritik, die mit dem allgemein üblichen Rechtsempfinden der meisten Bürger wenig zu tun haben. So etwa im Fall des neunjährigen Mädchens, das von ihrem Stiefvater geschwängert wurde, nachdem er sie drei Jahre missbraucht hatte.

Das Mädchen wog nur 30 Kilo, und ihr Körper wäre einer Schwangerschaft nicht gewachsen gewesen. Die Ärzte von Recife entscheiden sich für eine Abtreibung und werden daraufhin von der katholischen Kirche exkommuniziert.

Livio Moraes, Chefarzt der Universitätsklinik von Pernambuco, weist darauf hin, dass nach brasilianischem Recht »im Falle einer Vergewaltigung oder bei Lebensgefahr« eine Abtreibung erlaubt ist. Bedingungen, die bei dem missbrauchten Mädchen vorlagen.

Erzbischof José Cardoso Sobrinhos Antwort ist dogmatisch: »Das Gesetz Gottes steht über dem der Menschen. Wenn also ein von Menschen gemachtes Gesetz dem Gesetz Gottes widerspricht, verliert es jeglichen Wert.«

Der damalige brasilianische Gesundheitsminister José Gomes Temporão hält das Vorgehen der Kirche für extremistisch und völlig unangebracht: »Es handelt sich in diesem Fall um ein rechtliches Problem, das Mädchen wurde missbraucht. Der Rest ist die Auffassung der Kirche, über deren radikale Position ich schockiert bin, weil sie mit dem Argument, ein Leben erhalten zu wollen, ein anderes in Gefahr bringt.«

Der damalige Präsident Lula erklärt: »Die Medizin ist in diesem Punkt gerechter als die Kirche und hat das getan, was sie tun musste: das Mädchen retten. Als Christ und als Katholik bedauere ich es zutiefst, dass ein Bischof eine solche Haltung eingenommen hat.«

Unterstützung findet Bischof Sobrinho hingegen im Vatikan. Pater Gianfranco Grieco, Büroleiter des Päpstlichen Familienrats, äußert sich folgendermaßen: »Es handelt sich um eine sehr heikle Angelegenheit, aber die Kirche kann niemals ihre Botschaft verraten, das Leben von der Empfängnis bis zu seinem natürlichen Ende zu schützen, auch nicht angesichts eines solch schrecklichen Dramas wie das des Missbrauchs eines Mädchens. Die kirchliche Botschaft ist der Schutz des Lebens und der Familie, jeder von uns sollte dem Leben den größten Respekt zollen. Abtreibung ist keine Lösung, sondern eine Abkürzung. Exkommunikation bedeutet auch, nicht mehr am Abendmahl teilnehmen zu können, und wenn ein Mensch gesündigt hat und seine Sünden nicht beichtet, kann er nach kirchlicher Auffassung nicht am Abendmahl teilnehmen. Im vorliegenden Fall haben die Ärzte schwer gesündigt, weil sie an der Abtreibung, der Tötung ungeborenen Lebens, aktiv beteiligt waren. Sie spielten bei einer Entscheidung für den Tod die zentrale Rolle.«

Der einfache Bürger ist angesichts einer solchen Reaktion zumindest erstaunt.

Auf einen Nenner gebracht: Die katholische Kirche erlebt in Brasilien einen tief greifenden Konflikt, in dem sich auch die harten Gegensätze des Landes widerspiegeln.

Auf der einen Seite gibt es eine breite, sozial stark benachteiligte Schicht mit ernsten Problemen, für die es wirklich der Gegenwart Christi bedarf, weil der Staat blind oder schlicht unfähig ist (in Brasilien verhungern die Menschen zwar nicht mehr, trotzdem leben immer noch 31 Prozent der Bevölkerung unterhalb der Armutsgrenze).

Auf der anderen Seite etabliert sich zunehmend eine reiche weiße Elite, die in der Religion eine Alternative zur existenziellen Langeweile sucht und darin eine elegante Art sieht, sich das Gewissen reinzuwaschen.

Und mittendrin befindet sich die katholische Kirche in einem erbitterten Kampf mit den neopfingstlerischen Gruppen. Die katholische Welt läuft Gefahr, von der Basis aus zu zerbröckeln, die immer ihre stärkste Kraft gewesen ist.

Nicht von ungefähr ist die Befreiungstheologie – ein Instrument, das während der Sechzigerjahre von der Kirche entwickelt wurde, um die Nähe zu den ärmsten Bevölkerungsschichten deutlich zu machen – heute in einer tiefen Krise. Die kirchlichen Basisgemeinden, die in den abgelegensten und ärmsten Gegenden die operativen Einheiten bildeten, sind fast alle verschwunden.

In dieser von zahlreichen Problemen geprägten Situation verteidigt sich die Kirche, indem sie an Prinzipien festhält, die mit ihrer tiefen Bedeutung nichts zu tun haben. Zu Diskussionen führte jüngst etwa die Entscheidung, die Columbia Pictures wegen des nicht genehmigten Gebrauchs von Bildern der berühmten Christusstatue, die über Rio de Janeiro aufragt, zu verklagen. Die Erzdiözese der Stadt, die die Rechte an der 1931 erbauten Statue innehat, verlangte Schadensersatz für Szenen aus dem Film *2012,* in dem die Christusstatue bei einer weltweiten Apokalypse zerstört wird.

Doch das ist nicht alles.

Viele katholische Pfarrer, die in den Armenvierteln der Großstädte tätig sind, empfehlen ihren Gemeindemitgliedern den Gebrauch von Kondomen. So auch Pater Luiz Couto, der 2009 in einem Interview des größten brasilianischen TV-Senders Globo den Gebrauch von Kondomen offen verteidigt hat. Er begründete seine Haltung damit, dass Kondome »die Übertragung von Krankheiten wie AIDS verhindern und so die allgemeine Gesundheit schützen«.

Solche Äußerungen entsprechen der Politik der brasilianischen Regierung. Der ehemalige Präsident Lula und viele seiner Minister ließen jedes Jahr während des Karnevals zehn Millionen Kondome verteilen, eine Initiative, die vor allem bei der armen Bevölkerung der Favelas sehr geschätzt, von den Oberhäuptern der katholischen Kirche in Brasilien jedoch scharf kritisiert wurde.

In dem besagten Interview sprach sich Pater Couto außerdem gegen die Diskriminierung von Homosexuellen sowie gegen den Pflichtzölibat für Priester aus. Als er daraufhin von Erzbischof Aldo de Cillo Pagotto suspendiert wurde, gingen die Menschen aus Solidarität zum Pater, der Abgeordneter von Lulas Arbeiterpartei ist, auf die Straße und forderten den Rücktritt des konservativen Erzbischofs.

Dies ist nur eines von vielen Beispielen, in denen es zu einem Bruch zwischen der Kirchenhierarchie und der Basis gekommen ist. Die Gläubigen sind dabei auf der Seite derer, die ihnen im alltäglichen Leben beistehen und sich eher um die Lösung praktischer Probleme kümmern als um ethische.

Schließlich gibt es da noch das Problem eines allgemeinen Glaubensverlusts. Vor Kurzem forderten die wichtigsten Schwulenverbände ihre Mitglieder dazu auf, den katholischen Glauben abzulegen, und erstellten dazu einen Standardbrief, der ausgefüllt und an die brasilianische Kirche adressiert werden musste. Grund für diese Protestaktion ist die ablehnende Haltung des Vatikans gegenüber Beziehungen zwischen Gleichgeschlechtlichen.

Auch im nahen Argentinien wurde am 7. März 2010 eine Austrittskampagne mit dem Slogan »Nicht in meinem Namen!« gestartet. Die Hauptkritikpunkte, die dem Vatikan vorgeworfen wurden, lauteten: »Die katholische Kirche verurteilt Abtreibung und Homosexualität, sie boykottiert die staatlichen Bemühungen um eine Politik der Sexualerziehung, sie ist gegen die Benutzung

und Verteilung von Verhütungsmitteln, sie missbilligt Sterbehilfe und Scheidungen.«

Das Ergebnis der Kampagne ist beachtlich: An einem einzigen
Tag traten mehr als 1500 Katholiken aus der Kirche aus.

Wenn das kein Grund zum Nachdenken ist?

27
Erfahrungen
einer Nonne in Afrika

Unter der Bedingung, anonym zu bleiben, erklärte sich Bianca – der Name ist erfunden – bereit, mir aus ihrem Leben als Missionarin in Afrika zu erzählen.

Ich kontaktierte sie per E-Mail.

Bianca ist eine etwa 40-jährige holländische Nonne, die seit zehn Jahren in Ostafrika lebt und arbeitet. Sie stellt sich folgendermaßen vor: »Ich hatte eine glückliche Kindheit. Ich lebte mit meiner Familie in einem Dorf unweit von Rotterdam. Papa war Lehrer, Mama arbeitete bei der Post. Mein Bruder ist ein paar Jahre jünger als ich. Er ist inzwischen verheiratet, hat einen bezaubernden Sohn und arbeitet als Bankangestellter. Ich wuchs unbeschwert in einem beschaulichen Umfeld auf – glücklich, würde ich sagen.«

Schule, Freundinnen, Sport. Mit 16 Jahren, so erzählt mir Bianca, habe sie schließlich den Ruf Gottes vernommen. Mit 16!

»Damals besuchte ich das Gymnasium, und ich erinnere mich, dass es ein schönes Gefühl war. Ich spürte, dass es für mich nur diesen einen Weg gab, und den schlug ich dann auch ein. Bis zu diesem Zeitpunkt hatte ich ein völlig normales Leben: die ersten Liebschaften, die ersten Küsse, die ersten Enttäuschungen.

In meiner Anfangszeit als Nonne arbeitete ich in einem kirchlichen Kindergarten. Doch ich spürte, dass mir etwas fehlte, dass ich für etwas anderes berufen worden war. Ich sprach deshalb mit meinen Vorgesetzten, und nun bin ich hier – wesentlich unbeschwerter, ruhiger und zufriedener mit dem, was ich tue.«

Bianca kam 2001 nach Afrika.

»Ich war 29 Jahre alt, und es war das erste Mal, dass ich Europa verließ.

Die erste Zeit war ziemlich einfach. Ich lebte an einem wunderschönen Ort auf dem Lande, fernab von der Stadt, umgeben von Grün und Tieren – die typische afrikanische Landschaft, wie man sie aus Filmen kennt. Drei Jahre blieb ich in dieser Mission. In die Stadt ging ich nur, um einzukaufen. Sie flößte mir Angst ein. Später verwandelte sich diese Angst in Neugier. Ich spürte, dass ich in der Stadt noch nützlicher sein konnte. Also zog ich um.«

Die Unterschiede im religiösen Engagement zwischen Europa und Afrika schildert Bianca folgendermaßen:

»In religiöser Hinsicht gibt es zwischen Europa und Afrika keine nennenswerten Unterschiede. Eine Nonne betet in Europa ebenso wie in Afrika. In praktischer Hinsicht jedoch ist die Situation vollkommen anders. In Holland führte ich ein verhältnismäßig ruhiges Leben: Ich erledigte mein tägliches Arbeitspensum im Kindergarten und konnte dann die Behaglichkeit und den Komfort des westlichen Lebens genießen. Hier in Afrika muss ich dagegen kräftig zupacken: Zusammen mit den Kindern bewirtschafte ich das Land, bade sie, wasche Wäsche und kümmere mich um die Ausbildung und die Gesundheit der Kinder. Ich bin rund um die Uhr im Einsatz. Die Tage sind ausgefüllt. Zeit für Langeweile gibt es nicht, im Gegenteil.«

Hier ein typischer Tagesablauf:

»Zu planen ist in Afrika generell schwierig, doch es gibt einige feste Tagesordnungspunkte:

Ich stehe bei Morgengrauen auf und bete. Dann werden die Kinder geweckt. Nach dem gemeinsamen Frühstück bringe ich die älteren zur Schule, kehre dann ins Waisenhaus zurück und unterrichte die jüngeren. Wir sind fünf Nonnen und kümmern uns um cirka 80 Kinder. Das ist eine große Herausforderung.

Die Schule dauert bis vier Uhr nachmittags. Dann werden die älteren Kinder abgeholt, um mit ihrer Hilfe das Abendessen zuzubereiten. Nach dem Abendessen ist für die Kinder Bettgehzeit. Wir Nonnen bleiben noch etwas länger auf, reden, planen den nächsten Tag, tauschen uns aus.«

Ich versuche, mich an das Thema heranzutasten, das mich am meisten interessiert, und stelle ihr folgende Fragen:

Welche Eigenschaften sollte eine Ordensschwester wie Sie mitbringen? Müssen die Regeln, wie sie an normalen Orten gelten, hier in irgendeiner Weise angepasst werden? Können Sie dafür Beispiele nennen?

»Ich muss mich in den unterschiedlichsten Situationen zurechtfinden können. Man arbeitet immer im Ausnahmezustand. Bezogen auf ganz Afrika sind 80 Waisenkinder eine geringe Zahl. Aber ich kann Ihnen garantieren, sich um sie zu kümmern, ist alles andere als leicht.«

Was die Regeln betrifft:

»Ich kann hier nicht dieselben Regeln anwenden wie in Europa. Die ältesten unserer Schützlinge sind zwischen 16 und 18 Jahre alt. In diesem Alter sind afrikanische Mädchen normalerweise schon Mütter, dessen muss man sich bewusst sein. Ich unterrichte deshalb meine Kinder in Sexualkunde, obwohl ich weiß, dass ich damit gegen die Regeln des Vatikans verstoße. Doch Abstinenz zu predigen, wäre reine Zeitverschwendung. Das weiß ich, weil auch ich als Jugendliche diese äußerst schwierige Zeit erlebt habe. Ich empfehle ihnen, Kondome zu benutzen, auch um schlimme Krankheiten zu vermeiden. Viele Nonnen und Priester tun das. Wie dürfen nicht vergessen, wo wir sind, weder in zeitlicher noch in geografischer Hinsicht.«

Sind Sie eine glückliche Frau?

»Ja. Ich könnte mir für mein Leben nichts Besseres wünschen. Ich tue das, wozu ich mich berufen fühle, und das gefällt mir. Ich fühle mich nützlich.«

Fehlt Ihnen jemand, mit dem Sie Glück, Enttäuschungen, Hoffnungen teilen können? Ich spiele damit auf einen Partner oder Ehemann an.

»Ganz rational würde ich sagen, mir fehlt nichts. Ich spüre die Nähe Jesu an meiner Seite und weiß, dass ich nie allein bin. Irrational muss ich zugeben, dass ich mir als 40-jährige Frau, die weit weg von der Heimat lebt, manchmal schon einen Mann an meiner Seite wünschen würde. Einen Mann, an den ich mich anlehnen kann, dem ich meine Ängste und Unsicherheiten anvertrauen kann.

Ich habe mir ein dickes Fell zugelegt, weil ich hier ansonsten nicht überleben würde, aber innerlich bin ich dennoch eine Frau. Und die Sehnsucht nach einem Mann an meiner Seite ist mitunter sehr groß.«

Wie sieht Ihr Leben in sexueller Hinsicht aus?

»Das ist immer ein sehr heikles Thema. Ich möchte mich nicht in Schwierigkeiten bringen und verlasse mich auf Ihre Diskretion. Ich habe schon manchmal das Bedürfnis, mich als Frau zu fühlen, die heilige Kleidung abzustreifen und für einen Moment alle Probleme des Alltags zu vergessen. Das kommt nicht häufig vor, manchmal aber schon. Mir ist bewusst, dass ich damit gegen die Regeln der Kirche verstoße, aber wenn ich dadurch meine Arbeit besser bewältigen kann – was soll ich sagen, ich schade damit schließlich niemandem.«

Worin unterscheidet sich Afrika in sexueller Hinsicht von unserer europäischen Kultur?

»Afrika ist in sexueller Hinsicht viel freizügiger als mein Heimatland Holland. Die Männer haben neben ihrer Frau viele Geliebte, und das wird hier nicht etwa als Problem gesehen, sondern als fester Bestandteil der afrikanischen Lebensart. Ich kann nicht darüber urteilen, ob das richtig oder falsch ist, ich weiß nur, dass es so ist. Durch diese polygame Lebensweise verbreiten sich viele Krankheiten. Deshalb bin ich der Ansicht, dass das

Benutzen von Kondomen gefördert werden muss. Und das muss auch Rom einsehen.

Man muss die Gegebenheiten vor Ort kennen, bevor man Regeln diktiert. Auch ich musste mich an vieles erst gewöhnen. Zum Beispiel komme ich aus einem Land, in dem Pünktlichkeit großgeschrieben wird, hier ist das ganz anders. Dasselbe gilt für die Benutzung von Kondomen. Wenn wir der Verbreitung von AIDS entgegenwirken wollen, müssen wir auf den Gebrauch von Kondomen setzen, weil Abstinenz zu fordern sinnlos wäre.«

Verteilen Sie selbst Kondome?

»Ja, das tue ich.«

Wo kaufen Sie sie? An wen verteilen Sie sie?

»Ein Freund von mir ist Apotheker in Europa. Er schickt mir alle zwei, drei Monate ein Paket mit Arzneimitteln: Vitamine, Paracetamol, Antibiotika und auch immer einige Kondompackungen. Ich lege sie in einer großen Schachtel am Eingang des Krankenzimmers der Mission aus. Wer will, kann sich bedienen. Und ich weiß, dass fast alle meine Kinder es tun.«

Und Ihre Vorgesetzten bemerken davon nichts? Wie stehen die Bischöfe zu diesem Thema?

»Ich glaube, dass meine Vorgesetzten davon wissen, jedoch um des lieben Friedens willen so tun, als sei nichts. Sie stellen sich blind, denn in Afrika nimmt die Zahl von HIV-Infektionen, obwohl Abstinenz gepredigt wird, weiter zu. Ich bin davon überzeugt, dass Jesus Christus, wenn er zu unserer Zeit in Afrika gelebt hätte, den Gebrauch von Kondomen befürwortet hätte.«

Erzählen Sie uns von Ihren Freiheiten als Nonne in Afrika?

»Ich fühle mich nicht so nutzlos wie in Holland. Hier kann ich Jungen und Mädchen, die sonst keine Zukunft hätten, neue Möglichkeiten eröffnen und spreche mich dabei allein mit meinen Mitschwestern ab. Wäre ich in Holland, könnte ich ohne die Zustimmung des Bischofs nicht einmal über die Farbe der Kindergartenwände entscheiden. Hier treffe ich meine Entscheidungen selbst, ohne es jedoch den Autoritäten gegenüber an Respekt mangeln zu lassen.«

Und die Freiheit als Frau?

»Wenn ich in Holland geblieben wäre, hätte ich vielleicht nie das Bedürfnis einer sexuellen Beziehung mit einem Mann verspürt. Hier habe ich diesem Bedürfnis nachgegeben, auch wenn es keine leichte Entscheidung war. Beim ersten Mal hatte ich große Angst. Dann merkte ich, dass ich dadurch zu einer besseren Ordensschwester geworden war.«

Ich wage es, eine heikle Frage zu stellen: Verraten Sie uns, was für Sie als Nonne Sex bedeutet – das körperliche Vergnügen, die Befriedigung?

»Sex ist ein Moment des Ausbruchs, ein wichtiger Augenblick, um eine bessere Nonne zu sein. Wir genießen hier den Respekt und haben die Zuneigung der Gemeinde. Doch etwas fehlt, und dieses Etwas habe ich im Sex gefunden.

Alles, auch das Teilen von Sorgen und Ängsten, über das ich bereits gesprochen habe, wäre viel einfacher, wenn ich heiraten dürfte. Aber es ist, wie es ist. Also muss ich bestimmte Dinge eben geheim halten. Es war eine schwierige Entscheidung, die mich mehrere Monate beschäftigt hat. Schließlich habe ich mich jedoch zu dem großen Schritt entschieden und fühle mich jetzt besser.

Ich habe nicht das Gefühl, etwas Unrechtes zu tun, auch weil ich es auf sehr traditionelle Weise und mit einem Mann tue.«

Was glauben Sie, wie viele der in Afrika lebenden Geistlichen haben ein verborgenes Sexualleben? Gibt es dort mehr homosexuelle oder mehr heterosexuelle Geistliche?

»Ich glaube, dass viele Geistliche ein Sexualleben haben, nicht nur in Afrika, sondern auch anderswo auf der Welt. Wir sind schließlich auch nicht anders als andere junge Menschen. Das Einzige, was uns von ihnen unterscheidet, ist, dass wir keine Ingenieure oder Ärzte geworden sind, sondern uns für ein Leben als Geistliche entschieden haben. Der Unterschied liegt in der Form, nicht in der Substanz.

Ich glaube, dass es unter Pfarrern einen hohen Anteil von Homosexuellen gibt, allerdings eher in Europa und Amerika. In Afrika ist Homosexualität noch immer sehr verpönt.«

Was wissen Sie über Priester, die Sex mit Nonnen haben?

»Ich nehme an, das kann vorkommen. Mir persönlich ist es noch nie passiert. Aber ich kann mir vorstellen, dass sich Priester und Nonnen ebenso gut näherkommen können wie andere Arbeitskollegen auch, was ich auch verstehen kann. Für Gewalt hingegen habe ich kein Verständnis. Doch leider kommt auch das vor.«

Im Folgenden versuche ich, bereits angesprochene Aspekte etwas genauer zu beleuchten und frage Bianca, was Sexualkundeunterricht konkret bedeutet. Wird dabei nur für die Verwendung von Kondomen geworben, oder geht es auch um die Vermittlung einer anderen Sicht der Sexualität?

»Hauptsächlich geht es darum, den Jugendlichen beizubringen, was HIV bedeutet und wie man eine Ansteckung sowie eine verfrühte Schwangerschaft vermeiden kann. Verstehen Sie mich nicht falsch, ich sage nicht, dass zwei junge Menschen, die sich lieben, keine Kinder haben dürfen. Ich finde nur, dass sie sie nicht schon mit 14 oder 15 haben sollten.

Ich sage meinen Schülern, dass Sex nichts Schlechtes ist, dass zwei Menschen, die sich gernhaben, zu Recht Sex haben oder besser gesagt, sich körperlich lieben dürfen.«

Ich gebe zu, dass mir die Vorstellung eines Priesters oder einer Nonne, die selbst keine Erfahrung auf sexuellem Gebiet haben sollten, in der Rolle von Sexualkundelehrern ein seltsames Gefühl vermittelt.

»Ich verstehe, was Sie meinen, aber hier in Afrika ist das tatsächlich etwas völlig Normales. Gewiss, ich persönlich habe meine Erfahrungen gemacht und verschweige auch nicht, dass ich weiß, wovon ich spreche. Aber ich glaube nicht, dass alle Priester und Nonnen, die sexuelle Aufklärung betreiben, entsprechende Erfahrungen gemacht haben. Da kommt dann eben der gesunde Menschenverstand zum Einsatz, der in diesen Grenzgemeinden ohnehin immer gebraucht wird, ob es nun um Sex, Impfungen oder Krankheiten geht.«

Welche Bedeutung hat für Sie die Sexualität? Ist es der Kontakt mit einem anderen Körper, der Ihnen guttut? Suchen Sie die Zuneigung? Haben Sie Sex jemals als bloßes Vergnügen, als Selbstzweck erlebt?

»Es ist schwer zu sagen, aber es tut mir tatsächlich gut, einen anderen Körper neben mir zu spüren. Jemand, der auch nach dem Sex bei mir bleibt und diese kleinen intimen und zärtlichen Augenblicke mit mir teilt, die wir alle brauchen. Ich glaube behaupten zu können, dass ich noch nie Sex, sondern immer nur Liebe ›gemacht‹ habe. Und ich habe dabei nicht das Gefühl, etwas zu tun, was mit dem Gewand, das ich trage, oder mit meiner Vorbildfunktion gegenüber den Gemeindemitgliedern unvereinbar wäre.«

Haben Sie immer mit demselben Mann sexuellen Kontakt oder mit verschiedenen Männern? Sind es Afrikaner oder Europäer?

»Ich habe mit zwei Männern geschlafen. Einer war Europäer, der andere ist Afrikaner.

Der erste Mann war älter als ich und arbeitete hier für ein großes multinationales Unternehmen. Ich glaube, ich habe ihn wirklich geliebt. Wir sprachen oft davon, eine Familie zu gründen und Kinder zu haben. Ich war kurz davor, das Ordenskleid abzulegen und zu heiraten. Doch dann verlor ich ihn durch eine schwere Krankheit und mit ihm all unsere Träume.

Jetzt treffe ich mich ab und zu mit einem Einheimischen, der in einem Rehabilitationszentrum für Straßenkinder als Erzieher arbeitet. Er ist ein wunderbarer junger Mann, der mich verwöhnt und mir das Gefühl gibt, geliebt zu werden, Frau zu sein. Wir sehen uns nicht oft, weil wir weit voneinander entfernt wohnen, aber wenn wir uns sehen, ist es, als gehörten wir wirklich zusammen. Natürlich können wir unsere Gefühle nach außen hin nicht zeigen, doch wir sind uns der Zuneigung des anderen sicher.

Ich weiß, dass er eines Tages heiraten und wahrscheinlich auch Kinder haben wird, aber ich weiß auch, dass ich in ihm einen besonderen Menschen gefunden habe. Und selbst wenn unser sexuelles Verhältnis enden würde, weil es keine Leidenschaft mehr zwischen uns gibt, würde unsere besondere Beziehung dennoch fortbestehen.«

Haben Sie erotische Fantasien oder Träume?

»Früher wachte ich nachts auf, weil ich geträumt hatte, ich läge mit Männern und Frauen zusammen in einem großen Bett und wir trieben wüsten, unreinen Sex mit wechselnden Partnern. Doch dann vergingen diese Fantasien wieder, vielleicht weil ich begann, meine Sexualität auszuleben. Und vielleicht bin ich dadurch auch zu einer besseren Nonne geworden.«

Eine letzte Frage: Was halten Sie von der Zölibatspflicht für Geistliche?

»Über dieses Thema könnte man stundenlang diskutieren. Ich finde, Priester und Nonnen sollten heiraten und Kinder haben dürfen. Auf diese Weise hätten sie mehr Erfahrung mit alltäglichen Problemen: ein Kind, das Fieber hat, eine komplizierte Schwangerschaft, Streit zwischen Eheleuten. Würden wir diese Probleme aus eigener Erfahrung kennen, könnten wir Menschen, die uns um Rat bitten, besser helfen.

Und das gilt nicht nur für Afrika.«

28
Die Kultur
der Geheimhaltung

Afrika südlich der Sahara war seit den ersten Erkundungen der europäischen Eroberer immer schon ein großes Reservoir an Gläubigen für die katholische Kirche. Der Bau von Schulen, Kirchen und einfachen Begegnungsstätten verwandelte trostlose Gebiete in lebhafte Gemeinden, wodurch die von oben angeordnete Evangelisierung zu einem wahren territorialen Kontrollinstrument für das Gebiet südlich der Sahara wurde, das sich deutlich vom überwiegend muslimischen Norden unterscheidet.

Gerade zwischen dem Islam und dem Christentum herrscht auf dem schwarzen Kontinent ein seit Jahrhunderten andauernder Kampf um die vielen Millionen von Gläubigen.

Dazu einige Zahlen:

In Afrika leben heute 140 Millionen Katholiken, während deren Zahl zu Beginn des 20. Jahrhunderts noch unter zwei Millionen lag. Allein 2007 wuchs die Zahl der Seminaristen um 30 Prozent. Das hängt jedoch auch damit zusammen, dass viele Jugendliche in Afrika ins Seminar eintreten, um der Armut zu entkommen. Die katholische Kirche garantiert nicht nur drei Mahlzeiten am Tag, sondern auch Unterkunft und Gehalt sowie das Auto der Pfarrgemeinde.

Die klerikale Laufbahn ist häufig eine Art der Lebensrettung. Die Berufung ist zunächst zweitrangig, was auch ein Grund dafür sein mag, dass viele afrikanische Priester nach einigen Dienstjahren anfangen, sich gehen zu lassen. Bar einer soliden religiösen Überzeugung schaffen sie es nicht, die Soutane unten zu halten. Unterstützt wird das von einer Kultur, in der der Keuschheitsgedanke wenig respektiert und die Polygamie gelinde gesagt als etwas Natürliches angesehen wird.

Die afrikanischen Länder mit den meisten Fällen von Priestern, die ein Doppelleben führen oder in Mehrfachbeziehungen leben, waren in den Neunzigerjahren Botswana, Burundi, Ghana, Kenia, Lesotho, Malawi, Nigeria, Südafrika, Sierra Leone, Uganda, Tansania, Sambia, Zaire (die heutige Demokratische Republik Kongo) und Zimbabwe. Vor allem in armen und entlegenen Gebieten Afrikas missbrauchen Priester häufig ihre Macht und das Vertrauen ihrer Gemeindemitglieder dazu, sexuelle Gefälligkeiten zu empfangen. Vor allem, wenn sie nicht in Afrika geboren sind, sondern aus dem Westen stammen.

Viele Missionare verlieren durch die Macht, die ihnen mit ihrem Amt zufällt, den Sinn ihrer Mission aus den Augen. In Extremsituationen, in denen Konflikte und Armut die Zivilbevölkerung belasten, ist es normal, sich an den weißen Mann zu wenden, der die religiöse Führungsrolle innehat, um die Herausforderungen des Alltags zu bewältigen.

Der Vatikan verschließt die Augen, und der Missionar kann unbehelligt tun, was er will, und das nicht nur den Einheimischen gegenüber. Auch unter den Nonnen gibt es zahlreiche Opfer. Oft werden die Kirchenfrauen den jungen unverheirateten Frauen aus den Dörfern sogar vorgezogen, weil bei ihnen davon auszugehen ist, dass sie Jungfrauen sind. Und Jungfräulichkeit bedeutet ein geringeres Risiko, sich mit Aids anzustecken.

Im Jahr 2001 gab der Vatikan zu, dass weltweit in mindestens 23 Ländern Frauen, häufig Ordensschwestern, von Priestern sexuell missbraucht worden seien. Die meisten Vergewaltigungen hätten in Afrika stattgefunden, wo Fälle bekannt wurden, bei denen Nonnen gezwungen wurden, die Pille zu nehmen, damit Priester regelmäßigen Sex mit ihnen haben konnten. Ebenso kam es vor, dass Nonnen bei Abtreibungen starben und dann von demselben Pfarrer beigesetzt wurden, der sich an ihnen vergangen hatte.

Die britische Tageszeitung *The Guardian* berichtete von 29 Nonnen derselben Ordensgemeinschaft, die von Priestern ihrer Diözese geschwängert worden waren. Und angehende Nonnen sollen für eine Unterschrift unter ein Führungszeugnis, das sie dringend brauchten, um ihre religiöse Laufbahn fortzusetzen, von Priestern oder Bischöfen zum Sex genötigt worden sein.

Laut der US-Wochenzeitschrift *National Catholic Reporter* wurden dem Vatikan im Laufe der Neunzigerjahre mindestens fünf Dokumente vorgelegt, die schildern, wie verheerend die Situation in Afrika unter anderem auch deshalb ist, weil die Missbrauchsopfer von offizieller Seite so gut wie keine Hilfe bekommen. Doch es gab nie eine Reaktion darauf.

Am meisten Aufsehen erregte ein Bericht aus dem Jahr 1998. Er stammt von der katholischen Ordensschwester Marie McDonald, der damaligen Generaloberin der Missionsschwestern unserer Lieben Frau von Afrika und wurde 2001 vom *National Catholic Reporter* veröffentlicht. Auf dem Deckblatt des erschütternden Dokuments steht »extrem vertraulich« zu lesen. Der Titel lautet: »Das Problem des sexuellen Missbrauchs afrikanischer Ordensschwestern in Afrika und in Rom«.

Maries Text spricht eine klare Sprache und lässt wenig Raum für Deutungen: »Es gibt viele Nonnen, die von Priestern und Bischöfen vergewaltigt wurden. Und obwohl das Problem allgemein bekannt ist, verschlechtert sich die Situation eher, anstatt sich zu verbessern«.

Marie präzisiert: »Wird eine Nonne schwanger, wird sie häufig zur Abtreibung gezwungen und aus ihrer Ordensgemeinschaft verbannt, während der Priester, der sie vergewaltigt hat, lediglich in eine andere Pfarrgemeinde versetzt oder zum Studium anderswohin geschickt wird.

Viele Nonnen leben in finanzieller Abhängigkeit von den Priestern, die als Gegenleistung sexuelle Gefälligkeiten verlangen. Auch nutzen manche Pfarrer ihre Rolle als spirituelle Führer und Beichtväter aus, um sexuelle Dienste zu erzwingen.«

Marie zählt auf, was ihrer Meinung nach die Gründe für die Missbräuche sind: »Der Zölibat und das Keuschheitsgebot haben in vielen afrikanischen Staaten keine Geltung. Und Frauen nehmen sowohl in der Gesellschaft als auch in der Kirche eine geringere Stellung ein. Einer Ordensschwester ist es deshalb unmöglich, die sexuellen Avancen eines Priesters zurückzuweisen. Frauen wurden dazu erzogen, liebevoll, gefällig und gehorsam zu sein – vor allem gegenüber Autoritäten wie dem Pfarrer oder gar dem Bischof. Darüber hinaus rechtfertigen die Priester ihre Forderungen oft mit falschen Behauptungen, indem sie zum Beispiel sagen, der Zölibat verbiete zwar die Heirat, nicht aber Sex.«

Viele Frauenkongregationen benötigen Geldmittel für die Ausbildung ihrer Seminaristinnen, die häufig für die Diözesen arbeiten, ohne dafür angemessen bezahlt zu werden. Die Entscheidung darüber obliegt den Geistlichen, denen sie unterstellt sind. Hier liegt das Problem also in der finanziellen Abhängigkeit, die in diesem Umfeld sehr gefährlich sein kann.

Doch es ist auch ein kulturelles Problem. Priester und Nonnen werden häufig mit Gemeinden und kirchlichen Projekten in Ländern betraut, deren Gepflogenheiten sie kaum kennen.

Noch einmal Marie: »Viele angehende Nonnen werden zur Ausbildung nach Rom oder in andere europäische oder amerikanische Städte geschickt, wo sie nicht nur Probleme mit der Unterkunft und der Sprache haben, sondern manchmal auch mit dem Studium selbst. Jung und unerfahren, wie sie sind, werden sie zur leichten Beute für Priester, die als Gegenleistung für ihre Hilfe sexuelle Gefälligkeiten verlangen. Ich will damit nicht allein die Priester und Bischöfe verurteilen. Oft sind auch die Nonnen zu naiv und gefällig.«

Die Lage ist jedenfalls ernst. Und die Verschwiegenheit verschlimmert sie noch.

»Ich habe den mit der Kontrolle beauftragten Bischöfen bereits ein Beschwerdeschreiben geschickt. Doch die Reaktionen darauf waren gelinde gesagt enttäuschend. Dass die jungen Ordensschwestern die erlittenen Missbräuche angezeigt haben, sehen die Bischöfe als Verrat an. Es wäre ihrer Ansicht nach eher angebracht gewesen, wenn sie sich direkt an sie gewandt hätten. Doch das hatten die Nonnen mehrmals vergeblich versucht. Entweder wurden sie nicht empfangen, oder sie bekamen zur Antwort, es sei nichts zu machen.«

Im Jahr 1994 schrieb Schwester Maura O'Donohue, Aids-Koordinatorin für den internationalen katholischen Hilfsfond CAFOD, einen Bericht, in dem sie bestätigt, dass Priester in Nonnen häufig ein leichtes Ziel für sicheren Sex sehen. Sie fügte hinzu, dass es schwierig sei, diesem Phänomen entgegenzuwirken, weil es häufig totgeschwiegen würde.

Mein nächster Interviewpartner, den ich telefonisch in Virginia, USA, erreichte und im Folgenden vorstellen werde, gab mir auf die Frage, warum es in der katholischen Kirche so viel Sex gebe, folgende Antwort:

»Selbstverständlich weil der Zölibat nicht funktioniert. Er hat nie funktioniert. Sex ist allgegenwärtig. Es ist ein Thema, das nicht nur Pfarrer betrifft, sondern auch Bischöfe und sogar Kardinäle.

Die Kultur der Geheimhaltung, die in der Kirche schon immer geherrscht hat, wurde von der Subkultur der geistlichen Amtsträger diktiert. Die hohe Geistlichkeit ist ein enger Personenkreis, der eine ganze Kirche kontrolliert und die gesamte Macht in Händen hat. Und Macht verlangt ein gewisses Maß an Verschwiegenheit, weil der Rest der Welt im Ungewissen bleiben muss.«

Mein Gesprächspartner heißt Thomas Doyle. Er ist 66 Jahre alt, hat in Kanonischem Recht promoviert und besitzt fünf Masterabschlüsse, nämlich in Kanonischem Recht, Politikwissenschaften, Philosophie, Kirchengüterverwaltung und Theologie.

Im Jahr 1984 arbeitet Reverend Thomas Doyle an der Vatikanischen Botschaft in Washington, wo er von Fällen des Kindesmissbrauchs durch Priester erfährt. Fassungslos über diese Entdeckung und noch mehr über das Verhalten der Kirche, die die Schuldigen deckt und die Folgen ihrer Taten ignoriert, gründet Doyle ein Behandlungszentrum für Prälaten, die unter sexuellen Störungen leiden. Außerdem schreibt er einen geharnischten Beschwerdebrief an die amerikanischen Bischöfe und erteilt ihnen einige Ratschläge. Das missfällt der Kirche, weshalb sie seinen Vertrag bei der Botschaft in Washington nicht erneuert.

Doyle arbeitet daraufhin als Militärgeistlicher bei der amerikanischen Luftwaffe. Daneben setzt er sich für die Verteidigung der Missbrauchsopfer von Priestern und Ordensschwestern ein. Bis heute sagte Doyle in mehr als 200 Prozessen aus, befragte rund 2000 Opfer, war in mehr als 300 Fällen als Experte beteiligt und schrieb mehrere Bücher, eines davon in Zusammenarbeit mit Richard Sipe. Dessen übersetzter Titel lautet: *Sex, Priester und Geheimcodes: Die 2000 Jahre lange Datenspur des sexuellen Missbrauchs in der katholischen Kirche.*

In unserem Telefonat erklärt mir Thomas Doyle:

»Es wird immer über Pädophilie gesprochen, was auch durchaus berechtigt ist. Aber das eigentliche Problem ist die Verschleierung der Taten durch Repräsentanten der katholischen Kirche, von der Basis bis ganz nach oben. Alles, was mit Sex zu tun hat, seien es Missbräuche oder freiwillige sexuelle Beziehungen zwischen Erwachsenen, versuchen die Bischöfe möglichst geheim zu halten, und sie nutzen ihre ganze Macht und ihren Einfluss dafür, dass nichts ans Licht kommt. Hinzu kommt, dass die Polizei, vor allem in der Vergangenheit, für gewöhnlich alles in den Händen der Bischöfe ließ, als unterlägen diese nicht den Gesetzen der Vereinigten Staaten beziehungsweise der einzelnen Bundesstaaten. Und die Dinge liefen ohne irgendwelche Konsequenzen weiter, als sei nichts geschehen. Die eigentliche Neuigkeit der letzten Jahre ist weniger die Erkenntnis, wie weit verbreitet sexuelle Aktivitäten unter den Geistlichen sind, als die Tatsache, dass diese Dinge an die Öffentlichkeit gelangen konnten, nachdem es der Kirche bisher gelungen war, alles unter der Decke zu halten. Die Gesellschaft ist Gott sei Dank nicht mehr bereit, dieses Verhalten zu akzeptieren.«

Tatsächlich muss man sich fragen, inwieweit es in einer Welt der virtuellen Kommunikation mit Internet und WikiLeaks überhaupt noch möglich ist, Geheimnisse zu wahren.

»Informationen kommen heute von überall her. Die Dinge ändern sich, und viele begreifen es nicht. Die Bischöfe haben die alleinige Kontrolle über die sexuellen Aktivitäten innerhalb der Kirche verloren. Eine Kirche, die niemanden mehr zum Schweigen bringen kann, kann auch die Opfer oder andere Involvierte nicht mehr einschüchtern. Diese Zeiten sind vorbei.«

Gilt das nur für die Vereinigten Staaten?

»Für die Vereinigten Staaten, aber auch für andere Länder. Man braucht nur zu schauen, was in Belgien, Deutschland, Österreich und auch in Italien ans Tageslicht kommt. In all diesen Ländern wird jene Kultur der Geheimhaltung nicht mehr toleriert, es wird nicht mehr geduldet, dass die Kirche ungestraft davonkommt.«

Auch in Italien?

»In Italien ist der Einfluss der Kirche enorm groß, weshalb sich der Wandel dort langsamer vollzieht als in anderen Ländern. Ich erinnere mich daran, wie der Vorsitzende der italienischen Bischofskonferenz vor eineinhalb Jahren behauptete, das Problem des sexuellen Missbrauchs innerhalb der Kirche sei in Italien nicht der Rede wert. Eine glatte Lüge. Allmählich sickern die Daten durch, hauptsächlich dank der Medien, die die Kirchenvertreter nicht länger decken. Dasselbe passiert in anderen Teilen der Welt: Die Bürger, aber auch Vertreter von Regierung und Polizeibehörden sind die in der Kirchenhierarchie tief verwurzelte Korruption und Heuchelei leid und akzeptieren deren Alleinherrschaft nicht mehr.«

Doyles Worte haben mich beeindruckt. Er hat recht. Es ist nicht die Kirche, die an einem bestimmten Punkt beschlossen hat, sich zu ändern. Es ist die Gesellschaft, die sich verändert hat.

Wir haben uns verändert.

Auch wir Italiener.

29
Bestrafte Opfer

Ich habe eine Nonne ausfindig gemacht, die von einem Priester vergewaltigt wurde. Ich nenne sie im Folgenden Schwester Paola.

Schwester Paola war nicht die Einzige, die die sexuellen Übergriffe des Priesters ertragen musste. Sie teilte dieses Schicksal mit ihren Mitschwestern. Gemeinsam beschlossen sie ihn anzuzeigen.

Daraufhin wurden sie aus dem Konvent entfernt und auf der ganzen Welt verteilt, als wolle man sie für ihre Anzeige bestrafen. Tatsächlich ging es den Bischöfen hauptsächlich darum, einen Skandal zu vermeiden.

Die Nonne, die sich einverstanden erklärte, mir ihre Geschichte zu erzählen, arbeitet nun als Missionarin in Afrika. Sie ist Inderin und wurde ebenfalls vergewaltigt. Auch mit ihr kommuniziere ich aus der Distanz.

»Ich bin in Indien geboren, genauer gesagt in Kalkutta. Ich bin 34 Jahre alt und stamme aus einer sehr armen, neunköpfigen Familie: ich, Mama, Papa, vier Schwestern und zwei Brüder. In Indien aufzuwachsen, ist kein Zuckerschlecken. Wir wussten nie, ob wir abends etwas zu essen haben würden, ob Papa von der Arbeit zurückkehren oder sich mit seinen Freunden betrinken würde. Wir waren so arm!

Mama war eine starke Frau, die uns Ehrlichkeit und Respekt gelehrt hat.

Ich war die Jüngste, die Prinzessin des Hauses, für die sich alle einen Bissen vom Mund absparten, damit ich genug zu essen hatte. Unsere Situation verschlimmerte sich noch, als Papa bei der Arbeit tödlich verunglückte. Ich war damals neun, und meine Brüder, die kaum älter waren als 13, mussten nun arbeiten gehen. Weil unsere Mutter uns nicht alle satt bekam, entschied sie, dass ich Nonne und mein jüngster Bruder Priester werden sollte.

Mein Bruder lebt heute glücklich als Priester einer kleinen Pfarrgemeinde in Frankreich. Ich bin auf Anordnung meiner Vorgesetzten hier in Afrika.«

Die Anfangszeit in Mumbay.

»Nachdem ich Nonne geworden war, wurde ich einer Mission in Mumbay zugewiesen. Der Pfarrer war Brasilianer. Wir waren sieben Nonnen und kümmerten uns um circa 100 Kinder eines Elendsviertels.«

Die Vergewaltigungen.

»Ich erinnere mich noch daran, als sei es gestern gewesen. Es war ein heißer Sommerabend, und ich war mit den anderen Schwestern im Schlafsaal. Wir hatten gerade den Rosenkranz zu Ende gebetet. Plötzlich betrat er das Zimmer. Er war betrunken von einem offiziellen Essen zurückgekehrt. Er zog sich vor uns aus, begann zu masturbieren und zwang uns zum Oralsex.

Dann vergewaltigte er uns.

Er hörte und hörte nicht auf, je mehr wir weinten, desto dämonischer wurde sein Gesichtsausdruck. Er war wie besessen. Ich fürchtete um mein Leben und betete zu Gott, diese Nacht möge so rasch wie möglich vorübergehen.

Das Ganze dauerte ungefähr zwei Stunden.

Ich hatte schreckliche Angst. Ich hatte noch nie Geschlechtsverkehr gehabt, noch war ich in anderer Weise mit einem Mann intim gewesen. Ich fühlte mich geschändet und verspürte einen schrecklichen Ekel.«

Das Erwachen, der Tag danach, das Leben danach.

»Am nächsten Morgen schien es, als sei nichts gewesen. Wir sprachen nicht über das, was passiert war, dafür schämten wir uns zu sehr. Ich fühlte mich schuldig, als hätte ich den Herrn betrogen. Das ist das Absurde: Ich war das Opfer und fühlte mich schuldig. Und so ging es auch meinen Mitschwestern.

Ich betete viel an jenem Tag – alleine, um mich von der Welt abzuschotten. Ich suchte Antworten im Gebet und vielleicht auch den Mut, das Geschehene anzuzeigen, doch den fand ich nicht. Ihn nicht sofort anzuzeigen, war ein großer Fehler, denn er nahm unser Schweigen als Freischein, so weiterzumachen.

Ein Jahr lang zwang er mich und meine Mitschwestern immer wieder zum Geschlechtsverkehr. Die Nächte waren zu einem wahren Albtraum geworden. Er kam in unser Zimmer und vergewaltigte uns. Wenn er mit uns fertig war, ließ er uns mit unseren Tränen, unserer Angst und unserem Ekel vor uns selbst allein. Ich bin sicher Dutzende Male vergewaltigt worden. Zum Glück kann ich nun allmählich vergessen.

Nicht immer vergewaltigte er mich physisch, manchmal zwang er mich, dabei zuzusehen, während er sich an einer meiner Mitschwestern verging, oder er zwang mich zum Sex mit anderen Schwestern, während er uns zusah und masturbierte. Manchmal zwang er uns einfach nur ihm zuzusehen, während er sich anfasste.

Was all diese Nächte verband, war sein hoher Alkoholspiegel. Er war immer betrunken – wer weiß, vielleicht auch unter Drogeneinfluss.«

Der Priester.

»Er war ein guter Priester, der auf die Gläubigen Eindruck machte und für die Gemeinde viel Gutes tat. Aber wenn er getrunken hatte, war er nicht mehr er selbst. Wenn er uns vergewaltigte, hatte er einen schrecklichen Gesichtsausdruck, als sei er vom Bösen besessen.«

Die Anzeige.

»Wir entschlossen uns, ihn anzuzeigen, als es einer Nonne nach einem seiner Übergriffe so schlecht ging, dass wir sie ins Krankenhaus bringen mussten. Am nächsten Tag gingen wir zur Polizei. Wir hatten begriffen, dass wir etwas tun mussten. Früher oder später wäre eine von uns sicher gestorben.

Der Priester wurde eingesperrt und dann nach Brasilien geschickt. Wir fühlten uns befreit.«

Doch das Leiden ist noch nicht vorbei.

»Es war eine schwere Zeit, es schien, als seien wir die Bösen und Unkeuschen. Wir wurden vom Gemeindeleben ausgeschlossen. Der Albtraum war noch nicht vorüber.«

Die Versetzungen.

»Fünf Monate später wurden wir versetzt. Wir bekamen alle einen Brief, in dem wir aufgefordert wurden, Indien zu verlassen und in andere Länder auf Mission zu gehen. So wurden wir ohne erkennbaren Grund in aller Herren Länder verstreut. Die einen nach Europa, die anderen nach Lateinamerika. Ich wurde nach Afrika versetzt und bin im Großen und Ganzen zufrieden, hier zu sein. Ich fühle mich nun frei und bin froh, dass der Albtraum endlich vorüber ist.«

Die Strafe.

»Ich und meine Mitschwestern wurden bestraft, weil wir unser Schweigen gebrochen haben und den Mut hatten, der Sache ein Ende zu bereiten, indem wir alles erzählten. Direkt gesagt hat es nie jemand, aber ein Sekretär des Bischofs gab mir einmal zu verstehen, dass die Spenden der reichen brasilianischen Freunde des Priesters ausgeblieben waren, seit er fort war. Ich glaube deshalb, dass wir letztendlich aus finanziellen Gründen bestraft wurden.«

Erinnerungen.

»Noch heute denke ich ab und zu darüber nach. Ich verstehe nicht, wie ein Pfarrer etwas Derartiges tun kann. Mir ist klar, dass es Priester und Nonnen gibt, die Sex haben, aber ich glaube, dass sie es im gegenseitigen Einverständnis tun. Wir hingegen wurden dazu gezwungen. Und das werde ich nie vergessen können.«

Der Sex.

»Ich hatte noch nie freiwillig Sex mit jemandem und glaube auch nicht, dass ich es jemals haben werde. Ich habe das Nonnengewand gewählt und bin froh darüber.

Aber ich wurde viele Male zum Sex gezwungen. Das ist nicht der Akt, der der Zeugung eines neuen Lebens dient.

Ich kümmere mich hier um kleinere Kinder und habe daher selbst nichts mit Aufklärungsunterricht zu tun, aber ich weiß, dass er stattfindet und dass Methoden gelehrt werden, um Krankheiten und ungewollte Schwangerschaften zu vermeiden. Und damit bin ich vollkommen einverstanden.«

Der Zölibat.

»Darüber habe ich noch nie nachgedacht. Ich bin froh, mich für Christus entschieden zu haben. Ich kenne Kolleginnen, die gerne einen Lebensgefährten hätten, weil sie sich manchmal einsam fühlen und sich jemanden wünschen, mit dem sie ihre Sorgen und Ängste teilen können. Ich denke deshalb, wir sollten frei entscheiden dürfen. Wer will, sollte einen Partner haben dürfen, und wer es nicht will, wie ich, sollte alleine bleiben. So würden auch Vorfälle wie der, den wir in Indien erleben mussten, vermieden werden.«

Der *National Catholic Reporter* publizierte ein Interview mit einer afrikanischen Nonne, die in einem katholischen College in den Vereinigten Staaten studierte und in Westafrika von einem afrikanischen Priester vergewaltigt wurde.

»Ich war 27, als ich vergewaltigt wurde. Ich habe versucht, mich zu wehren, doch ich konnte gegen ihn nichts ausrichten. Das Schlimmste für mich war, dass ich ausgerechnet im religiösen Umfeld geschändet worden war.

Nonnen, die in Geldnot sind, lassen die Vergewaltigungen durch Priester über sich ergehen, weil das Leben im Kloster immer noch besser ist als das Leben, das sie zu Hause führen müssten. Außerdem gehen die Frauen häufig davon aus, dass die afrikanischen Priester, die in Rom studiert haben, kulturell höhergestellt seien. Also glauben sie ihnen alles, zum Beispiel auch, dass es völlig in Ordnung sei, Sex miteinander zu haben.

Die Situation ist heute genau umgekehrt wie früher. Ein weltliches Leben ist für afrikanische Frauen heute sicherer als ihr Leben im Kloster. Jüngere Nonnen nehmen sich die älteren als Vorbild. Und wenn sie merken, dass auch diese von den Priestern verführt werden, glauben sie, es sei nichts Schlimmes dabei.«

Wie ein Artikel der *Associated Press* vom März 2009 beschreibt, kommt es mitunter zu wahrhaft absurden Situationen: In Angola wird vielen Nonnen zum Gebrauch von Kondomen geraten.

Einer der wenigen, der sich vor der Presse zu diesem Übel geäußert hat, ist Pater Giulio Albanese, der ehemalige Leiter der Nachrichtenagentur des missionarischen Dienstes Minsa: »Missionare sind in Kriegssituationen oder Situationen andauernder Gewalt häufig einem unglaublich hohen psychischen Druck ausgesetzt. Auf der einen Seite ist es wichtig, diese Gräuel zu verurteilen und die Wahrheit offenzulegen, auf der anderen Seite sollte man vermeiden zu generalisieren.«

Viele religiöse Würdenträger sind mit dem Problem vertraut. Peter Schineller, ein Jesuitenpater, der 20 Jahre lang in Afrika gelebt hat, formuliert es folgendermaßen: »Obwohl viele Priester ein Keuschheitsgelübde abgelegt haben, kommt es zwischen ihnen und willigen oder weniger willigen Frauen häufig zum Sex.«

Auch in den Führungsetagen des Vatikans weiß man gut, was in Afrika geschieht. Joaquín Navarro-Valls, Sprecher des Vatikans zur Zeit des Briefes von Schwester Marie McDonald, äußerte sich folgendermaßen: »Wir sind uns des Problems bewusst, auch wenn es auf einige Teile der Welt beschränkt ist.«

Es ist kein Zufall, dass das Keuschheitsgelübde eines der Hauptthemen bei der Afrika-Synode 2009 war. Ebenso wenig ist es ein Zufall, dass Benedikt XVI. während seiner Afrikareise 2010 über das Problem des Zölibats auf dem schwarzen Kontinent gesprochen hat und die Priester dazu aufforderte, »sich vollkommen zu öffnen und den anderen zu dienen, wie Christus es getan hat, und das Geschenk der Keuschheit zu respektieren.«

30
Zölibat in Afrika –
eine Illusion

Die Situation in Afrika zu ändern, wird keine leichte Aufgabe sein. In einer Gesellschaft, in der sich der Status eines Mannes mit der Zahl seiner Kinder erhöht, fühlen sich Priester häufig isoliert und ausgeschlossen, was ihre Einsamkeit noch verstärkt. Viele von ihnen haben deshalb eine Lebensgefährtin oder eine heimliche Ehefrau.

Zum Beispiel gab der Bischof von Zimbabwe, Pius Ncube, laut einer lokalen Pressemitteilung zu, mit einer verheirateten Frau seiner Gemeinde ein Verhältnis gehabt zu haben, und trat 2007 von seinem Amt zurück. Es ist anzunehmen, dass die Entscheidung auf Druck der staatlichen Medien getroffen worden war, die damit gedroht haben sollen, ein Video zu veröffentlichen, auf dem er zusammen mit einer Frau nackt im Schlafzimmer zu sehen ist. Ncube ist jedoch immer noch Pfarrer einer ländlichen Gemeinde.

Auch der Fall von Pater Dominique Wamugunda und Martha Karua, der ehemaligen kenianischen Justizministerin und einstigen Präsidentschaftskandidatin, sorgte für viel Aufsehen. Die beiden wurden 2003 Opfer eines nächtlichen Raubüberfalls und das ausgerechnet auf dem Rücksitz von Marthas Dienstwagen, in dem sie zu diesem Zeitpunkt ohne Leibwächter unterwegs waren. Die Diebe erbeuteten nicht viel, doch über den Vorfall wurde in allen Zeitungen berichtet.

Am 9. Juni 2009 wurde der sambische Pfarrer Luciano Anzanga Mbewe vom Vatikan exkommuniziert, weil er geheiratet hatte. Heute leitet Mbewe die Catholic Apostolic National Church, eine Sekte von Pfarrern, die – inspiriert von Emmanuel Milingo – in Sambia entstanden ist, mittlerweile aber auch eine Niederlassung in der ugandischen Stadt Jinja hat, deren Bischof und spiritueller Führer Leonard Lubega ist.

Gegenüber der katholischen Nachrichtenagentur CISA mit Sitz in Nairobi sagte Lubega, am Anfang seien es nur 20 Pfarrer gewesen, während die Sekte heute allein in Uganda mehr als 12 000 Gläubige zählt. »Wir betrachten uns als Katholiken, aber nicht als römische Katholiken. Wir unterstehen nicht der Autorität Papst Benedikts XVI., auch wenn wir ihn anerkennen und für ihn beten.«

Die Reaktionen ließen nicht lange auf sich warten. Die Regierung Ugandas erklärte, sie habe über die Sekte Nachforschungen angestellt, und es seien Überlegungen im Gange, sie für illegal zu erklären.

Der Erzbischof von Kampala, Cyprian Kizito Lwanga, forderte die Regierung auf, die Sekte sofort zu verbieten, um Verwirrungen unter den Gläubigen sowie mögliche religiöse Konflikte zu vermeiden.

Kardinal Emmanuel Wamala, emeritierter Erzbischof von Kampala, bezeichnete die Mitglieder der Sekte als falsche Propheten: »Ich kenne diese sogenannten Priester nicht. Die Kirche sollte sich von ihnen nicht einschüchtern lassen. Es ist nicht das erste Mal, dass in Uganda solche Personen wie aus dem Nichts auftauchen und schon kurz darauf wieder von der Bildfläche verschwinden. Ich rate den Ugandern, diesen Priestern kein Gehör zu schenken und ihnen nicht zu folgen, weil es deren einziges Ziel ist, die Kirche zu spalten.«

Im Jahr 2009 besucht der aus Guinea stammende Monsignore Robert Sarah, Sekretär der Kongregation für die Evangelisierung der Völker, in seiner Funktion als apostolischer Visitator

Bangui, die Hauptstadt der Zentralafrikanischen Republik. Er wurde gerufen, um eine unerfreuliche Angelegenheit zu prüfen, der der vietnamesische Erzbischof Pierre Nguyên Van Tot, seit August 2005 Apostolischer Nuntius in der Zentralafrikanischen Republik und im Tschad, auch schon nachgegangen war. Van Tot berichtet, dass in Bangui viele Priester Familienväter seien und Häuser und anderes Privatvermögen besäßen.

Bei seiner Ankunft in Bangui geht Monsignore Robert Sarah mit den Priestern, die ein solches Doppelleben führen, hart ins Gericht. Er fordert sie auf, ihr Amt niederzulegen, und gibt grünes Licht für eine Säuberungsaktion innerhalb der zentralafrikanischen Kirche. Koordiniert wird die Aktion von dem nigerianischen Monsignore Jude Thaddeus Okolo, dem Nachfolger von Van Tot im Amt des Nuntius im Tschad und in der Zentralafrikanischen Republik. Das Ergebnis: Von den neun zentralafrikanischen Diözesen wird nur eine von einem einheimischen Bischof geleitet. Sechs Diözesen haben hingegen externe Missionsbischöfe an der Spitze, und zwei Stellen sind vakant.

Diese Maßnahmen werden von den lokalen Priestern jedoch als mangelndes Vertrauen ihnen gegenüber interpretiert, was sie in zahlreichen Briefen, in denen von »kirchlichem Neokolonialismus« die Rede ist, anprangern. Schließlich schaltet sich der Vatikan ein, um in der Angelegenheit zu vermitteln.

Am 19. Mai 2009 schreibt Kardinal Ivan Dias, Präfekt der Kongregation für die Evangelisierung der Völker, einen Brief an die Katholiken:

»Die zentralafrikanische Kirche hat schwierige Momente erlebt, die den Frieden und die Harmonie unter ihren Mitgliedern gestört haben. Es muss anerkannt werden, dass die Kirche von heute das Ergebnis der emsigen und geduldigen seelsorgerischen Arbeit Tausender Missionare ist, die von weit her gekommen sind, und des lokalen Klerus, den diese in den vergangenen 115 Jahren ausgebildet haben. Man muss jedoch auch in aller

Ehrlichkeit und Demut einräumen, dass auf dem Feld des Herrn neben dem guten Korn auch Unkraut wächst, das den Idealen des Evangeliums und der Kirche Jesu Christi schadet. Vor allem gibt es da die mangelnde Moral einiger Priester, die so ihre erhabene Berufung verraten, als geistliche Führer das Volk auf dem Weg zu Gott zu begleiten.

Leider konnte sich Monsignore Sarah bei seinem Besuch vom tiefen Unbehagen der Gläubigen überzeugen, zu dem es durch das wenig vorbildhafte Verhalten bestimmter, auch qualifizierter Mitglieder ihres Klerus, seien es Einheimische oder Missionare, gekommen ist.

Der Heilige Stuhl sah sich deshalb zu Maßnahmen gezwungen, um gegen die regelwidrigen Umstände vorzugehen, unter denen die Priester ihren Verpflichtungen vor Gott und der Kirche nicht nachkamen und so die Gläubigen schockierten.«

Die Presse erkannte den Ernst der Lage und nannte die Diözesen und Gemeinden mit Priestern und Geistlichen, die Frau und Kinder haben. Zugleich wunderte sie sich aber auch darüber, dass dem Vatikan die Missstände erst so spät bekannt geworden waren.

Die *Centrafrique Press* schrieb: »Es ist scheinheilig zu glauben, der Zölibat für Priester in der Zentralafrikanischen Republik, wie auch anderswo, sei keine Illusion.«

Die Comboni-Missionare der Monatsschrift *Nigrizia* äußerten sich folgendermaßen: »Mit seiner jahrhundertelangen Erfahrung ist sich Rom der menschlichen Schwäche zwar bewusst, ist aber dennoch nicht bereit, seine Regeln neu zu überdenken, und ignoriert stattdessen die Situation. Der Vatikan sieht die Dinge in einer Langzeitperspektive, während sich die Lebensspanne von Priestern, Christen und Nicht-Christen auf wenige Jahre beschränkt.

Wir gehören nicht zu denjenigen, die behaupten, Afrikaner

seien für den Zölibat nicht geschaffen oder der Fruchtbarkeitskult erlaube es ihnen nicht, auf eine leibliche Nachkommenschaft zu verzichten. Wie die Ehe ist auch der Zölibat für das Himmelreich ein prophetisches Zeichen, der mit keiner Kultur der Welt gänzlich übereinstimmt – weder einer vergangenen noch einer aktuellen, weder einer afrikanischen noch einer westlichen. Für den Zölibat kann man sich nur aus freien Stücken und durch einen festen Glauben entscheiden. Ihn an Institutionen und Strukturen zu binden, kann zu so dramatischen und skandalösen Situationen führen wie diese, über die wir gerade sprechen.«

Es ist ein heikles Thema.

Viele Geistliche wissen, wie wenig Beachtung das Keuschheitsgebot in Afrika findet, und fördern deshalb den Gebrauch von Kondomen. Laut den Vereinten Nationen sind in Afrika rund 22 Millionen Menschen mit dem HIV-Virus infiziert.

Eine Gruppe von 14 südafrikanischen Ordensschwestern, die sich um Aidskranke kümmert, gründete aus Protest gegen das Kondomverbot der katholischen Kirche die Organisation Nonnen für Gerechtigkeit.

Velesiwe Mkwanazi von der Organisation Ordination für Frauen in Südafrika, WOSA: »In Südafrika haben viele Priester sexuelle Beziehungen. Die Schuld daran wird häufig den Frauen zugeschoben, die die Priester angeblich verführen. Doch die Frauen hier sind dazu erzogen, Männer zu ehren und ihnen Respekt zu zollen. Sie können einen Priester, der ihnen als Mittler zwischen Gott und den Menschen präsentiert wird, nicht ablehnen.«

All die Sexskandale unter Geistlichen in Afrika zwingen die Verantwortlichen der Kirche dazu, sich folgende Frage zu stellen: Kann es ein Modell geben, das für alle und überall gilt? Die Antwort darauf haben die Comboni-Missionare in ihrer Zeitschrift *Nigrizia* geliefert: »Bestimmte Teile des Klerus erleben eine Art der Schizophrenie zwischen zwei Kulturen – der afrikanischen, mit der sie aufgewachsen sind, und der westlichen, die sie während der langen Studienjahre der Philosophie und Theologie kennengelernt haben. Auch haben sie sich nicht aus freien Stücken für ein Leben als Ledige entschieden und empfinden ihre Situation oft als sehr frustrierend.«

Wird es ausreichen, wie der Heilige Stuhl annimmt, die Ausbildung der Priester zu verbessern?

Ich möchte an das erinnern, was der aus Kamerun stammende Theologe und Soziologe Jean-Marc Éla in seinem Buch *Gott befreit – Neue Wege afrikanischer Theologie* schreibt: »Die Figur des Bischofs, die uns vorschwebt, ist die des authentischen Dieners des Evangeliums der Befreiung … Was wir brauchen, sind keine hohen Kleriker, sondern demütige Pastoren, die der Heilige Geist seinem Volk schickt, um die Tradition der Bischöfe wieder aufleben zu lassen, die sich der Armen und Unterdrückten annehmen.«

31
Pater Felice

Doch nicht alle Priester in Afrika sind sexbesessene, skrupellose Vergewaltiger. Es gibt auch zahlreiche Priester, die ihre Arbeit als Missionare mit Leidenschaft, Engagement und demütigem Respekt ausüben, Männer und Frauen, die sich nicht immer an die rigiden Regeln Roms halten.

So auch Pater Felice, mit dem ich ebenfalls auf virtuellem Weg Kontakt aufgenommen habe:

»Ich bin über 50 Jahre alt und kam als einziger Sohn einer Bauernfamilie in einem kleinen Dorf in der Provinz von Brescia unweit des Gardasees zur Welt. Wir waren eine ganz normale Familie: Papa kümmerte sich um die Felder und die Tiere und Mama um die Hausarbeit. Wir waren nicht reich, aber auch nicht arm.

Als kleiner Junge war ich ein echter Wildfang. Mir gefiel es, draußen an der frischen Luft zu sein und mit meinen Freunden auf den Feldern herumzutollen. In die Schule ging ich dagegen nicht gerne, und weil ich oft schwänzte, wurde ich ins Priesterseminar geschickt. Ich war damals acht Jahre alt, und nicht einmal meine Eltern hätten damals geglaubt, dass ich einmal Pfarrer werden würde.

Ich kam nur an Weihnachten und Ostern nach Hause. Sonntags besuchten mich meine Eltern. Erst gingen wir gemeinsam in den Gottesdienst und anschließend in eine Trattoria in der Nähe des Seminars zum Essen. Ich war immer sehr traurig, wenn sie wieder gingen, und wollte jedes Mal, dass sie mich mit nach

Hause nahmen, zu meinen Schwestern, zu meinen Freunden im Dorf, zu meinen Spielplätzen draußen.

Freunde waren mir immer wichtig, und das ist auch heute noch so. Ich habe einige gute Freunde in Italien, manche von ihnen kenne ich noch aus dem Dorf, andere aus dem Seminar. Mit Letzteren, von denen nicht alle Priester geworden sind, spielte ich oft bis zum Umfallen Fußball und teilte mit ihnen die Mühsal der Schulaufgaben. Als Jugendliche schauten wir den Mädchen nach, die zur Messe in die Kirche kamen. Es gab nicht viele Gelegenheiten, Mädchen zu treffen und kennenzulernen, nur sonntags hatten wir Kontakt mit ihnen.

Ich erinnere mich an ein Mädchen. Es kam mit seiner Großmutter zur Messe und war eine engelhafte Erscheinung mit blondem Haar und hellen Augen. Ich erinnere mich noch genau an das Mädchen und an die Emotionen, die es in mir ausgelöst hat. Dennoch hatte ich nie die Gelegenheit mit ihr zu sprechen oder jene Dinge zu tun, an die ich oft dachte.

Dann erreichte mich der Ruf des Herrn.

Ich war ungefähr 16, als ich begriff, dass ich dazu bestimmt war, Priester zu werden. Meine Eltern und meine Schwestern waren überglücklich, als ich ihnen von meinem Entschluss erzählte. Am Tag meiner Priesterweihe organisierten sie ein großes Fest, zu dem das ganze Dorf eingeladen war.

Ich wurde Pfarrer einer kleinen, ruhigen Gemeinde mit einem eintönigen Leben. Ich war jung und fühlte mich dort auf dem Abstellgleis. Eines Tages lernte ich einen Missionar kennen und beschloss nach Afrika zu gehen, weil ich wusste, dass meine Hilfe dort viel dringender gebraucht wurde als in Italien. Dort hatte meine Berufung einen wirklichen Sinn, und ich konnte mir die Hände schmutzig machen, wie ich es mir immer gewünscht hatte. Ich glaube, dass es mich aus Langeweile, verzeihen Sie mir den groben Ausdruck, nach Afrika gezogen hat. Ich musste meinem Dasein als Pfarrer einen Sinn geben.«

Seit wann sind Sie in Afrika? Erinnern Sie sich an die Anfangszeit, die Unterschiede zwischen damals und heute, die Anfangsschwierigkeiten?

»Ich bin seit Anfang der Neunzigerjahre hier. Die erste Zeit war schwierig, vor allem aufgrund der Kommunikationsprobleme mit den Einheimischen. Wir sprachen auf Englisch miteinander, verstanden uns aber nicht. Nachdem ich Suaheli gelernt hatte, wurde es besser.

Was den Komfort anging, wusste ich, dass ich nichts Besonderes erwarten durfte, dass mein Haus nicht mit italienischen Standards vergleichbar sein würde, dass ich kein Warmwasser haben würde und Kilometer würde laufen müssen, wenn ich telefonieren wollte. Doch das schreckte mich nicht ab. Ich war auf dem Lande aufgewachsen und hatte es immer geliebt.

Mir wurde schnell bewusst, dass ich mein Priesteramt hier ganz anders ausüben würde als in Italien.

In Italien waren meine größten Probleme die Organisation der Gemeindeausflüge und die Gestaltung des Kommunionunterrichts der Kinder gewesen. In Afrika war die Situation anders. Ich musste all den Kindern in meiner Gemeinde Hoffnung geben, ich musste ihnen klarmachen, dass Gott sie nicht vergessen hatte, dass es keine Strafe Gottes war, dass sie in einem Elendsviertel lebten.«

Und die Priester? Worin unterschieden sich die Priester, die Sie in Afrika kennengelernt haben, von den italienischen Priestern?

»Die afrikanischen Priester waren Pfarrer, die, wie es auch mir passiert, ab und zu die Messe ausfallen lassen, die nicht immer ein Priestergewand tragen und beim Bau einer Kirche oder eines Brunnens selbst mit anpacken. Priester eben, die auf das Praktische mehr Wert legen als auf das Abstrakte. Vor 20 Jahren verhungerten hier täglich Menschen. Mittlerweile haben sich die Dinge ein wenig gebessert. Man stirbt in der Regel nicht mehr an

Hunger, an einer banalen Grippe aber sehr wohl. Sie werden verstehen, dass man unter diesen Umständen manchmal so pragmatisch wie möglich handeln muss. Manchmal ist ein Aspirin eben wichtiger als ein Gebet.«

Bei welchen anderen ehernen Regeln der Kirche haben Sie noch gelernt, sich den lokalen Umständen anzupassen?

»Als ich in Afrika ankam, wusste man so gut wie nichts über Aids. Es gab zahlreiche HIV-Infizierte. Und dennoch unternahm weder die Kirche noch die Regierung etwas, um der Verbreitung dieser Epidemie entgegenzuwirken. Seit einigen Jahren haben die Regierungen zwar entsprechende Maßnahmen angeordnet, doch es wird noch immer zu wenig getan. Meiner Meinung nach bedürfte es einer deutlichen Stellungnahme seitens des Vatikans.

In dem Armenviertel, in dem ich lebe, hat die Politik keinen Einfluss. Dort leben die Ausgestoßenen, die sich von den politisch Verantwortlichen des Landes vergessen fühlen. Wenn sich hier anstelle des Staates die Kirche mit offiziellen Initiativen gegen die Verbreitung des Virus einsetzen würde, wären die Erfolgsaussichten deutlich höher.«

Wie wichtig ist der gesunde Menschenverstand, um in Afrika Missionar zu sein?

»Ein gesunder Menschenverstand ist fundamental. Wenn ich ihn nicht gehabt hätte, wäre ich schon vor 15 Jahren verrückt geworden. Ich muss mich hier täglich sowohl mit der Fassade einer offiziellen Wirklichkeit als auch mit einer gelebten Wirklichkeit auseinandersetzen. Ich muss einerseits der Kirche Roms gehorchen, andererseits aber auch für meine Kirchengemeinde sorgen. Die Kirche Roms ist die der Priester, Bischöfe und Kardinäle, die wenig Ahnung davon haben, was hier passiert. Meine Kirchengemeinde, das sind die Gläubigen, deren Zukunft ungewiss ist, die in Baracken leben und in mir als Pfarrer eine Bezugsperson sehen.

Kurz gesagt, ich muss in der Kirche arbeiten und dabei die Kirche Roms manchmal vergessen.

Ich glaube, den Kardinälen in Rom täte ein Aufenthalt in Afrika sehr gut. Ich meine aber nicht eine dieser offiziellen Reisen, bei denen sie nur schöne Orte zu Gesicht bekommen. Sie sollten mit einem Rucksack auf dem Rücken losziehen und unter den Einheimischen leben, so wie ich es vor Jahren gemacht habe. Sie sollten den Gestank der Abwasserkanäle riechen, die Geburt eines Babys miterleben, das bereits dem Tode geweiht ist, weil sie sagen, dass man keine Kondome benutzen darf. Sie sollten die Verzweiflung in den Augen der Erwachsenen und Jugendlichen sehen, aber auch deren Hoffnung auf eine bessere Zukunft und sich mit ihnen freuen.«

Beschreiben Sie uns den typischen Tagesablauf eines Missionars?

»Es gibt immer viel zu tun, wobei an Planung kaum zu denken ist.

Der einzige Fixpunkt ist die Messe am Sonntagmorgen, die hier ganz anders gefeiert wird als in Italien: Die Menschen singen und tanzen und bringen mir zum Zeichen ihres Dankes einen Teil ihres Nichts als Opfergabe.

Den Rest der Woche muss man die Dinge nehmen, wie sie kommen. Es ist stets eine Arbeit im Ausnahmezustand.

Ich leite vier Rehabilitationszentren für die *Chokora,* die an Klebstoff schnüffelnden Straßenkinder (wörtlich übersetzt heißt Chokora ›Müll‹). Insgesamt werden dort rund 300 Kinder betreut – schwierige Kinder mit großen Problemen. Kinder, die erst davon überzeugt werden müssen, dass es in ihrem eigenen Interesse liegt, dazubleiben. Bei einer solchen Arbeit ist es verständlich, dass es oft zu Ausnahmezuständen kommt. Oft muss ich von einem Ort zum anderen eilen, um Probleme zu lösen. Nicht, dass meine Mitarbeiter dazu nicht fähig wären, aber oft hören die Kinder auf mich eher als auf andere.

Wie dem auch sei, mein Tagesablauf sieht ungefähr folgendermaßen aus: Ich stehe bei Morgengrauen auf. Trotzdem muss ich zugeben, dass ich nicht jeden Tag eine Messe halten kann – Gott wird mir verzeihen. Morgens drehe ich mit einheimischen Mitarbeitern eine Runde im Stadtzentrum, um zu sehen, ob von den Kindern, die Klebstoff schnüffeln, eines zu uns ins Zentrum kommen möchte. Die Nachmittage verbringe ich in den Rehabilitationszentren. Abends lasse ich es mir dann nicht nehmen, mit einem guten Freund ein Bier zu trinken. Das ist der Augenblick, um abzuschalten, die Schuhe auszuziehen und für einen Moment zu vergessen, was ich den Tag über gesehen und erlebt habe.«

Worüber reden Sie beim Bier?

»Das Biertrinken ist der Augenblick, in dem ich kein Pfarrer, sondern einfach nur ein Mensch bin, der sich mit seinen Freunden trifft. Wir reden über Politik, Fußball, Bücher. Auch über Frauen, denn auch ich habe Augen im Kopf und kann beurteilen, ob eine Frau schön ist oder nicht. Selbstverständlich bringen mich manche deftigen Kommentare in Verlegenheit, aber letztendlich sind wir unter Freunden, wo auch das erlaubt ist.«

Was gefällt Ihnen an Ihrem Leben in Afrika am meisten?

»Die Freiheit. Ich unterliege keinen Befehlen und keinem Imprimatur von oben. In Italien hätte ich ein wesentlich ruhigeres Leben: die Messe, die alten Damen, die mein Haus putzen, der Jugendtreff. Aber ich würde mit einem italienischen Pfarrer nicht tauschen wollen, ich würde es dort keine Woche aushalten.

Hier in Afrika könnte ich den Gläubigen nie verbieten, während der Messe zu singen und zu tanzen. Das wäre so, als würde ich ihnen den noch immer starken Einfluss ihrer traditionellen afrikanischen Religionen verbieten. Wenn ich das täte, würde ich ein falsches Christentum verkünden, das nicht das ihre wäre. Hielte ich mich an das Diktat des Vatikans, würde ich hier in Afrika nicht dieselben Ergebnisse erzielen, die ich jetzt erziele.

Vor einigen Tagen zeigte sich der Papst etwas aufgeschlossener, was den Gebrauch von Kondomen angeht, doch selbst in dieser Öffnung lag viel Heuchelei. Er erklärte sich damit einverstanden, dass Kondome von Prostituierten benutzt werden können.

Gut, sehr gut, würde ich sagen. Und die anderen? Ich verteile seit nunmehr 20 Jahren Kondome an die Mitglieder meiner Gemeinde – seit ich begriffen habe, dass es sinnlos ist, Abstinenz zu predigen.«

Wie haben Sie mit dem Verteilen von Kondomen begonnen? Was hat Sie dazu veranlasst?

»Die vielen jungen Menschen, die ich auf ihrem letzten Weg begleiten musste. Junge Menschen, die sich mit Aids infiziert hatten. Ich habe vergeblich versucht Abstinenz zu predigen, bis ich schließlich begriff, dass die Verbreitung des Virus nur aufzuhalten ist, wenn man den Menschen beibringt, Kondome zu benutzen. Das ist keine leichte Aufgabe, denn Sex mit Kondom zu praktizieren, ist für einen Afrikaner, als würde er überhaupt keinen Sex haben. Aber nach 20 Jahren kann ich mit absoluter Gewissheit sagen, dass sie sich ganz allmählich daran gewöhnt haben. Einige Leben haben wir auf diese Weise gerettet.«

Wie vereinbaren Sie Ihr praktisches Handeln als Missionar mit den von Rom diktierten Regeln?

»Damit kann ich gut leben. Wer Abstinenz als einzige Methode predigt, eine Ansteckung zu vermeiden, ist ein Narr und lebt in einer irrealen Welt, einer Welt, die nicht existiert. Die Afrikaner sind in ihrem Sexualleben freizügiger, sie schlafen nicht nur mit der eigenen Frau, sondern auch mit anderen Frauen. Mit der eigenen Frau schlafen sie, um Kinder zu zeugen, mit anderen Frauen vereinigen sie sich aus reinem Sexualtrieb. Ein solches Verhalten ist sehr riskant für die Übertragung von Krankheiten.

Ich bin überzeugt davon, dass ich auch ein guter Pfarrer sein kann, wenn ich an meine Gemeindemitglieder Kondome verteile. Anfangs tat ich es heimlich, doch mittlerweile scheue ich die Öffentlichkeit nicht mehr.«

Machen es die anderen Pfarrer ebenso? Und wie reagieren die Bischöfe darauf? Wissen diese davon?

»Sagen wir mal, die Priester, die in Afrika leben – egal in welchem Teil Afrikas –, tun es fast alle. Die neuen, die erst seit Kurzem hier sind, halten es wie ich vor 20 Jahren und predigen Abstinenz. Es wirkt absurd, dass im 21. Jahrhundert ein junger Pfarrer nach Afrika kommt und Abstinenz predigt, doch ein Großteil von ihnen kommt direkt aus dem Priesterseminar und hat es nicht anders gelernt.

Wir alten sind mit der Situation vertrauter und verteilen ohne weiteres Kondome. Ich glaube, dass die Vorgesetzten Bescheid wissen, aber nie etwas gesagt haben.

Und selbst wenn sie das täten, glaube ich ehrlich gesagt nicht, dass ich auf sie hören würde. Ich predige keine freizügige Liebe und auch keine Promiskuität, sondern will die Menschen einfach nur schützen, indem ich Kondome verteile.«

Fühlen Sie sich nie allein?

»Ich sagte es Ihnen vorher, als ich von dem Bier mit Freunden gesprochen habe, das ich mir das von niemandem nehmen lasse. Abends brauche ich vertraute Menschen um mich herum. Natürlich fehlen mir meine Schwestern, und ich wünschte, ich könnte am Grab meiner Eltern beten, aber ich versuche, in Gedanken stets bei ihnen zu sein und schließe sie in meine Gebete ein. Außerdem sind dank der modernen Technologie heute auch die Distanzen besser zu überbrücken.«

Fehlt Ihnen eine Person, mit der Sie alles teilen könnten? Eine Lebensgefährtin oder Ehefrau?

»Das ist ein sehr komplexes Thema. Die Menschen, denen ich auf meinem Weg begegne, haben Familie und ihr eigenes Leben. Wenn sie sich von mir verabschieden, gehen sie nach Hause, wo sie jemand erwartet, vielleicht mit einem warmen Essen oder mit einer Standpauke wegen der späten Heimkehr. Das alles habe ich nicht.

Wenn ich abends meine Tür hinter mir zumache, überkommt mich manchmal eine unendliche Traurigkeit, und ich wünschte, im Bett würde jemand auf mich warten, mit dem ich mein Glück, meine Sorgen und Ängste teilen könnte. Doch das ist leider nicht möglich. Ich sage es ganz ehrlich: Wenn ich die Möglichkeit hätte, würde ich sofort heiraten.«

Wie steht es um Ihr Sexualleben?

»Ich vertraue auf Ihre Diskretion. Ab und zu ziehe ich mein Priestergewand aus und suche nach dem, was mir fehlt. Und ich habe nicht das Gefühl, Gott damit Unrecht zu tun. Aber es belastet mich, meine Liebe zu einer Frau nicht offen zeigen zu können. Ich glaube, dass alle Priester auf der Welt, oder zumindest fast alle, schon einmal Sex hatten.

Aber diese Heimlichtuerei ist schädlich – sowohl für den Pfarrer als auch für die Kirche. Alle wissen es, aber niemand spricht davon.

Ohne den Zölibat wäre alles viel einfacher. Wie kann ein Priester familiäre Probleme schlichten, wenn er selbst keine Familie hat? Für mich ist es zum Beispiel schwer, wenn Eheleute zu mir kommen und mir von ihren Problemen mit ihren Kindern und ihren Verwandten erzählen. Sie sprechen mit mir über Dinge, die ich selbst noch nie erlebt habe. Wahrscheinlich wäre ich ein besserer Pfarrer, wenn ich eine Familie hätte.«

Wie und wo haben Sie Sex?

»Ich tue es auf die natürlichste Weise der Welt, in dem Sinne, dass ich keine seltsamen Praktiken verfolge. Ich schlafe seit einigen Jahren mit immer derselben Frau. Ich empfinde für sie eine tiefe Zuneigung und bin mir sicher, dass ich ein besserer Mann wäre, wenn ich diese Beziehung offen leben könnte. Doch Rom schreibt mir vor, dass das nicht möglich ist.«

Erzählen Sie mir, was Sie am Sex reizt?

»Von diesen Dingen habe ich noch nie jemandem erzählt. Als ich nach Afrika gekommen bin, war ich noch unberührt und hatte keinerlei Erfahrung. Ich weiß nicht genau, was über mich kam. Ich war einsam, mir fehlte meine Familie, und ich suchte Trost bei einer Frau. Anfangs glaubte ich, es wäre die Schwäche eines Augenblicks. Ich schämte mich vor Gott. Doch dann konnte ich nicht mehr darauf verzichten.

Verstehen Sie mich nicht falsch, ich bin kein Sexbesessener. Ich tue es ungefähr zweimal im Monat und glaube, seitdem ein besserer Pfarrer geworden zu sein. Ich kenne nun das Gefühl, sich mit einer Frau verbunden zu fühlen. Ich weiß nicht, ob man von Liebe sprechen kann, es ist jedenfalls etwas sehr Ähnliches. Ich fühle mich gut, wenn ich bei ihr bin, und würde gerne mit ihr an meiner Seite alt werden, doch wir wissen beide, dass das nicht möglich sein wird.

Ich hoffe, dass es Priestern in Zukunft erlaubt sein wird zu heiraten. Ich glaube allerdings nicht, dass dieser Wunsch bald in Erfüllung gehen wird. Wenn es jedoch endlich dazu käme, wäre das ein Segen für die ganze Kirche.«

Was glauben Sie, wie viele Pfarrer in Afrika führen heimlich ein Sexualleben?

»Außer den jungen, die neu ins Land kommen und Abstinenz predigen, haben alle Priester ein Sexualleben. Soviel ich weiß, gibt es viele homosexuelle Priester, allerdings nicht in Afrika. Hier werden Homosexuelle noch immer wie Abartige behandelt und von der Gesellschaft ausgeschlossen.

Unter Pfarrern ist das Gerücht verbreitet, dass im Vatikan so gut wie täglich Partys zwischen schwulen Priestern stattfinden.«

Und in welcher Beziehung stehen Sie zu den Ordensschwestern?

»In meinen Einrichtungen arbeiten junge Schwestern, die zum Großteil aus Indien oder Südamerika stammen. Es ist mir ehrlich gesagt noch nie passiert, dass ich eine von ihnen begehrt hätte. Aber ich nehme an, dass auch sie sexuelle Bedürfnisse haben und vielleicht die körperliche Nähe eines Mannes suchen. Priester und Schwestern arbeiten jeden Tag in engem Kontakt, da kann es sicher vorkommen, dass man sich näherkommt. Doch das ist nur eine Vermutung.«

Ich danke Ihnen sehr für Ihre Aufrichtigkeit.

»Ich möchte Sie erneut darum bitten, meine Angaben mit größter Diskretion zu behandeln. Auch ich danke Ihnen: Zum ersten Mal habe ich eine Beichte abgelegt, anstatt sie abzunehmen.

Herzliche Grüße.«

Herzliche Grüße auch an Sie, Pater Felice. Alles Gute.

32
Der keusche Sex-Mönch

Nach einigen Wochen E-Mail-Verkehr bekomme ich über Skype Kontakt zu Bruder Ksawery Knotz. Auf dem Bildschirm erscheint ein Gesicht, das ich bereits gesehen habe. Wenn man Knotz' Namen bei Google eingibt, bekommt man gleich eine Liste mit 40 000 Websites. Bruder Ksawery ist in Polen eine Berühmtheit. 2009 stand sein Name in sämtlichen Zeitungen, und auch bei Fernsehsendern war er wochenlang begehrt.

Und dies alles wegen eines Buches, dessen Titel übersetzt lautet: *Sex, wie du ihn nicht kennst.*

Das Buch ist eigentlich nichts Besonderes, wenn es nicht von einem Mönch stammte, eben von Bruder Ksawery.

Untertitel: *Für Paare, die in der Liebe Gottes verheiratet sind.*

Und es hatte Erfolg: Schon wenige Wochen nach Erscheinen neu aufgelegt, wurde es auch übersetzt: In Spanien erschien es unter dem Titel *Sex, wie Gott ihn gebietet.*

Kapitel wie »Die Religion hilft dir, die Libido zu steigern« kitzelten den Gaumen neugieriger Leser. Am Ende war in den Medien gar vom *Katholischen Kamasutra* die Rede.

Obwohl plötzlich im Rampenlicht, sieht Bruder Ksawery gar nicht so aus, als mache er gerne Furore. Ein dichter kastanienbrauner Bart bedeckt einen großen Teil seines Gesichts, dessen Haupthaar nur noch spärlich sprießt. Eine Brille mit dunklem Gestell umrahmt seinen durchdringenden Blick, den beachtliche Augenringe betonen.

Jetzt, um 21 Uhr, ist er sichtlich abgespannt. Statt der Kutte, in der ihn die polnischen Zeitungen vielfach abgebildet haben, trägt er eine braune Strickjacke mit einem blauen Hemd darunter.

Wir stellen uns einander vor und tauschen über den Dolmetscher scherzhafte Bemerkungen aus.

Bruder Ksawery ist im Alltag wohl ein unprätentiöser und unkomplizierter Charakter. Der erste Eindruck ist jedenfalls der einer nüchternen Persönlichkeit.

Die Webcam fängt hinter ihm einen kleinen Raum mit Bett und einem Holzregal ein, das voller Bücher steht. Mehr ist im matten Licht nicht zu erkennen. Alles in allem ein karges Ambiente. Beim Beantworten meiner Fragen nippt der Bruder dann und wann an einer Tasse Tee.

Bruder Ksawery überbrückt einen scheinbar unüberwindbaren Gegensatz, den zwischen Sexualität und katholischer Kirche. Er nimmt kein Blatt vor den Mund, wenn er ganz selbstverständlich von Petting, der Vagina, Ejakulation usw. redet. Er tut dies aus streng katholischer Sicht, wonach die Phänomenologie der Sexualität im Lichte der Botschaft Christi neu beleuchtet werden müsse.

Seine Maximen in Sachen Sex hat Bruder Ksawery auf der polnischen Website www.szansaspotkania.net veröffentlicht, Überlegungen, die auch in sein Buch eingeflossen sind:

»Der Beginn des Vollzugs einer ehelichen Vereinigung umfasst Streicheln, Küssen, Massieren und den Austausch von Zärtlichkeiten, auch sexuellen. Dass dieses Vorspiel die Harmonie zwischen den Eheleuten steigern und ihnen ihre erotische Beziehung bewusster machen kann, ist aus psychologischer Sicht noch wichtiger als der eigentliche Orgasmus. Wenn man den Körper der geliebten Person küsst, zeigt man Respekt, Wissen, Bewunderung und auch Gemeinsamkeit. Es ist ein Zeichen des Friedens.

Der Austausch von Zärtlichkeiten stellt eine Huldigung an

den Körper des Ehepartners dar. Zärtlichkeit offenbart den Willen, sich mit dem anderen von ganzem Herzen zu vereinen. Fällt das Vorspiel zu kurz aus, schafft es kein Bewusstsein für die eheliche Vereinigung.

Für Eheleute, die die moralischen Empfehlungen der katholischen Kirche ernsthaft beachten, gilt die Überzeugung: Wenn sie Zärtlichkeiten auszutauschen beginnen und dabei die Absicht haben, den Geschlechtsakt vollständig zu vollziehen (der endet mit der Ejakulation in den weiblichen Geschlechtsorganen), dann ist jede Handlung (verschiedene Zärtlichkeiten und Sexualstellungen), die darauf abzielt, die Qualität des Sexuallebens zu steigern, vor Gott zulässig und auch statthaft.

Problematisch ist dagegen der Einsatz diverser Erregungsmittel durch die Partner: Vaginalkugeln, die Libido steigernde chemische Substanzen oder Verhütungsmittel. Solche Hilfsmittel werden Lust erzeugen und diese steigern und es ermöglichen, sie jederzeit zu gewinnen. Aber Eheleute, die diesen Wcg einschlagen, begeben sich auf einen gefährlichen Pfad.

Immer unersättlich, missbrauchen und banalisieren sie den Geschlechtsakt und riskieren dabei, seine ursprüngliche Bedeutung aus den Augen zu verlieren. Sich um die Lust des anderen zu kümmern, ist dann kein Geschenk des einen an den anderen mehr, sondern nur noch eine Technik zur gegenseitigen Erregung.

Echte Beziehung entsteht, wenn der eine dem andern Lust spendet, aber innerhalb der Grenzen der menschlichen Natur und Biologie. Zuweilen lässt sich der Ehemann mit einer manuellen Stimulation erregen. Eine Frau erlebt vielfach intensives Vergnügen, wenn sie den Ehemann stimuliert und von ihm an der Klitoris stimuliert wird. Für diese Art Bedürfnis der Frau muss der Ehemann empfänglich sein.

Eine besonders häufige Unsicherheit bei katholischen Eheleuten betrifft den Oralsex: Ist er moralisch zulässig oder nicht? Diese Zweifel entstehen häufig dadurch, dass viele pornografische

Internetseiten, die auf Kundschaft aus sind, mit dieser Form der Zärtlichkeit werben. In diesem Umfeld erscheint sie als Perversion und Ausschweifung, mit dem Eheleute häufig nichts zu tun haben wollen. Aber eine pornografische Website ist etwas anders als eheliche Liebe. Beim Vorspiel die äußeren Geschlechtsteile mit den Lippen oder der Zunge zu küssen, ist moralisch akzeptabel und kann nicht als Sünde gelten.

Die Kirche würde sich widersprechen, wenn sie behauptete, dass Teile des Körpers der geliebten Person wie der Mund, die Brust, die Schenkel oder der Hintern geküsst werden dürften, andere wie die Geschlechtsteile aber nicht. Die kirchlichen Autoritäten gehen nicht in die Details und setzen sich nicht mit der Rolle des Pettings im Vorspiel auseinander. Der Papst gibt dazu nur indirekte Hinweise, zum Beispiel, wenn er sagt, dass es erlaubt sei, nach dem Willen Gottes nach Lust zu streben.

Damit ist nicht geklärt, was Eheleute unter Lust verstehen müssen. Anzumerken ist jedoch, dass die Stimulation der Genitalien eine der intimsten Arten ist, seine Beziehung, sein Empfinden auszudrücken. Wesentlich sind in diesem Fall die Gefühle beider Eheleute und ihr beiderseitiges Einvernehmen bei dieser Art Stimulation.

Die besondere Intimität und Natur solcher Handlungen erfordern ein eheliches Gespräch. Die Eheleute müssen die Empfindungen des jeweils anderen kennen. Je intimer die Stimulation, desto notwendiger werden Zärtlichkeit und Einfühlung.

Oralsex, der als Stimulation bis zum Orgasmus ohne vollständigen Vollzug des ehelichen Verkehrs begriffen wird, fällt in eine Kategorie mit Masturbation und Koitus interruptus. Auch eine Zeit längerer Abstinenz ist keine Rechtfertigung für ein Streben nach Lust allein durch Oralsex. Diese Art Stimulation kann einen vollständigen Verkehr begleiten, der darin gipfelt, dass der Penis in die Vagina eindringt und in ihr ejakuliert.

Erst nach dem Erleben eines oder mehrerer Orgasmen fühlt

sich eine erregte Frau befriedigt. Die Liebe zu seiner Frau verpflichtet einen Mann, wenn er seine Befriedigung erreicht hat, die Schamlippen und die Klitoris seiner Frau so lange zu streicheln, bis auch sie zum Höhepunkt kommt.

Ein Mann, der seine Frau unbefriedigt lässt, fügt ihr seelischen Schmerz zu. Manche Männer tun dies unbewusst im Glauben, die Frau empfinde keine Lust mehr, wenn er keine mehr empfinde. Dies zeigt die Neigung des Mannes, den Sexualakt als eine Beziehung wahrzunehmen, die allein auf seinen Orgasmus ausgerichtet ist. Diese Sichtweise lässt weder für ein Vorspiel noch für die vollständige Befriedigung der Frau Raum.«

Diese Verlautbarungen bieten ausreichend Stoff für mein Gespräch mit Bruder Ksawery Knotz. Meine erste Frage ist die pikanteste und wird am ehesten erwartet:

Bruder Ksawery, um die Dinge gleich klarzustellen: Wieso kennen Sie sich in dieser Materie eigentlich so gut aus?

»Ich lese viel und habe engen Kontakt zu Ehepaaren: Ich treffe sie regelmäßig, jedes Wochenende. Sie erzählen mir viele Episoden aus ihrem Sexualleben, schöne, aber auch unschöne. Es ist mir gelungen, Nuancen einzufangen und diese Erfahrungen im Buch zu beschreiben.«

Wenn man so oft über Sex redet, gerät man da nicht selbst in Versuchung?

»Paradoxerweise erleichtert mir das mein Leben als Lediger, weil ich Kontakt zu Eheleuten bekomme, die einander lieben. Sie haben Probleme, auch ernste, kümmern sich aber umeinander, zumindest die meisten. Und ich denke nicht an Sex als sinnliche Erfahrung, denn ich kann ja mit eigenen Augen sehen, wie innig die Liebe zwischen Eheleuten ist. Sie ist eine zutiefst spirituelle Beziehung.«

Also gehen sie immer mit nüchternem Verstand und Distanz an die Sache heran?

»Der Kontakt mit diesen verheirateten Frauen läutert mich in gewisser Weise, denn ich spüre ihre Liebe und entwickle ein noch schärferes Bewusstsein dafür, dass Lieben nicht einfach nur so eine Haltung ist, dass man miteinander ein paar sexuelle Erfahrungen sammelt. Ein weiterer Aspekt ist meine Identität als Priester. Wenn einen Gott ruft, wird man seiner sicherer.

Dazu ein Beispiel: Angenommen, ein verheirateter Mann begegnet vielen Frauen, die attraktiver sind als seine. Er mag sogar Anwandlungen haben, mit ihnen schlafen zu wollen, aber das ist eine andere Ebene: Wenn er seine Frau liebt, will er nur mit ihr zusammen sein und weiß, dass dieses Zusammensein etwas anderes ist, als Sex miteinander zu haben.

Dasselbe gilt für mich. Ich habe mein eigenes Leben. Ich kann auf viele Arten an das der anderen denken, aber das sind nur oberflächliche Erfahrungen, die an meiner persönlichen Einstellung nichts verändern. Wenn man über dieses Thema spricht, ist die Frage der eigenen Identität sehr wichtig.

Meine Berufung ist klar: das Leben im Kloster, das Priesteramt im Zölibat. Wenn ich daran zweifeln würde, hätten mich die Zweifel schon verschlissen.«

Aber die Frage ist nicht für alle Ihre Kollegen so einfach.

»Sicher können innere Konflikte und Besorgnisse auftreten. Jeder von uns stellt sich dieser Frage ja auf andere Art. Auch diejenigen, denen die Frage leicht erscheint, müssen mit dem Leben und ihrer Sexualität vertraut werden. Eines Tages könnte die Frage zum Problem werden. Wir Menschen sind zerbrechlich.«

Wenn ein Problem auftaucht, könnt ihr euch dann gegenseitig unterstützen?

»Wenn ein Priester mit Problemen herausrückt, begegnet man ihm mit spiritueller Liebe. Auf alle Fälle bedarf es vieler Gespräche, denn wer versucht, das Problem allein zu lösen, läuft Gefahr, die Orientierung zu verlieren. Er braucht eine Vertrauensperson, mit der er von Priester zu Priester reden, die er um Hilfe, Rückhalt oder eine Meinung bitten kann. Das ist notwendig.«

Warum kommen Ehepaare gerade zu Ihnen? Sie selbst wissen doch gar nicht, was ein Eheleben ist.

»In der Psychologie nimmt der Therapeut einen möglichst neutralen Standpunkt ein. Das ist auch mein Ansatz. Wenn ich mit einem Ehepaar rede, hören sie mir zu und setzen vor allem mein persönliches Leben nicht mit dem gleich, was ich sage. Sie wissen: Ich rede über *ihre* Erfahrungen, *ihre* Probleme, die ja gerade nicht meine sind.

Dazu ein Beispiel: Ich kann einem Ehemann sagen, dass er nicht genug tut, um seine Frau zu erregen, ohne dass er sich gekränkt fühlt. Wäre ich dagegen ein Ehemann, könnte die Frau sagen: Siehst du, der weiß es und du nicht. Das würde ein Konkurrenzdenken schaffen. Der Therapeut ist eine neutrale Instanz, der die Situation aus der Distanz beobachtet.

Das ist nicht immer einfach, überhaupt nicht. Es dauerte einige Zeit, um die Dinge auf den Punkt zu bringen, um die Einzelheiten, die Probleme zu sehen und die Eheleute davon zu überzeugen, dass ich sie verstehe. Aber das ist ein anhaltender Prozess, und die Ehepartner wissen, dass ich ihre Probleme kenne. Auch wenn ich einige nicht zu lösen vermag, kann ich ihnen auf den Grund gehen und präzise über sie reden.

Außerdem ist da die Befriedigung, etwas zu tun, was die Betroffenen wirklich brauchen. Für manche Ehepaare birgt die Sexualität Konfliktstoff, ist Ursache für seelischen Schmerz. Sie gehen auseinander, quälen sich oder geraten in moralische Dilemmas. Was ich tue, ist eine notwendige Arbeit. Also fühle ich mich erfüllt und habe das Gefühl, gebraucht zu werden. Darum geht es doch im Grunde, wenn man ein Glied der katholischen Kirche ist: Wir leben für die Menschen. Erst die Menschen geben unserem Leben Sinn.«

Gelten die Betrachtungen, die Sie in Ihrem Buch niedergelegt haben, auch für homosexuelle Paare?

»Ich arbeite nicht mit homosexuellen Paaren. Das ist ein anderes Feld und erfordert eine andere Einstellung, eine andere Art, wie man die Dinge sagt. Aber ich kenne Situationen, in denen ein Ehepartner homosexuell ist, aber die Ehe aufrechterhält, wenn zum Beispiel ein Mann homosexuell ist, aber bei seiner Frau bleibt, weil sie gemeinsame Kinder haben oder weil er sich auf die heterosexuelle Beziehung in der Hoffnung eingelassen hat, seine sexuelle Orientierung ändern zu können.

Ein typische Situation: Da sind Frau und Kind, und der Mann liebt beide sehr. Wenn er dann aber zu unseren Sitzungen kommt, an der zahlreiche Ehepaare teilnehmen, streben dort alle eine verbesserte Sexualität an, wollen alle leidenschaftlicher und romantischer, verliebter werden, und er denkt nur an seinen Partner oder wünscht sich einen, damit er dieselbe Romantik spüren kann. Ich kenne einen Haufen unterschiedlicher Geschichten zu diesem Thema, weil so etwas eben passieren kann.«

Wenn Sie von Homosexualität reden, behandeln Sie sie dann als natürlich oder als eine besondere Spielart der Natur?

»Ich bin Experte für heterosexuelle Paare. Normalerweise treffen sich ein Mann und eine Frau und verlieben sich. Andererseits zeigen jüngste Untersuchungen, dass es verschiedene Grade an Homosexualität gibt, sagen wir, in Stufen von eins bis zehn. Die Sache kann folglich viele verschiedene Nuancen haben.«

Ist Homosexualität etwas Böses, Widernatürliches?

»Wenn jemand homosexuell ist, ist er einfach homosexuell. Wenn wir ihn näher kennenlernen könnten, würden wir auch die Gründe nachvollziehen, wie es dazu kam. Aber häufig weiß es der Betroffene selbst nicht. Es ist einfach so. Punkt. Er lebt sein Leben, und wir müssen ihm helfen, ihn unterstützen, damit er sich selbst versteht. Zur Homosexualität an sich kann man kein moralisches Urteil äußern.«

Geht es um eine Hilfe, um zu Gott zurückzukehren und ihm deutlich zu machen, dass sein Tun falsch ist? Oder um eine Hilfe, damit er seine Homosexualität leichter akzeptieren und besser ausleben kann?

»Das kommt darauf an, wie man Homosexualität versteht? Das ist ein besonders schwieriges Thema, weil hier Leben und Ideologie zusammenfließen. Zwischen beiden steht allerdings ein Mensch, irgendeiner, der sein Leben besser zu machen versucht und auf seine Weise glücklich werden will. Aus Sicht des Priesters verbieten sich moralische Verurteilungen. Mit ihnen ist keinem gedient.

Das gilt auch für Ehepaare, die Verhütungsmittel nutzen: Was gewinnt man, wenn man sie moralisch verurteilt? Sie brauchen doch nur eines: Verständnis dafür, was sich zwischen ihnen abspielt.

Das Gleiche gilt auch bei Homosexuellen. Man muss sehr einfühlsam vorgehen, denn sie tragen viele innere Konflikte mit sich herum, haben angesichts ihres Lebens viele Probleme, viele Sorgen. Wenn man ihnen helfen will, dürfen sie nicht das Gefühl haben, dass man sie nicht respektiert und liebt.«

Gibt es auch in der Kirche Homosexuelle?

»In allen Gemeinschaften gibt es Homosexuelle. Auch in der Gemeinschaft der Priester. Man kann schwer sagen, wie viele es sind. Dazu gibt es keine gesicherten Erkenntnisse.«

Haben Sie auch welche in Ihrer Gemeinschaft?

»In Polen findet so etwas im Verborgenen statt. Das ist anders als in den USA oder in Kanada, wo Homosexuelle keine Angst davor haben, entdeckt zu werden.«

Wenn ich Ihr Buch lese, komme ich auf einen provokanten Gedanken: Kann man sagen, dass Sex eine Form des Gebets ist?

»Gott ist in der Beziehung zwischen Eheleuten verborgen, in ihren Liebeserfahrungen. Sex ist kein typisch religiöser Akt wie ein Gebet, aber er ist eine Präsenz Gottes in der Schönheit dieses Aktes. Gott erschafft diese Schönheit mit seiner Gegenwart. Gott waltet in der Beziehung, die sich die Ehepartner schaffen. Und diese Beziehung ist auch sexueller Art.

Aber klar ist auch, dass man in diesen Augenblicken nicht an Gott denkt.

Wer seine Partnerin küsst, denkt nicht an Gott, sondern ans Küssen und wie gerne er es tut, während Gott in dem gesamten Erleben von Schönheit, Freude und Glück wirkt. Es gibt folglich eine Gegenwart Gottes, aber diese hat eine andere Bedeutung als in einem Gebet, einem innigen Gebet, das sich unmittelbar an Gott wendet.

Ich setze den Akzent möglichst auf den Aufbau einer Beziehung. Sexualität ist nicht nur eine Frage des Fühlens, sondern auch eine der Beziehung zwischen den Ehepartnern. Und bestimmte Bindungen lassen sich nicht ohne Vorspiel und Intimität herstellen. Das sexuelle Erleben ist nicht nur auf Fortpflanzung ausgerichtet, es zielt auch auf die Vereinigung von Menschen ab. Es ist das große Erleben von Vereinigung.«

Ein brüderliches Wort des Mönchs Ksawery Knotz.

33
Der biedere Don Matteo

Ciao, mein liebster Carmelo. Ich heiße Matteo und bin Priester in einer Diözese in Norditalien. Danke für deine Berichterstattung über das Leben einiger homosexueller Priester. Es ist Zeit, das Schweigen zu brechen und sich den Tatsachen zu stellen.

Entschuldige, dass ich dir erst jetzt schreibe, aber meine seelsorgerischen Aufgaben haben mich ziemlich vereinnahmt. Ich will dir kurz berichten, was ich erlebt habe, eine traurige und bittere Geschichte, die mein Leben als Christ, Mensch und Priester geprägt hat.

Ich bin wütend, enttäuscht und verbittert.

Vor drei Jahren wurde ich in eine Gemeinde entsandt, mit einem Gemeindepriester und einem Kaplan, der einige Jahre jünger ist als ich. Mit dem Kaplan haben wir zusammen auch das Priesterseminar besucht. Und wir waren Freunde.

Nach ein paar Monaten des Zusammenlebens habe ich entdeckt, dass er zur Homosexualität neigte und sexuelle Kontakte zu Strichjungen hatte. Du kannst dir vorstellen, wie enttäuscht, wütend und angeekelt ich war, als ich ihm auf die Schliche kam. Am meisten ärgerte mich allerdings, dass er mir alle möglichen Märchen auftischte, um sein Doppelleben zu verbergen.

Aber damit nicht genug. Als ich diese Farce nach einiger Zeit endgültig satthatte, vertraute ich mich dem Gemeindepriester an. Der antwortete nur, das sei doch nicht seine Sache. Ich hätte es herausgefunden und müsse jetzt damit fertigwerden. Er wolle das alles gar nicht wissen.

Und die Geschichte geht noch weiter.

Ich konfrontierte meinen Mitbruder damit, dass ich wusste, was er so trieb. Einmal sagte er mir, ich solle ihm helfen, ein anderes Mal, ich solle mich um meinen eigenen Kram kümmern. Es sei sein Privatleben, und er könne tun, was er wolle.

Eine Zeit lang nahm ich es hin, redete am Ende aber mit dem Bischof.

Der Bischof bestellte ihn zu sich, nahm ihm Versprechen ab und ließ die Sache gut sein. Oder besser, er rief ihn von Zeit zu Zeit an, fragte, wie es ihm so gehe und ob sich etwas geändert habe. Er antwortete natürlich, er lasse sich von einem Psychologen helfen. Die Sache sei so gut wie erledigt.

Er war für die Jugendseelsorge zuständig, und diese Aufgabe hat er so erfüllt, dass keiner etwas sagen konnte.

Das Ende der Geschichte: Er setzte sein Nachtleben unbehelligt fort. Und mich hat der Bischof versetzt und mir eine andere Gemeinde zugewiesen, während mein Mitbruder ganz ungestört weiter das treibt, was er will.

Die Schlussfolgerungen überlasse ich dir, lieber Carmelo.

Ich bin wütend und enttäuscht.

Zum Glück gibt mir der liebe Gott weiterhin die Gelassenheit und den Willen, als Priester zu wirken.

Danke, dass du mir Aufmerksamkeit geschenkt hast.

Don Matteo.«

Ich nehme zu Don Matteo sofort Kontakt auf und fahre fast 500 Kilometer zu ihm. Er empfängt mich auf der Schwelle des Pfarrhauses. In seinem Arbeitszimmer stehen ein Schreibtisch, zwei Stühle, ein Sofa, ein Bücherregal, an der Wand hängt ein Kruzifix. Das Ambiente ist eher nüchtern und unpersönlich. Am Boden stehen große Umzugskartons. Don Matteo sagt, er sei erst vor Kurzem in der Gemeinde angekommen und habe den Einzug noch nicht ganz geschafft.

Don Matteo ist mit 35 Jahren Priester geworden. Zuvor musste er mit einer üblen Erkrankung leben. Jetzt, nach Jahren der Behandlung und des Kampfs, hat sich sein Gesundheitszustand gebessert, auch wenn er nicht vollständig genesen ist.

Don Matteo stammt aus einem kleinen Dorf in einer ländlichen Gegend Norditaliens. Bevor er ins Priesterseminar eintrat, verlief sein Leben in ziemlich ruhigen Bahnen. Nachmittags unterwegs in Café-Bars, Spielhallen, Treffen mit Freunden, Spaziergänge auf den Plätzen, Ausflüge ins Umland, abends Fernsehen mit Mutter, Vater und Oma. Dann noch einen Kräutertee und ab ins Bett.

Wer sich heute zu so einer Jugend bekennt, erntet Spott oder ein mitleidiges Lächeln. Aber Matteo ist glücklich damit.

Die erste Verlobte ist die Freundin aus Kindertagen. Es ist eine unschuldige und kollektive Beziehung, in die ihre ganze Familie eingebunden ist. Mit ihr ist er bestens bekannt. Er verbringt seine Sonntage bei der jungen Frau auf dem Land, in der Wohnküche mit ihren Eltern, zwei Brüdern und deren Freundinnen, einer jungfräulichen Tante und ihrer Freundin.

Immer mal wieder versucht Matteo seine Verlobte zu einem gemeinsamen Spaziergang durch die Felder zu überreden. Aber es ist nichts zu machen. Sie möchte den Eltern keinen Grund zum Argwohn geben. Außerdem würde sich die Tante fürchterlich aufregen. Matteo versteht. Er ist ein braver Kerl und möchte das Vertrauen einer anständigen Familie, die ihn wie einen eigenen Sohn behandelt, nicht enttäuschen.

Dann möchte das Mädchen plötzlich heiraten, und zwar in aller Eile. Aber Matteo fühlt sich dazu noch nicht bereit. Er ist sich nicht sicher, ob die Verlobte wirklich die Richtige ist. Sie trennen sich. Sie heiratet kurz darauf einen anderen Mann und hat heute zwei Kinder.

Matteo findet eine andere Frau, die nicht eben eine Schönheit ist. Als sie erstmals vor Matteos halb erblindeter Großmutter steht, nutzt die dann einen Augenblick, in dem sie mit dem Enkel allein ist, und sagt ihm: »Die willst du doch nicht wirklich nehmen? Die ist doch hässlich.«

Hässlich, aber auch liebenswürdig und freundlich. Sie ist ein nettes Mädchen, aber die Sache funktioniert nicht und endet an dieser Stelle.

Er unternimmt einen weiteren Versuch. Diesmal ist sie deutlich größer als er, eine reizende junge Frau, die nie über die Stränge schlägt. Sie kommt aus einer angesehenen Familie und überschüttet ihn mit Aufmerksamkeiten, Zärtlichkeiten und Fürsorge. Ihr vertraut Matteo den Gedanken an, der ihm seit einiger Zeit im Kopf herumspukt: ins Priesterseminar einzutreten.

Für die Verlobte kommt das Bekenntnis als kalte Dusche – und sie gibt ihm den Laufpass.

Sie bleiben gute Freunde. Sie sollte nie heiraten. Ab und zu hören beide voneinander.

Matteo hatte noch nie eine sexuelle Beziehung.

»Ich weiß nicht, ob es wegen der gesunden Prinzipien war, an die ich mich von klein auf gewöhnt hatte. Vielleicht hat mich auch die latente Berufung davon abgehalten, eine körperliche Beziehung zu einer Frau einzugehen. Oder ich war erschreckt wegen der Botschaft, der ich in meinem Umfeld ausgesetzt war: dass Sex etwas Schlimmes sei oder, modern ausgedrückt, tabu bleiben müsse.

Obwohl ich mich vom weiblichen Geschlecht angezogen fühlte, geriet ich nie in Versuchung, sexuell aktiv zu werden. Ich habe diese Wahl nie bereut und fühle mich überhaupt nicht blöd dabei, nicht zugegriffen zu haben, als sich die Gelegenheit bot. Das sind Entscheidungen fürs Leben. Sie hängen auch und vor allem mit dem Umfeld zusammen, in dem man aufgewachsen ist. Zumindest für mich bedeuteten die gesunden moralischen Prinzipien immer Unterstützung und nicht Zwang. Darauf bin ich heute mehr denn je stolz.«

Don Matteo ist ein großer, schlanker, gut aussehender Mann um die 40 mit hellem Haar und grünen Augen. Er wirkt unglücklich. Die noch vollen Umzugskartons sind ein deutlicher Hinweis darauf, dass er seine Versetzung in die neue Gemeinde noch nicht verarbeitet hat. In seinen Augen spiegeln sich Wut, Enttäuschung und Resignation.

Ich stehe auf, nehme meinen Stuhl und setzte mich neben ihn auf die andere Seite des Schreibtischs.

Don Matteo schaltet den Laptop an.

Die Homepage zeigt ihn auf einem Foto inmitten einer Zwanzigerschar Jugendlicher bei einem Ausflug in die Berge. Sie lächeln glücklich und unschuldig.

Don Matteo wendet sich um, blickt mich an, zieht CD-ROMs hervor und steckt eine ins Laufwerk des Laptops. Nach einem Doppelklick mit der Maus erscheint ein Video.

Ein Mann lutscht einem anderen den Penis. Das Video dauert ungefähr zehn Sekunden.

Ein anderes Video.

Auf der Untersuchungsliege eines Arztes onaniert ein nackter Mann. Der Arzt kommt hinzu. Beide haben Sex miteinander. Das Video dauert so lange wie das vorige.

Ein weiteres Video.

Drei Männer im Fitnesscenter.

Es sind Hunderte, Aberhunderte, alle aus dem Internet heruntergeladen. Die CD-ROMs in Papierhüllen sind streng nach Datum archiviert: 4. Juni, 5. Juli, 7. August usw. Es sind mindestens 4000 Dateien.

Über 4000 Kurzvideos mit schwulen Pornoszenen.

Dazu enthalten die CD-ROMs ungefähr 1000 Fotos. Alle zeigen Männer, immer Erwachsene beim einvernehmlichen Verkehr, keine Alten oder Kinder, keine pädophilen Szenen. Und auch keine Gewalt. Nur stramme Jungs, muskelbepackt, mit Waschbrettbauch, straff, gestählt, gepflegt und am ganzen Körper enthaart. Dazu herausragend bestückt: Die Fellatio ist das dominante Motiv.

Auf einer Hülle steht der Titel »porc-maur«. Ein Klick offenbart ein Inhaltsverzeichnis mit sechs Videodateien. Ein weiterer Klick, und ein Video läuft.

Die Kamera ist offenbar in einer Ecke des Raumes installiert. Die Einstellung zeigt einen Heizkörper, ein Stück braun geflieste Wand, einen Bademantel und weiße Vorhänge. Auf der Heizung ragt ein großer Baseballschläger auf, der an ihr befestigt ist. Er ist das beherrschende und zentrale Element der Szene.

Der Kopf eines Mannes nähert sich dem Schläger. Zu sehen sind nur sein Mund, sein Kinn und ein Stück Hals.

Er spuckt auf den Schläger und verteilt den Speichel mit den Händen darauf. Ein Fuß in einer kurzen schwarzen Socke steigt auf den Heizkörper. Ein nacktes Bein erscheint, dann ein zweites. Der Baseballschläger dringt in den nach unten drängenden Mann ein. Er stöhnt, ächzt und schreit vor Schmerz schließlich laut auf. Als er sich aus seiner Pfählung wieder befreit hat, bleibt ein blutbeschmierter Schläger zurück.

Eine Minute und 17 Sekunden.

Klick, Doppelklick.

Der Film läuft.

Um den Baseballschläger ist ungefähr 15 Zentimeter unterhalb der Spitze eine Schnur festgebunden.

Der Mann nähert sich mit dem Gesicht im Profil der Spitze des Schlägers und kommt deutlich ins Bild. Dann blickt er direkt in die Kamera.

Es ist ein dunkler Typ mit kurz geschorenem Haar und dichten Augenbrauen. Er deutet mit dem Finger auf die Schnur und erklärt: »Jetzt will ich ihn bis dahin in den Arsch hineinbekommen.«

Er steigt wieder auf den Heizkörper.

Er stöhnt, während eine Hand auf der Suche nach der Schnur

den Schaft des Schlägers hinabgleitet, bis sie sie schließlich gefunden hat.

Er drängt tiefer.

»Jetzt noch ein Stückchen tiefer.«

Er drängt wieder nach oben und äußert sich unzufrieden mit dem Ergebnis.

»Es hat nicht geklappt.«

Klick. Doppelklick.

Der Film läuft.

Die Kameraeinstellung ist jetzt etwas erweitert. Zu sehen ist diesmal auch ein Waschbecken mit einem roten Korb darunter. Der Baseballschläger ist verschmutzt. Der Mann wischt ihn mit Klopapier ab.

Er setzt sich auf ihn.

Er stöhnt, schreit laut auf.

Klick. Doppelklick.

Der Film läuft.

Sein Gesicht am Baseballschläger blickt erneut in die Kamera und kündigt den »finalen Augenblick« an.

Er steigt hinauf, bewegt sich abwärts und drängt wieder nach oben.

Der zurückbleibende Schläger ist voller Blut.

Klick. Doppelklick.

Der letzte Film:

Er blickt ins Objektiv und kündigt den »finalen Superaugenblick« an.

Stöhnt.

»Jetzt drücken, los.«

Die Schnur am Schläger verschwindet. Bächlein Blut laufen den Schaft hinab.

Er steigt ab.

Onaniert und ejakuliert auf den Schläger.

Ich blicke Don Matteo an.

Der erscheint unbeirrt, unbewegt und ausdruckslos.

Ich senke flüchtig den Blick auf die Reißverschlussklappe seiner Hose. Ich hatte schon Befürchtungen.

Ich bitte um eine Pause, möchte nach draußen gehen und eine Zigarre rauchen.

Don Matteo greift zur Maus. Klick.

Wieder erscheint das Bild der fröhlich lächelnden Jugendlichen beim Ausflug mit ihrem Gemeindepfarrer.

Don Matteo sagt, er werde auf einen Sprung in die Kirche gehen, während ich rauche.

Ich trete in den Garten hinaus und warte zwischen Haustür und Gartentor. Ein Junge und ein Mädchen – blaue kurze Hosen, Hemd und das typische Halstuch der Pfadfinder – kommen heran. Sie fragen nach dem Don. Ich sage ihnen, dass er in der Kirche sei.

Das Eingangstor zur Kirche ist verschlossen. Sie warten draußen. Schließlich kommen sie mit in Don Matteos Büro. Sie müssen fotokopieren.

Als sie gegangen sind, schließt Don Matteo die Tür und setzt sich.

Eine weitere CD-ROM, wieder mit dem Vermerk »porcmaur«.

Klick. Doppelklick.

Wieder Bilder der installierten Kamera.

Ein anderes Badezimmer.

Vom Boden ragt wie ein Stalagmit eine Stange auf. Schwer zu erkennen, was es ist. In Form eines Bleistifts ist es so lang wie ein Sonnenschirmstiel.

Er stellt sich vor die Kamera, geht in die Knie und führt sich den Stab in den Hintern ein. Es ist eine Ganzkörperaufnahme mit gut sichtbarem Gesicht. Er ist nackt, groß und schlank. Am Handgelenk trägt er eine Uhr mit silbernem Armband.

Er stöhnt.

»Ein Riese durchstößt mir den Arsch.«

Er schreit.

»Er durchstößt mir den Arsch.«

Er masturbiert, während er mit dem Stab im Hintern auf und nieder wippt.

Er nimmt die Kamera in die Hand und zieht sie an sich heran, sodass sein Gesicht in Großaufnahme erscheint, während er sich weiter befriedigt.

In einem weiteren Video wiederholt er den Vorgang mit einer Salatgurke.

Auf der Hülle einer weiteren CD-ROM steht »mio«. Auf dem Datenträger sind mindestens 50 Fotos gespeichert, alle mit dem immer gleichen Thema: Er, oder besser, sein Penis. Einige Bilder zeigen ihn aus der Froschperspektive mit gut sichtbarem Gesicht und seinem Glied in der Hand.

Ich blicke Don Matteo an, stehe auf und setze mich wieder auf die andere Seite des Schreibtischs.

Ich bitte ihn, ganz von vorn zu erzählen.

34
Ein Freund,
ein guter Freund ...

Als Don Matteo das Seminar abgeschlossen hat, wird er in die Gemeinde einer Stadt in der Provinz entsandt. Hier stößt er zu einem guten Freund, der ebenfalls Priester ist und schon seit einem Jahr dort arbeitet. Er heißt Maurizio.

Beide haben zusammen studiert und waren so vertraut miteinander, dass ein Seminarist versucht hat, üble Gerüchte über sie zu streuen. Seine Behauptungen waren falsch. Zwischen ihnen herrschte nichts als Freundschaft. Und die teilten sie mit einem weiteren Priesteramtskandidaten, mit Don Guido, der sie häufig zum Eisessen oder ins Kino begleitete.

Es ist eine reiche Stadt in Norditalien mit über 20 000 Einwohnern. Die Leute sind ruhig, haben Arbeit, es gibt kaum Probleme, Wohlstand herrscht, und in der Kirche drängen sich jeden Sonntag die Gläubigen. Kurz, einen besseren Posten hätte er nicht anstreben können. Und dass er dort seinen alten Freund Don Maurizio wiedertrifft, macht das Bild perfekt.

Don Matteo ist glücklich.

Aber das Glück währt nicht lange und weicht der Verwunderung, Zweifeln, merkwürdigen Gedanken und einer Obsession.

Irgendwie verhält sich Don Maurizio seltsam. Don Matteo versteht nicht, warum er immer sein Büro abschließt. Und ebenso sein Zimmer im Pfarrhaus. Er fragt nach. Einmal steht angeblich der Tresor offen, ein anderes Mal liegen vertrauliche Papiere herum. Immer hat er eine neue Erklärung parat.

Diese abgeschlossenen Türen wecken in Don Matteo Argwohn. Mit dem alten Freund stimmt etwas nicht. Aber Matteo weiß nicht, was es ist.

Schon bald weicht das Idyll zwischen den beiden Freunden dem Konkurrenzdenken; Argwohn und Eifersucht machen sich breit, es kommt zu Spannungen.

Don Matteo leiht ihm ein paar von seinen Pastoralgebeten, Neubearbeitungen der Gebete der Gläubigen. Don Maurizio nutzt sie, erntet bei den Vorgesetzten großes Lob und schmückt sich mit fremden Federn. Don Matteo ist wütend und sinnt auf Rache.

Eines Tages entwendet er die Schlüssel zu Don Maurizios Büro und lässt einen Zweitschlüssel anfertigen. Als der Freund die Messe feiert, schleicht er sich hinein. Er hat nur ein Ziel: den Computer anschalten und alle Pastoralgebete löschen, und zwar wirklich alle, egal von wem sie stammen.

Aber Don Matteo kennt sich mit der Technik schlecht aus. Er weiß nicht, wie man mit dem Internet umgeht, und hat eben erst E-Mails versenden gelernt. Rachsüchtig und neugierig klickt er sich durch das Menü und stößt auf die Chronik mit den zuletzt abgerufenen Internetseiten: Es ist eine endlose Liste pornografischer Websites. Er notiert sich die Adressen auf Blätter, fährt den Rechner herunter und verschwindet aus dem Zimmer. Die Gebete lässt er an Ort und Stelle.

Ein Punkt ohne Umkehr ist erreicht, eine Grenze überschritten worden. Don Matteo bemerkt es nicht. Die Unschuld ist weg, und nicht nur die des Freundes.

Er eilt in sein Zimmer, schließt ab, schaltet den Rechner ein und tippt die erste Adresse. Dann die zweite, dritte, vierte und fünfte. Pornosites für Schwule. Er ist so erschüttert und aufgewühlt wie noch nie in seinem Leben. Er fühlt sich verraten.

Sein bester Freund, sein Spielpartner, sein Vertrauter hat das alles vor ihm geheim gehalten. Er war ihm nahe, hat ihn umarmt, ihn getröstet und ihn in aller Unschuld an sich gedrückt.

Und jetzt das.

Zehn Jahre, volle zehn Jahre hat er ihn getäuscht.

Don Matteo hat ihm sein Leben erzählt, seine Freuden, seine Sorgen, seine Schwächen und Krankheiten.

Und er? Er hat ihm von all dem nichts gesagt. In seiner Bestürzung weiß Don Matteo nicht, was er sagen oder tun soll.

Es ist Samstagabend. In dieser Nacht kann er nicht schlafen, liegt bis zum Morgengrauen wach. Früh morgens muss er die Messe feiern. Er ist verzweifelt.

Er sagt dem Freund nichts von seiner Entdeckung und redet über sie stattdessen mit seinem Spiritual. Der Pater ermahnt ihn, Ruhe zu bewahren: »kontrollieren, prüfen, hinschauen.« Aber tätig werden will er nicht.

Don Matteo kontrolliert. Als der Freund wieder abwesend ist, dringt er erneut in sein Arbeitszimmer ein, schaltet den Computer an und schaut sich die Zugriffe und deren Zeitpunkte an. Sie erfolgten rund ums Jahr ohne jede Pause. Selbst am Abend von Karfreitag hat Maurizio stundenlang in den homosexuellen Pornosites gesurft.

Don Matteo fasst es nicht: Nachdem Maurizio die wichtigste Feier des liturgischen Jahres begangen und vom Tod Jesu zur Erlösung der Menschheit gepredigt hat, schaltet er seinen Computer an und schaut sich stundenlang Fellatios, Analverkehre und Orgien an. Und alles mit Männern.

Don Matteo blickt über den Bildschirm hinweg in den Raum hinein. Welche Geheimnisse mag das stets abgeschlossene Zimmer des Freundes noch bewahren?

In einer unauffälligen Schachtel stößt er auf einen Gummipenis, einen Vibrator. Auf einem Wandschrank stehen, gut sichtbar, zahlreiche CD-ROMs mit einer Banderole und der Aufschrift »persönlich«.

Er nimmt sie an sich, fertigt Kopien an und öffnet sie: Es sind Tausende von Schwulen-Fotos und -Videos, darunter die des Freundes, der sich mit dem Baseballschläger, dem Sonnenschirmstiel oder der Gurke bearbeitet.

Don Matteo redet mit dem Gemeindepriester der Pfarrei darüber. Er zeigt ihm die Beweisstücke, auch Don Maurizios Handy, das er heimlich entwendet hat und auf dem Botschaften wie »Hast du einen Steifen? Wo bist du? Wo findet man dich?« gespeichert sind.

Der Gemeindepriester wäscht seine Hände in Unschuld: Don Matteo habe es herausgefunden und müsse damit eben zurechtkommen. Dabei ist ihm doch sicher nicht entgangen, dass sich Don Maurizio mitten in der Nacht aus dem Haus schleicht und erst Stunden später zurückkehrt.

Don Matteo redet daraufhin erneut mit seinem Spiritual, der sich daraufhin an den Bischof wendet. Der Bischof ruft Don Matteo zu sich und sagt ihm, er werde zunächst mit Don Maurizio reden. Der Denunziant möge beruhigt sein: Der Bischof versichert ihm, er werde ihn aus allem heraushalten.

Der Bischof bestellt Don Maurizio und weitere Personen zu sich. Wie sich herausstellt, unterhält der Priester eine sexuelle Beziehung zu einem anderen Priester: zu Don Guido. Der beichtet dem Bischof alles und bittet um Hilfe. Er möchte sich ändern, will die sündige Beziehung beenden und auf den rechten Weg zurückfinden. Er versuche dies schon seit einiger Zeit, so sagt er, aber Don Maurizio finde immer Mittel und Wege, ihn festzuhalten.

Don Maurizio hat keine Ahnung, dass hinter allem Don Matteo steckt, und vertraut sich diesem an. Er sagt ihm, er sei vom Bischof vorgeladen worden, weil er mit Don Guido ein paar seltsame SMS ausgetauscht habe. Er leugnet zunächst jede Beziehung mit ihm, gibt nach einigen Tagen aber nach und beichtet die volle Wahrheit.

Auch Don Guido, ebenfalls ihr Studienkollege aus dem Priesterseminar, vertraut sich Don Matteo an und erzählt ihm alles.

Er und Maurizio hätten während des gesamten Studiums ein sexuelles Verhältnis miteinander gehabt und jeden Vorwand genutzt, um sich in ein Zimmer zu schleichen und abzuschließen. Die Beziehung hätten sie nach dem Seminar fortgeführt, auch auf einer Reise durchs Heilige Land, der klassischen Pilgerreise – die Hochzeitsreise der Priester – mit den Familien, nach der Priesterweihe. Er habe diese Beziehung schon lange beenden wollen, aber Don Maurizio verstehe es, ihn immer wieder umzustimmen. Jetzt habe er dem Bischof das Versprechen gegeben, endgültig Schluss zu machen. Er werde sich von einem Psychologen begleiten lassen.

Auch Don Maurizio gelobt dem Bischof Besserung. Und vertraut sich einem Seelenarzt an.

Nach einer ruhigeren Phase sucht er allerdings wieder Stricher auf. Don Matteo und dem Gemeindepriester erzählt er Märchen, stiehlt sich nachts aus dem Haus und geht in Motels, in denen er mit Männern bezahlten Sex hat. Don Matteo stellt sich schlafend und bleibt wach, um zu kontrollieren, was der Mitbewohner so treibt.

35
Große Verbitterung

Ich nehme Don Matteo das Märchen von der Freundschaft nicht ab. Ich bin kein Sigmund Freud, aber mein gesunder Menschenverstand sagt mir: Wenn ich merke, dass mein bester Freund ein Doppelleben führt, sage ich ihm unter vier Augen ehrlich die Meinung, egal wie unanständig oder unmoralisch die Sache ist. Ich verpetze ihn nicht gleich bei seinem Chef und nehme in Kauf, dass er seine Arbeit verliert.

Um Himmels willen: Ich möchte mich nicht zum Richter über Don Matteo aufwerfen. Rein formal, von der Sache her, hat er völlig korrekt gehandelt. Aber seine merkwürdige Art macht einfach stutzig. Er kontrolliert den Freund auf geradezu zwanghafte Weise.

Don Maurizio ist für Don Matteo zur Obsession geworden. Und ich glaube mittlerweile, dass es um mehr geht als um ein paar Gebete der Gläubigen, die Maurizio als eigene ausgegeben und für die er von den Vorgesetzten unverdientes Lob eingestrichen hat.

Zuerst einmal fahre ich zu Don Maurizio.

Es ist ein Sonntagmorgen Ende Oktober. In dem Ort, in dem er lebt und sein Priesteramt erfüllt, findet ein Herbstmarkt statt. Gegen 11.30 Uhr bin ich in der Kirche und wohne der Messe bei – und habe Glück: Der Mann hinter dem Altar ist Don Maurizio. Verglichen mit den Fotos und Hardcore-Videos ist er inzwischen etwas grauhaariger geworden. Aber es steht zweifelsfrei fest: Der Priester, zu dem ich nach vorn trete, um die Kommunion zu empfangen, ist tatsächlich der Akteur in den Pornofilmen, die ich gesehen habe.

Wenige Tage später rufe ich im Pfarrhaus an.

Ich lasse mich zu Don Maurizio durchstellen und sage ihm, ich hätte nach einem Besuch des Sonntagsmarkts an seiner Messe teilgenommen. Er habe mich beeindruckt. Ich stelle mich so vor: Ich wohne in der Provinz Padua, habe seit geraumer Zeit das Bedürfnis, die Beichte abgenommen zu bekommen und will es gerne bei ihm tun. Eine Beichte beim alten Priester meiner Gemeinde wäre mir peinlich: Er hat mich aufwachsen sehen und kennt meine Familie und Freunde. Das möchte ich nicht.

Don Maurizio schlägt vor, dass ich am nächsten Sonntag vorbeikomme. Nach der Mittagsmesse empfange er mich gerne im Beichtstuhl der Kirche.

Bis dahin versuche ich mehr über Don Matteos Privatleben herauszubekommen. Er hat mir bereits gesagt, dass er in seinem Leben keinerlei sexuelle Erfahrungen hatte. Einverstanden. Ich versuche herauszubekommen, wie er seine Verpflichtung zur Ehelosigkeit, sein Gelübde der Keuschheit erfüllt.

Don Matteo öffnet sich nur per E-Mail. Also schicke ich ihm Fragen und Stichworte, und er antwortet.

»Im Ritus der Weihe zum Diakon oder des Übergangs bis zum Priester lautet eine Formel: ›Ihr, die ihr bereit seid, in Ehelosigkeit zu leben, wollt ihr im Zeichen eurer völligen Hingabe an Christus den Herrn diese Verpflichtung gegenüber dem Reich des Himmels im Dienst an Gott und den Menschen für immer wahren.‹

Und weiter heißt es zu den Verpflichtungen: ›Wollt ihr immer enger mit Christus, dem allerhöchsten Priester, verbunden sein, der sich als reines Oper für euch dem Vater hingegeben hat, indem ihr euch gemeinsam mit ihm Gott für das Heil aller Menschen hingebt?‹

Ich möchte hier keine theologische Vertiefung des Themas. Klar ist, dass der Priester Gott sein Leben hingibt, sich ihm anvertraut und sein ganzes Leben in seine Hände legt. Und noch klarer ist, dass in diese Entscheidung der Kirche Zweckmäßigkeit und Tradition eingeflossen sind.«

Ich frage Don Matteo nach seiner Sexualität, seiner Fleischeslust und seinen Trieben.

»Ich möchte der Vorstellung entgegentreten, dass Priester kein fleischliches Verlangen verspürten. Ich spüre es sehr wohl. Wir sind Menschen aus Fleisch und Blut, keine Kastraten oder Behinderte. Wahrscheinlich gehen wir mit ihm auf besondere Weise um. Zumindest ich kenne schwer zu bewältigende Zeiten der Schwäche, der Mühsal, der Einsamkeit und der Spannungen. Ich bin überzeugt, dass ich meine Energien, auch die sexuellen, für die Menschen und mit den Menschen einsetzen muss, auch wenn ich es nicht immer schaffe.«

Masturbation: Wie, wo, wann und wie oft findet das statt?

»Ich glaube, ich schockiere niemanden, wenn ich zugebe, dass ich auf dieses Mittel ab und zu zurückgreife. Wie oft, kann ich nicht sagen. Es kommt auf die Zeiten an, manchmal mehrmals die Woche, dann wieder monatelang nicht. Ich gebe es ungerne zu, aber diese Instinkte oder besser Aufwallungen überfallen mich in schwierigen, in einsamen Phasen, in Zeiten der Erschöpfung. Man schließt sich ganz spontan in seinem Zimmer ein, wo einen keiner sieht und beurteilt, ist mit sich allein und gönnt sich dort eben Lust.«

Gibt es Fantasien? Spielen Anregungen eine Rolle? Zum Beispiel aus Zeitschriften oder dem Internet?

»Meistens mache ich es vor dem Fernseher. Ich brauche keine Spezialprogramme oder regelrechte Pornofilme. Mein Gewissen funktioniert Gott sei Dank noch. Mir genügt eine gewagte Szene. Im Fernsehen muss man danach heute nicht lange suchen. Den Rest überlasse ich der Fantasie.«

Und hinterher? Wie steht es mit der Befriedigung? Und was ist mit Schuldgefühlen?

»Meistens plagen mich Schuldgefühle. Ich fühle mich unwohl, aber die Beherrschung der eigenen Triebe ist eben nicht leicht. Ich bin mit mir sehr streng und habe hohe Ansprüche. Ich frage mich: Wie soll ich Menschen die Beichte abnehmen oder ihnen Ratschläge erteilen, wenn ich nicht einmal das leben kann, was ich bei der Priesterweihe gelobt habe.

Dabei bin ich überzeugt, dass Menschen wichtiger sind als Regeln. Es braucht Liebe und Erbarmen. Aber die bringe ich häufig anderen, nicht mir selbst gegenüber auf. Im Beichtstuhl lernt man, andere nicht zu verurteilen, ihre Schwächen ohne Verwunderung zu akzeptieren und dem menschlichen Elend mit dem Erbarmen Christi zu begegnen, auch wenn die Kirche jahrhundertelang einen richtenden und strafenden Jesus dargestellt hat. Ich bin mir bewusst, dass diese Notbehelfe zur Überwindung von Schwierigkeiten kein Optimum sind. Aber wie ich mehrfach sagte, ist es nicht immer leicht, solche Phasen zu beherrschen.«

Ich frage, welches Bedürfnis er eher verspürt: das nach einem Körper, den man streicheln, umarmen und besitzen kann, oder das nach Zuneigung, Trost, verschworener Innigkeit, Teilhabe und Liebe.

»Wenn ich mit Blick auf meine Sexualität Gewissenserforschung betreibe, stelle ich fest, dass mir nicht der Sex am meisten fehlt. Mir fehlt, ehrlich gesagt, mehr die Zuneigung einer Ehefrau, die mich am Abend fragt, wie mein Tag verlaufen ist, und die mich in schwierigen Zeiten in den Arm nimmt. Eine Frau, die mit mir Freude und Leid teilt, mich durchs Leben begleitet, sich um mich kümmert und an meine Gesundheit denkt.

Viele Priester sind übergewichtig, haben einen erhöhten Cholesterinspiegel und laufen ungepflegt herum, weil sich um sie kein weibliches Wesen kümmert. Manche ertränken ihren Einsamkeitsfrust im Alkohol.

Ich denke oft gerührt an meine Mutter, die immer ganz hinter meinem Vater stand. Oder an meine Großeltern, die 56 Jahre verheiratet waren.«

Das ist eine auffällig funktionale Rolle für die Frau. Aber das ist nicht der Punkt. Die Frage ist vielmehr, warum du nicht das Leben führst, das dir das bietet, was dir jetzt fehlt.

»Ich bereue es nicht, dass ich mich für das Priesteramt entschieden habe. Ich ziehe eine große Befriedigung aus ihm und bin der Gemeinschaft nahe. Außerdem kann ich mir eine Ehe nicht vorstellen.

Mir fehlen Kinder, die ich gernhaben kann und die sich um mich kümmern, wenn ich alt bin. Auch die Befriedigung, Kinder, das eigen Fleisch und Blut, großzuziehen. Aber ich habe mich entschieden, dem Herrn zu dienen, und muss das Gute wie das Schlechte, die angenehmen wie die weniger angenehmen Seiten akzeptieren. Es ist auch keine Lösung, den Pflichtzölibat, wie so oft gefordert, einfach abzuschaffen, damit Priester hciraten können. Die Nachteile würden die Vorteile deutlich überwiegen.«

Ich frage ihn, was er tut, wenn er sich einsam oder niedergeschlagen fühlt. Ruft er seine Mutter an?

»Ich persönlich stütze mich auf Anraten eines Spirituals auf eine befreundete Familie, ein Ehepaar mit drei Kindern. Es sind sehr enge Freunde, und ich weiß, dass viele Priester dies tun. Wenn ich mich einsam fühle, und das passiert gelegentlich, weiß ich, dass jemand für mich da ist. Ich komme unter Leute und genieße eine familiäre Atmosphäre in einer diskreten und verständigen Familie, die menschlich und entgegenkommend ist. Die Leute können Dinge für sich behalten. Sie wissen, welch heikle Aufgabe sie gegenüber dem Priester erfüllen. Viele Priester setzen auf so eine Familie. Darüber wird wohl auch mit süffisantem Unterton geredet, häufig mit einer Anspielung darauf, dass die Gattin oder Dame eine schöne Frau ist.«

Ehrlich gesagt, je mehr ich von euch Priestern mitbekomme,

desto mehr fällt mir auf, dass ihr auch ganz schön garstig miteinander umgehen könnt, wenn es darauf ankommt.

»Wir haben einen großen Fehler: Wir begegnen uns nicht besonders gnädig, insbesondere, wenn wir übereinander reden. Unter Priestern herrscht kaum Verständnis und Mitleid füreinander, insbesondere, wenn ein Bruder Fehler macht oder in zweideutige Situationen gerät. Selbst wenn es in gutem Glauben passiert.«

Reden wir nochmals über Sexualität und das Seminar.

»Im Seminar geschieht mit Blick auf die Sexualität etwas Merkwürdiges. Naive und unerfahrene junge Männer müssen mit Veränderungen ihres Körpers und mit komplizierten seelischen Situationen zurechtkommen. Da ist zwar der Spiritual, aber aus einer ganzen Reihe von Gründen kommt das Problem Sexualität bei ihm einfach nicht zur Sprache.

Bekannt ist auch, dass ein abgeschottetes Umfeld mit strenger Geschlechtertrennung Verirrungen und homosexuelle Praktiken fördert. Sie kommen sehr häufig vor, insbesondere in Gefängnissen und Internaten. Auch mir gegenüber haben sich ehemalige Seminaristen oder Priester schon dazu bekannt, dass sie homosexuelle Anträge oder Zuwendung bekommen haben.

Einige Priester in meinem Freundeskreis sind mir haushoch überlegen. Manche halten ihre Sexualität meisterhaft unter Kontrolle. Vor Kurzem hat mir ein befreundeter Priester erzählt, er habe schon seit Jahren nicht mehr onaniert, und zwar nicht wegen körperlicher Schwächen, sondern weil er einen starken Willen hat und ein intensives spirituelles Leben führt.

Andere Priester lassen sich gehen und können nicht anders, als die Dienste männlicher oder weiblicher Prostituierter in Anspruch zu nehmen. Ich empfinde da vor allem Mitleid.

Inmitten all dieser schwarzen Schafe gibt es allerdings auch viele Priester, die ihre Sexualität ganz der Pflicht unterordnen. Viele haben sexuelle Probleme und Perversionen, aber ebenso viele, vielleicht noch mehr, halten ihre Sexualität mit Zähigkeit und Ausdauer im Zaum und sind überzeugt, dass man tagtäglich mit Gebeten und dem Dienst am Evangelium darum kämpfen muss, das Versprechen der Keuschheit für das Himmelreich einzuhalten.«

Welche Rolle spielt die unterstützende Familie?

»In Phasen der Einsamkeit, wenn mir die Pfarrhausdecke auf den Kopf fällt, rufe ich sie an und besuche sie. Manchmal nur auf einen Kaffee, manchmal zum Abendessen und manchmal, um mein Herz auszuschütten. Die Eheleute sind um die 50. Sie sind seit 25 Jahren miteinander verheiratet und haben drei Kinder. Sie unterrichtet, er ist seit Kurzem im Ruhestand. Sie haben eine 22- und eine 17-jährige Tochter. Ihr Sohn ist 16. Das sind ganz fantastische Leute. Sie sagen mir immer wieder, ich sei für sie so etwas wie ein älterer Sohn. Vor allem sind sie sehr diskret und verständig. Ihre Kinder wissen, dass sie das, was wir uns sagen, nicht herumerzählen dürfen, nicht einmal, dass ich sie oft besuche. Es kann überall schnell unnötige Eifersüchteleien und Gerede geben, insbesondere bei einem Priester auf dem Dorf.

Unsere offene Beziehung reicht vom Annähen eines Knopfs bis zum Erteilen spiritueller Ratschläge.«

Und die Haushälterinnen? Was ist denn aus denen geworden?

»Es stimmt schon: Für Knöpfe und Ähnliches sind im Pfarrhaus die Haushälterinnen zuständig, aber wechseln wir lieber das Thema. Haushälterinnen sind Engel, aber bisweilen muss man sich vor ihnen auch in Acht nehmen. Ich persönlich hatte Erfahrungen mit tüchtigen, willigen Haushälterinnen, die ihre Arbeit mit Liebe erledigten. In letzter Zeit musste ich meine Meinung allerdings korrigieren. Meistens sind es Jungfern übelster Sorte, die jede Verfehlung eines jungen Priesters sofort beim Gemeindepfarrer petzen oder bei Freundinnen die Mängel des Seelsorgers mit boshaften Bemerkungen herausstreichen. Natürlich haben sie kein einfaches Leben. Immer verfügbar, immer mitten drin. Das verlangt Aufopferung und ist mühsam. Eine wichtige Qualität von Haushälterinnen ist ihre Verschwiegenheit. Die Leute sind besonders geschickt darin, sie auszuhorchen und ihnen zu entlocken, welche Vorzüge, Fehler und Geheimnisse der Priester hat.«

Der gute Geist, der hinter den Kulissen agiert …

»Ein guter Freund hat mir erzählt, dass er mit seiner Perle heftig aneinandergeraten sei. Er habe ihr eines Tages Geld gegeben, das sie in die Kasse legen sollte. Sie fragte verächtlich: ›Und was mache ich jetzt mit dem Geld?‹ Er antwortete: ›Kaufen Sie sich einen Strick, und hängen Sie sich auf.‹ Wie empört sie war, kann man sich denken.

Oder ein Gemeindepfarrer ermahnt vor einer Abreise den jungen Priester: ›Und kommen Sie bloß nicht auf die Idee, die Treppen mit Schmierseife zu behandeln.‹ Er fürchte, dass er der Haushälterin einen üblen Streich spielen würde.

Die jüngste Episode war ein guter Freund, den seine Haushälterin zur Weißglut gebracht hat. Er rannte wutentbrannt nach unten in den Garten, sah dort eine Katze vor dem Käfig mit ihren Finken sitzen und öffnete ihr kurzerhand das Türchen. Als die Haushälterin das Geschrei im Käfig hörte, eilte sie in den Garten und sah die Katastrophe. Mein Freund, der Priester, sagte ihr: ›Ich habe Ihnen doch immer wieder gesagt, Sie sollen die Käfigtüre richtig zumachen‹.«

Nach diesem Exkurs komme ich auf die unterstützende Familie zurück. Ich möchte herausbekommen, ob sie etwas verbirgt.

»Diese Familie ist fantastisch. Diese Leute gehen täglich zur Messe und sind in der Gemeinde sehr aktiv. Sie haben ihren Glauben schon vor meiner Zeit sehr intensiv gelebt. Ich bitte sie sogar, mich mit Gebeten zu unterstützen. Ich bin sicher, in wichtigen Momenten in meinem Leben beten sie für mich, und ich bete natürlich für sie.

Wie sie mir sagten, kommen sie jeden Abend im Wohnzimmer

vor dem großen Kruzifix zusammen, knien nieder und beten für mich, ihre Familie und alle, die ihnen wichtig sind, immer wenn Not am Mann ist. So eine Familie findet man nicht oft. Ich kann von Glück sagen, dass ich sie habe. Sie ist mir eine große Hilfe. Die Frauen sind ungewöhnlich feinfühlig, haben eine außergewöhnliche Art, mit schwierigen Situationen umzugehen, ein ganz besonderes Einfühlungsvermögen.«

Endlich wird es interessant.

»Ich weiß nicht, wieso, aber noch mehr als mit dem Ehemann, der den Kontakt mitträgt, habe ich mich mit dieser Frau sofort verstanden. Wir verstehen uns ausgezeichnet und haben gewaltigen Respekt voreinander. Ich vertraue ihr vieles an, und sie gibt mir sehr kluge Ratschläge, selbst in den persönlichsten und delikatesten Fragen.«

Eine spirituelle Gefährtin also?

»Eine Art weiblicher Spiritual. Wir reden oft über unsere Probleme, sie über ihre und die ihres Mannes und ihrer Kinder. Das hilft mir bei der Arbeit als Priester. So verstehe ich die Probleme heutiger Familien besser.

Wie meine Mutter sieht sie mir sofort an, wenn mich etwas bedrückt. Bei ihr fühle ich mich frei. Weil sie aus dem Ort ist, kennt sie die Leute und die Verhältnisse, obwohl ich häufig keine Namen nenne. Das Beichtgeheimnis ist heilig. Wenn eine Familie Schwierigkeiten hat oder wenn Kinder ein Problem haben, wer käme da auf eine bessere Lösung als eine Mutter? Wir überlegen jedenfalls zusammen, welche Entscheidungen getroffen werden müssen. Meistens geht es um meine Probleme und Schwierigkeiten: Probleme zwischen Priestern, Probleme mit jemandem, auch mit einer Haushälterin, oder einfach die Frage, was man am besten anzieht oder kauft. Eine große Vielfalt an Themen.«

Ist da eine intime Vertrautheit? Gibt es Hintergedanken? Gefühle? Oder unbewusste Wünsche?

»Zwischen mir und ihr – zumindest was mich betrifft, aber

ich bin sicher, das ist auch von ihrer Seite aus so – hat es nie ein Interesse gegeben, das etwas mit Liebe, geschweige denn mit Sexualität zu tun gehabt hätte. Diese Frau ist unter anderem sehr klug. Sie liest besonders viel, und mich begeistern vor allem Menschen, die über alle möglichen Themen reden und diskutieren können. Ich erinnere mich, dass wir einmal den Fall eines Priesters besprachen, der sein Amt aufgegeben hatte. Wir kannten ihn beide. Wir haben lange diskutiert. Sie hat die Gefahren, in die ein junger Pfarrer geraten kann, sehr genau gesehen und wusste, wo er im Umgang mit dem weiblichen Geschlecht aufpassen muss. Ich muss feststellen, dass sich manche Frauen auf teuflische Weise immer besser darauf verstehen, einen Priester zu reizen, sich in Szene zu setzen und ihn an ihren Problemen teilhaben zu lassen. Dann sagen sie Dinge wie: ›Keiner versteht mich so gut wie du‹. Oder: ›Was würde ich ohne dich bloß machen.‹ Und so ein armer unbedarfter und unerfahrener kleiner Priester schmilzt dahin wie der Schnee unter der Sonne. Und wenn die junge Frau dann auch noch hübsch ist, ist alles zu spät.

›Der Teufel geht wie ein brüllender Löwe umher und sucht, wen er verschlingen kann‹, heißt es in der Schrift. Da braucht ein Priester eine Gebetkultur. Ein Bischof sagte, das Gebet sei das Präservativ im Leben des Priesters. Schreib das bloß nicht. Das war nur etwas zum Schmunzeln, aber er hat es wirklich gesagt.«

Der Kreis schließt sich: Er, der Freund und Studienkollege, der Verräter. Wie ist das Verhältnis zu dem Mann, der heute Neid auslöst und zur Obsession geworden ist?

»Diese traurige und bittere Angelegenheit hat mein Leben als Mensch, Christ und Priester gezeichnet. Ich stelle fest, dass mich Don Maurizio benutzt, ausgenutzt und meine Existenz zerstört hat. Als er genug bekam, hat er mich mithilfe der Vorgesetzten einfach ausgebootet.

Wie fühle ich mich da? Ich bin noch immer sehr wütend auf ihn. Ich bin wütend auf diese Behandlung, auf diese Märchen, die er mir erzählt hat, und wütend deshalb, weil er auch dank meiner Hilfe in einer guten Gemeinde bleiben konnte und ich in einem problembehafteten Vorort gelandet bin. Dort muss erst alles aufgebaut werden. Außerdem musste ich alle meine Gewohnheiten ändern, völlig umdenken, und das war körperlich und seelisch ziemlich schwierig.

Ich bin aus vielen Gründen wütend. Ich frage mich oft: Was machen die Kirchenoberen? Die kennen doch die Verhältnisse zur Genüge, warum schreiten sie nicht ein?

Es ist Wut, vermischt mit Neid. Ich weiß: Das sind hässliche Gedanken, vor allem bei einem Priester: Warum geht bei so einem, der sich so verhält, einfach alles glatt? Eine spirituelle Erklärung will ich gar nicht erst versuchen. Ich bin wütend über ein höllisches Leben und die bitteren Pillen, die ich in drei Jahren mit ihm unter einem Dach habe schlucken müssen. Wütend über die Lügen, die er mir heute noch erzählt, wenn wir uns sehen.

Vor allem bin ich wütend über seine zur Schau gestellte Heiligkeit, die er überhaupt nicht hat; darüber, dass er auf meine leicht boshaften Bemerkungen jedes Mal verwundert reagiert, mich herablassend anschaut und sagt: ›Schämst du dich gar nicht, so etwas zu sagen?‹

Man könnte sicher einwenden, meine Gedanken, meine Art, zu argumentieren und zu handeln, seien unchristlich. Ich bin mir dessen bewusst, kann aber kaum anders. Noch jetzt frage ich mich, wie ich es durchgehalten und gute Miene zum bösen Spiel machen konnte, als ich mit ihm die Messe gefeiert habe und so einiges wusste. Die Messe feiern und an das denken, was er am vorigen Abend getrieben hat. Aus demselben Kelch trinken im Wissen, dass er …

Ich halte mich selbst für einen Sünder, aber irgendwo gibt es eine Grenze. Zu uns kommen Menschen zur Beichte. Sie erzählen uns intimste, häufig markerschütternde Dinge aus ihrem Leben. Das kostet sie gewaltige Überwindung. Aber sie sind sicher, dass wir Männer Gottes sind, dass sie uns vertrauen können, dass wir irgendwie in der Lage sind, trotz aller Schwierigkeiten und Mühen nach dem Evangelium zu leben. Wie lebt man ein Leben ohne Regeln, ein unzüchtiges Leben, bei dem man seinen Trieben hinterherjagt? Wie bleibt man da ruhig, wenn man weiß, dass viele Priester beten, leiden und ihr Leben dem Evangelium hingeben, während man selbst daran denkt, sich mit Mitteln und Taten zu vergnügen, die, gelinde gesagt, gegen Regeln verstoßen, wenn man Dinge treibt, die die Kirche verurteilt?

Ich habe mir vorgenommen, ganz ruhig zu bleiben, wenn wir uns wieder begegnen. Äußerlich gelingt mir das, aber in mir brodelt noch immer ein Vulkan. Ich weiß nicht, ob die Zeit meine Wunden heilen und die Wogen in mir glätten kann.

Manchmal bleibe ich gelassen und sage mir: Das ist gut so, das sind auch Zeichen der Vorsehung, die mich etwas gelehrt haben. Aber manchmal kann ich nicht vergeben und sinne auf Rache.

Oft bete ich deswegen und bete für ihn. Ich weiß nicht, wie sehr ich mit mir selbst im Reinen bin, und auch nicht, wie gut es ihm mit diesem Leben geht, das er da führt. Abends, aber häufig auch tagsüber, bete ich eben.

Ich bitte inständig Gott, dass er mir Gelassenheit und ihm Erlösung gibt.«

36
Ein therapeutisches Gespräch

Am darauffolgenden Sonntag besuche ich Don Maurizios Kirche. Es ist Anfang November. Ich warte das Ende der Messe ab und gehe zu ihm. Er trägt ein dunkles Hemd und dunkle Hosen.

Ich stelle mich vor und erinnere an das Telefonat, das wir vor einigen Tagen geführt haben.

»Ja, Alessandro, ich erinnere mich. Woher kommst du eigentlich?«

Aus der Provinz Padua.

»Gehen wir ins Haus. Ist das für dich in Ordnung?«

Ja, sicher.

Wir gehen aus der Kirche und wenden uns nach rechts in Richtung Pfarrhaus. Kinder halten ihn auf, plappern und klatschen sich ab.

Dann wendet er sich wieder mir zu.

»So, jetzt bin ich für dich da.«

Ich folge ihm in sein Büro.

Der Innenraum überrascht etwas. Auf einem Regalbrett stehen alle möglichen Spielsachen herum: Puppen, kleine Soldatenfiguren, Modellautos der Formel-1 mit Fernsteuerung. Alles in strenger Ordnung. Es sind eher Deko-Objekte als Spielsachen für Kinder, die in die Pfarrei kommen. Über ihnen wacht gleichsam ein Foto von Papst Benedikt XVI.

Sehr aufgeräumt wirkt auch der Schreibtisch. Auf einer Seite weiße Bogen Papier. In einem Federkasten im Ethnodesign liegen drei Stifte, ein roter, ein blauer und ein schwarzer. Dazu ein rosa Textmarker. Und in der Mitte des Schreibtischs steht der Computer.

In Don Maurizios Büro ist alles in perfekter Ordnung.

Sogar die Bücher auf den Wandregalen sind offenbar der Größe nach aneinandergereiht worden. Wie die Spielsachen sind sie wohl eher zur Dekoration als zum Gebrauch da.

Don Maurizio bittet mich, auf dem Stuhl vor dem Schreibtisch Platz zu nehmen, und setzt sich neben mich.

»Kommst du oft in die Gegend?«

Nein, ich bin zufällig wegen des Marktes hergekommen.

»Was hast du denn auf dem Herzen?«

Ich bin, kurz gesagt, deshalb hier, weil ich mit der Beichte so meine Probleme habe. Ich meine, ich glaube ... also, ich habe sie nie gemocht, schon als Kind nicht. Das ist eine persönliche Einstellung. Sie hat sich während meiner Studien noch mehr herausgebildet. Ich habe einen Universitätsabschluss in Geschichte. Ich habe immer gefunden, dass die Beichte ein überflüssiges Sakrament ist. Ich meine, ich habe eher eine direkte Beziehung zu Gott gesucht.

Don Maurizio hört schweigend zu. Er blickt mich forschend an.

Vor zweieinhalb Jahren ist mein Vater gestorben. Er bekam eine schwere Krankheit, und das hat mich sehr erbittert. Er hatte einen Lebertumor, obwohl er nie einen Tropfen Alkohol angerührt hat. Mir kam das wie ein schlechter Scherz vor, weil ich Leute kenne, die ungeheuer viel trinken und nicht krank geworden sind. Sie wissen sicher, dass Lebertumore in über 90 Prozent der Fälle auf Alkoholmissbrauch zurückgehen. Einen Vater zu haben, der krank wird, von so einer Erkrankung zugrunde gerichtet wird ... Am Ende habe ich zu Gott gebetet, er möge ihn zu sich holen. Ich konnte nicht mehr mit ansehen, wie schlecht es ihm ging. Er stand mir immer sehr nahe, war ein starker Mann, und dann das ...

Don Maurizio hört schweigend zu. Offenkundig nervös, rutscht er auf seinem Stuhl hin und her.

Ich bin bei meinem Vater aufgewachsen. Die Messe war für meine Familie immer ein wichtiges Ereignis. Ich erinnere mich an den Sonntag als einen Festtag, an dem wir alle zusammen aßen. Und dieser Tag begann mit der Messe. Ich komme aus einer sehr katholischen Familie, aber seit mein Vater gestorben ist, gehe ich nicht mehr zur Messe.

Ich weiß nicht, warum ich letzten Sonntag in die Kirche ging. Ich spürte einen starken Antrieb, fühlte mich von etwas, von jemandem angezogen, vielleicht von den Kirchenglocken. Irgendwie klangen sie anders als sonst.

Don Maurizio hört weiterhin schweigend zu. Er schlägt ein Bein über das andere, nimmt es aber sogleich wieder herunter.

Deswegen bin ich hineingekommen. Seit zweieinhalb Jahren gehe ich nicht mehr in die Kirche und habe nicht gebeichtet. Das letzte Mal habe ich die Beichte bei dem Gemeindepfarrer abgelegt, der die Trauerfeier für meinen Vater zelebriert hat. Aber Beichte würde ich es gar nicht nennen, es war eher eine Plauderei. Sie fand an einem Tag unmittelbar nach der Beisetzung statt. Ich war sehr wütend, wie ich bereits sagte. Ich glaube, dass ich das Trauma noch nicht verarbeitet habe. Ich höre die Stimme meines Vaters nicht mehr und sehe seine Augen nicht mehr vor mir. Manchmal zwinge ich mich, mir seine Stimme vorzustellen, aber es gelingt mir nicht immer.

Don Maurizio hört noch immer schweigend zu. Und hüstelt.

Ich habe Sie gebeten, mir die Beichte abzunehmen. Ich führe ein ganz normales Leben, lebe seit eineinhalb Jahren mit meiner Verlobten zusammen. Aber seit einigen Monaten, ich schäme mich etwas, es zu sagen, fühle ich mich zu jemandem hingezogen. Jemand, der so ist wie ich.

Ich liebe meine Verlobte, spüre, dass sie die Mutter meiner Kinder werden kann, dass ich mit ihr eine Familie gründen kann.

Eine Familie wie meine. Aber jetzt bin ich in diese Lage gekommen und weiß nicht, ob das, was mit mir passiert, vielleicht etwas Schlimmes ist.

Don Maurizio reibt schweigend seine Brille sauber. Und ich folge meiner Inspiration bis ans Ende.

Ich hatte noch nie einen körperlichen Kontakt zu einem Mann, ich weiß einfach nicht, ob es da eine Anziehung gibt. Ich habe versucht, mit meinem Therapeuten zu reden. Er hat mir seine weltliche Sicht in der Frage dargelegt und gesagt, das sei doch kein Problem. Das komme einfach vor. Wichtig sei nur, dass ich mich in meiner Haut wohlfühle. Aber ich fühle mich im Augenblick in meiner Haut überhaupt nicht wohl, weil ich nicht weiß, was mit mir los ist. Ich weiß nicht, ob ich mich richtig ausgedrückt habe … Vielleicht habe ich auch zu viel geredet. Mir ist das ziemlich peinlich.

Don Maurizio ist noch da. Er lebt auf und lacht leicht hysterisch.

»Keine Sorge, alles, was du gesagt hast, bleibt unter uns. Ich glaube, als Erstes müssen wir uns selbst verstehen und uns selbst mögen. Diese Schwierigkeiten betreffen unser Wesen. Diese Dinge sind nicht zum Scherzen. Ich glaube, es ist schön, wenn man es losgeworden ist, es gesagt hat. Dann kann man versuchen herauszubekommen, was nicht in Ordnung ist. Als Erstes fällt mir dazu ein, dass es mit dem Verlust deines Vaters zusammenhängen könnte. Du hast bis jetzt ständig von ihm geredet.«

Ja, das könnte sein.

»Das ist eine Beziehung, die dir jetzt fehlt. Aber weißt du, wir werden auch einmal unseren Kindern fehlen. Es gibt Dinge in unserem Kopf, in unserem Wesen, die wir nie herausbekommen werden. Wieso stellen wir uns diese Fragen? Wieso fühlen wir uns angezogen …? Sicher müssen wir vorsichtig an sie herangehen, auch deshalb, weil es da schon eine Frau in deinem Leben gibt.«

Ja, genau. Und bei ihr fühle ich mich manchmal … nicht fehl am Platz, aber irgendwie unwohl. In dem Sinn, dass … gut, ich liebe sie sehr, aber was ist das für ein Zweifel, der da an mir nagt? Ich war immer fasziniert vom heiligen Augustinus, der anfangs ein ausschweifendes Leben geführt und sich dann bekehrt hat.

Don Maurizio hört schweigend zu. Hüstelt.

Ich weiß nicht … Ich sage noch einmal: Ich bin in einer streng katholischen Familie aufgewachsen. Wenn ich das … also wenn ich homosexuell wäre, empfände ich das als Schande für meine Familie. Ich frage mich, wie es meine Familie aufnehmen würde, oder die Gemeinde, der Pfarrer, der einmal pro Woche zum Essen zu meiner Großmutter kommt? Ich bin in einer Lage, in der ich nicht mehr weiß, welches die richtige Richtung ist.

Don Maurizio hüstelt wieder.

Ich weiß nicht, aber ich spüre, dass es Männer gibt, die mein Interesse wecken, vielleicht sogar ein niederes …

Don Maurizio schaltet sich jetzt ein:

»Wenn ich darf, stelle ich dir ein paar Fragen. Ich glaube, ich verstehe, möchte aber ganz sicher sein. Geht es dir schon seit längerem so oder erst in jüngster Zeit?«

Erst in jüngster Zeit.

»Aber du hast gesagt, dass es da kein problematisches Vorkommnis gab. Das ist wichtig. Es ist nämlich so, dass ich oft mit jungen Männern zu tun habe, die missbraucht worden sind. Deswegen haben sie einen gewundenen Weg vor sich. Aber es braucht wenig, um hier die Situation zu retten. Retten … Entschuldige, ein unschönes Wort. Um die Lage zu korrigieren. Außerdem gibt es noch den Fall, dass man sich nie so richtig, aus vollem Herzen, geliebt gefühlt hat. Das schafft viele Schwierigkeiten. Vielleicht hat eine Bezugsperson gefehlt. Du hast zum Beispiel von Großmüttern gesprochen … Vielleicht war die weibliche Bezugsperson für dich sehr wichtig, und jetzt, wo dein Vater fehlt, tritt diese Komponente hervor ... Ich streue alle diese Hinweise ein, weil ich versuche, die Lage zu verstehen.«

Ich bin nicht missbraucht worden. Diese Sache kam erst in letzter Zeit.

»In den letzten Monaten ...«

Ja, in den letzten Monaten.

»Nun, du machst dir zu viele Sorgen wegen dieser ... darf ich sie nicht Homosexualität nennen? Wegen dieser Sache. Ich sage dir nicht, dass sie falsch ist. Das Böse will uns nämlich hinters Licht führen. Das sagt uns die Wissenschaft ... Da ist die männliche und die weibliche Seite. Und in der Schöpfung werden wir Mann oder Frau. Aber wir verlieren sie nicht, diese Seite der Weiblichkeit. Immerhin heißt es in der Genesis, in der hebräischen Ausgabe der Bibel, die Frau die »Männin«. Meine Befürchtung ist, dass du dir allerdings so große Sorgen machst, dass du es zugelassen hast, dass das Schlechte alle Entscheidungen trifft ...«

Ich merke, dass ich in meinen Entscheidungen nicht frei bin. Ich habe richtig große Probleme.

»Ich dagegen bin überzeugt, dass es dieses Problem gar nicht gibt. Da ist wenig dran ... Es gibt etwas anderes, was wir uns noch nicht gesagt haben. Und es liegt nicht an mir, es zu sagen. Du hast eine Sorge, und bist geradezu besessen von ihr. Ich habe hier auch mit vielen jungen Leuten, mit vielen Jugendlichen zu tun ... Es sind großartige junge Leute, auch junge Männer. Und sehr oft muss man sagen ... Es sieht fast so aus ... Weißt du, das Tabu ist gar keines, alles ist gut. Aber wenn wir verwirrt sind, dann ist da auch die Sorge: meine Familie, die Pfarrgemeinde, die Leute ...«

Ich verstehe rein gar nichts. Was zum Teufel bedeutet das?

Auch Don Maurizio ist nervös. Beim Reden gestikuliert er ununterbrochen. Dann legt er seine linke Hand auf die Klappe über dem Reisverschluss seiner Hose und die rechte Hand auf mein Knie.

Irgendwie habe ich das Gefühl, ich soll ihm sagen, dass ich

seinetwegen hier sei. Weil er ein schöner Mann ist. Vielleicht ist es nur ein Eindruck. Ob er begründet ist, will ich gar nicht mehr wissen.

Don Maurizio fährt fort.

»Und ein Aspekt ist meiner Ansicht nach nicht zu unterschätzen, nämlich der des Glaubens. Warum diese zwei Jahre ohne Kirche? Du hast mir zunächst gesagt, du seist, in Anführungszeichen gesprochen, auf Gott ziemlich wütend.«

Ja, aber nicht in Anführungszeichen.

»Dieses Abrücken vom Glauben hat in dir eine Unsicherheit geschaffen.«

Ich denke gerne in Bildern. Ich fühle mich wie ein kleines Boot, wie ein winziges Boot mitten auf dem Meer.

»Ich stelle dir eine Frage. Fühlst du dich von Gott geliebt?«

Ich glaube, ich kann das gar nicht sagen. Ich bin verwirrt.

»Ich möchte deutlicher sein: Wenn du den Weg weitergehst und feststellst, dass es doch so ist, dann musst du eines wissen: Ich begleite Menschen wie dich, du bist nicht der erste … Und sie haben ein Problem damit, sich selbst zu akzeptieren, sich selbst zu mögen. Es gibt das Problem, aber wichtig ist, dass man damit umgeht. Und nur zwei von fünf oder sechs sind richtige Fälle. Und bei den anderen sind es wohl einfach Anwandlungen, Augenblicke der Verirrung. Deswegen muss man sich keine Sorgen machen.«

Das Problem ist, sich selbst zu akzeptieren. Kann ich mich akzeptieren? Das weiß ich im Augenblick nicht.

»Was mich stark zweifeln lässt, ist die Tatsache, dass dir das erst mit 30 Jahren passiert, während vorher nie etwas war. Gehen wir es also sehr gelassen an …«

Don Maurizio lacht leicht hysterisch.

»Lassen wir das nicht zum größten Problem im Leben werden, zu einem, das das Leben beherrscht.«

Wahrscheinlich tut es das im Augenblick.

»Lassen wir ein Urteil beiseite. Finden wir erst heraus, ob du es wirklich bist.«

Ich habe nicht den Mut gehabt, es jemandem zu sagen, außer Ihnen.

»Gut, dass du es mir gesagt hast, sehr gut. Aber bevor man sicher sein kann, nun … Ich habe da einen jungen Mann, der es wirklich ist.«

Don Maurizio lacht hysterisch.

»Also gut, sein Leben, seine Beziehungen, alles das reinste Chaos … Ihm habe ich geraten, es nicht öffentlich zu machen … noch nicht … weil er jung ist und weil seine Familie riesiges Unheil anrichten würde.«

Ich glaube, meine Familie würde zu mir halten.

»Aber sicher. Reden wir allerdings weiter über diese Sache, die wir noch nicht kennen. Nennen wir sie weiter Homosexualität, aber ich, entschuldige, aber ich bin sehr … Ich bin lieber zu vorsichtig, als gleich zu weit zu gehen … oder mich zu früh verrückt zu machen. Es gibt auch klare Hinweise, die dem Verständnis auf die Sprünge helfen. Für mich reimt es sich schlecht, dass jemand, der in der Jugend, als Heranwachsender … du warst behütet. Das sagst du selbst …«

Das Problem …

»Selbst wenn es ein Problem wäre, würde ich nicht … Im Übrigen hast du ja auch eine Frau …«

Wie auch immer, ich danke Ihnen. Das war für mich schwer.

»Erinnere dich daran, dass wir uns zuerst selbst erlösen müssen. Erlöst leben heißt glücklich sein.«

Don Maurizio lädt mich zu einem Treffen zum Ende der nächsten Woche ein.

»Die Einladung steht. Ich tue das außerplanmäßig für dich … Komm aus Padua her, ruf mich an. Das heißt doch, dass der Geist etwas bewegt …«

Er bittet mich, ihm rechtzeitig Bescheid zu sagen.

»Das könnte ein Anfang sein. Ich bin ja da.«

Wieder legt er die Hand an den Reißverschluss seiner Hose.

»Hast du Hunger?«

Wir stehen uns gegenüber. Er legt mir die Hand auf die Schulter.

»Wenn du bleiben willst, kein Problem.«

Nein. Tausend Dank. Danke für das Gespräch.

»Wenn du willst, ein kurzer Anruf und ...«

Ich verabschiede mich und gehe.

37
Und immer wieder
das Priesterseminar

März 2010. Während in den internationalen Medien ein Orkan um die Skandale zahlreicher Priester tobt, die Minderjährige missbraucht haben, geht der 85-jährige Priester Sieger Köder, der wohl bedeutendste lebende Sakralkünstler in Deutschland, mit einem respektlosen Gemälde an die Öffentlichkeit. Titel seines Werks: *Die Fußwaschung.*

Jesus ist von hinten, über ein Becken gebeugt, vor dem Apostel Paulus dargestellt. Daran wäre nichts Seltsames, hätten nicht verschiedene ikonografische Elemente – so die Stellung des Kopfs Christi und das Spiegelbild seines geöffneten Mundes im Wasser – bei deutschen Beobachtern die Assoziation geweckt, dass es bei der Szene weniger um Reinigung als um einen Oralverkehr gehe. Bestärkt wird diese Deutung durch ein anderes Detail: Halb zwischen den Pinselstrichen verborgene Buchstaben des Wortes *Sex* scheinen diese Hardcore-Lesart der Malerei zu bestätigen. Und zwar so deutlich, dass der glaubenseifrige amerikanische Katholik Michael A. Calace in dem Dokumentarfilm *Rape of the Soul* Köders Gemälde als den »offenkundigen Beweis für die Existenz des Satans« bezeichnet hat. Dieser suche sich »Kirchenmänner heraus, um die Institution Christi in Misskredit zu bringen«.

Dazu ist zu sagen, dass Sieger Köder sein Leben damit zugebracht hat, der römischen Kirche zu gefallen, zumindest auf künstlerischer Ebene. Immerhin hat ihm Papst Johannes Paul II. für sein Werk den Ehrentitel »Monsignore« verliehen. Gerade deshalb erregte sein eher unorthodoxes Gemälde so großes Aufsehen.

Was mochte ihn zu einer so radikalen Wende veranlasst haben? Wir wissen es nicht. Köder redet nicht darüber und gibt auch keine Interviews.

In der deutschen Presse wurde die Hypothese geäußert, Köder habe etwas loswerden und am Ende seiner Laufbahn die Heuchelei der obersten Kirchenführung im Vatikan in einer Frage anprangern wollen: die der Homosexualität vieler Priester, die für die Mehrheit der deutschen Katholiken längst kein Tabu mehr sei.

Seit mindestens 15 Jahren läuft in den Zeitungen und im Fernsehen eine große Kontroverse zur homosexuellen Orientierung vieler Geistlicher. Den Anfang machte im November 1996 die *Süddeutsche Zeitung* mit dem Artikel des katholischen Priesters Hanspeter Heinz »Das Schweigen brechen«. Heinz ist Professor für Moraltheologie an der Universität Augsburg. Nach ihm soll der Anteil der Homosexuellen unter katholischen Priestern bei ungefähr 20 Prozent liegen.

Der Artikel löste eine hitzige Debatte aus, die zur Gründung der Ökumenischen Arbeitsgruppe Homosexuelle und Kirche (HuK) führte. In der Präambel zur Satzung dieser Vereinigung heißt es:

»Wir verstehen homosexuelles und heterosexuelles Empfinden und Verhalten als gleichwertige Ausprägung der einen menschlichen Sexualität. Deshalb arbeiten wir am Abbau von Diskriminierung und fordern die volle Teilhabe von Lesben und Schwulen am kirchlichen und gesellschaftlichen Leben. Wir wollen durch Information und Begegnung Vorurteile und Unkenntnis zum Thema Homosexualität abbauen.« Und in einer Presseerklärung des Vorstands zu der Debatte, die der Artikel ausgelöst hat, heißt es: »Die Deutsche Bischofskonferenz täte der Kirche keinen guten Dienst, wenn sie Prof. Heinz wegen seiner offenen

Äußerungen maßregeln würde. Sie sollte endlich den offenen Dialog wagen, statt sich hinter moralischen Regeln zu verschanzen, die keineswegs von der Liebe Christi geprägt sind.«

Tatsächlich hat Hanspeter Heinz' Analyse in Deutschland eine unumkehrbare Entwicklung eingeleitet. In Heft 18/1997 nimmt das Magazin *Der Spiegel* die katholische Kirche ebenfalls aufs Korn. Drei deutsche homosexuelle Priester erzählen anonym von ihrem Leben zwischen Lüge und Realität. Ihre Worte berühren. Im Folgenden einige Auszüge:

»Mit meinem Bischof hatte ich über mein Schwulsein ein sehr gutes Gespräch. Für ihn war mein Coming-out eine ganz neue Erfahrung. Das Problem ist nur: Wenn es publik würde, dass ich schwul bin, bekäme ich als Priester in meiner Seelsorgearbeit kein Bein mehr an die Erde. Dann könnte ich sofort meine Koffer packen und gehen, weil ein ungezwungenes Arbeiten unmöglich würde.«

»Mit Freunden und Angehörigen rede ich offen darüber, dass ich homosexuell bin, die akzeptieren das. Ich bin jung. Ältere Priester haben ganz andere Erfahrungen. Da herrscht vor allem Angst. Ich liebe meinen Beruf. Ich habe Angst, ihn zu verlieren, wenn ich mich bekenne. Deshalb will ich nicht, dass ich erkannt werde. Die Zeit ist noch nicht reif dafür.«

»In meiner vorigen Gemeinde wusste es eine ganze Reihe von Leuten. Das war für mich sogar sehr wichtig. Natürlich habe ich mir die Leute sehr gut angeschaut, denen ich mich offenbart habe.«

»Nach der Weihe [habe ich entdeckt, dass ich schwul bin]. Ich habe das vorher erfolgreich verdrängt. Ich hatte niemanden, mit dem ich über mich reden konnte.«

»Ich musste erst mein Schwulsein für mich annehmen. Das ging zunächst mal über die Schiene ›Schuld‹. Ich hatte das Gefühl, etwas nicht Gutes zu sein. Das habe ich für mich fruchtbar gemacht. Aufgrund dieser Erfahrungen kann ich sehr viel sensibler mit Menschen umgehen, die versuchen, mit Schuld fertigzuwerden. Das ist in der Seelsorge ein wichtiges Moment.«

»Nein, [die Leute, die in der Gemeinde zu mir kommen, wissen nicht, dass ich schwul bin], aber sie spüren, dass in mir eine Kraft ist, die andere Priester nicht haben.«

»[Der Augsburger Pastoraltheologe Hanspeter Heinz schätzt, dass 20 Prozent aller Priester in Deutschland homosexuell sind.] Es sind meiner Meinung nach noch mehr, als Professor Heinz glaubt. Die Kirche ist eine Männergesellschaft, ich denke, deswegen werden viele Schwule vom Priesterberuf angezogen. [...] Da können sich viele Schwule verstecken, weil es nicht auffällt, wenn sie sich von Frauen fernhalten.«

»Ich habe früh entdeckt, dass ich schwul bin, aber ich habe es weder mir noch anderen eingestanden. Zölibat war für mich die Möglichkeit, mich nicht mit dem Thema zu beschäftigen.«

»Ich hätte mich vor der Weihe vehement dagegen gewehrt, wenn jemand behauptet hätte, da bestehe irgendein Zusammenhang. Heute würde ich sagen, dass ich mich zu 50 Prozent deshalb entschieden habe, Priester zu werden, weil ich schwul bin.«

»Die Haltung der Kirche muss in die Schizophrenie führen. Du darfst zwar homosexuell sein, weil Gott dir dieses Los auferlegt hat, aber du darfst nicht homosexuell leben. Ich kenne schwule Priester, die in dieser totalen Einsamkeit anonyme sexuelle Begegnungen – wie etwa in der Sauna – suchen, andererseits aber, um sich selbst zu rechtfertigen und zu schützen, Moralpredigten von der Kanzel herab loslassen, bei denen man nur mit den Ohren schlackern kann.«

»Es ist nur intern bekannt, dass Priester an Aids gestorben sind. [...] Auch das gehört zu den Tabus, über die man nicht spricht.«

»Ja, [es gibt auch] mehrere [schwule Bischöfe]. Ich habe ein Gespür dafür, wer zu uns gehört.«

»Ich denke, dass sich an [der homophoben] Grundhaltung etwas verändern lässt. Die ursprüngliche Botschaft Christi wird von der Kirche an vielen Stellen so verbogen, dass ich mich zum Anwalt derer mache, die sagen: ›Wir haben eine andere Botschaft zu vertreten. Was die Kirche zur Homosexualität sagt, kann nicht die Botschaft Jesu sein.‹«

Einige Jahre später, 2002, strahlt der britische Sender Channel 4 eine Dokumentation mit dem Titel »Schwul und katholisch« aus. Der Autor ist Mark Dowd, ein ehemaliger Franziskanermönch, der Journalist geworden ist. Selbst homosexuell, zeichnet er für Dokumentarfilme für die BBC und Channel 4 verantwortlich.

In der genannten Sendung erzählt ein schwules Paar englischer Exseminaristen aus seiner Zeit im Venerable English College in Rom. Vor laufender Kamera berichten beide über lebhafte sexuelle Aktivitäten hinter den Mauern dieses Priesterseminars, unter anderem über ein amüsantes Intermezzo: zwei Priesterschüler, die sich zum Rhythmus der Songs der britischen Popband *Take That* sexuell vergnügten.

Dowd nimmt vornehmlich Priesterseminare aufs Korn. Zu seinen Quellen gehört Reverend Kevin Haggerty, der Regens des St John's Seminary in Wonersh, Surrey, der nach Kenntnis der Sachlage versichert, dass unter den Priesteramtskandidaten beachtlich viele Homosexuelle seien. Und Pater Donald Cozzens, der Regens des Seminars St Mary, schätzt sogar, dass 50 Prozent der Priester gleichgeschlechtliche Neigungen hätten. In seinem Buch *Changing Face to Priesthood* behauptet er, dass die Zahl homosexueller Priester in der katholischen Kirche so hoch sei, dass der Priesterberuf inzwischen als eine schwule Profession gelten könne.

Ich lade Dowd auf einen Kaffee in der British Library in London ein und spreche ihn auf Haggerty an.

»Seitdem wir die Dokumentation ausgestrahlt haben, ist er von der Bildfläche verschwunden. Ich konnte nichts mehr über ihn in Erfahrung bringen.«

Wir reden über seine Sendung.

»Die beiden ehemaligen Priesteramtskandidaten standen bei ihren Vorgesetzten unter homophober Beobachtung. Aber dann tauchten dieselben Leute, die sie streng gemaßregelt hatten, auf Schwulenpartys in Rom auf. Ihr Verhalten war geradezu schizophren: Sie verstecken ihre eigene Homosexualität und zeigen sich gegenüber homoerotischem Verhalten besonders kritisch und feindselig, weil sie wegen ihres eigenen Schwulseins in starken inneren Konflikten stecken. Man kann sagen, je zögerlicher sich die Kirche diesen Themen stellt, desto größer sind die inneren Konflikte, die die Spitzen in der Kirchenhierarchie angesichts der eigenen Sexualität aushalten müssen.«

Dowd zieht eine direkte Verbindungslinie zwischen Homosexualität und katholischem Klerus: demnach sei der Zölibat für diejenigen zu einer Zuflucht geworden, die zwischen den Fünfziger- und Achtzigerjahren ihre eigene Homosexualität entdeckt hätten.

»Wie auch Pater Cozzens meint, haben Männer, die sich von Männern angezogen fühlten, dies als einen Ruf zu Gott gedeutet. Die Familie und Freunde treten an einen heran und sagen: ›Jetzt bist du schon 35 Jahre alt und noch immer nicht verheiratet. Willst du keine Familie gründen? Keine Kinder haben?‹ Vor all dem bietet das Priesteramt Schutz. Solange die eigene Homosexualität Schuldgefühle auslöst, wird der Priesterzölibat als möglicher Fluchtweg gesehen.«

Dowds Recherchen und Gedanken stehen zum Teil unter dem Einfluss der Studien Elizabeth Stuarts, einer Professorin für christliche Theologie an der Universität Winchester und Gründerin des Centre for the Study of Christianity and Sexuality.

Stuart untersuchte als eine der Ersten die Beziehung zwischen Homosexualität und dem katholischen Klerus. In ihrem Buch *Chosen* aus dem Jahr 1992 berichten ein knappes Dutzend Priester und Seminaristen von ihrem Leben als Homosexuelle in der katholischen Kirche. So Pater Brian: »In meinem ersten Jahr im Seminar gestand mir ein Kommilitone, dass er sich zu mir hingezogen fühle. Ein Jahr lang ist zwischen uns nicht mehr passiert, als dass wir uns gegenseitig mit der Hand befriedigt haben. Dann hat sich unser Verhältnis bis zur Analpenetration weiterentwickelt, wenn auch mit Präservativ.«

Und Pater Simon: »In der Zeit meiner Beziehung zu einem anderen Mann hat mein Priesteramt nicht gelitten.«

Am Ende des Buchs bringt Stuart die Sache auf den Punkt: »Keiner sagte, dass er sich mit dem Zölibat wohlgefühlt hat, viele räumten sexuelle Aktivitäten nach der Priesterweihe ein, einige hatten sie bereits zuvor gehabt, neun von ihnen sind sexuell aktiv, vier empfinden deswegen Schuldgefühle, fünf sagen, dies habe ihre seelsorgerische Tätigkeit befruchtet, und zwei haben Schuldgefühle, weil sie onanieren.«

Ich spreche mit Professor Stuart am Telefon. Ihre Studien laufen unter der Bezeichnung *Queer theology,* »schwule Theologie«.

»Eines jeden Sexualität wie auch sein Geschlecht ist keine Kategorie, die die Theologie interessieren sollte. Aus der Perspektive Gottes verraten deine Sexualität und dein Geschlecht nicht, wer du bist. Das könnte auch die Botschaft der Kirche an die Welt sein, an eine, die von Sexualität und Geschlecht besessen ist. Stattdessen lautet die Botschaft: die sexuelle Ausrichtung legt fest, wer du bist.

Dagegen sind für die *Queer theology* Sexualität und Geschlecht keine festen Kategorien zur Definition des jeweiligen Menschen. Wenn nur diese Botschaft akzeptiert würde, wäre schon alles anders. Wir interessierten uns nicht mehr dafür, ob eine Person homosexuell ist oder nicht, das hätte dann keinerlei Bedeutung mehr.«

Eine andere Frage: der Zölibat der katholischen Priester.

»In der römischen Kirche ist der Zölibat keine Frage der Lehre, sondern eine der Disziplin. Ich glaube, der Zölibat würde besser funktionieren, wenn die Geistlichen erwarten könnten, dass sie in der Beachtung ihres Keuschheitsgelübdes unterstützt würden. Wenn sie nicht allein gelassen würden. Aber das ist nicht der Fall.

Dafür ist das Thema Homosexualität symptomatisch: Da es die Kirche nicht fertigbringt, sich ihm zu stellen, spüren Priester mit einer gleichgeschlechtlichen Orientierung, dass sie mit Vorgesetzten über ihre Empfindungen und Konflikte nicht offen reden können. Das sind keine Voraussetzungen für ein Umfeld, in dem man Versuchungen leicht widersteht.

Das gilt sowohl für Schwule wie für Heterosexuelle. Wenn du von deinem Klerus verlangst, dass er ledig bleibt, musst du das richtige Umfeld schaffen. Aber dies unterbleibt nicht nur: Zuweilen erscheinen die Direktiven des Vatikans wie darauf angelegt, das Leben katholischer Geistlichen noch komplizierter zu machen. Die Kirche hält nur sehr schwer eine stringente Position zum Zölibat durch, wenn sie ihre Tore zugleich für verheiratete anglikanische Priester und deren Familien öffnet. Und nicht nur das: Es ist wenig hilfreich, eine Theologie zu predigen, die gerade die Ehe positiv betont.

Bis in die Fünfzigerjahre hinein bestand die Berufung par excellence im Appell ans religiöse Leben. Inzwischen wurde aber eine Theologie der Familie ausgegeben, die deutlich positiver ist, als die Kirche dies jemals getan hat. Es muss für einen Priester sehr schwer sein, wenn er hört, wie die Kirche die Ehe glorifiziert, wenn sie verheirateten anglikanischen Priestern ihre Türen öffnet, er aber gesagt bekommt: ›Für dich ist das nichts.‹ Diese beiden Botschaften sind schwer unter einen Hut zu bekommen.«

38
Anti-Sex-Therapien

Marco Marchese wurde das Opfer pädophiler Übergriffe durch einen Priester. Nach dessen Verurteilung erregte der Fall gewaltiges Aufsehen: Die Kirche von Agrigent verlangte vom Opfer eine Entschädigung von 200 000 Euro, weil es ihren Ruf geschädigt habe. Dass die Kirche die Klage zurückzog, war nicht zuletzt der Berichterstattung durch ein investigatives Fernsehmagazin zu verdanken.

Marco Marchese leitet heute eine gemeinnützige Vereinigung, die von einem Priesteramtskandidaten folgendes Schreiben erhielt: »Ich erinnere mich an meinen Vater, der vor einigen Jahren starb. Er misstraute der Kirche und wollte mit Priestern nichts zu tun haben. Er hatte bittere Erfahrungen gemacht, die er mir nicht mitteilen konnte und über die er nicht hinwegkam. Er hätte sich gefreut, wenn ich seine Einstellung geteilt hätte, aber ich hatte noch eine jugendliche Psyche und wollte meinen Kopf durchsetzen, ohne auf andere zu hören. Und das tat ich auch.

Als mein Vater gestorben war, verließ ich die Familie und trat ins Priesterseminar ein. Ich hielt den Mythos vom Priester hoch und glaubte, ich sei für diese Welt wie geschaffen. Aber bald stellte ich fest, dass die Welt der Kirche meinem Mythos keineswegs entsprach. Die Einrichtung, in die ich – in einer Diözese in Norditalien – eintrat, umfasste ungefähr 50 Priesteramtskandidaten. Sie gab keinerlei genauen Hinweise, wie sich ein Priester verhalten sollte. Abgesehen vom Unterricht und einigen spirituellen Vorträgen blieben die Seminaristen sich selbst überlassen.

Die Samstage und Sonntage waren den Aktivitäten in den Pfarreien gewidmet, und paradoxerweise erwarteten die Gemeindepriester, dass der Seminarist viele Antworten parat habe, als sei er schon voll ausgebildet und habe genug Erfahrung, um das Umfeld in der Gemeinde mit Leben zu erfüllen.

Die uns formen sollten, verlangten ein fertiges Ergebnis.

Ich stellte fest, dass zwischen dem, was erwartet wurde, und dem, was ein Seminarist wie ich leisten konnte, eine unüberbrückbare Kluft lag. Es fehlte nicht einfach nur an der intellektuellen Ausbildung, sondern an etwas Bedeutenderem und Wertvollerem: an menschlicher Festigung.

In einem Seminar mit 15 jungen Männern, die sich selbst überlassen sind, in dem die Figur des spirituellen Führers eher formal als real existierte, versuchte natürlich jeder aus sich heraus das Beste zu geben. So schuf sich jeder – je nach Charakter und Veranlagungen – seine ganz eigene Figur des Priesters. Es gab den meditativen, den nachdenklichen, den impulsiven und den frommen Priester.

Aber es gab auch welche, die auf sexuelle Abenteuer aus waren. Ich erinnere mich, dass mindestens sieben homosexuell waren. Nicht alle Homosexuellen waren ›gefährlich‹, einige waren besonders vernünftig, respektvoll und ausgeglichen. Erst nach vielen Jahren erfuhr ich, dass einige der nachdenklichen und gereiften Männer homosexuell waren. Ich erfuhr es von ihnen, nicht etwa dadurch, dass sie durch ungebührliches Verhalten aufgefallen wären.

Ein anderer war allerdings ein schwuler ›Jäger‹, ein Getriebener.

Ich vergewisserte mich, dass die Vorgesetzten die Eigenschaften der einzelnen Seminaristen kannten, auch wenn sie sie nicht besonders eng betreuten. Von einem wussten sie, dass er potenziell gefährlich war, hängten es aber nicht an die große Glocke.

Als ich feststellte, welche Bedrohung von diesem Kerl ausging, wandte ich mich an den Diözesanbischof. Der wusste nicht, was er sagen sollte, und reagierte verlegen und sprachlos.

Ich sagte ihm, es sei doch gefährlich, einen so getriebenen Charakter zu ordinieren, der ohne jede Skrupel nach Opfer Ausschau halte, um seine Begierden zu stillen.

Der Regens des Seminars erteilte mir eine strenge Rüge. Er war wütend, weil er sich für das, was ich gesagt hatte, verantworten musste. Am Ende stand ich als der Schuldige dar, war ich der Unruhestifter.

Und welche Lösung fanden sie? Da im Seminar schon getuschelt wurde, schickten sie den Kerl erst zu einem Psychologen und dann zu einem Ort der spirituellen Einkehr: Er bekam einen Zwangsaufenthalt in einem Kloster zwei Autostunden vom Seminar entfernt verordnet.

Man stelle sich vor: In dem Kloster konnte der sexsüchtige Seminarist tun und lassen, was er wollte. Er ging jederzeit frei aus und ein. Mir wurde klar, dass es bei der Maßnahme nicht ums Wesentliche ging: Der Schein wurde gewahrt, damit das Gerede verstummte.

Dann kam der Augenblick, als der Bischof den Kandidaten fragte, ob er Priester werden wolle. Der bejahte und vertraute mir an, dass er es nur getan habe, weil ihm der Mut zum Ablehnen gefehlt habe. Ab dem Punkt wurde mir der Weg ins Seminar zu viel. Ich ging zum Regens und teilte ihm meine Entscheidung mit. Er sagte nicht viel, nur ein paar bezeichnende Worte: ›Merk dir, dass nicht wir dich aus dem Seminar vertrieben haben. Mach uns nicht vor allen schlecht.‹

Der Seminarist ging auch als Priester unverdrossen seinen Gewohnheiten nach. Er wurde mehrfach in eine neue Gemeinde versetzt und aus schwerwiegenden Gründen schließlich zur Behandlung in eine Spezialeinrichtung geschickt. Als er entlassen wurde, versetzten sie ihn wieder in eine neue Gemeinde.

Aber ich habe so meine Zweifel, ob dieser Priester ohne Sex auskommen und ein Leben in Keuschheit führen kann. In seiner Triebhaftigkeit hat er sich in immer neue Abenteuer gestürzt und für paradoxe Situationen und Skandale gesorgt.«

In Kanada gibt es heute sechs Priesterseminare. In drei davon wird Englisch gesprochen. Wer eintreten will, den erwarten zunächst psychologische Tests, Gespräche und Bewertungen. Und das alles muss er auch am Ende jedes Jahres über sich ergehen lassen.

Eingeschätzt werden soll dabei, ob der Betreffende den Reifegrad besitzt, um das Keuschheitsgelübde einzuhalten. Die Kommission erforscht das Innerste jedes Studenten daraufhin, welchen Raum Sexualität in seinem Privatleben einnimmt. Die häufigsten Fragen lauten: ›Wie lange bist du mit jemandem zusammen gewesen? Warst du verheiratet? Hat sich dir je ein Mann anzunähern versucht? Falls ja, geschah es gegen deinen Willen?‹

Trotz vorbeugender Kontrollen zeigen in Nordamerika drei von zehn Priestern fünf Jahre nach dem Ausscheiden aus dem Seminar »Verschleißerscheinungen«. Nach zehn Jahren tauchen bei drei von fünf Priestern Symptome von Stress und Erschöpfung auf. Die meisten leiden unter Ängsten und Depressionen. Krankhafte sexuelle Verfehlungen sind dagegen in der Minderheit.

Priester mit ernsthaften Problemen werden in jedem Fall in Rehabilitationskliniken behandelt.

Besonders bekannt ist das Southdown Institute. 1965 von der Emmanuel Convalescent Foundation gegründet, behandelt es Mönche, Priester und Nonnen, die mit Suchtproblemen oder psychischen Störungen zu kämpfen haben.

Das Institut in Aurora, Ontario, 50 Kilometer von Toronto entfernt, verfügt über 40 Therapieplätze für Frauen und Männer aus ganz Nordamerika. Sein Team besteht aus Psychologen, Psychiatern, Beratern und spirituellen Führern, die drei Arten Betreuung leisten: eine klinische, eine neuropsychologische und eine, die auf die Berufung abzielt.

Die Patienten, die dort intensiv behandelt werden, sind Opfer von Missbräuchen geworden oder haben selbst welche begangen, sind sex-, alkohol-, drogen-, spiel- oder internetsüchtig, leiden unter Angstzuständen, Fettleibigkeit, Persönlichkeitsstörungen oder posttraumatischen Störungen und Stress oder übertreten fortgesetzt kirchliche Regeln. Nach einer psychiatrischen Konsultation bekommt jeder Patient einen »spirituellen Führer« zugewiesen. Die sich anschließende Behandlungsphase umfasst Einzelmeditation, Einzel- und Gruppentherapien sowie Programme mit Gymnastik, Yoga und Schwimmen.

Die meisten Patienten verbringen zwei bis sechs Monate in Southdown. Nach der Entlassung werden sie eineinhalb Jahre lang mit regelmäßigen Kontakten alle 30 Tage weiter begleitet. In den letzten 40 Jahren hat Southdown über 4000 Mönche, Nonnen und Priester therapiert.

Heute sind dort ungefähr 30 Patienten stationär untergebracht, zumeist Männer mit Problemen, das Keuschheitsgelübde zu erfüllen oder auf Selbstbefriedigung zu verzichten. Ihr Durchschnittsalter liegt bei 50 Jahren.

Ein altgedienter Mitarbeiter des Southdown Institute ist Philip Dodgson, klinischer Psychologe und Kodirektor des Programms zur Begutachtung der Patienten. Dodgson arbeitet seit ungefähr 15 Jahren in der Einrichtung und ist auf Diagnostik und Behandlung psychischer Störungen spezialisiert, insbesondere auf Störungen, die mit Sexualität zu tun haben.

Seine Berufsqualifikation liegt im Fünfsternebereich. Doktorabschluss der Psychologie an der Universität Waterloo in Ontario, Mitglied der Canadian Psychological Association, der American Psychological Association und der Association for the Treatment of Sexual Abusers, die sich mit der Behandlung von Sexualstraftätern befasst. Ich spreche mit ihm am Telefon.

Zu Beginn unseres Gesprächs stellt er eines gleich klar: Bei Kirchenleuten stellt jede heimliche sexuelle Beziehung einen Missbrauch dar: »Ein Priester, der einen Sexualkontakt zu einer Person aus der Gemeinde unterhält, begeht auch dann einen Missbrauch, wenn der Kontakt einvernehmlich stattfindet.«

Ich respektiere Ihre Expertenmeinung, sehe das aber gar nicht so.

»Es verstößt gegen Berufsregeln und ist Zeichen eines schlechten Umgangs mit Sexualität.«

Sicher, aber ich kann das nicht unter der Kategorie sexueller Missbrauch verbuchen.

»Es ist dieselbe Situation wie die eines Arztes oder Psychiaters gegenüber einem Patienten. So etwas ist per Gesetz verboten. Also ist es Missbrauch. Sicher, ein Priester ist ein Mann und hat wie alle anderen eine Libido. Aber er muss in Keuschheit leben. Das hat er gelobt.«

Kommen die Priester aus eigenem Antrieb zu Ihnen?

»Die Betroffenen wenden sich nur selten von sich aus an unser Institut, weil sie Reue oder Schuldgefühle empfinden. Wir werden häufig gebeten, tätig zu werden, weil sie entdeckt worden sind.«

Wer entdeckt da was?

»Zum Beispiel die Gemeindesekretärin, die bei ihrer Arbeit am Computer in der Internetchronik auf Adressen pornografischer Seiten stößt. Oder wenn der Computer zur Reparatur muss und dem Techniker Zugriffe auf Websites mit solchem oder anderem Material auffallen. In anderen Fällen bittet uns der Leiter der Gemeinde oder der Bischof darum, das Problem zu begutachten.«

Was sind das für Priester, die zu Ihnen in Behandlung kommen?

»Sie stammen häufig aus tiefreligiösen Familien mit autoritären Eltern, die ihren heranwachsenden Kindern enge Grenzen gesetzt und strenge Regeln auferlegt haben. So zum Beispiel das Verbot, sich mit einer Frau zu treffen.«

Von einer Sexualunterdrückung zur nächsten.

»In dem Fall kommt am Ende eine unterentwickelte und unreife Sexualität heraus.«

Und wann entdecken sie ihre eigene Sexualität?

»Wenn sie in einem bestimmten Alter an Dinge wie den Tod denken und eine Bilanz des Lebens ziehen. In diesem Moment beginnen sie die eigene Sexualität zu erkunden.«

Und was tun sie dann?

»Viele hängen am Internet, weil man da leicht an erotisches Material kommt, noch dazu unbeobachtet. Bis vor 30 oder 40 Jahren kaufte man sich in einem Geschäft oder am Kiosk eine nicht jugendfreie Zeitschrift, die aus dem Ausland kam. Für einen Priester ist so ein Kauf eher peinlich.«

Haben die Priester, die bei Ihnen in Behandlung sind, normale homosexuelle oder heterosexuelle Beziehungen?

»Viele onanieren lieber. Manche gehen zu Prostituierten und finanzieren sie irgendwann mit einem Griff in die Gemeindekasse. Es sind allgemein Menschen mit einer tristen Lebensgeschichte, die unter heftigen nervösen Erschöpfungszuständen leiden. Häufig werden sie Opfer ihrer selbst, weil ihnen die Reife im Umgang mit ihrer Sexualität fehlt, um diese Probleme zu meistern. Sie müssen sich zwischen dem Priesteramt und einer Liebesbeziehung entscheiden, zu der auch Sex gehört. Das ist keine einfache Entscheidung. Vor allem bei Homosexuellen.«

Was sind das für Menschen, mit denen sie eine Beziehung eingehen?

»Häufig sind es Frauen, die in der Gemeinde arbeiten, Sekretärinnen oder andere, mit denen sie im Alltag zusammen sind. Oder auch Frauen, deren Ehe eine Krise durchmacht oder die sie aus der Jugendzeit kennen, vielleicht ehemalige Mitschüle-rinnen, die sie in der Messe wiedergetroffen haben. Dann legen sie den Priestertalar einmal weg und schlüpfen in die Kleidung des Freundes.«

Im Beichtstuhl fängt alles an.

»Das ist für uns der klassische Fall eines Verstoßes gegen be-rufliche Pflichten und damit von Missbrauch. Am Anfang steht immer: ›Pater, ich muss mit Ihnen reden.‹ Sie schüttet ihm ihr Herz aus, fühlt sich hernach erleichtert, und genau da wird die Grenze überschritten. Solche Beziehungen sind einvernehmlich, aber der Priester befindet sich in einer Situation der *fiduciary,* wie wir es nennen – der Treuhandschaft. Dieser juristische Be-griff beschreibt auch das berufliche Verhältnis zwischen Arzt und Patient.«

Also ein Vertrauensverhältnis.

»Ja. Auch wenn die Frau sagt: ›Danke Pater, dass Sie mich unterstützt haben‹, muss er ›nein‹ sagen und sie zurückweisen, wenn sie ihn umarmt und küsst.«

Das ist leichter gesagt als getan.

»Priestern müsste beigebracht werden, wie sie in solchen Si-tuationen zu reagieren haben.«

Und wer sollte ihnen das beibringen?

»Das wäre die Aufgabe des Priesterseminars.«

Aber die erfüllt es nicht, und deshalb kommen die Patienten zu Ihnen. Welchen Ansatz verfolgen Sie? Welchen Standpunkt zur Sexualität vertreten Sie? Versuchen Sie den Patienten da-von zu überzeugen, dass es falsch ist, sexuelle Bedürfnisse zu haben?

»Unser Programm besteht nicht darin, irgendjemanden von irgendetwas zu überzeugen. Wir suchen vielmehr die beste Lö-sung für den Patienten.«

Geben Sie mir ein Beispiel?

»Nehmen wir einen homosexuellen Priester, der mit Männern

verkehrt, die er in Klubs kennengelernt hat. Er verschweigt ihnen häufig, dass er Priester ist, und gibt sich als Sozialarbeiter aus. Schon das zeigt, dass er für ein Single-Dasein wie das des Priesters ungeeignet ist. So wäre er dazu verurteilt, ständig in einem Spannungszustand zu leben.«

Aber diese Personen suchen doch oft nur Liebe.

»Das stimmt. Viele sind hungrig nach Liebe, Nähe und Intimität. Pornografie und Masturbation können diese Defizite nicht ausgleichen. Aber wer im Stress steckt und sich unbehaglich fühlt, sucht nach Wegen, sich ein Wohlgefühl zu verschaffen.«

Aber muss denn die Masturbation, die eine besonders intime Angelegenheit ist, gleich zum Schreckgespenst aufgebaut werden?

»Aus medizinischer Sicht ist es nicht schädlich, wenn man sich selbst befriedigt. Aber für die Kirche ist es ein Fehlverhalten. Unsere Klinik konzentriert sich darauf, wieso und warum der Priester onanieren muss, um seine Sexualität zum Schweigen oder unter Kontrolle zu bringen. Unser Team fragt ihn, ob er damit den Rest seiner Tage verbringen will.«

Und das genügt, damit er es sein lässt?

»Vielleicht tut er es immer noch, aber seltener. Und er schaut sich kein pornografisches Material im Internet mehr an. Wir helfen ihm, seine Spiritualität zu entwickeln, damit er in die Lage kommt, seine Grenzen zu akzeptieren.«

Wenn Geistliche bei Ihnen in Behandlung waren, kehren sie dann in ihre Pfarreien zurück, und alle Probleme sind für immer behoben?

»Wenn sie sich an Minderjährigen vergangen haben, dürfen sie das Priesteramt nicht mehr ausüben. Hier gilt null Toleranz. Fälle von wiederholtem Missbrauch an Erwachsenen stehen über längere Zeit unter Beobachtung. Bei chronischen Missbräuchen müssen die Priester den Beruf aufgeben. Kam es sporadisch vor, werden sie in einer Art Spezialprogramm überwacht.«

Und was ist mit Pornografiesucht?

»In dem Fall müssen sie gegen Versuchungen ankämpfen, um nicht ins alte Muster zurückzufallen. Sie haben sich regelmäßig bei einem Supervisor zu melden, dürfen im eigenen Zimmer keinen Computer haben und müssen auf ihrem PC Filter installieren, die entsprechende Inhalte blocken. Und sie müssen versprechen, sich nicht alleine mit Personen weiblichen Geschlechts zu treffen. In manchen Fällen dürfen sie sich mit einer Frau treffen, aber nur zu bestimmten Zeiten und an festgelegten Orten. Allein mit ihr einen Kaffee trinken gehen, ist nicht erlaubt.«

Um Himmels willen. Ein Priester darf nicht einmal mehr mit einer Freundin ins Theater gehen?

»Priester, die bei uns stationär in Behandlung waren, sind strikt angehalten, solche Bitten entschieden abzulehnen. Solches Verhalten ist an sich nicht falsch, aber es kann in eine Versuchung führen, die in einer Liebesbeziehung endet.«

Wie hoch ist Ihre Rückfallquote?

»Das ist schwierig festzustellen. Es kommt vor, dass ein Priester nach dem Programm ins alte Muster zurückfällt. In dem Fall bestellen wir ihn wieder ein und unterziehen ihn einer anderen Therapie. Und wir erhöhen die Stufe der Beschränkungen, verbieten ihm zum Beispiel, die Leitung oder Führungsfunktion in der Pfarrgemeinde oder von Gruppen in der Diözese auszuüben. Jede Aktivität wird eingeschränkt und überwacht.«

39
Von Skandal zu Skandal

Im Jahr 2003 kocht das Thema Homosexualität unter katholischen Geistlichen erneut in der deutschsprachigen Presse hoch. Auslöser ist das Priesterseminar der Diözese Sankt Pölten in Österreich.

Im Herbst löst der Selbstmord eines Seminaristen einen Skandal aus. Als die Polizei bei Ermittlungen die PC-Festplatten verschiedener Priester und Priesteramtsanwärter auswertet, stößt sie auf pornografisches Material für Homosexuelle, in einigen Fällen sogar auf Kinderpornografie. Am 12. Juli 2004 veröffentlicht die Zeitschrift *profil* einige Fotos. Sie zeigen den Seminarleiter Regens Ulrich Küchl und den Subregens Wolfgang Rothe dabei, wie sie in zweideutigen Posen Seminaristen küssen oder berühren. Geschürt wird der Skandal zudem vom Bischof der Diözese Kurt Krenn. Dieser erklärt im Radio, er habe mit eigenen Augen eine Aufnahme gesehen, die Küchl beim oralen Kontakt mit einem Mann in Frauenkleidern zeige.

Die österreichische katholische Kirche gerät in einen nie da gewesenen Aufruhr.

Ein Priesterschüler bekennt (sinngemäß): »Im Seminar herrschte eine Atmosphäre unter Schwulen. Die homosexuellen Beziehungen wurden offen ausgelebt, angefangen von denen zwischen dem Regens, dem Subregens und einigen Schülern. Während das Seminar von außen als ein Bollwerk der Integrität und der konservativen Anschauungen wirkte, lebten wir drinnen in einem regelrechten Sumpf.«

Ergänzt wird dieses Bild in den folgenden Monaten durch weitere Einzelheiten. Einige Medien vergleichen das Leben im Seminar mit dem sündigen Treiben in »den letzten Tagen von Sodom«: Orgien unter den Schülern, farbenprächtige Schwulenehen vor den Augen des Regens und des Subregens, Alkoholexzesse und Sex bis tief in die Nacht. Einige Seminaristen hätten auf dem nackten Boden schlafen müssen, um dem Lärm der Saufgelage zu entkommen.

Sicher ist, dass der Skandal von St. Pölten und die anschließenden Diskussionen in Presse und Fernsehen eine wichtige Etappe in der Geschichte der Beziehung zwischen Sexualität und katholischer Kirche markiert. Und dies nicht nur in Österreich und im deutschsprachigen Raum.

Was als Geheimnis gehütet wurde, ist seit St. Pölten eine gesicherte Tatsache und öffentliche Angelegenheit: Unter den Dienern Gottes ist Homosexualität stark verbreitet. Dem Journalisten Michael Brinkschröder zufolge hafte dem Priester seither ein homosexuelles Image an. Es handle sich natürlich nicht um das Image des glücklichen und ausgelassenen Schwulen, sondern im Gegenteil um das einer tragischen Figur. In den Medien bringe man ihn von nun an mit einer krankhaften, perversen und gefährlichen Sexualität in Verbindung, mit einer Neigung zu Pädophilie und Missbrauch.

Auch die irische Kirche wurde in den letzten Jahren in rascher Folge von Skandalen mit zumeist sexuellem Hintergrund erschüttert. Die Fälle wurden allmählich verdrängt, kommen aber bei nächstbester Gelegenheit wieder an die Oberfläche. So Ende 2010 anlässlich der Verhaftung eines Mannes wegen nächtlicher Randale vor einem Dubliner Pub. Der Verhaftete ist der 30-jährige Ross Hamilton, seines Zeichens Model und Schauspieler. Er ist der hart durchgreifenden irischen Polizei bestens bekannt, landete er doch wegen Cannabisbesitz, Trunkenheit, Widerstand gegen die Staatsgewalt und Schlägereien mehrfach in Gewahrsam.

All dies ist Wasser auf die Mühlen der Medien, die jeden neuen Ärger um ihn zum Aufhänger nimmt, um an seinen Vater Michael Cleary zu erinnern.

Cleary war Priester und eine medienpräsente Figur der irischen katholischen Kirche. Ohne Titel zu besitzen, verdankte er seine Popularität seiner Tätigkeit als Moderator einer Radio- und einer Fernsehsendung. Er war eine Persönlichkeit des öffentlichen Lebens.

Im weit zurückliegenden Jahr 1967 redete er bereits in der Dokumentation *Rocky Road to Dublin* – »Steiniger Weg nach Dublin« – kritisch über den Zölibat. Ohne ein Blatt vor den Mund zu nehmen, bekannte er sich dazu, dass er ganz gerne eine Familie hätte. Von sich reden macht er zudem mit seinem Geständnis, dass er außer Heroin sämtliche Drogen durchprobiert habe.

Aufnahmen für zwei Schallplatten trugen ihm den Spitznamen »singender Priester« ein.

Zur Vervollständigung dieses Bildes aus Genialität und Ausschweifung fehlte nur noch eine Frau.

Tatsächlich gab es sie damals bereits, wenn auch im Verborgenen: Aus dem Verhältnis zu seiner Haushälterin Phyllis Hamilton gingen zwei Kinder hervor. Das erste wurde zur Adoption freigegeben, das zweite, Ross, wuchs bei den Eltern auf.

Ross Hamilton erfährt im Alter von zehn Jahren, wer sein Erzeuger ist. Als Michael Cleary kurz darauf an Krebs stirbt, erlaubt die Kirche Ross und seiner Mutter, weiter das Haus zu bewohnen, in dem sie mit dem priesterlichen Kindsvater gelebt haben. Nach dem Tod der Mutter 2001 setzen die Kirchenbehörden Ross dann aber vor die Tür.

Cleary war mit einer anderen herausgehobenen Figur der irischen katholischen Kirche befreundet: mit Eamon Casey, dem Bischof von Galway. Der geißelt in flammenden Predigten den vorehelichen Geschlechtsverkehr, die Abtreibung, die Verhütung mit Kondomen usw. Aber unter dem Deckmantel des Saubermanns verbirgt sich ein Libertin.

Im Jahr 1992 deckt die Presse seine Beziehung zu Annie Murphy auf, einer geschiedenen Amerikanerin. Beide haben einen Sohn namens Peter. Murphy erklärt später, Casey habe sie während ihrer Schwangerschaft dazu gedrängt, das Kind zur Adoption freizugeben. Vom Skandal angeschlagen, erklärt Casey seinen Rücktritt als Bischof und zieht als Missionar nach Ecuador.

The Guardian schätzt, dass in Großbritannien und Irland ungefähr 1000 Kinder von katholischen Priestern leben. Tatsächlich gibt ein Blick in die Volkskultur eine Vorstellung von den Ausmaßen dieses Phänomens: In Irland sind drei Familiennamen stark verbreitet, und zwar McEntaggart, McEnespie und McNabb für »Sohn des Priesters«, »Sohn des Bischofs« und »Sohn des Abtes«.

Erschüttert wurde der irische Klerus aber von den aufsehenerregenden Eskapaden mancher homosexueller Priester.

An einem Samstagabend 1994 wird der leblose Körper Pater Liam Cosgroves aufgefunden – in der Sauna eines Schwulentreffs in Dublin. Der hinzugezogene Arzt geht von einem Herzanfall aus. Die Zeitungen berichten von einem Sexkontakt, der wahrscheinlich tödlich endete.

Ein bekannter hoher Vertreter der katholischen Geistlichkeit lässt sich zu einem Scherzwort hinreißen: Er sei erleichtert, dass immerhin jemand bei ihm war, der ihm habe die Sterbesakramente spenden können. Kurz darauf erklärt der Inhaber des Lokals in der *Irish Times*, unter seinen Stammkunden befänden sich mindestens 20 Priester.

Einige Jahre später geraten die Priesterseminare in die Schlagzeilen der Skandalpresse.

Im Jahr 2002 erzählen zwei ehemalige Seminaristen des St

Patrick's College in Maynooth im *Daily Mirror,* dass Lehrkräfte und Priesteramtsanwärter in Schwulenbars in Dublin für Sex bezahlt und Partys organisiert hätten, die in wilde schwule Orgien ausgeartet seien. Rasch erhält das fragliche Priesterseminar den Spitznamen *The Pink Palace,* »der rosa Palast«.

Diese Vorfälle gehen auf die Neunzigerjahre zurück, als noch zehn Priesterseminare in Betrieb waren. Im größten studierten 600 Seminaristen. Heute hält nur noch eines mit ganzen 70 Studenten seine Tore offen: das in Maynooth, »der rosa Palast«.

40
Der geoutete
»Bischof«

Als ich in London in die Vorhalle des Hotels eintrete, meine ich ihn zu erkennen: eine zum Eingang gewendete dunkle Gestalt. Sein rötliches Gesicht sticht vom schwarzen Priestertalar ab. Wenn das Klischee nicht täuscht, muss das der irische Priester sein, den ich suche.

Ich gehe zu dem Mann, der mich ohne jede Regung erwartet. Der erste Eindruck ist der einer gewichtigen Persönlichkeit. Ein makelloser Anzug, ein Kollar, das einen frisch rasierten Hals umschließt, und der intensive Duft nach Aftershave deuten auf einen hochrangigen Prälaten hin.

Obwohl nie von der Kirche so anerkannt, proklamierte sich Pat Buckley 1998 selbst zum Bischof. Am Zeigefinger seiner rechten Hand prangt ein Bischofsring mit rotem Edelstein. An seinem Hals hängt eine beachtliche Goldkette, deren Kruzifix nicht zu sehen ist. Er hat schmale Lippen. Kaum sichtbare Sommersprossen sprenkeln sein milchig blasses Gesicht. Auf der hervorspringenden Nase sitzt eine Brille mit leichtem Gestell, das wohl nüchternste Detail seiner Erscheinung. Über den lebhaften und ausdrucksstarken grünen Augen liegen buschige Augenbrauen, über denen sich seine hohe, breite Stirn aufwölbt. Das Profil seiner Schläfen wird von einer ebenfalls frisch in Form gebrachten Frisur bestimmt. Ein weißer Ansatz über den Ohren verrät, dass sein rotes Haar gefärbt ist. Seine stämmige und robuste Statur entspricht nicht gerade der eines typischen römischen Kardinals.

Der Gesamteindruck und die Details lassen eine Persönlichkeit ahnen, die stärker aufbrausen kann, als die feierliche Erscheinung vermuten ließe. Und seine direkte Art bestätigt dies. Pat redet artikuliert und klar, greift aber ohne Scheu auch zu volkstümlichen Ausdrücken, die er vergnügt mit einem dröhnenden Lachen unterstreicht. Er wirkt wie ein irischer Don Camillo. Mit einem Unterschied: *Bishop* Pat ist schwul.

Pat Buckley kommt 1952 in einem kleinen Dorf in einer ländlichen irischen Region zur Welt. Er ist das älteste von 17 Kindern: »In Afrika bin ich einmal gefragt worden: ›Wie viele Frauen hat dein Vater?‹ – ›Nur eine‹, habe ich geantwortet.«

Im Jahr 1969 tritt er ins Priesterseminar in Clonliffe ein. Er hat Mühe, sein Temperament den dortigen Regeln anzupassen, und wird aus der Einrichtung ausgeschlossen. Nach dem Besuch eines anderen Seminars wird er zum Priester geweiht.

Damals ist er 24 Jahre alt. Nach ersten beruflichen Erfahrungen in Wales wird er Gemeindepfarrer der St Peter's Cathedral im nordirischen Belfast. Sehr schnell gerät er dort in Konflikt mit Bischof Cahal Daly. Die Spannungen zwischen beiden wachsen. 1986 erhält er ein Angebot: Gegen 10 000 Pfund Sterling soll er nach Kalifornien verschwinden. Pat denkt gar nicht daran und wird seines Amtes enthoben. Statt sich damit abzufinden, verbarrikadiert er sich im Pfarrhaus und sperrt seinen Nachfolger aus. Im Erdgeschoss richtet er eine Kapelle ein und macht sich selbstständig. Er feiert Eheschließungen zwischen Homosexuellen und Geschiedenen.

Er gründet die Vereinigung Bethany, die Frauen, die eine Beziehung zu einem katholischen Priester hatten, psychologischen Beistand leistet. Die Vereinigung arbeitet nicht nach einem festgelegten Programm mit Gruppensitzungen. Vielmehr trifft Buckley die Frauen einzeln, bietet ihnen Unterstützung an und bringt sie in Kontakt zu den anderen. Seit 1992 hat Bethany auf die Art 120 Frauen geholfen.

Bethany ist nicht die einzige derartige Vereinigung. In England ist auch Sonflowers aktiv, eine Unterstützergruppe, die von Adrianna Alsworth ins Leben gerufen wurde. Sie selbst hat aus einer Beziehung zu einem katholischen Priester zwei Kinder.

Ich versuche sie zu interviewen: Auf meine erste E-Mail und nachdem sie über mein Buch gelesen hat, antwortet sie mir: »It sounds good«. Auch wenn es sich »interessant« angehört hat, lässt sie mich am Tag unserer Verabredung sitzen, weil sie »gerade beschäftigt« sei, und taucht ab. Ich schreibe ihr eine weitere Mail. Sie antwortet, sie habe sich ein »ärgerliches Virus« eingefangen und melde sich wieder. Seither habe ich nie wieder von ihr gehört.

Kehren wir zu Pat Buckley zurück.

Im Jahr 1998 ruft er sich trotz Androhung einer Exkommunikation selbst zum Bischof aus. An diesem Punkt ist der Kirchenausschluss nach kanonischem Recht ein Automatismus. Aber damit der Überraschungen nicht genug: Einige Jahre später, 2002, bekennt sich Pat in Kolumnen der britischen Sonntagszeitung *News of the World* zu seiner Homosexualität.

Why I want the world to know I am gay, »warum die Welt wissen soll, dass ich schwul bin«, lautet die Überschrift über den fünf Spalten, die auf der ersten Seite erscheinen.

Im März 2010 vermählt er sich standesamtlich mit seinem philippinischen Lebensgefährten Eduardo Yango.

Pat Buckley wie er leibt und lebt.

Mit der ersten Frage will ich Klarheit schaffen: Bist du noch offiziell katholischer Priester?

»Ich bin noch katholischer Priester. Von dieser Aufgabe habe ich immer geträumt. Meine Priesterweihe liegt 30 Jahre zurück. Heute bin ich so glücklich wie noch nie. Ich habe mit meinem Glauben und meinem Priesteramt keinerlei Probleme. Allerdings habe ich viele Probleme mit Papst Benedikt.«

Fangen wir von vorn, mit dem Priesterseminar, an.

»Ich bin mit 18 ins Seminar eingetreten und wurde mit 24 Jahren ordiniert.«

Aber davor bist du aus einem Seminar rausgeflogen. Warum?

»Weil ich es frühmorgens nicht aus dem Bett geschafft und ein paar langweilige Unterrichtsstunden verpasst habe. Hinter diesen Mauern war Homosexualität übrigens ein echtes Problem.«

Inwiefern?

»Weil dort zahlreiche gleichgeschlechtliche Beziehungen gelebt wurden. Die Betreffenden waren entweder schwul, oder sie mussten nur sexuell Dampf ablassen. So ein Verhalten ist ganz normal. Ich arbeite oft mit Gefängnisinsassen. Viele befriedigen sich deshalb homosexuell, weil ihre echten Bedürfnisse nicht zum Zug kommen.«

Und was meinten die Leiter dazu?

»Die haben weggeschaut. In Irland heißt es: Wenn du ein Schwein mit zwei Köpfen siehst, halte den Mund. Das glaubt dir sowieso keiner. Im Seminar wurde mir klar, dass der Beruf des Priesters eine ausgeprägt schwule Wesensart hat.«

Also gut, du wirst Priester und kommst nach Belfast. Aber auch da hast du ziemlich viel Ärger.

»Ich kam während einer höchst angespannten Phase in Nordirland an. Die gesellschaftlichen Fragen haben mich stark beschäftigt. Dann geriet ich an einen ultrakonservativen Bischof, der wollte, dass ich mich zum Beten in der Pfarrei einsperre. Er hat mich dreimal versetzt und mir schließlich 10 000 Pfund Sterling geboten, damit ich nach Kalifornien verschwinde.

Ich habe gekontert, ich sei doch keine Exportware, kein Guinness. Nach meiner Weigerung habe ich im Radio gehört, dass ich gefeuert worden sei. Mein Nachfolger war schon im Anmarsch. Ich habe ihn einfach nicht ins Haus gelassen. Ich habe das Erdgeschoss zur Kapelle ausgebaut und bin heute noch da.«

War das zwischen dir und dem Bischof nur Unvereinbarkeit zwischen Charakteren, oder war da mehr?

»Ich bin mit meinen besonders liberalen und kirchenkritischen Positionen angeeckt. Irland war damals erzkonservativ, erzkatholisch: Bischöfe und Priester genossen einen überhöhten gesellschaftlichen Status, während alle anderen tief unter ihnen standen. Ich habe diesen Status quo zu verändern versucht und getan, was ich für richtig hielt.«

Zum Beispiel Geschiedene trauen und dich selbst zum Bischof ausrufen. Damit hast du den Bogen offenbar überspannt.

»In Irland heißt es: Besser wegen eines Schafs als wegen eines Lamms aufgehängt werden. So wurde ich ohne die Einwilligung Roms Bischof. Ich habe in dieser ganzen Zeit mit Leuten gearbeitet, die die Kirche als schwarze Schafe betrachtet: Geschiedene, Schwule, Geliebte von Priestern.«

Entschuldige, aber mir ist das nicht klar: Bist du jetzt exkommuniziert oder nicht?

»Nein. Sie haben mir gesagt, ich hätte mich mit meiner Ernennung zum Bischof selbst exkommuniziert. Aber wir Katholiken glauben, dass ein Priester für immer Priester bleibt. Sie können dir deine *membership card* wegnehmen, aber nichts daran ändern, dass du katholischer Priester bist. Ich bin ein freier Mensch und ein freier Priester.«

Was tut ein freier Priester?

»Er redet mit den Menschen, an die sich die Kirche nicht wendet. Er bejaht und verneint nicht immer nur. Natürlich ist eine gemeinsame Ethik wichtig, aber wenn eine Institution zu groß wird, dann erstickt diese Ethik unter Regeln.«

Und Bethany?

»1992 hat der Fall des Bischofs von Galway, Eamon Casey, Aufsehen erregt. Es flog auf, dass er mit einer US-Amerikanerin ein Kind hatte. Die Leute waren zutiefst schockiert. Sie hatten geglaubt, alle Priester und Nonnen seien Heilige. Stell dir vor: Als Kinder haben wir geglaubt, sie hätten sich operieren lassen, damit sie nicht aufs Klo müssten.

Zum Fall Casey habe ich gesagt, dass dies nur die Spitze des Eisbergs sei. Die Kirchenführung hat geantwortet, ich würde üble Gerüchte streuen.

Einige Zeit später rief mich eine Frau an und sagte: ›Ich bin noch so ein Gerücht.‹«

Wie viele solche Gerüchte gibt es?

»Wenn ich anhand meiner Erfahrungen schätzen müsste, würde ich sagen: 80 Prozent der Priester hatten auch noch nach ihrer Weihe irgendwann über einen kürzeren oder längeren Zeitraum sexuelle Beziehungen. Einige erweisen sich als sehr zuverlässige Liebespartner. Für andere ist das Kollar dagegen nur ein Mittel, um Frauen anzuziehen. Der Ausdruck ›Priesterrock‹ ist in den letzten Jahren zum Synonym für ›Muschifänger‹ geworden. Keine Ahnung warum, aber irgendwie zieht er Frauen magisch an.«

Und deine unmittelbare Erfahrung: Wie viele Geliebte von Priestern hast du begleitet?

»Da habe ich eine Sammlung von 120 Frauen beieinander. Sechs davon haben Kinder, und vier wurden zur Abtreibung gezwungen. In zwei Fällen ist der Priester mit ihnen nach London gereist und hat den Eingriff bezahlt. In Irland ist der Abbruch ja immer noch illegal. Zwei Frauen hatten ein Verhältnis mit demselben Priester. Und ein Priester hatte Verhältnisse mit sechs Frauen.

Ich selbst habe viele Angebote von Frauen bekommen, die mit mir ins Bett wollten. Auch von Nonnen.«

Von Nonnen?

»Sicher. Bethany hat sich auch mit vielen Nonnen befasst. In der Kirche bezeichnet man das als den dritten Weg: Priester und Schwester befriedigen sich gegenseitig, haben ein Verhältnis. Das ist alles todsicher, weil keiner von beiden reden darf. Mir sind bislang vier Nonnen begegnet, die sich zu mir hingezogen fühlten. Eine hat mir sogar Unterwäsche geraubt.«

Was denkst du über den Zölibat?

»Als Prinzip ist er sehr wichtig. Aber die meisten Menschen sind ihm nicht gewachsen. Hier brauchen wir Wahlfreiheit.«

Und wie bist du mit dem Zölibat umgegangen?

»Ich bin schwul. Das habe ich viele Jahre nicht akzeptieren wollen. Ich gehe seit meinem vierten Lebensjahr zur Messe. Ich war immer sehr religiös. Und als einem religiösen Menschen wurde mir beigebracht, dass der Geist meine gute und der Körper meine schlechte Seite sei.«

Wann hast du gemerkt, dass du schwul bist?

»Ich wusste es seit der Pubertät, konnte es mir aber nicht eingestehen. Deshalb bin ich bis zu meinem 34. Lebensjahr solo geblieben. Sobald ich auf einen verfänglichen Gedanken kam, bin ich zur Beichte gerannt und habe Gott um Vergebung angefleht.«

Aber als es dir dann klar wurde, hast du es verschwiegen.

»Es war nicht leicht, sich aus der Deckung zu wagen. Dann wurde ich krank, auch wegen des Stresses, den dieses Doppelleben verursacht hat. Ich hatte das Bedürfnis, meine spirituelle Seite mit der körperlicheren, der fleischlicheren, auszusöhnen. Ich war fünf Jahre bei einem Psychotherapeuten in Behandlung, bei einem Jungianer.«

Und dann hast du ausgepackt.

»Ich habe mich für zwei Tage in einer Pension eingeschlossen und meine Geschichte in *News of the World* veröffentlicht. Ich hatte seit Jahren an ihr gearbeitet. Das habe ich für mich getan, aber auch, damit ich denen besser helfen kann, die sich an mich wenden, weil sie denselben inneren Konflikt haben.«

Und welche Reaktionen gab es?

»Vor allem Respekt und Verständnis, und auch ein paar negative Reaktionen, zumeist von Ignoranten. Und stell dir vor: Einige Tage später hatte ich eine Trauung in einem Dorf im Zentrum von Irland, in einer erzkatholischen Gegend. Ich gebe zu: Ich war ziemlich nervös. Irgendwann kam ein Mann mit den groben Händen eines Bauern auf mich zu: ›Bist du Buckley?‹

Ich wollte erst gar nicht darauf eingehen, war sehr angespannt und hätte am liebsten geantwortet: ›Welcher Buckley?‹

Aber ich war nun mal Buckley.

Er drückte mir die Hand und sagte: ›Mir haben ehrliche Leute schon immer gefallen.‹«

Was hat sich in deinem Leben als Priester nach deinem öffentlichen *Outing* geändert?

»Viel mehr Leute haben sich an mich gewandt. Heute kann ich ganz ehrlich sein. Früher fühlte ich mich wie in einem Gefängnis. Jetzt bin ich ein freier Mann.

Der Sexualtrieb ist angeboren. Wenn sich ein Mann allein in Afrika wiederfände, würde er mit einem Affen Sex machen. Ich habe einmal einen Priester dabei erwischt, wie er es mit einem Hund getrieben hat. Den Sexualtrieb zu unterdrücken kann ein Leben zerstören.«

41
Immer mehr gehen
an die Öffentlichkeit

Ein öffentliches Coming-out wird oft als Befreiung von einem Albtraum erlebt. Wenn es erst einmal alle wissen, öffnen sich die Fluttore der Wahrheit.

Der 52-jährige Pfarrer Sebastian stellt sich in der Dokumentation *Schwul vor Gottes Angesicht* den Fernsehkameras des deutschen Regisseurs Peter Schmidt. Die Sendung lief 2006 in der Reihe 37° im ZDF. Sebastian offenbart sich, ohne sein Gesicht zu zeigen. Er hat Angst vor Repressionen. Er ist nicht der Einzige. Insgesamt treten in der Dokumentation drei katholische Geistliche auf.

Darunter der 56-jährige Pater Theo Koster, ein Dominikanerpater, der in Holland lebt: Nach ihm müsse der Papst auf die homosexuellen Priester zugehen und sie zu verstehen versuchen. Dann würde er merken, dass sie für die Kirche keine Bedrohung, sondern eine große Bereicherung darstellen. Als solche müsse er sie schätzen lernen.

Der dritte Interviewte ist der 41-jährige Diakon Christian Leutenegger, der vor ungefähr zehn Jahren auf den Altar seiner Pfarrgemeinde in St. Gallen stieg und zu den Gläubigen sprach: »Ja, Freunde, eines muss ich euch sagen: Ich bin homosexuell.« Am 11. April 2010 verkündete Franz-Joseph Overbeck, der Bischof von Essen, in der Talkshow von Anne Will in der ARD vor einem Millionenpublikum zum Thema Homosexualität: »Das ist eine Sünde, [das] wissen wir ganz klar und eindeutig, dass es das ist.«

In diesen Wochen verkündete öffentlich der Kardinalstaatssekretär Tarciso Bertone, dass es eine ursächliche Beziehung zwischen Pädophilie und Homosexualität gebe: »Viele Psychologen und Psychiater haben anerkannt, dass zwischen dem Zölibat und der Pädophilie keine Beziehung besteht. Viele andere Forscher zeigten dagegen, dass zwischen Homosexualität und Pädophilie durchaus eine Beziehung existiert.«

Dem deutschen katholischen Theologen David Berger geht das entschieden zu weit.

Unter dem Verdacht, er unterhalte eine homosexuelle Beziehung, wurde er im Vorjahr seines Lehramts an der Päpstlichen Akademie San Tommaso d'Aquino in Rom enthoben. Am 23. April veröffentlicht er unter seinem Namen in der *Frankfurter Rundschau* einen flammenden Artikel unter der Überschrift: »Ich darf nicht länger schweigen.«

Berger bekennt sich darin nicht nur zur eigenen Homosexualität, sondern erhebt auch gegen das vatikanische Establishment schwere Vorwürfe. Es betreibe ein perfides Unterdrückungssystem, das sich auf den höchsten Kirchenebenen gegen homosexuelle Geistliche richte: »Es muss anerkannt werden, dass ein großer Teil der katholischen Kleriker und Priesteranwärter in Europa und den Vereinigten Staaten homosexuell veranlagt ist.« Dabei gehe die schlimmste »Schwulenfeindlichkeit in der katholischen Kirche von homophilen Geistlichen aus, die ihre Sexualität krampfhaft verdrängen«.

Zu seinen Erfahrungen im Priesterseminar hat David Berger 2010 in Berlin das Buch *Der heilige Schein* veröffentlicht. Darin klagt er die katholische Kirche in deutlichen Worten dafür an, dass sie eine heuchlerische und bigotte Politik gegen Homosexuelle verfolge. Berger warnt insbesondere vor der zunehmenden Bedeutung homophober Sekten, die die Homosexualität in einem Klima der Hexenjagd als eine Waffe zur Erpressung einsetzten: Vielen homosexuellen Geistlichen werde ein gewisser Aufstieg ermöglicht, aber kaum kämen Neid oder Konkurrenzdenken ins Spiel, werde ihre Homosexualität als schlagkräftige Waffe missbraucht, um sie in Misskredit zu bringen.

Tatsächlich, so Berger, sammelten die höheren Chargen in der Kirchenführung heimlich Informationen über Homosexuelle, um sie damit zu erpressen.

Am meisten Aufsehen erregte allerdings sicherlich der Abgang des Paters Bernard Lynch.

Lynch ist nicht irgendein Priester.

Ich treffe ihn zum ersten Mal im September 2010 auf der Demonstration gegen den Staatsbesuch Papst Benedikts XVI. im Vereinigten Königreich. Nach dem Umzug folgt auf dem Kleintransporter mit den Organisatoren ein turbulenter Mix aus Redebeiträgen von Aktivisten, Schriftstellern, Journalisten, verschiedenen Persönlichkeiten und sogar von einem Priester. Von einem katholischen Priester.

In einer schwarzen Priesterkluft mit weißem Kollar drängt er zwischen den anderen Rednern ans Mikrofon. Verblüfft und erregt hört ihm die Menge schweigend zu: »Lieber Heiliger Vater, ich bin einer deiner Priester und habe der katholischen Kirche in den letzten 35 Jahren gedient. Als offen schwuler katholischer Priester heiße ich dich willkommen.«

Der letzte Satz bleibt in der Luft hängen.

Ein offen schwuler katholischer Priester klingt nach Paradox.

Der aufbrandende Applaus verhindert fürs Erste jede weitere Deutung.

Ich selbst erhalte Wochen später Gelegenheit, Pater Bernard kennenzulernen. Ich treffe ihn in einem Londoner Café an der U-Bahn-Station Camden Town. Ich erwarte, dass er wieder mit gestärktem Priestertalar erscheint. Stattdessen überrascht er mich mit einem dunkelblauen Jogginganzug.

»Ich habe einige Stunden frei und gehe ins Fitness-Studio.«

Vor meinem Auge erscheinen wieder Fernsehbilder des Channel 4 von vor einigen Jahren, die ihn beim Joggen im New Yorker Central Park zeigten. *Mens sana in corpore sano,* »der gesunde Geist im gesunden Körper« – dieses Mantra steht dem rebellischen und bisweilen narzisstisch wirkenden Priester geradezu ins Gesicht geschrieben. Das mit dem Geist macht er allerdings mit dem Allmächtigen aus.

Bernard Lynch wurde vor 60 Jahren in Irland geboren. Mit 18 trat er ins Seminar ein und verließ es mit 24 Jahren wieder. Gegen Ende der Siebzigerjahre siedelte er nach New York über. Dort kam er mit der Schwulen-Community in Kontakt und nahm seine seelsorgerische Arbeit auf.

Die nächsten Jahre entwickeln sich dramatisch und drücken seiner Tätigkeit als Priester und seiner Sexualität für immer ihren Stempel auf. Als Initialzündung wirkt ein Akronym mit vier Buchstaben: Aids. Seine Gemeinde wird buchstäblich dezimiert: Die Krankheit rafft in wenigen Jahren 600 junge Mitglieder hinweg.

Er erlebt dieses Sterben als Tragödie. Die Kirchenführung sieht es als »das natürliche Ergebnis widernatürlicher Handlungen«. 1986 erscheint ein »Schreiben der Kongregation für die Glaubenslehre an die Bischöfe der katholischen Kirche über die Seelsorge für homosexuelle Personen«. Darin heißt es: »Die spezifische Neigung der homosexuellen Person ist zwar in sich nicht sündhaft, begründet aber eine mehr oder weniger starke Tendenz, die auf ein sittlich betrachtet schlechtes Verhalten ausgerichtet ist. Aus diesem Grunde muss die Neigung selbst als objektiv ungeordnet angesehen werden.«

Die Verlautbarung trägt die Unterschrift von Joseph Ratzinger, dem damaligen Chef der Glaubenskongregation.

Diese Stellungnahme veranlasst Pater Bernard, an die Öffentlichkeit zu gehen. Er lehnt die römische Lehre ab und tritt in einen offenen Konflikt zur lokalen katholischen Kirchenführung, als er lauthals das Ende der zivilen und religiösen Diskriminierung der Homosexuellen verlangt. Er entdeckt, dass er selbst schwul ist, und macht daraus keinen Hehl. Im Folgenden wird er für einige Monate nach Rom zitiert und muss dort einen Zwangsurlaub verbringen.

Nach seiner Rückkehr werden Vorwürfe der Pädophilie gegen ihn laut. Sie erweisen sich als haltlos. Nach seiner Entlastung verfasst er ein Buch, in dem er die These vertritt, hohe kirchliche Würdenträger in New York hätten die Anschuldigungen erfunden.

Mitte der Neunzigerjahre siedelt er nach London über und spendet Hunderten von standesamtlich getrauten schwulen Paaren geistlichen Segen. Obwohl ihm die Kirche nach den Vorfällen in New York kein pastorales Amt mehr anvertraut hat, ist er rein rechtlich noch immer katholischer Priester.

Einen Cappuccino schlürfend, antwortet er auf meine Fragen.

Was bedeutet es, katholischer Priester und schwul zu sein?

»Ich habe mir das Priesteramt nicht herausgesucht. Gott hat es mir zum Geschenk gemacht. Und auch meine Homosexualität ist ein Geschenk Gottes. In einer Welt, in der man diskriminiert und gehasst wird, sucht es sich keiner aus, dass er schwul ist. Das ist eine sehr schwierige Lage, an der man aber nichts ändern kann. Das ist so wie bei den Linkshändern.

Ich bleibe sicher immer Priester, wie ich auch immer schwul bleibe.«

Was arbeiten Sie heute?

»Rechtlich gesehen bin ich immer noch katholischer Priester, arbeite aber – in Sachen HIV – für weltliche Einrichtungen außerhalb der Kirche. Seit meinem Bekenntnis zur Homosexualität bekomme ich von der Kirche keine Arbeit mehr.«

Warum haben Sie sich entschlossen, Ihre Homosexualität publik zu machen?

»Das war in New York, als ich Kontakt zur Schwulen-Community bekam und anfing, HIV-Infizierte zu betreuen. Anfangs dachte ich, das sei eine Erkältung. Dann starb einer nach dem andern. In wenigen Jahren hat Aids die Hälfte meiner Gemeinde hinweggerafft, alles Männer unter 35 Jahren.

Ich war auch jung und schwul und ihr Priester. Sie wurden diskriminiert, weil die Leute meinten, Aids sei eine Strafe Gottes. Das impfte ihnen die Kirche ein: Sie lehrte, dass sie den Tod verdienten, weil sie widernatürliche Beziehungen hätten.

Viele von ihnen wurden ausgegrenzt. In Krankenhäusern wurden sie manchmal nicht mit Essen versorgt, weil das Personal Angst hatte, sie anzufassen.

Als ich sie besuchte, sah ich vor ihren Zimmern aufeinandergestapelte Tabletts mit dem Mittag- und dem Abendessen. Keiner hatte das Essen hineingebracht. Einige Patienten sind einfach verhungert.

Dann bin ich an die Öffentlichkeit gegangen: Wer an die Gerechtigkeit Jesu glaubt, tut Menschen so etwas nicht an.

Die Stadtverwaltung von New York diskutierte eine Verordnung, um die Diskriminierung von Homosexuellen am Arbeitsplatz und im Privatbereich einzudämmen. Die Kirche legte sich quer. Ich habe gesagt: Das hat keinen Sinn.

Kaum war die Verordnung verabschiedet, gingen sie gegen mich vor, inszenierten sogar einen Prozess wegen angeblicher Pädophilie.«

Wie sehr haben diese Erfahrung Ihre Entscheidungen fürs Leben und als Priester beeinflusst?

»Wenn man stirbt, wünscht man sich nur jemanden, der einem die Hand drückt und einen beruhigt. Diese Erfahrungen waren sehr schmerzhaft, aber auch erfüllend. Für mich war es ein Privileg, diese Kranken zu begleiten.

Andererseits waren die Katholiken unter ihnen völlig verzweifelt über die Behauptungen der Kirche zur Homosexualität, wonach Aids eine Folge widernatürlicher Handlungen sei. Wenn Menschen erkranken und sterben, sollte sich die Kirche doch von ihrer besten Seite zeigen. Stattdessen trat sie besonders übel auf.«

Waren unter den Sterbenden auch Priester?

»Ja, fünf Priester und sogar ein Bischof. Der Punkt ist der: Wenn man als Priester in so einer Situation steckt, muss man den Mund halten, damit einem geholfen wird. Es herrscht eine Geheimhaltungskultur.«

Dann mussten Sie sich schwerwiegenden Vorwürfen wegen pädophilen Missbrauchs stellen. Sie sind freigesprochen worden.

»Ich war bis ins Mark erschüttert. Ich konnte nicht glauben, was mir die Kirche da angetan hat. Wäre ich Italiener gewesen, hätte ich es geglaubt. Aber ich bin Ire und hatte noch ziemlich naive Anschauungen. Ich hatte noch nicht genug über Savonarola gelesen. Ich stand am Rand des Nervenzusammenbruchs. Ich konnte weder schlafen noch wagte ich mich vor die Tür. Dann kam der Entschluss, für ein paar Jahre nach London zu ziehen. Ich kam her, arbeitete weiter mit Aids-Kranken und blieb am Ende.«

Und was war mit diesem Intermezzo in Rom?

»In Rom versuchten viele Priester, in Schwulenbars sexuelle Beziehungen mit Seminaristen oder anderen Priestern anzuknüpfen. Alles lief im Verborgenen ab, schon deshalb, weil viele eine tief gespaltene Persönlichkeit haben. Es war immer dieselbe Leier: Machen wir heimlich Sex miteinander, und dann geht jeder seiner Wege. Viele litten heftig unter Schuldgefühlen. Das war keine schöne Erfahrung.«

Welche Beziehung haben Sie zum Zölibat?

»Ich habe viele Jahre allein gelebt. Und auch nachdem ich mich öffentlich als Homosexueller geoutet habe, habe ich keinen Partner gefunden.

Heute habe ich einen Lebensgefährten und glaube, dass nur ein winziger Teil der katholischen Priesterschaft wirklich alleine ist. Ich habe viele kennengelernt und höre mir ihre Geschichten bei den Unterstützertreffen an, die ich organisiere. Nur wenige haben die Gabe erhalten, ledig leben zu können. Die meisten haben das Geschenk der Sexualität bekommen. Und das ist ebenso wertvoll.«

Warum bleiben Sie trotz allem in der katholischen Kirche?

»Ich bin Priester und habe keine Wahl. Das kommt aus meiner Seele. Ich arbeite jetzt an einer Veränderung. Ich hoffe auf Veränderung. Ich bin pessimistisch bei der Institution, aber nicht bei den Menschen. Wir müssen die Menschen verändern, sicher, auch wir Priester müssen uns ändern, aber ich hoffe vor allem auf eine Veränderung von der Basis her, denn von oben wird die Veränderung nicht kommen. Keiner gibt freiwillig seine Macht ab.

Ich diene nicht der katholischen Kirche, sondern versuche, der Gerechtigkeit zum Sieg zu verhelfen, nicht nur für Schwule, sondern für alle.

Ich erinnere mich, was eine Nonne in New York zu den Aids-Kranken gesagt hat: ›Du musst dich über die Kirche erheben, um zu Gott zu finden, sonst bleibst du verzweifelt.‹

42
Schwule Priester
outen sich

Den Versuch, sich über die Kirche als weltliche Institution hinwegzusetzen, unternahm auch Pater Gordon Brown in Schottland.

Vor rund zehn Jahren verglich Kardinal Joseph Winning, der damals ranghöchste Geistliche der katholischen Kirche in Schottland, die Befürworter der Forderungen der Homosexuellengemeinde mit den Nazis. Daraufhin outete sich Pater Brown, Pfarrer einer kleinen Kirchengemeinde in Edinburgh, in der lokalen Tageszeitung: »Ich bin seit 30 Jahren Pfarrer. Und noch länger weiß ich, dass ich schwul bin.« Pater Brown erzählt, dass er damit keineswegs der Einzige sei. Im Gegenteil, er ist der Dreh- und Angelpunkt, um den sich ein ganzes Netzwerk homosexueller Priester schart, die sich gegenseitig unterstützen.

Ein weiterer Priester, der seine Neigungen offenbart, daraufhin jedoch entlassen wird, ist Don José Mantero in Spanien.

José entdeckt mit zwölf Jahren, dass er schwul ist. Während seine Freunde für blonde Mädchen schwärmen, spielen Josés Hormone verrückt, wenn er die Muskeln eines Mannes sieht. Doch sein Wunsch ist es, Priester zu werden.

Er gehört einer christlichen Jugendgruppe an, die sich besonders im sozialen Bereich engagiert. Und hier spürt er auch seine geistliche Berufung. Nichts Göttliches, keine Posaunenklänge aus himmlischen Höhen. Nur die Erkenntnis, dass er in der Kirche und der Gesellschaft gebraucht wird.

Als Pfarrer José verliebt er sich und hat homosexuelle Beziehungen, die er auch körperlich auslebt – alles im Verborgenen versteht sich. Dann klopft eines Tages ein junger Mann ans Gitterfenster seines Beichtstuhls: »Ich bin ein Monster. Ich bin Priester und habe homosexuelle Beziehungen mit anderen Männern.«

José spürt einen stechenden Schmerz in der Brust. Er schiebt den Vorhang zurück: »Schau mir in die Augen: Sehe ich etwa aus wie ein Monster?«

»Nein.«

»Gut, denn ich bin auch schwul und sehe kein Problem darin.«

Im Juni 2001 schreibt José für eine kleine katholische Zeitschrift einen Artikel mit der Überschrift *Gay Pride*. Ein Jahr später outet er sich in der unter spanischen Homosexuellen bekannten Zeitschrift *Zero*. Die Überschrift seines Beitrags lautet: *Ich danke Gott, dass ich schwul bin!*

Er begründet dies mit den folgenden Worten: »Wenn ich glaube, dass Gott der Schöpfer ist, wie es die *Psalmen* sagen, und sehe, dass er einen schwulen Menschen geschaffen hat, hat er das getan, weil er will, dass er schwul ist. Viele Priester in Spanien sind schwul, mindestens jeder fünfte. Und häufig wissen die Bischöfe darüber Bescheid und schweigen.«

Der Artikel löst einen Aufschrei aus. Es ist das erste Mal in Spanien, dass sich ein Priester öffentlich zu seiner Homosexualität bekennt. José ist 39 Jahre alt und seit über 20 Jahren Pfarrer, als ihm die Kirche in einem Brief mitteilt, dass er wegen Verstoßes gegen den Zölibat von seinem Priesteramt suspendiert ist.

Nachdem er sein Priesteramt aufgegeben hat, erklärt José: »Ich kann nicht länger Katholik sein. Ich wäre sonst Komplize eines Systems, das Brüder und Schwestern diskriminiert, die meine eigene sexuelle Orientierung teilen. Die Kirche spricht über Sex nur als etwas Negatives, das es zu unterdrücken gilt. Den Grund dafür liefert Oscar Wilde, wenn er sagte, wer die Sexualität kontrolliert, kontrolliert den ganzen Menschen. Das ist die höchste Form der Macht.«

Bei meinen Recherchen über Spanien stoße ich in einem Blog katholischer Homosexueller auf einige schwule Priester. Der Einzige, der sich zu einem Gespräch bereit erklärt, ist Gonzalo, aber nur per E-Mail.

Gonzalo ist 26 Jahre alt, hat dunkle Haare und braune Augen. Er ist groß – sehr groß – und schlank, aber dennoch kräftig. Ich bitte ihn, mir von seinem Leben als Priester zu erzählen.

»Menschen wie ich sind ebenso gut und anständig wie andere Priester. Nur leben wir dieses Leben mit den Besonderheiten unserer Welt. Wenn Sie mit Ihrer Arbeit gute Absichten verfolgen, das heißt, wenn Sie uns unterstützen und der Kirche keinen Schaden zufügen wollen, dann bin ich gerne bereit, Ihre Fragen zu beantworten.«

Ich versichere ihm, dass dem so ist, und danke ihm für sein Vertrauen. Ich frage ihn, wo er wohnt und arbeitet, und bitte ihn, mir ein wenig über sich zu erzählen.

»Ich lebe in Kastilien und bin der Pfarrer vieler kleiner Dörfer, in denen einfache, liebenswerte und gastfreundliche Menschen leben. Ich wusste schon immer, dass ich schwul bin, und habe dies auch noch nie zu verdrängen versucht, obwohl ich mich deshalb großen Schwierigkeiten stellen musste.

Heute komme ich mit meiner Situation ganz gut zurecht. Menschen können mitunter sehr grausam sein, aber das hilft auch zu verstehen, wer die wahren Freunde sind, auf die man sich verlassen kann und die einen nie im Stich lassen. Es sind diejenigen, die einem den Rücken stärken, egal was kommt.

Dass ich Pfarrer bin, hat nichts mit meinen sexuellen Neigungen zu tun. Wenn ich nicht Priester wäre, könnte ich meine Homosexualität mehr oder weniger offen leben. Doch ich fühlte mich schon von klein auf zum Priesteramt berufen, obwohl ich nicht aus einer gläubigen Familie stamme und mein Vater über meine Entscheidung nicht besonders erfreut war. Mittlerweile sind meine Eltern überaus zufrieden damit, doch leicht war es nicht, sie zu überzeugen.

Falls Sie noch weitere Fragen haben, kommen Sie gerne auf mich zu. Ich werde Ihre Arbeit auch weiterhin gerne unterstützen. Herzliche Grüße.«

Ich frage ihn nach seinen Beziehungen, nach seinen Krisensituationen, seinen Romanzen, seinen Freundschaften.

»Manchmal zweifelt man an sich selbst, weil man glaubt, nicht so zu sein, wie man sein sollte. Also versucht man sich zu ändern. Doch es bleibt bei einem Versuch, weil man erkennt, dass es unmöglich ist. Man ist schwul, und daran ist nichts zu ändern. So will es das Leben. Homosexualität ist keine unheilbare Krankheit, sondern eine Art des Seins. Und wenn man sich dessen bewusst geworden ist, versteht man auch, dass es keinen Sinn hat, die Welt in homo und hetero zu teilen. Umso leichter fällt es einem zu akzeptieren, dass manchen Männern eben Männer gefallen und anderen Frauen.

Die schlimmsten Enttäuschungen erfuhr ich von denen, die mich zu unterstützen schienen und sich dann von mir abwandten, nur weil ich schwul bin. Ich hatte schon bei vielen Menschen das Gefühl, ich könne völlig offen sein, bis ich merkte, dass ich mit ihnen über alles sprechen konnte, nur nicht über meine sexuelle Neigung.

Ich habe mich schon des Öfteren verliebt und geglaubt, alles sei perfekt und der andere erwidere meine Liebe. Doch dann kam er mit der Tatsache nicht zurecht, dass ich Priester bin, und der Kontakt brach ab. Meine Beziehungen hielt ich stets geheim.

Meine Eltern wissen nicht, dass ich schwul bin. Vielleicht vermuten sie es. Wer weiß, Mütter sind oft klüger, als wir glauben. Unterstützung fand ich bei meinen Freunden. Ich habe Menschen kennengelernt, die mir dabei geholfen haben, meine Homosexualität als etwas Positives zu begreifen. Ich konnte ihnen mein Herz ausschütten und ihnen erzählen, was mich belastete und mein psychisches und physisches Gleichgewicht störte.

Der Tag, an dem ich meine Situation ›entideologisieren‹ konnte, war, glaube ich, der glücklichste meines Lebens. Bei einem Nachmittagsspaziergang mit einem guten Freund kamen wir auf sehr hochtrabende und abstrakte Themen zu sprechen, auf Sexualität und die Bedeutung des Gefühlslebens. Und ganz allmählich landeten wir dann bei uns selbst. Ich fühlte mich befreit.

Der Zölibat ist, wie wir alle wissen, keine von Gott gewollte Einrichtung. Das ist er nie gewesen. Er ist lediglich ein Instrument der Disziplinierung. Ein freiwilliger Zölibat wäre sicher sinnvoller: Wer will, kann sich dafür entscheiden, wer nicht will, lässt es bleiben. Ich bin sicher, dass seine Abschaffung nur eine Frage der Zeit ist. Jemanden zu lieben, ist keine Sünde. Liebe ist eine gute Sache.

Der Zölibat wurde eingeführt, um eine Situation zu beenden, in der die Frauen der Geistlichen mehr als die Geistlichen selbst Einfluss darauf nahmen, wie das Vermögen der Pfarrgemeinden verwaltet wurde, das letztlich unter ihren Söhnen aufgeteilt wurde. Der Kirche blieb wenig bis gar nichts.

Man braucht den Blick nur auf die Brüder der orthodoxen Kirche in Osteuropa zu richten: Obwohl sie konservativer sind als wir, unterstehen sie keiner Zölibatspflicht. Sie entscheiden selbst, ob sie allein für Gott leben oder eine Familie gründen wollen.«

Ich schreibe Gonzalo, dass ich gerne mehr über seine Intimsphäre erfahren würde.

Doch darauf bekomme ich keine Antwort mehr.

43
Schwulen-Chat
mit einem Priester

An einem Nachmittag im Oktober chatte ich auf *Me2,* einem Onlineportal für Schwule. Mein Spitzname ist *Tuttoperte,* zu Deutsch *Allesfürdich.* Er stellt sich mit *Checulett* vor, was so viel heißt wie *WasfüreinHintern.*

»Hallo, wie geht's?«
Ich:
»Gut, wonach suchst du?«
Er:
»Sex mit Aktivem.«
Ich:
»Da bist du bei mir richtig.«
Er:
»Mmmmmmm, woher? Ich aus der Lombardei.«
Ich:
»Brescia Zentrum. Wie siehst du aus?«
Er:
»Dunkles, kurzes Haar, passiv, 167, 67, grüne Augen, 36 Jahre, männlich, kein femininer Typ.«
Ich:
»Mmmmm, klingt gut.«
Er:
»Und du? Ich bin Priester.«
Ich:
»181, 77, dunkelhaarig, männlich, gut ausgestattet.«

Er:

»Seriöser, reservierter Typ, keine krummen Dinger.«

Ich:

»Bin mit Frau zusammen, suche deshalb höchste Diskretion.«

Er:

»Ich suche keinen käuflichen Sex und will auch keinen Ärger.«

Ich:

»Idem.«

Er:

»OK, alles im grünen Bereich also, ich drehe keine krummen Dinger. Ich bin ein ruhiger, diskreter Typ.«

Ich:

»Perfekt.«

Er:

»Mit mir hast du keine Probleme.«

Ich:

»Sehr gut. Hast du msn?«

Er:

»Nein, nur Mail. Wenn du Bilder sehen willst, gebe ich dir meine Mail.«

Ich:

»Schickst du mir per Mail ein Foto von dir?«

Er:

»Klar schicke ich dir ein Foto. Was machst du beruflich?«

Ich:

»Ich habe einen Laden im Zentrum von Brescia. Worauf stehst du?«

Er:

»Auf alles. Mit dem Schwanz spielen, ihn im Hintern spüren. Ich kann gerade kein Foto schicken, ich schicke es morgen, sobald ich kann. Worauf stehst du?«

Ich:

»Auf alles.«

Er:

»Was verkaufst du? Kann ich zu dir in den Laden kommen? Guter Sex nach Ladenschluss wäre doch heiß.«

Ich:

»Dass du Priester bist, macht mich total geil. Klar kannst du in den Laden kommen.«

Er:

»Mmmmmmmm, und der Laden ist im Zentrum von Brescia? Was verkaufst du? Bist du allein?«

Ich:

»Kleider. Nach sechs kannst du kommen. Woher bist du?«

Er:

»Will ich jetzt nicht sagen.«

Ich:

»Ok, ok, sorry.«

Er:

»Was macht dich geil?«

Ich:

»Wirklich alles, ich liebe Sex.«

Er:

»Ich will dominiert werden.«

Ich:

»Perfekt. Im Dominieren bin ich ein Gott. Erlaubst du mir das Wort Gott?«

Er:

»Klar, für diese Dinge immer. Was meinst du mit dominieren?«

Ich:

»Komm in Priesterkleidung und ohne Slip, und ich besorg es dir von hinten.«

Er:

»Mmmmmmm, geil! Und dann?«

Ich:

»Dann nehme ich dich richtig hart dran.«

Er:

»Ich mag Füße, Sperma und den ganzen Rest. Ich mag es richtig
dreckig. Warum bist du im Chatraum Veneto, wenn du aus
Brescia bist?«

Ich:

»War auf der Suche nach einem Typen von letzter Woche.«

Er:

»Bist du gerade im Laden?«

Ich:

»Ja, und ich bin voll spitz.«

Er:

»Ich habe Lust zu bumsen. Was hast du an?«

Ich:

»Jeans, Hemd und Turnschuhe.«

Er:

»Können wir uns nicht jetzt sehen, wenn der Laden geschlossen ist?«

Ich:

»Ich habe durchgehend geöffnet, und ich habe eine Verkäuferin.«

Er:

»Verdammt! Und du bist nie alleine?«

Ich:

»Morgen bin ich allein.«

Er:

»Ok. Wenn ich um 12 komme, kannst du den Laden dann schließen?«

Ich:

»Besser um 13.«

Er:

»Ich will spüren, wie dein Schwanz in meinem Mund groß wird,
und ihn dann lecken wie ein Eis.«

Ich:

»Würdest du in Priesterkleidung kommen?«

Er:

»Soll ich? Benutzt du Kondome?«

Ich:

»Talar ohne Unterwäsche fände ich geil.«

Er:

»Mmmmmm. Mir ist es ohne Kondom lieber. Wenn du willst, komme ich ohne Unterwäsche. Aber du dann auch, ok? Was verkaufst du?«

Ich:

»Damen- und Herrenkleidung. Macht es dich an, als Tunte hart gefickt zu werden?«

Er:

»Ja, warum nicht? Was ziehst du mir an?«

Ich:

»Ein kurzes, weißes Kleid. Als versaute Unschuld.«

Er:

»Ok, wie du willst =).«

Ich:

»Bringst du Kirchenrequisiten mit?«

Er:

»Was?«

Ich:

»Es turnt mich total an, dass du Priester bist. Was benutzt ihr in der Kirche, womit wir spielen könnten?«

Er:

»Keine Ahnung, ich würde mit deinem Schwanz spielen. Das reicht mir. Was turnt dich daran an, dass ich Priester bin?«

Ich:

»Das Verbotene. Ich hetero und du Priester.«

Er:

»Ok, ok, aber findest du es geil, einen attraktiven Mann zu ficken?«

Ich:

»Mir gefallen Schwuchteln.«

Er:

»Darf ich dich küssen?«

Ich:

»Ja, stimmt es wirklich, dass du Priester bist?«

Er:

»Klar bin ich Priester. Wenn du willst, knutschen wir beim Bumsen.«

Ich:

»Ja, mit Lecken und so.«

Er:

»Mmmmmmmmm, ich glaube, du bist ein echt scharfer Typ.«

Ich:

»Das kannst du laut sagen.«

Er:

»Geil, dass du auch so versaut bist. Das macht mich richtig scharf.«

Ich:

»Ich bin aber echt vulgär beim Ficken.«

Er:

»Wenn du sturmfreie Bude hättest, würde ich gern eine ganze Nacht mit dir verbringen. Lass hören, was du zu mir sagen würdest. Komm schon, raus mit der Sprache, sag's mir ruhig.«

Ich:

»Auch die Dinge, die dir als Pfarrer vielleicht nicht gefallen?«

Er:

»Flüche und so?«

Ich:

»Ja, aber nur, wenn dich das nicht beleidigt.«

Er:

»Na ja, lieber die als gar nichts.«

Ich:

»Gut, dann nenne ich dich Hure, Schlampe und Nutte.«

Er:

»Wenn du mir sagst ›dreh dich um, Nutte‹, gefällt mir das. Leck
    mich, komm schon, du Sau, komm schon, fick mich, nur zu,
    ich will dich stöhnen hören, na los, Süßer, gib's mir, fick mich,
    das tut mir gut.«

Ich:

»Aber sicher sag ich dir das.«

Er:

»Abends hast du nie Zeit, oder?«

Ich:

»Nächste Woche schon.«

Er:

»Also dann, Süßer, ich bin scharf auf dich mmmmm.«

Ich:

»Wo bist du gerade?«

Er:

»Zu Hause. Sag mir Bescheid, wenn du Zeit hast, dann richte ich
    mich darauf ein. Ich habe Lust auf deinen Schwanz.«

Ich:

»Du kannst ihn überall haben.«

Er:

»Ich lecke ihn dir von den Hoden bis zur Eichel.«

Ich:

»Hast du Lust auf einen Telefonwichs?«

Er:

»Dafür müsste ich dich anrufen. Ich kann die Nummer nicht
    rausgeben.«

Ich:

»Idem, aber ich hoffe, ich kann mich auf dich verlassen.«

Er:

»Idem.«

Ich:

»Ich weiß nicht einmal, wie du heißt.«

Er:

»Andrea.«

Ich:

»Don Andrea?«

Er:

»Ja, aber Andrea reicht.«

Ich:

»Aber wenn ich dich als Priester ficke, will ich dich Don Andrea nennen.«

Er:

»Wie du willst.«

Ich:

»Samstagnacht wäre ich frei.«

Er:

»Mmmmmmm, geil, das lass ich mir nicht zweimal sagen. Wohnst du auch im Zentrum?«

Ich:

»Ja.«

Er:

»Wenn du willst, komme ich Samstagabend und bleibe über Nacht bei dir.«

Ich:

»Ok, aber verrate mir doch, woher du kommst. Diskretion schön und gut, aber zumindest das …«

Er:

»Ach, lass doch die Fragerei. Ich sage es dir, wenn wir uns treffen.«

Ich:

»Na toll, aber ich soll dir meine Adresse verraten, was?«

Er:

»Komm schon, du musst meine Lage verstehen.«

Ich:

»Ich verstehe sie ja, sie macht mich sogar an, aber wenigstens das.«

Er:

»Ich komme aus der Nähe von …«

Ich:

»Komm schon, mir geht es nicht nur um einen Fick für Samstag.«

Er:

»Mir auch nicht.«

Ich:

»Ok, ok, ok. Seit wann bist du Priester?«

Er:

»Seit vier Jahren. Wenn du willst, kannst auch du mich besuchen, dann ficken wir an speziellen Orten.«

Ich:

»Was soll das heißen? Etwa in der Kirche?«

Er:

»Im Beichtstuhl.«

Ich:

»Im Ernst?«

Er:

»Wenn du willst. Wäre doch cool, wenn du in den Beichtstuhl kommst und mir zeigst, dass du geil auf mich bist. Dann zeigst du mir deinen Schwanz, und ich lecke ihn dir von den Hoden bis zur Eichel. Und dann kommst du auf meine Seite und fickst mich.«

Ich:

»Ich stecke ihn durchs Gitter, und du leckst von der anderen Seite?«

Er:

»Wenn wir uns jetzt schon so gut verstehen, wie wird das dann erst live.«

Ich:

»Dann besorge ich's dir so hart, dass der Beichtstuhl auseinan-
derkracht.«

Er:

»Ich bin so geil auf dich. Na ja, der Beichtstuhl darf nicht aus-
einanderkrachen. Auch ein Fick auf dem Kirchturm wäre geil.
Auf der Treppe hältst du mich von hinten an und sagst mir, ich
soll deinen Schwanz lecken, und dann fickst du mich in den
Arsch. Und unten gehen die Leute vorbei, und wir sind auf
dem Turm und ficken.«

Ich:

»Komm, schick mir ein Foto, dann gebe ich dir meine Nummer,
und wir holen uns am Telefon einen runter.«

Er:

»Ok, ich suche das Foto. Besorgst du's dir schon?«

Ich:

»Nein, ich warte auf das Foto.«

Er:

»Ich sitze gerade auch an einer Arbeit für heute Abend.«

Ich:

»Was für einer Arbeit?«

Er:

»Vorbereitung für eine Sitzung des Kirchengemeinderats.«

Ich:

»Gibt es unter deinen Kollegen noch mehr Schwule?«

Er:

»Nein, niemanden.«

Ich:

»Und was war mit dem ganzen Trubel um die schwulen Priester
in Rom diesen Sommer?«

Er:

»Alles Blödsinn.«

Ich:

»Mit denen gibst du dich nicht ab, stimmt's?«

Er:

»Ich gehe nicht ins Schwulenmilieu, Lokale, Saunas und so.«

Ich:

»Idem.«

Er:

»Ich habe das Foto geschickt.«

Ich:

»Man sieht dir wirklich an, wie versaut du bist. Ich habe dir auch ein Foto geschickt.«

Er:

»Du bist ein echt scharfer Typ. Im Ernst, Kompliment. Treffen wir uns also zum Ficken?«

Ich:

»Ja, bei dir oder bei mir. Samstag ist perfekt.«

Er:

»Wenn du kommst, ist das auch ok. Obwohl Samstag ein ziemlich chaotischer Tag ist – Kommunionsunterricht, Messe. Abends oder nachts hätte ich mehr Zeit.«

Ich:

»Gut, dann komme ich abends, aber können wir da in die Kirche?«

Er:

»Möglich wäre es, kommt darauf an, was wir zuerst einweihen wollen – den Beichtstuhl, deinen Laden oder dein Bett.«

Ich:

»Gibt es bei dir denn nicht auch ein Bett?«

Er:

»Klar, aber ich kann dort niemanden empfangen, verstehst du?«

Ich:

»Hast du Mitbewohner? Hast schon einmal mit jemandem in der Kirche gefickt?«

Er:

»Nein. Ich wohne mit einem Priesterkollegen zusammen. Worauf
    wärst du beim ersten Mal scharf, und wo?«

Ich:

»Auf alles und in der Kirche.«

Er:

»Mmmmmmm.«

Ich:

»Na ja, notfalls nehme ich mir ein Hotelzimmer.«

Er:

»Es gibt viele Motels hier in der Nähe.«

Ich:

»Ok.«

Er:

»Ich warne dich, ich habe einen Ruf zu verlieren. Also lass dir
    nicht einfallen, meine Fotos weiterzuleiten oder so.«

Ich:

»Dasselbe gilt für dich mit meiner Telefonnummer, ok?«

Don Andrea ruft mich auf dem Handy an. Er will am Telefon
masturbieren, und ich glaube, er hat es während unseres Gesprächs auch tatsächlich getan. Die Verabredung steht für den
folgenden Samstag, bleibt nur zu entscheiden, wo.

Wir machen aus, dass wir per Mail in Kontakt bleiben.

Checulett schreibt mir am nächsten Tag, Mittwoch, 27. Oktober,
13:32 Uhr:

Hallo, lösch bitte das Foto, danke, tschüss.

Im Anhang schickt er mir ein anderes Foto, auf dem er ganz abgebildet ist. Er hat dunkles Haar und ist Brillenträger. Er trägt eine
schwarze Hose, ein helles, aufgeknöpftes Karohemd und darunter
ein weißes T-Shirt. An einer Kordel baumelt ein Holzkruzifix um

seinen Hals. Er trägt ein weißes Stirnband, das er wie die Tennisspieler früher im Nacken verknotet hat. Er steht auf einer Wiese, das Gras reicht ihm bis zu den Knien, im Hintergrund sind Berge zu sehen. Vor ihm ist eine Holzstange in den Boden gerammt, an deren Spitze ein weißes Taschentuch angebracht ist.

Es sieht aus, als befände er sich in einem Pfadfinderlager.

Dass er mir als Pfarrer einfach so ein Foto von sich schickt, ohne mich zu kennen, überrascht mich. Auch in diesem Fall bleibe ich misstrauisch. Wahrscheinlich hat er das Foto aus dem Internet heruntergeladen. Das Risiko, einem Schwindel aufzusitzen, ist groß.

Es gibt nur eine Möglichkeit herauszufinden, ob ich einem der vielen Freaks auf den Leim gegangen bin, die sich im Internet tummeln: Ich muss ihn treffen, am besten in der Kirche.

Am nächsten Tag schicke ich ihm eine Mail. Es ist Donnerstag um die Mittagszeit:

»Also, was ist, sehen wir uns? Falls ich Samstag früher aus dem Laden komme, kann ich dann bei dir beichten? Sag Bescheid. Ich möchte sicher sein, dass du tatsächlich ein Priester bist und kein Verrückter, ok?

Einen Kuss auf den Hintern«

Checulett:
»Natürlich bin ich Priester, du machst wohl Witze? Ich bin ein seriöser Mensch, kein Blödmann.

Sag mir, wann du Zeit hast, dann sehen wir, wie wir es machen, ansonsten komme ich zu dir.«

Freitag, 29. Oktober, 10 Uhr:
Ich:
»Samstag geht klar. Ich komme in den Beichtstuhl, auch ohne Sex. Danach gehen wir in ein Motel, ok?

Sag mir noch heute, ob das ok geht, damit ich planen kann. Morgen habe ich frei.«

Checulett:
»Du kannst kommen, aber nach der Messe.

Mir ist eingefallen, dass ich abends zum Essen eingeladen bin. Ein Paar aus der Gemeinde heiratet, und sie bestehen darauf, dass ich ins Restaurant mitkomme. Vor 22 Uhr komme ich da sicher nicht weg. Mir fällt keine Ausrede ein, um nicht zu gehen, andererseits will ich dich unbedingt treffen.

Was machen wir?

Ciao«

Ich:
»Machen wir es so: Ich komme zur Beichte in die Kirche, dann gehst du auf die Hochzeit und ich in ein Restaurant, und danach treffen wir uns wieder?

Wo finde ich die Kirche?«

Checulett:
»Hi Süßer,

ich habe mit dem Brautpaar gesprochen: Ich gehe nur zum Tortenanschnitt, um ungefähr 22:30 Uhr. Also habe ich nach der Messe ein bisschen Zeit für dich.

Ich weiß nur nicht, wo wir uns allein treffen könnten, weil auch andere Priester da sein werden.«

Ich:
»Perfekt ... Können wir uns erst in der Kirche treffen und dann ins Motel gehen ...? Dann lasse ich dich zur Hochzeit und erwarte dich wieder im Motel, ok?«

Checulett:

»Mmmmmmmmmmmmmmmmmmmmmmmmmmmmmmmmmmmm-
mmmmmmmmmmmmmmmmmmmmmmmmmmmmmmmmmmmmmmmm-
mmmmmmmmmmm«

Natürlich können wir uns in der Kirche treffen.

Kannst du eine Nahaufnahme von dir schicken?

Und wenn ich in einer Stunde zu dir käme???«

Ich:

»Du weißt doch, bis Ladenschluss bin ich hier nicht allein …
Heute muss ich außerdem bei meiner Freundin bleiben. Schon
deshalb, weil ich für morgen einen Geschäftstermin vorgescho-
ben habe, um zu dir zu kommen …

Ich habe viel vor mit dir, also versetz mich nicht, ok?«

Checulett:

»Ok, das Dorf heißt (……….)

Wann kommst du ungefähr?

Ich bin von 16:30 bis 17 Uhr dort.

Halt mich auf dem Laufenden. Ciao«

Ich:

»Vor der Messe?

Welche Kirche?«

Checulett:

»Die Messe ist um 18:30. Komm früher, wenn du willst. Wenn
nicht, um 19:30. Die Kirche ist die des Dorfes, das ich dir eben
genannt habe.

Ciao«

Ich:

»Aber ich habe gesehen, dass es in dem Dorf mehrere Kirchen gibt, Schätzchen … In welcher finde ich dich?«

Checulett:

»Die Basilika im Zentrum. Wenn du mir sagst, wann du kommst, sage ich dir, wo wir uns genau treffen. Ich bin um 17 Uhr in der Kirche. Ich warte im Beichtstuhl auf dich. Ok?

Ciao, ciao«

Ich:

»Kann ich mich darauf verlassen, dass du Priester bist und ich dich dort finde?

Ok.

Also um 17:30 im Beichtstuhl, ok?

Perfekt.«

Samstag, 30. Oktober. Die Verabredung soll am folgenden Tag stattfinden. Um circa 9 Uhr bekomme ich eine Mail von ihm.

Checulett:

»Mir ist etwas dazwischengekommen. Ich muss um 17:30 in einer anderen Kirche die Messe halten und kann erst um 18:30 in der Basilika im Ortskern sein. Um diese Zeit könnte schon ein anderer Priester im Beichtstuhl sitzen.

Falls zwei Beichtstühle belegt sind, hänge ich mein Namensschild vor die Tür. Dann weißt du Bescheid.

Ciao, ciao«

Ich:

»Ok, perfekt …

Ich bin ein bisschen nervös, aber ich werde kommen. Es ist das erste Mal, dass ich so etwas tue, aber ich bin schon ganz gespannt.

Bis später in der Basilika.«

Checulett:

»Ok, dann erwarte ich dich um 18:20-18:30.

Keine Sorge, wir erkennen uns. Und dann suchen wir uns ein ruhiges Plätzchen.

Ciao, ciao«

Ich:

»Also … Dann machen wir es so … Du hängst dein Namensschild an den Beichtstuhl, ok? Ich stelle mich dir mit Michele vor, ok?

Ich will dir meine perversen Gedanken beichten und meine Homosexualität, und danach wirst du mein sein, ok?

Bis nachher.

Küsschen«

Ehrlich gesagt habe ich ein bisschen Angst.

Angst, auf einen Freak zu stoßen.

Angst, vor einem echten Priester zu stehen.

Angst, einen Mann zu treffen, der Sex mit mir haben möchte.

Angst, entlarvt zu werden.

Worauf habe ich mich da bloß eingelassen?

Diese Frage stelle ich mir jedes Mal, wenn ich solche Dinge tue.

Am Ende packt mich immer die Angst.

Danach fragen mich die Leute: Wie hast du das gemacht?

Tja, wie habe ich das gemacht?

Und mein schlechtes Gewissen macht die Sache auch nicht besser. Es gibt Momente, in denen man bestimmte Dinge einfach nicht hinbekommt.

Es gibt Momente, in denen man sich fragt, ob es der Mühe wert ist, ob man das Leben der Leute und sein eigenes Leben mit Füßen tritt.

Es gibt Momente, in denen man gerne alles hinschmeißen würde.

Und das tut man dann auch.

Sonntag, 31. Oktober, 16 Uhr: Es ist nicht mehr lang bis zu unserer Verabredung. Ich schalte den Computer ein und schreibe ihm eine Mail:

»PROBLEM

ICH KANN NICHT KOMMEN.

MEINE VERKÄUFERIN IST KRANK GEWORDEN.

BITTE ANTWORTE MIR.

ICH HASSE VERKÄUFERINNEN.

VERSCHIEBEN WIR ES, OK?«

Checulett, eine Viertelstunde später:

»Ok, verschoben auf Montag.

Ciao, ciao«

Ich:

»Ok, danke.

Tut mir wirklich leid.«

Checulett:

»Hallo, wenn du willst, können wir uns auch nach Ladenschluss in Brescia treffen. Lass mich wissen, ob es klappt.

Ciao, ciao«

Zu diesem Zeitpunkt war mein Computer bereits ausgeschaltet, und auch in den folgenden Tagen kontrolliere ich meinen Posteingang nicht.

Es gibt eben solche und solche Momente.

Ich antworte ihm an Montag um die Mittagszeit:

»Hallo Schatz, wie geht's dir? Entschuldige nochmals, dass ich dich versetzt habe.

Wenn du willst, kann ich heute zu dir kommen. Ich hätte Zeit.

Nimmst du mir die Beichte ab?

Ich würde dir so gerne meine Sünden beichten.

Sag ja!«

Checulett antwortet um 14:02 Uhr:

»Hallo, na klar, wie du willst. Ich werde in der Kirche sein. Um wie viel Uhr kommst du?

Du hast mein Foto, also wirst du mich erkennen.

Wenn du während der Messe kommst, also gegen 18:00/18:30, findest du mich im Beichtstuhl mit dem Namensschild an der Tür.

Wenn du früher kommst, findest du mich ab 16:30 in der Kirche.

Sag Bescheid.

Ich lese meine Post um 14:30 und um 16:00.

Ciao«

Zehn Minuten später schreibt mir *Checulett* erneut:

»Hättest du heute Abend Zeit, um im Motel zu übernachten????

Lass es mich wissen, damit ich mich darauf einstellen kann.

Ciao, ciao«

Ich:

»Hallo Schatz,

leider kann ich nicht über Nacht bleiben. Wie du weißt, habe ich eine Freundin. Und das alles ist für mich noch ziemlich neu. Gehen wir es also lieber ruhiger an.

Die Vorstellung, während der Messe bei dir zu beichten, reizt mich sehr. Hoffentlich schaffe ich es zu dir. (Auf den Straßen herrscht Chaos wegen Überschwemmungen.) Ich sage dir so bald wie möglich Bescheid.

Nimmst du mir die Beichte ab?

Bitte, bitte!

Einen heißen Kuss«

Checulett:

»Ok

Sag Bescheid, ob du es bis 18:00 schaffst, oder ob du früher oder später kommst. Ich warte auf dich.

Im Beichtstuhl wird nicht viel laufen …

Aber zumindest lernen wir uns kennen, und dann komme ich dich im Laden besuchen.

Ciao, ciao«

Diese Mail schickt er um 15:10 Uhr. Um diese Zeit zieht über ganz Norditalien ein Unwetter hinweg. In der Toskana wurden die Leichen einer Frau und ihres zweijährigen Sohns gefunden, die in ihrem Haus von Schlammmassen und Geröll verschüttet worden waren. Die Autobahn A4 Mailand-Venedig ist wegen Überschwemmungen gesperrt. In den Provinzen Vicenza und Verona sind mehrere Flüsse über die Ufer getreten.

Erdrutsche, Warnungen, Katastrophenalarm.

Ausnahmezustand. In Italien ist alles ein Ausnahmezustand: Starkregen, Erdbeben. Natürlich sind das außergewöhnliche Ereignisse, aber doch vorhersehbar.

Jedes Kind weiß, dass wir auf einem tektonisch aktiven Gebiet mit einer komplexen Orografie leben und darüber hinaus noch eine hohe Bevölkerungsdichte haben. Mehr als jedes andere europäische Land sind wir dem ständigen Risiko von Naturkatastrophen ausgesetzt. Zu vermeiden sind diese nicht, aber es könnte viel getan werden, um ihre Auswirkungen zu minimieren. Man bräuchte den Tatsachen nur ins Gesicht zu sehen, anstatt sich abzuwenden, nach dem Motto morgen ist auch noch ein Tag.

Kalifornien und Japan haben dieselben Probleme und noch schlimmere. Doch sie sind sich der Tatsache bewusst, dass sie auf einer Bombe sitzen und in den kommenden 30 Jahren mit schwerwiegenden Erdbeben zu rechnen haben, und sie tun alles, um die Schäden möglichst gering zu halten.

Ein Erdbeben mit der Stärke 7 würde in Japan vielleicht 50 Menschenleben fordern, im südlichen Apennin hingegen zwischen fünf- und elftausend. Mit einem halben Grad mehr auf der Richterskala rechnet man in einer so dicht besiedelten Stadt wie Tokio mit rund 400 Toten. In Kalabrien hingegen könnte ein solches Beben bis zu 32000 Todesopfer fordern.

Ein Erdbeben wie das vom April 2009 in den Abruzzen würde in Japan nicht einmal auf den Titelseiten der Zeitungen landen. Wir hingegen haben rund 300 Opfer und 65000 Obdachlose zu beklagen.

Und das ist unser Problem:

Wir bauen weiterhin in Risikozonen, und das häufig ohne Berücksichtigung der modernen Sicherheitsnormen. Wir wissen genau, dass die Erde bebt und dass sie auch weiterhin beben wird, dass uns früher oder später neue Unwetter heimsuchen werden, dass der Vesuv noch immer aktiv ist, dass sich die Gebirgsbäche des Apennin in kürzester Zeit in reißende Ströme verwandeln können, dass Venedig ständig von Überschwemmungen bedroht ist.

Wir wussten das 1980, als Irpinien von einem Erdbeben heimgesucht wurde, das rund 3000 Tote, 9000 Verletzte und 280 000 Obdachlose forderte. Wir wussten es 1987, als bei Überschwemmungen im Veltlin 53 Menschen ums Leben kamen, tausende Menschen obdachlos wurden und es zu Schäden von insgesamt 4000 Milliarden Lire kam.

Wir wussten es am 31. Oktober 2002, als in San Giuliano di Puglia bei einem Erdbeben 27 Kinder und eine Lehrerin unter den Trümmern ihrer einstürzenden Schule begraben wurden – eine Schande, die für immer auf uns lasten wird.

Das ist Italien: skrupellose Geschäftemacherei, Regierungen, die auf dünnem Eis unterwegs sind, eine Bürokratie, die auf beiden Augen blind ist, juristische Spitzfindigkeiten. Gibt es Gesetze, werden diese von einflussreichen Wahlbündnissen und Privatleuten untergraben oder umgangen. Und während sich so einige Wenige über die Maßen bereichern, sind es wie immer wir Steuerzahler, die die Zeche bezahlen.

Es macht mich wütend und besorgt, dass nichts unternommen wird, um das Land und unser Leben zu schützen. Doch meine Worte werden ungehört verhallen. Man wartet tatenlos ab, bis der nächste Regen und die nächsten Erdbeben kommen, und gibt dann den Naturkatastrophen die Schuld.

Welch eine Schande!

Am Sonntag, 1. November, wenige Stunden vor meinem Treffen mit dem Pfarrer werden aus dem Veneto bereits mehrere Vermisste gemeldet. Tausende Menschen zwischen Verona und Vicenza sind obdachlos geworden. Eine Frau starb, weil sie mit ihrem Auto von den Wassermassen fortgerissen wurde, als sie auf der Autobahn im Stau stand.

Zu diesem Treffen im Beichtstuhl soll es ganz offensichtlich nicht kommen.

Wieder schreibe ich eine Mail:

»Hallo,

wie ich befürchtet habe, ist auf den Straßen der Teufel los. Hier ist alles wegen Überschwemmungen gesperrt.

Verschieben wir unser Treffen auf Mitte der Woche, wenn sich die Lage wieder normalisiert hat. Ich bin so schon aufgeregt genug, da brauche ich nicht auch noch Überschwemmungen.

Sei mir nicht böse. Du wirst sehen, ich werde es wiedergutmachen. Versprochen.

Ich kann es kaum erwarten dich kennenzulernen.

Küsse«

Checulett:

»Alles klar. Hier regnet es auch stark. Du bist entschuldigt.

Aber wenn du willst, komme ich morgen schon in den Laden. Und dann lernen wir uns gründlich kennen, du wirst sehen.

Ciao, ciao«

Ich:

»Was würdest du im Laden gerne tun? Wie stellst du es dir vor? Erzähl es mir, das macht mich geil.«

Checulett:

»Wenn du mir sagst, wo der Laden ist, komme ich, um eine Hose zu kaufen. Dann lasse ich mich von dir in die Umkleidekabine führen, um die Hosen anzuprobieren. Und während du das Licht anknipst, greifst du nach meinem Kopf, führst ihn zu deinem Schwanz und lässt mich daran saugen. Dann küssen wir uns und ziehen uns aus für unseren ersten Fick …

Wenn du Lust hast, sag mir wo und wann, und ich komme.

Ciao, ciao, Süßer.

Du kannst dir nicht vorstellen, wie scharf ich gerade auf dich bin …«

Am nächsten Vormittag schickt er mir wieder eine Mail: ein Foto. Den Rückenakt eines männlichen Körpers von den Knien bis zum Hals. Er trägt einen weißen Slip, den er zwischen die Pobacken gesteckt hat, sodass er aussieht wie ein Tanga.

Daneben steht: »Für dich geknipst … Küsse, in Erwartung von viel mehr … Ciao«

Wenige Stunden später bekomme ich noch eine Mail:

»Schickst du mir auch ein paar Fotos von dir? Ich warte auf deine Nachricht. Ich will dich endlich kennenlernen.

Ciao«

Ich schicke nichts.

Er dagegen schickt noch ein Foto. Es zeigt ihn von der Seite in einem Bus sitzend. Er ist zur Kamera gewandt und lächelt. Er hat leichte Geheimratsecken und grau meliertes Haar. Er sieht gut aus.

Ich:

»Sobald das Wetter besser wird, eile ich zu dir. Ich kann es kaum noch erwarten dich kennenzulernen. Ich hatte auf ein Bild wie das von heute Morgen gehofft. Ein sexy Priester. Das hat mich wahnsinnig angemacht.

Ein Kuss, mein Schatz. Bis bald.«

Checulett:

»Liebling, auch ich kann es kaum erwarten, dich zu küssen und dein zu sein.

Bis bald.

Ciao«

Ich:

»Ich muss zugeben, dass mich manchmal ein schlechtes Gewissen quält. Doch dann lese ich wieder deine Mails, sehe mir deine Fotos an und spüre das Feuer in mir aufflammen.

Ich will dich.«

Checulett:

»Auch ich mache mir Gedanken, wenn ich in mich hineinhöre, weil du gesagt hast, dass du eine Frau hast usw. Aber ich bin auch ein Mann, und du gefällst mir, und wenn wir uns treffen und Freunde werden, wird es schön sein, uns zu lieben.

Ich begehre dich sehr.

Ich hoffe, dass das alles nicht nur Wunschdenken bleibt, sondern Wirklichkeit wird.

Ciao, Süßer, ciao«

Ich:

»Bald schon wird es Wirklichkeit. Ich wünsche es mir so sehr, ich kann darauf nicht mehr verzichten. Vergessen wir einfach das schlechte Gewissen.

Apropos, hast du als Priester denn keine Schuldgefühle? Oder turnt dich das Verbotene sogar an?

Ciao, Liebling.«

Checulett:

»Dass ich Pfarrer bin, kann mich nicht an etwas so Wichtigem hindern wie der Liebe für einen Menschen. Ich habe versucht, diesen Teil von mir zu unterdrücken, doch das machte mich unglücklich. Ich hatte keine Lebensfreude mehr, und auch meine Beziehungen zu anderen litten darunter. Ich war wie ein Zombie.

Gott kennt mich und weiß, wer ich bin, ich brauche ihm nicht zu erklären, was ich empfinde oder tue.

Ich lebe, weil ich mich lebendig fühle. Täte ich das nicht, wäre ich zwar keusch, aber innerlich tot und unfähig zu lieben, wie er es von mir will.

Ciao.

Ich sehne mich danach, dich zu lieben.

Küsse«

Ich antworte ihm am Mittwochmorgen, 3. November:

»Verstehe.

Ich freue mich nun noch mehr darauf dich kennenzulernen.

Bis bald.

Küsse«

Checulett:

»Hallo, lass von dir hören, wenn du Zeit und Lust auf ein Treffen hast.

Ich warte auf dich.

Ciao«

Berufliche Verpflichtungen hindern mich daran, ihn am Wochenende zu besuchen. Weil mir keine Ausreden mehr einfallen, lasse ich mir mit einer Antwort Zeit und überprüfe inzwischen, ob es in der Hauptkirche des Dorfes, das er mir genannt hat, tatsächlich einen Pfarrer mit seinem Namen gibt. Unter einem Vorwand rufe ich zunächst auf dem Rathaus an, wo man meine Anfrage bestätigt. Dann rufe ich ihn im Pfarramt an. Ich behaupte, vor einigen Wochen seinen Gottesdienst besucht zu haben und von seiner Fähigkeit, die Gläubigen zu fesseln und die Messe interessant zu gestalten, begeistert gewesen zu sein.

Er freut sich.

Dann frage ich ihn, ob er tatsächlich der Priester ist, der an jenem Tag die Messe hielt, und beschreibe ihn so, wie er auf dem Bild zu sehen ist, das er mir geschickt hat.

Ja, er ist es.

Ich bin mir nun sicher, dass es sich bei meinem Mail-Kontakt tatsächlich um den Pfarrer handelt, für den er sich ausgibt. Doch ich möchte vorsichtig sein und mir einen Restzweifel bewahren, bis ich ihn mit eigenen Augen sehe.

Und bis dahin dauert es noch.

Donnerstag, 4. November: Nachdem ich einen Tag lang nichts von mir hören ließ, schreibt er mir noch eine Mail:

»Hallo mein Freund. Wo steckst du?

Krank, müde?

Ciao«

Ich:

»Hallo Schatz.

Ich habe Ärger mit dem Geschäft. Ich schreibe dir später.

Küsse«

Checulett:

»Verstehe.

Danke für deine schönen Worte und deine Vorschläge. Ich habe den Eindruck, du interessierst dich nicht für mich.

Besser so, wie man sieht.

Ciao«

Ich:

»Aber was redest du da? Hätte ich mir denn so viel Zeit für dich genommen, wenn du mich nicht interessieren würdest?

Glaub mir, ich habe Probleme auf der Arbeit und bin zur Zeit viel unterwegs, bei Lieferanten und Banken. Mir steht das Wasser bis zum Hals.

Vertrau mir.

Ich küsse dich. Und ich werde dich so bald wie möglich besuchen.

Ciao Liebling«

Checulett:
»Ok.
Ich erwarte dich.
Küsse, dein Kleiner.«

Ich:
»Wenn du es genau wissen willst: Ich habe mir gestern Abend einen runtergeholt und dabei dein Bild angeschaut und an dich gedacht.«

Checulett:
»Es freut mich, im Zentrum deiner Aufmerksamkeit zu stehen. Sag Bescheid, wenn du Zeit hast.
Ciao, ciao«

Zwei weitere Tage der Funkstille. Ich tauche ab.
Es ist klar, dass sich die Magie eines Treffens in Luft auflöst.
Aber so ist es eben. Ich kann daran nichts ändern.
Es gibt solche und solche Momente.

Montag, 8. November: Er schreibt mir:
»Hallo,
siehst du nun, dass ich recht hatte? Du willst mich nicht kennenlernen. Die Tage vergehen, und du schreibst nicht, und wir sehen uns nicht. Du bist wie die vielen anderen, die nur reden und am Ende in Vergessenheit geraten.
Macht nichts, ich bin an Leute gewöhnt, die ihr Wort nicht halten.
Ciao«

Ich:
»Hallo Liebling,
Du irrst dich. Das werde ich dir bald beweisen. Dieses Wo-

chenende besuche ich dich. Dann erzähle ich dir, was mir in den letzten Tagen alles passiert ist.

Zu all meinen geschäftlichen Problemen kam auch das Hochwasser dazu. Das Haus meiner Familie hat es voll erwischt. Deshalb war ich in letzter Zeit selten am Computer.

Vertrau mir. Ich komme bald zu dir. Ich habe dich nicht vergessen, auch ich kann es kaum erwarten.

Und es freut mich zu wissen, dass du auf mich wartest und dich auf mich freust.

Nur aus Neugier: Warum sagst du, ich bin wie die anderen?

Was für Erfahrungen hast du gemacht?

Gruß«

Checulett:

»Ok.

Dann warte ich darauf, dass du kommst.

Ciao«

Ich melde mich am darauffolgenden Freitag:

»Hallo Liebling, hier bin ich wieder. Sag, dass du mich vermisst hast.

Endlich bin ich aus dem Gröbsten raus.

Was meinst du, sehen wir uns?

Sonntagnachmittag könnte ich dich besuchen.

Bitte sag ja!

Machen wir es so, wie wir es das letzte Mal ausgemacht haben? Du hängst dein Namensschild an den Beichtstuhl?

Nicht, dass du mich mit einem deiner Kollegen erwischst …«

Checulett:

»Hallo Süßer,

Sonntagnachmittag bin ich leider mit einer Gruppe unterwegs, und ich weiß nicht, ob ich bis 18:30 zurück sein kann. Bis 19 Uhr müsste ich es aber schaffen.

Sag mir, wie lange du bleiben kannst.

Ciao, ciao«

Ich:

»Keine Ahnung, sag du.

Ich würde dich das erste Mal gerne an einem ruhigen Ort treffen. Ich hoffe, du verstehst das.

Und was gibt es Beruhigenderes als einen Beichtstuhl?

Könntest du Samstagnachmittag? Aber ich muss erst sehen, ob ich mir freinehmen kann.

Oder Sonntag, um wie viel Uhr?«

Checulett:

»Hallo,

Samstag bin ich von 17 bis 18 Uhr in der Kirche. Danach habe ich Messe.

Sonntag bin ich mit einer Jugendgruppe unterwegs, komme aber um 19 Uhr zurück. Aber ich werde nicht im Beichtstuhl sein.

Wir müssten uns woanders treffen, vielleicht gehen wir etwas trinken und unterhalten uns ein bisschen.

Ich habe deine Handynummer verloren.

Ciao, ciao

Ich warte auf deine Antwort. Küsse«

Ich:

»Und wenn ich morgen Nachmittag vor der Messe in die Kirche komme? Und du wartest im Beichtstuhl auf mich?«

Checulett:

»Hallo,

ja, wenn du am Samstag zwischen 17 und 18 Uhr kommst, bin ich im Beichtstuhl.

Küsse«

Ich:

»Ok

Und woher weiß ich, dass du es bist?«

Checulett:

»Um diese Uhrzeit bin nur ich im Beichtstuhl. Ich werde zwischen 17 und 18 Uhr dort sein und hänge das Namensschild auf.

Küsse«

Ich:

»Ok, ich freue mich darauf.

Ich bin schrecklich aufgeregt.«

Die letzte Mail schreibe ich Samstagnachmittag, wenige Stunden vor unserem lang ersehnten Treffen.

Ich parke vor der Kirche, steige aus und will gerade eintreten, als er plötzlich vor mir steht.

Er sieht mich an. Ich sehe ihn an. Er ist es.

Aber ich bin nicht ich.

Ich sage ihm nicht, wer ich bin. Mir ist nicht danach.

Es reicht so.

Ich betrete die Kirche, bekreuzige mich und nehme zwei Minuten auf der Kirchenbank Platz. Dann drehe ich mich um.

Er sitzt zwei Reihen hinter mir. Beim Verlassen der Kirche gehe ich an ihm vorbei.

Er sieht mich an. Ich sehe ihn an.

Mir ist nicht danach.

Es gibt eben solche und solche Momente.

Am nächsten Tag bekomme ich seine letzte Mail, die unbeantwortet bleibt:

»Hallo, wo warst du?

Ich habe die ganze Zeit auf dich gewartet und habe dich nirgends gesehen.

Wer weiß, wo es dich hinverschlagen hat.

Hast du mich etwa im falschen Dorf gesucht?

Oder hast du mich gesehen und bist fortgegangen?

Keine Ahnung.

Ciao«

Ciao, Don Andrea. Nicht immer sind die Menschen so, wie wir sie uns vorgestellt haben.

Es tut mir leid.

44
Kritik der
katholischen Sexualethik

Der heute 78-jährige Richard Sipe kommt in einer zwölfköpfigen katholischen Familie in einer Kleinstadt bei Minneapolis zur Welt. Im Jahr 1953 tritt er in den Benediktinerorden ein und wird sechs Jahre später zum Priester geweiht. 18 Jahre lang bleibt er im Dienst der Kirche, bevor er 1970 im Einvernehmen mit dem Vatikan sein Amt niederlegt. Er heiratet und hat einen Sohn.

Sipe spezialisiert sich als Psychotherapeut insbesondere auf die Behandlung der Probleme von Priestern und widmet sich in seiner Forschungsarbeit der Sexualität und dem Zölibat.

Von 1998 bis 2010 fungiert Sipe als Sachverständiger in rund 250 Gerichtsverfahren wegen Kindesmissbrauchs, die gegen katholische Priester in den USA und Kanada geführt wurden. Er ist Autor des auf Deutsch erschienenen Werks *Sexualität und Zölibat* sowie zahlreicher Werke, deren Titel übersetzt lauten: *Sex, Priester und Macht: Die Anatomie einer Krise; Der Zölibat: Eine Art zu lieben, leben und dienen; Den Zölibat leben: Eine Leitbilder- und Sinnsuche; Sex, Priester und Geheimcodes: Die 2000 Jahre lange Datenspur des sexuellen Missbrauchs in der katholischen Kirche; Die Schlange und die Taube: Der Zölibat in Literatur und Leben; Beutezug im Namen Gottes: Fehlverhalten Geistlicher und Glaubensgemeinschaft*. Richard Sipe ist ein weltweit anerkannter Experte im Bereich der Sexualität in der katholischen Kirche, den auch Theologen vom Kaliber eines Hans Küng gerne zitieren.

Nach mehr als 30-jähriger Forschungsarbeit kommt Sipe zu einer bitteren Erkenntnis: Der Zölibat kann pädophile Neigungen verstärken. Sipe stellte eine Art der Hemmung in der psychosexuellen Entwicklung fest, die bei Ledigen häufiger vorkommt als beim Bevölkerungsdurchschnitt. Dabei werden sich viele Priester erst nach ihrem Amtsantritt ihrer sexuellen Neigungen und der Defizite in ihrer psychologischen Entwicklung bewusst.

Sipe geht davon aus, dass die katholische Kirche durch die Sexskandale der vergangenen Jahre endgültig ihre Glaubwürdigkeit verlieren wird.

Ein hartes Urteil, das zum Nachdenken anregen sollte.

Sipes wohl bekanntestes und erfolgreichstes Buch hat den übersetzten Titel: *Eine verschwiegene Welt: Sexualität und die Suche nach dem Zölibat.* Der Theologe trägt darin seine 25-jährige Arbeit als Psychotherapeut und seine Erkenntnisse aus mehr als 1500 Gesprächen mit Priestern zusammen.

In Zahlen ausgedrückt lautet Sipes Ergebnis folgendermaßen: 30 Prozent der Priester sind in kurz- oder langfristige sexuelle Beziehungen verwickelt, also fast jeder Dritte. Eine signifikante Größenordnung.

Sipe weist deutlich auf die Widersprüchlichkeiten hin: Obwohl die Kirche ihren Geistlichen jegliche sexuelle Aktivität strengstens untersagt und auf das Keuschheitsgelübde pocht, erhielten zahlreiche junge Priester, die von ihrer sexuellen Neugier geplagt wurden, von ihren älteren Vorgesetzten den folgenden Rat: »Hol dir eine Frau ins Haus, die sich um den Haushalt und dich kümmert, oder such dir eine Geliebte.«

Häufig machen Priester ihre ersten sexuellen Erfahrungen mit verheirateten Frauen aus ihrer Gemeinde, die wegen familiärer Probleme bei ihnen Rat suchen. Nicht nur ihr labiler Gefühlszustand und ihre Suche nach Trost prädestinieren sie für diese Rolle. Sie sind auch erfahren in Sachen Sex und in der Regel weniger besitzergreifend als ungebundene Frauen. Sie verlangen nicht die volle Aufmerksamkeit des Priesters, sondern sind bereit, ihren Geliebten mit der Kirche und den übrigen Gemeindemitgliedern zu teilen. Für einen Geistlichen, der lediglich ein Ventil für seine sexuellen Bedürfnisse sucht, ist eine solche Beziehung leicht zu handhaben.

Die Situation ändert sich, sobald der Priester an Sicherheit gewonnen hat und sich eine Beziehung zu jungen, sexuell unerfahrenen Personen zutraut.

Laut Sipe gibt es zahlreiche junge Seminaristen, die glauben, dass man sich nur dann mit Überzeugung und ohne Bedauern zur Kirche bekennen kann, wenn man zuvor in einer Beziehung gelebt und dem Sexualakt gegenüber eine innere Ablehnung verspürt hat. Die sexuellen Erfahrungen junger Seminaristen beschränken sich häufig auf kurze und unbefriedigende Erlebnisse, mit denen sie Gefühle wie Scham und Unbehagen verbinden. Die unerfahrenen Priesteranwärter tendieren außerdem dazu, den anderen, oft ebenso unerfahrenen Seminaristen von ihren sexuellen Abenteuern zu erzählen.

Laut den Untersuchungen Sipes neigen besonders gottesfürchtige, diensteifrige und wenig kontaktfreudige Priester zu sporadischen Treffen, nicht selten mit Prostituierten. Sie erleben diese Regelverstöße als schlimmes Vergehen, das ihr ansonsten sehr geordnetes Leben aus dem Lot bringt. Nachdem sie ihre unkontrollierbaren Instinkte ausgelebt haben, unterziehen sie sich deshalb oft einer – mitunter auch physischen – Selbstbestrafung und stürzen sich mit noch größerem Eifer in ihre Arbeit.

Auch über homosexuelle Priester führte Sipe zahlreiche Untersuchungen durch und stellte fest, dass deren Anteil in den Sechziger- und Siebzigerjahren noch bei 20 bis 22 Prozent lag, zwischen 1978 und 1985 jedoch auf bis zu 42 Prozent anstieg, was auch auf die homosexuelle Befreiungsbewegung zurückzuführen sein dürfte. In zwei amerikanischen Diözesen stieg der Homosexuellenanteil gar auf 75 Prozent, weshalb man bereits von »rosa« Seminaren sprach.

Ein weiteres wichtiges Buch von Richard Sipe erschien 2003 und trägt den übersetzten Titel *Der Zölibat in der Krise*. Er beschreibt darin, wie die Aufdeckung der Fälle von Kindesmissbrauch innerhalb der katholischen Kirche zu einer tiefen Kluft zwischen der amerikanischen Bevölkerung und dem Klerus geführt hat. Im Jahr 2002 mussten in den Vereinigten Staaten über 400 Priester die Kirche verlassen, weil sie in die Missbrauchsskandale verwickelt waren. Allein 2003 gab die amerikanische Kirche für die Entschädigung der Opfer sowie für Anwälte und psychiatrische Behandlungen mehr als eine Milliarde Dollar aus.

Laut den im Buch aufgeführten Untersuchungsergebnissen halten sich nur 50 Prozent der Priester an den Zölibat, dagegen haben 30 Prozent der Geistlichen sexuelle Beziehungen mit Frauen, wiederum 30 Prozent besitzen homosexuelle Neigungen, die von der Hälfte von ihnen aktiv ausgelebt werden (acht Prozent davon in längerfristigen Beziehungen), fünf Prozent der Priester amüsieren sich mit Pornografie und Exhibitionismus, und sechs Prozent vergehen sich an Minderjährigen.

Gerade der hohe Anteil Homosexueller und die starke Präsenz von Sexualität innerhalb der Kirche hätten viele Seminaranwärter abgeschreckt.

Und nicht nur das. Die sexuelle Revolution der Sechzigerjahre habe in Amerika außerdem dazu geführt, dass die Kirche viele Gläubige verloren hat, die in der Figur des Geistlichen keine unschuldige und bewundernswerte Person mehr sehen, sondern eher das Gegenteil.

Es ist interessant zu sehen, wie sich dieser Wandel auch in Hollywood ausgewirkt hat. Die Darstellung der Kirche in neueren Filmen unterscheidet sich deutlich von der der älteren Filme.

Das Bild des charakterstarken, zupackenden Priesters mit gesundem Wertebewusstsein wich zugunsten einer zaghaften und wesentlich feminineren Priesterfigur voller Selbstzweifel und

Schwächen. Zwischen 1938 und 1948 beherrschten Spencer Tracy und Pat O'Brien die Kinoleinwand, zwei überzeugte Katholiken, die sogar im wirklichen Leben schon einmal daran gedacht hatten, Priester zu werden. Sie sahen in Kirchenmännern überlegene Persönlichkeiten mit Vorbildfunktion und stellten sie in ihren Filmen auch genauso dar.

»Ich hatte große Skrupel davor, die Rolle anzunehmen, weil ich Angst hatte, ein Sakrileg zu begehen, indem ich einen Priester darstellte, ohne tatsächlich einer zu sein«, sagte Tracy im Zusammenhang seines Debüts im Priestergewand. Er wird diese Rolle in vier Filmen bekleiden: zusammen mit Clark Gable in dem Film *San Francisco* von 1936; in *Teufelskerle* von 1938; in *Das sind Kerle* aus dem Jahr 1941 und dem Film *Der Teufel kommt um 4* von 1961.

Für die Rolle eines Priesters, der in Nebraska ein Zentrum für Straßenkinder gründet, erhielt Tracy sogar einen Oscar als bester Hauptdarsteller.

Der von Tracy verkörperte Priester ist aufrichtig und couragiert, genau wie die Priester, die O'Brien in mehr als zehn Filmen darstellte. In *Chicago – Engel mit schmutzigen Gesichtern* aus dem Jahr 1938 spielt O'Brien zum Beispiel einen Priester und Jugendfreund eines gefährlichen Gangsters, der zum Tode auf dem elektrischen Stuhl verurteilt wurde. Der Priester überredet seinen Freund dazu, bei seiner Hinrichtung nicht den harten Mann zu mimen, sondern als weinender Feigling zu sterben, um die Jugendlichen seines Stadtviertels davon abzubringen, in seine Fußstapfen zu treten.

Der Kassenschlager *Der Weg zum Glück* von 1944, eine Komödie mit Bing Crosby in der Rolle des jungen Paters O'Malley, gewann zahlreiche Oscars und brachte dem Talar in ganz Amerika große Sympathien ein. O'Malley gelingt es, der Pfarrgemeinde eines alten Seelsorgers, gespielt von Barry Fitzgerald, neuen Lebensmut zu vermitteln.

In den Sechzigerjahren setzt in Hollywood der Wandel ein. Die Priester kämpfen mit ihren sexuellen Versuchungen, wie etwa William Holden in der Rolle eines Missionars in dem Film *China-Story* von 1962, und werden eher in gesellschaftliche und politische denn in Glaubensangelegenheiten einbezogen.

In den Siebzigerjahren verwandeln sie sich in unreife Einfaltspinsel wie Pater Mulcahy, den Militärkaplan in dem Film *M.A.S.H.* von Robert Altman sowie in der nachfolgenden Fernsehserie. Mulcahy ist ein unschuldiger, sympathischer, aber auch tollpatschiger und wenig scharfsinniger Kerl, der gerne mal einen über den Durst trinkt, ein Fan von Boxkämpfen ist, Poker spielt und auch dem Wetten nicht abgeneigt ist.

In *Nobody is Perfect,* einer Komödie von 1978, bei der Burt Reynolds nicht nur die Hauptrolle spielte, sondern auch Regie führte, vergisst ein junger Priester, gespielt von Robby Benson, während der Beichte des Protagonisten seine Aufgabe als geistlicher Berater, weil er so fasziniert ist von den pikanten Erzählungen des Herzensbrechers.

Richard Sipe steht mir für ein telefonisches Interview zur Verfügung. Herzlich und hilfsbereit, wie es seine Art ist, beantwortet er geduldig meine Fragen.

»Sexuelle Handlungen innerhalb der Kirche sind keine Seltenheit. Das weiß jeder, und doch will niemand darüber sprechen. In unserer heutigen Lebenswelt sind aufreizende Bilder allgegenwärtig. Auf der einen Seite erwarten die Katholiken, dass ihre Priester eine sexfreie und reine Welt repräsentieren, auf der anderen Seite schockiert es niemanden mehr, dass uns Sex überall begegnet. Das ist eben so, weil die Katholiken einen Pfarrer brauchen, der jeden Sonntag für die Messe zur Verfügung steht sowie Taufen und Hochzeiten gestaltet.«

Was sind die Ursachen? Warum ist das Phänomen so verbreitet?

»Der Hauptgrund liegt darin, dass der Klerus in sexuellen Dingen nicht besonders gut unterrichtet ist. Der amerikanische Jesuit John L. Thomas vertrat die Ansicht, ein Priester müsse alles über Sex wissen, wenn er auch selbst keine einschlägigen Erfahrungen hat.

Ich habe über 20 Jahre lang in zahlreichen Priesterseminaren unterrichtet und weiß genau, dass die Seminaristen in ihrer Ausbildung keinerlei Sexualaufklärung erhalten. Einmal kam ich in ein Seminar, um Sexualkundeunterricht zu halten, und die Studenten verstanden nur Bahnhof und konnten keine einzige meiner Fragen beantworten.

Als ich dem Direktor des Seminars einen Kurs über den Zölibat vorschlug, antwortete er mir, dass ein solcher Kurs völlig überflüssig sei, da zwei Wochen Unterricht in Moraltheologie genügten. Diese Denkweise ist der Grund dafür, warum die Unsicherheit auf diesem Gebiet so groß ist.«

Sie kennen Priesterseminare aus eigener Erfahrung. Stimmt es, dass es innerhalb der Seminare häufig zu sexuellen Handlungen kommt?

»Mit Sicherheit. Das wissen auch die anderen Psychologen, die in diesem Umfeld arbeiten. Circa 20 Prozent der Seminaristen haben sexuelle Beziehungen untereinander, mit jemandem aus der Fakultät oder mit einem Pfarrer. Dies wird, so widersprüchlich das auch klingen mag, in hohem Maße toleriert.«

Die kirchlichen Institutionen wissen also Bescheid, tun aber so, als sei nichts?

»Es herrscht dazu die folgende Einstellung: Man sieht es als etwas völlig Normales an, dass junge Priester eine Phase durchlaufen, in der sie sexuelle Erfahrungen sammeln, die mit dem Erwachsenwerden auf ganz natürliche Weise überwunden wird.«

Der Vatikan ist mit seinen Äußerungen bei diesem Thema jedoch wenig tolerant.

»Der Vatikan hat nicht die Absicht Disziplinarmaßnahmen zu

ergreifen, da er nichts von der Bestrafung eines sexuell aktiven Priesters hält, der nicht mindestens 40 Jahre alt ist. Die jüngsten Skandale um Kindesmissbrauch durch Mitglieder des Klerus spiegeln genau das wider: Die Priester glauben agieren zu können, ohne Konsequenzen fürchten zu müssen.«

Wenn in den Seminaren nicht aufgeklärt wird, wie erfahren die Priester dann von Sex?

»Die Hauptinformationsquelle ist die Beichte, wo Menschen ihre sexuellen Erlebnisse offenlegen und mitunter Details verraten, die dem Beichtvater oft ein ganz neues Universum eröffnen. Aus diesem Grund halte ich es nicht für zweckmäßig, ja geradezu für gefährlich, dass die Menschen zu einem Priester gehen, um zu beichten. Dafür gibt es Beweise.

Ich beziehe mich vor allem auf die sogenannte ›Verführung bei der Beichte‹, also die sexuelle Spannung, die innerhalb der heiklen Beziehung zwischen dem Beichtvater und dem Beichtenden entsteht, der sich vollkommen in dessen Hände begibt. Es ist davon auszugehen, dass maximal ein Seminarist von 20 wirklich fähig ist, die Beichte abzunehmen und spirituelle Beratung zu leisten. Und nur einer von zehn hat das Zeug zu einem guten Prediger.«

Wollen Sie damit sagen, dass ein Priester beim Verlassen des Seminars nicht genügend auf die Tätigkeit vorbereitet ist, für die er studiert hat?

»Das intellektuelle Niveau eines Durchschnittsseminaristen ist extrem niedrig und keineswegs vergleichbar mit dem eines durchschnittlichen Universitätsstudenten oder eines in Fächern wie Mathematik oder Psychologie spezialisierten Masterstudenten. Die wenigen gebildeteren Seminaristen sind häufig in psychosexueller Hinsicht unreif, wie zahlreiche in den USA durchgeführte Studien belegen. Ihre Kenntnisse über Sexualität sind gering, sowohl was das angelernte Wissen angeht, als auch in psychologischer und emotionaler Hinsicht. Sie sind nicht in der Lage, sich mit irgendeinem Aspekt der menschlichen Sexualität auseinanderzusetzen.«

Das Durchschnittsalter der Seminaristen hat sich in den vergangenen Jahrzehnten aber erhöht. Glauben Sie nicht, dass bei einem Erwachsenen, der sich für das Priestertum entscheidet, von einer reiferen Kenntnis der Sexualität ausgegangen werden kann?

»Es gibt ein Sprichwort, das besagt: Es gibt keinen größeren Idioten als einen alten Idioten. Eine unreife Person in einem gewissen Alter ist gefährlicher als eine junge. Es gibt keinen Beweis dafür, dass ältere Priesteranwärter in psychosexueller Hinsicht reifer wären.«

Ich wollte damit sagen, dass diese vielleicht schon ihre Erfahrungen gemacht haben und sich ihrer Sexualität bewusst geworden sind.

»Wenn sie sich für den Zölibat und die Keuschheit entscheiden, gibt es sicher Dinge in ihrer Vergangenheit, mit denen sie sich auseinanderzusetzen haben. Haben sie hingegen noch keinerlei sexuelle Erfahrungen gemacht, obwohl sie bereits im Erwachsenenalter sind, wirft dies natürlich Fragen hinsichtlich ihrer Entwicklung auf.«

In Italien hat noch niemand Daten über Priester und Sexualität geliefert. Haben Sie je eine Studie über den Vatikan in die Wege geleitet?

»Nein. Ich hatte noch nie Gelegenheit, Daten über sexuelle Aktivitäten innerhalb des Vatikans zu sammeln. Aber ich weiß von einem Arzt, der Anfang der Neunzigerjahre eine Studie über Aids unter römischen Seminaristen veröffentlicht hat. Indem er ihnen für eine Blutuntersuchung Geld bot, konnte er 75 Seminaristen untersuchen und kam dabei zu dem Ergebnis, dass 25 von ihnen HIV-positiv waren. Ich weiß auch, dass derselbe Arzt gebeten wurde, einem an Aids verstorbenen Erzbischof die Beine zu brechen, um dann auf dem Totenschein zu vermerken, dass er durch einen Sturz ums Leben gekommen sei. Ich habe versucht, Interviews zu führen, doch in Italien ist das Thema Sex in der Kirche noch immer ein Tabu.«

Vielleicht hat sich das in der jüngsten Vergangenheit ein wenig geändert.

»Seit dem letzten Jahr, glaube ich, ist das tatsächlich so, allerdings kommen die Dinge nur sehr zögerlich ans Licht.«

Das ist wohl wahr.

»Niemand kann offen sprechen. Der Skandal um sexuelle Missbräuche hat das Thema aufgeworfen, aber die italienischen Journalisten wirken dabei sehr zurückhaltend. Auch die Frage der Homosexualität innerhalb der Kirche ist in Italien so tabu wie in kaum einem anderen Land der Welt.

Ende der Neunzigerjahre veröffentlichten Mitglieder der Römischen Kurie anonym ein Buch mit dem Titel *Via col vento in Vaticano* (dt. *Wir klagen an. Zwanzig römische Prälaten über die dunklen Seiten des Vatikans*, Berlin 2000). Es stellt die Machtspiele und Intrigen der Prälaten und Kardinäle an den Pranger und zeigt, dass unter den Mitgliedern der Kirche die Überzeugung herrscht, über den Gesetzen zu stehen. Das ist die Wahrheit. Und dabei spielt es keine Rolle, ob man Prälat, Bischof oder ein einfacher Priester ist: Kriminelles Verhalten muss bestraft werden. Doch so funktioniert das in der Kirche nicht.«

Woran liegt das?

»An der üblichen Geheimhaltung, die die Kirche in all ihren Erscheinungsformen beherrscht. Ich nenne Ihnen ein Beispiel: Vor einigen Jahren einigten sich hier in den USA fünf Behandlungszentren darauf, gemeinsam eine Studie durchzuführen. Nach Auswertung der ersten Daten wurden postwendend die Fördergelder für das Projekt gestrichen, und die Kirche wollte nichts mehr davon wissen. Meiner Ansicht nach befürchtete sie, dass die Untersuchungsergebnisse über die Presse an die Öffentlichkeit geraten könnten.«

Wie erklären Sie sich, dass immer die kleinen Fische ins Netz gehen, während Bischöfe und Kardinäle durchschnittlich pflichtbewusster zu sein scheinen?

»Ich hatte Gelegenheit mit einem Priester zu arbeiten, der als Kandidat für die Bischofswahl seiner Stadt nominiert worden war, obwohl er sexuelle Kontakte zu mindestens 17 Frauen gehabt hatte. Er wusste, dass er Vater von vier Kindern war, und schloss nicht aus, dass es auch noch mehr sein könnten. In seiner Gemeinde war er sehr engagiert und beliebt. Ich habe festgestellt, dass es gerade unter solchen Persönlichkeiten am häufigsten zu Verstößen gegen den Zölibat kommt.

Nehmen wir Pater Marcial Maciel Degollado, den Gründer der Legionäre Christi, ein Mann mit Erfolg, der der katholischen Kirche einen Geldsegen bescherte und in jedem Land der Welt Frauen und Kinder hatte. Pater Marcial war in sexueller Hinsicht alles andere als diszipliniert und konnte seine Gelüste frei ausleben, da in der gesamten Kirche ein hohes Maß an Toleranz herrscht und über Umstände wie diese gerne hinweggesehen wird.«

Und der Vatikan weiß darüber Bescheid und ignoriert es?

»Genau. Im Vatikan wird das ignoriert, vom Papst bis hin zu den niedrigsten Rängen der Kirchenhierarchie.«

Nur um Skandale zu vermeiden? Oder gibt es dafür noch andere Gründe?

»Der wahre Grund, weshalb alles so bereitwillig verziehen wird, ist der, dass viele Bischöfe und Kardinäle ihrerseits ein Sexualleben pflegen – einige von ihnen auch mit Minderjährigen. Des Weiteren gibt es viele, die homosexuelle Neigungen haben, homosexuelles Verhalten unter Priestern aber nicht als latentes psychisches Problem erachten, sondern als eine Sünde, die gebeichtet und verziehen wird.«

Wir haben die dumme Angewohnheit, von der Kirche als einer rein männlichen Institution zu sprechen, als gäbe es in der

Kirche nur Männer. Und was ist mit den Nonnen? Mit welchen Problemen sehen sie sich konfrontiert? Wie viele lesbische Nonnen gibt es innerhalb der Kirche?

»Auch Nonnen haben ihre Sexualität. Und es gibt zahlreiche lesbische Nonnen, doch deren Situation ist eine andere.«

Inwiefern?

»Weil in den Vereinigten Staaten die Nonnen den Priestern, intellektuell gesehen, überlegen sind. Viele von ihnen haben einen Doktorgrad, haben sich auf verschiedenen Gebieten spezialisiert und sind generell reifer. Ich habe viele Ordensschwestern kennengelernt, die spirituelle Unterstützung und eine Therapie brauchten, weil sie Opfer von sexuellen Übergriffen durch Priester geworden waren. Aber ich hatte auch mit Nonnen zu tun, die andere Nonnen, Studenten und Studentinnen sexuell belästigt haben. In den meisten Fällen handelte es sich um psychisch schwer gestörte Kirchenfrauen, häufig mit sadomasochistischen Neigungen.

Aus meiner Erfahrung als Wissenschaftler und Forscher weiß ich, dass Frauen, die von einer Nonne sexuell belästigt wurden, dies meist nicht zur Anzeige bringen, weil sie die Tat nicht als Missbrauch erachten.«

Wie viele Priester und Nonnen haben sich schon an Sie gewandt? Was erwarten sie von Ihnen, Trost, Unterstützung, ein Urteil, einen Rat? Was für Gefühle bringen sie zum Ausdruck?

»Das Leben innerhalb der Kirche ist einsam und hart und verlangt viel Verzicht und große Opferbereitschaft. Depressionen und Überforderung sind deshalb die Hauptmotive, warum sich die Patienten an mich wenden.

Ich darf und will nicht generalisieren. Ich glaube, dass es gute und böse Kirchenleute gibt.

Das Problem der Kirche sind nicht die Menschen, sondern die in der Kirche vorherrschende Kultur der Geheimhaltung sowie die Tatsache, dass die daran Beteiligten glauben, sie müssten sich für ihre Taten nicht vor dem Gesetz verantworten. Das sind Vorstellungen, die nunmehr seit Jahrhunderten in der Tradition der Kirche tief verwurzelt sind. Alles blieb jahrhundertelang so, wie es war, während sich die Welt veränderte. Deshalb sind die Kirchenleute oft realitätsfern und in ihrem Verhalten psychotisch. Sie predigen auf eine Art und handeln auf eine andere.

Das ist der Grund, weshalb viele der Kirche den Rücken gekehrt und geheiratet haben.

Bei denjenigen, die bleiben und ihren sexuellen Instinkten nachgeben, ohne jedoch damit offen umzugehen und den ehrlichen Weg zu wählen, werden mit großer Wahrscheinlichkeit psychische Probleme auftreten.«

Glauben Sie nicht, dass die Tabuisierung von Sexualität die Kirchenleute zu extremen Verhaltensweisen treibt?

»Davon ist auszugehen. Die Tatsache, dass Sex tabu ist, gibt den Kirchenleuten nicht die Möglichkeit zu reifen, und viele von ihnen verspüren, gerade weil sie unreif sind, das Bedürfnis, ihre Sexualität mit jemandem auszuprobieren und zu demonstrieren. Doch weil sie nicht vorbereitet sind, wissen sie nicht, wie sie sich verhalten sollen und wie sie mit diesem emotionalen Drang umzugehen haben.«

In meinem Bericht habe ich den Fall eines Priesters dokumentiert, der zu allen Tages- und Nachtzeiten vor Pornofilmen sitzt, die er sich aus dem Internet heruntergeladen hat, sogar am Karfreitag nach der Messe. Ein anderer lädt mich zum Sex im Beichtstuhl oder auf dem Kirchturm ein, wieder ein anderer träumt von Sex im Flur seines Klosters oder in der Kirche, wo er auch den Messkelch dazu benutzen möchte. Wie würden Sie das kommentieren?

»Ich glaube, dass die von Ihnen beschriebenen Fälle der Beweis dafür sind, dass die Kirche, in der seit Jahrhunderten die Korruption grassiert, zweierlei Regel- und Wertesysteme besitzt: eines für ihre Würdenträger und ein anderes für den Rest der

Welt. Und dieses Konzept wird den Seminaristen von Beginn ihres Studiums an eingeimpft. Das ist auch der Grund, warum die Kirchenvertreter, um die es in den von Ihnen beschriebenen Situationen geht, mit dieser Dichotomie leben können, als sei es etwas völlig Normales.

Es existiert eine extrem arrogante Grundeinstellung innerhalb der Kirche, die ihre Repräsentanten veranlasst zu glauben, sie unterstünden nicht den staatlichen Gesetzen und seien niemandem Rechenschaft schuldig, der sich außerhalb ihrer verschlossenen und geschützten Welt befindet. Zumal das grundlegende Konzept innerhalb der Kirche das der Geheimhaltung ist, in jeglicher Hinsicht, hauptsächlich aber in sexueller Hinsicht.

Was die Homosexualität angeht, kommt man nicht umhin zu betonen, wie sehr die gesamte Kirchenstruktur von Männern beherrscht wird, während Frauen seit jeher von der Macht ausgeschlossen sind. Man braucht nur an den Vater, den Sohn und den Heiligen Geist zu denken.

Intern wird nur zur Beziehung zwischen Männern ermutigt, während die mit Frauen als Sünde erachtet wird.«

Wie sieht die Zukunft der katholischen Kirche aus? Glauben Sie, die sexuellen Streitfragen können die Fundamente der Kirche erschüttern?

»In der katholischen Kirche wird es zu grundsätzlichen Veränderungen kommen müssen, daran habe ich keinen Zweifel. Die Sexualethik der Kirche ist ein Irrwitz. Es ist lächerlich zu glauben, dass der einzige sündenfreie sexuelle Akt der zwischen zwei verheirateten Menschen sei, die sich vereinen, um sich fortzupflanzen. Soll das etwa heißen, dass all diejenigen, die sexuelle Erfahrungen gemacht haben, die diese Bedingungen nicht erfüllen, eine Todsünde begangen haben? Auch Masturbation gilt für die Kirche als Todsünde. Das ist absurd. Alles kann eine Sünde sein, wenn es übertrieben wird. Auch Völlerei ist eine Sünde, Essen deshalb aber noch lange nicht.

Nehmen wir zum Beispiel den Skandal um den Gebrauch von Kondomen als Mittel der Geburtenkontrolle zwischen Eheleuten. Daran gibt es nichts Unmoralisches.

Ich glaube, in der Kirche sollten alle auf die Schulbank zurückkehren.

Die Kirche verwendet weiterhin in jedem Kontext den Begriff »intrinsisch«: Abtreibung ist an sich böse, Masturbation ist an sich böse, Verhütung ist an sich böse. All das ist absolut dumm. Kein Mensch mit einem Mindestmaß an Bildung kann solche Äußerungen heutzutage noch ernst nehmen.

Sie sind nicht nur vom wissenschaftlichen Standpunkt her unhaltbar, sondern entbehren auch jeglicher Logik und gesunden Menschenverstandes.

Die Kirche sagt, Homosexuelle seien an sich liederlich und böse.

Liebe ist Liebe.

Und eines Tages wird die Kirche das zugeben.

Das Problem ist, dass in der Kirchenhierarchie die Angst herrscht, die Kontrolle und damit die Macht zu verlieren.

Dabei scheint es egal zu sein, dass kein Bezug mehr zwischen dem besteht, was sie predigen und dem, was die Realität ausmacht.

Man braucht sich nur die italienische Geburtenrate anzuschauen: Sie ist eine der niedrigsten der Welt. Wer glaubt schon, dass dies das Resultat von Enthaltsamkeit und sexueller Keuschheit ist?«

Ich danke Ihnen, Doktor Sipe.

Postscriptum

Ich habe nicht die Absicht, jemanden um Verzeihung zu bitten. Nicht einmal die Priester, die ich hinters Licht geführt habe.

Die Gefühle, die ich am Ende dieses langen Weges empfinde, behalte ich, so sehr sie mich auch umtreiben, für mich.

Ich hülle mich in Schweigen.

Das Schweigen von Tausenden von Priestern, die leiden, die sich geißeln, die das Pfarramt als Käfig empfinden – und nicht einmal als allzu goldenen.

Das Schweigen der benutzten, vergewaltigten und alleingelassenen Nonnen.

Das Schweigen der Frauen, die ein Schattendasein führen, warten und träumen. Frauen, die zusehen mussten, wie ihr Leben verrinnt, und die sich die Schuld für etwas geben, an dem sie nicht schuldig sind.

Das Schweigen jener Kinder, die sich fragen, warum alle einen Papa haben, nur sie nicht?

Das Schweigen der Schwulen und Lesben und aller, die wegen ihrer sexuellen Neigungen ausgegrenzt werden.

Das Schweigen der Geschiedenen und derer, die ihre Würde als Gläubige mit Füßen getreten sehen.

Das Schweigen der Bischöfe, der Kardinäle und aller, die ihren Baustein dazu beigetragen haben, um die Mauer der Geheimhaltung und des Schweigens zu errichten.

Das Schweigen Papst Johannes Pauls II., Kardinal Joseph Ratzingers, Papst Benedikts XVI. und all ihren Vorgängern der vergangenen Jahrhunderte.

Danksagung

Mein Dank gilt Giorgio Mulè.

In beruflicher Hinsicht ist alles, was ich bin, sein Verdienst oder seine Schuld.

Er hat Vertrauen in mich gesetzt und mir eine Chance gegeben.

Er hat mir alles gegeben.

Ich habe ihm alles gegeben.

Ich danke Ilaria Molinari.

Sie hat sich um dieses Buch wie um ein Kind gekümmert und war in erheblichem Maß daran beteiligt, es gedeihen zu lassen.

Dank an meinen Freund Michele.

Intelligent, heiter und aufrichtig wie er ist, bin ich mir sicher, dass er seine Träume wird verwirklichen können.

Ich danke Simone Di Meo.

Ebenso tüchtig wie bescheiden, fähig und hilfsbereit. Ein Goldstück von einem Journalisten.

Dank an meinen Freund und Kollegen Vincenzo Marannano.

Dank an Federico Bollettin und Federica Bertoncello.

Dank auch an Sandro Mangiaterra, der mir sicher geholfen hätte, wäre er nicht mit der Lektüre meines letzten Buches *Babilonia* beschäftigt gewesen.

Dank an Uschi, Carlo Maria, Dossy und an Signora Marlis Kerber.

Ihre Nähe war angenehm und erfrischend.

Ich danke Don Franco Barbero.

Seine Bekanntschaft zu machen, war mir ein Vergnügen.

Als ich ihn um Hilfe bat, stellte er mir eine Bedingung: Der Inhalt dieses Buches durfte nicht aufreizend sein.

Ich gab Don Franco ein Versprechen, das ich nicht ganz gehalten habe.

Diese Zeilen gelten deshalb ihm.

Ich hatte mein Versprechen ehrlich gemeint. Doch dann haben sich die Dinge geändert, und ich hatte nicht den Mut, ihn über den Kurswechsel zu informieren. Zu groß war meine Angst, er würde mir die Veröffentlichung seines Briefes untersagen, eines Briefes, der mich bewegt, der mich stolz macht und der dieses Buch bereichert.

Ich bitte um Entschuldigung, ohne Entschuldigungen vorzubringen.

Ich bin mir sicher, als Mann von großer Menschlichkeit und Intelligenz wird Don Franco die Reinheit meiner Absicht und die Ehrlichkeit meiner Arbeit erkennen.

Mein Dank gilt auch den Priestern, Nonnen, Männern und Frauen, die mir, wenn zum Teil auch anonym, ihre Lebenszeugnisse anvertraut haben.

Dank an Daniele Nardini und an die ganze Redaktion von »Gay.it«.

Dank an Roberto Mirabile und an die Organisation Caramella Buona.

Dank an Carlo Musso. Bereite das Zimmer vor, ich komme.

Steckbriefe

Jedes Mal, wenn ich die Grenzen Italiens überschritten habe, konnte ich von den Beiträgen dieser Kollegen profitieren, deren Professionalität und Vertrauenswürdigkeit ich sehr schätze.

An alle meinen aufrichtigsten Dank und viel Glück für ihre Zukunft.

Giorgia Castagnoli

Die gebürtige Römerin lebt als Journalistin in Paris. Sie schreibt für *Le Monde des Religions, Rue89* und *Micromega* und arbeitet mit den Verlagen Flammarion, Gallimard und Carocci zusammen. Sie liebt das Lesen, Schreiben und Reisen.

Jacopo Dettoni

Er lebt und arbeitet als Wirtschafts- und Finanzjournalist in London und schreibt für *Borsa&Finanza*, *Il Fatto*, *Finanza&Mercati* und *Panorama Economy*. Er gehört zu den Gründern von www.raissa.it, einem Web-Magazin über Nachrichten und Meinungen aus Mailand. Er würde gern die Welt verändern, fürchtet aber, dazu nicht das Talent zu haben. Also gibt er sich damit zufrieden, darüber zu berichten, wie sie sich verändert.

Michele Fossi

Der Journalismus war schon immer die Leidenschaft dieses vielseitigen Mannes, der seit zehn Jahren in Berlin lebt. Er arbeitet für *L'uomo Vogue*, *Vogue Italia,* Slowfood und nicht zuletzt für *Design Hotels*. Er ist Autor zweier Gourmet-Bücher sowie des

Buches *Motorcycles & Stars,* ein Bildband über die Geschichte des Motorrads. Er promovierte über ein Thema in Molekularbiologie.

Simona Giacobbi

Aus Piacenza stammend, Jahrgang 1976. Fremdsprachenstudium in Parma. Nach einem Master in Kommunikationswissenschaften arbeitete sie als Journalistin für die lokale Tageszeitung von Piacenza *La Cronaca.* Seit 2006 lebt sie in Toronto, Kanada. Sie arbeitet beim *Corriere Canadese* und hat sich auf die Themenbereiche Gesundheit und Gesellschaft spezialisiert.

Davide Lorenzi

Aus Thiene, Vicenza. Studium der Geschichte mit einer Examensarbeit über die Haltung der katholischen Kirche während des Völkermords in Ruanda. Er hat längere Zeit in Afrika verbracht, wo er in Rehabilitationszentren für Straßenkinder arbeitete und sich für Flüchtlinge engagierte. Nach seiner Rückkehr nach Italien kümmerte er sich um die schulische Eingliederung minderjähriger Sinti und Roma und beschäftigte sich mit integrativen Wohnprojekten für sozial schwache Bevölkerungsgruppen.

Paolo Manzo

Journalist. Studium der internationalen Wirtschaftswissenschaften mit Schwerpunkt auf Lateinamerika. Er leitete sechs Jahre die Auslandsabteilung des Wochenblatts *Vita.* 2008 zog er nach São Paulo, Brasilien, und arbeitete von dort aus für die Wochenblätter *Panorama* und *Vanity Fair,* für die Monatszeitschrift *Popoli e Missioni* sowie für die Tageszeitungen *La Stampa, Il Secolo XIX, Europa, L'Eco di Bergamo.* Er schreibt außerdem für *Il Giornale del Popolo* (Schweiz), *Le Monde* (Frankreich) und für die brasilianische Wochenzeitschrift *CartaCapital.*

Ilaria Molinari
Journalistin. Die gebürtige Römerin lebt heute in Mailand, wo sie für *Panorama Economy* und *Panorama* über aktuelles Wirtschaftsgeschehen schreibt. Zuvor studierte sie in Spanien. Enzo Biagi, an dessen Stil und journalistischer Ethik sie sich orientiert, war zeitlebens ihr Mentor.

Erika Suban
In Triest geboren, arbeitete sie zunächst für eine Lokalredaktion der RAI und zog nach ihrem Studium der Politikwissenschaften 1998 nach New York. An der Universität The New School machte sie einen Master in Medienwissenschaften und war Regisseurin und Produzentin eines Dokumentarfilms über die Rolle der Frauen in den Vereinten Nationen. Sie schreibt nicht nur für *Il Sole-24 Ore* und das Wochenblatt *Panorama,* sondern auch für *Panorama First, Il Piccolo, Fashion* und *Condé Nast Traveller.* Sie reist leidenschaftlich gern und träumt von einer Weltreise.

Das Trauma einer Kindheit

Von der eigenen
Mutter gequält und
misshandelt: Der
erschütternde Bericht
eines Kindes, für das
rettende Hilfe gerade
noch rechtzeitig kam.

160 Seiten
ISBN 978-3-442-15055-7